सुजीत कुमार सिंह

जन्म : ग्राम-गौरी/ पोस्ट-बबुरी, जिला- चंदौली।

शिक्षा : स्नातक व परास्नातक की उच्च शिक्षा, काशी हिन्दू विश्वविद्यालय, वाराणसी, राष्ट्रीय पात्रता परीक्षा—नेट, यूजीसी, नई दिल्ली, "मार्कण्डेय की कहानियों में सामाजिक-सांस्कृतिक मूल्य" विषय पर महात्मा गाँधी काशी विद्यापीठ, वाराणसी से शोध उपाधि, "ध्वनि सिद्धान्त के परिप्रेक्ष्य में रामचरितमानस की काव्यभाषा का विवेचन" विषय पर काशी हिन्दू विश्वविद्यालय, वाराणसी से पोस्ट डॉक्टोरल की उपाधि अर्जित।

साहित्य सेवा :राष्ट्रीय/अन्तर्राष्ट्रीय शोध जर्नलों में अनेक शोध-पत्र प्रकाशित। पूर्व चयन—सहायक आचार्य, बिहार लोक सेवा आयोग।

संप्रति : सहायक आचार्य, हिन्दी एवं आधुनिक भारतीय भाषा विभाग, इलाहाबाद विश्वविद्यालय, प्रयागराज।

ईमेल : sujit26011985@gmail.com

नितेश उपाध्याय

जन्म : 3 जुलाई, 1995, जौनपुर (उ.प्र.)

शिक्षा : बी.ए. (ऑनर्स) हिन्दी, काशी हिन्दू विश्वविद्यालय, वाराणसी (उ.प्र.) एम.ए.—हिन्दी (गोल्ड मेडलिस्ट), काशी हिन्दू विश्वविद्यालय, वाराणसी (उ.प्र.), राष्ट्रीय पात्रता परीक्षा : जे.आर.एफ., नई दिल्ली से अर्जित।

साहित्य-सेवा : स्वातंत्र्योत्तर कविता : नयी जमीन एवं नये स्वर, मध्यकालीन हिन्दी कविता : अवधारणा और स्वरूप (सह-सम्पादन), लोक साहित्य : विस्तार और अभिव्यक्ति के आयाम (सह-संपादन), राष्ट्रीय /अन्तर्राष्ट्रीय शोध जर्नलों में अनेक शोध-पत्र प्रकाशित।

सम्प्रति : भारतीय भाषा केन्द्र, जवाहरलाल नेहरू विश्वविद्यालय, नई दिल्ली से समकालीन हिन्दी कविता : प्रवृत्ति निर्धारण और आलोचना विषय पर शोधरत।

ईमेल : nupadhyay200@gmail.com

सम्पादक

डॉ. सुजीत कुमार सिंह

सहायक आचार्य

हिन्दी विभाग, इलाहाबाद विश्वविद्यालय

प्रयागराज

नितेश उपाध्याय

हिन्दी विभाग, जवाहरलाल नेहरू विश्वविद्यालय

नई दिल्ली

भारत में भक्ति

लोकभारती पेपरबैक्स

प्रथम पेपरबैक संस्करण : 2024

लोकभारती पेपरबैक्स : उत्कृष्ट साहित्य के लोकप्रिय संस्करण

लोकभारती प्रकाशन
पहली मंजिल, दरबारी बिल्डिंग, महात्मा गांधी मार्ग
प्रयागराज-211 001

वेबसाइट: www.lokbhartiprakashan.com
ईमेल : info@lokbhartiprakashan.com

शाखाएँ :

- 1-बी, नेताजी सुभाष मार्ग, दरियागंज
  नई दिल्ली-110 002
- अशोक राजपथ, साइंस कॉलेज के सामने
  पटना-800 006
- 1, अनमोल सोराबजी संतुक लेन, मरीन लाइंस
  मुम्बई-400002

आस्था पेपर कन्वर्टर
प्रयागराज द्वारा मुद्रित

मूल्य : ₹ 250

Bharat Mein Bhakti
Edited by Dr. Sujit Kumar Singh
Nitesh Upadhyay

ISBN : 978-81-19996-32-2

विषय-सूची

(ख) भक्ति साहित्य : अखिल भारतीय स्वरूप

सम्पादकीय

भारतीय साहित्य की आत्मा यदि वेदों को माना जाता है तो उसका हृदय और चरित्र रामायण एवं महाभारत के भीतर सहज ही देखा जा सकता है। ईश्वर के प्रति अनन्य अनुरागपूर्ण आत्म-निवेदन को भक्ति कहा जाता है। भक्ति भावना ईश्वर और मनुष्य के बीच एक ऐसा सम्बन्ध है जिसमें किसी भी मध्यस्थ अथवा माध्यम की जरूरत नहीं पड़ती है। भारतीय आचार्यों ने भारतवर्ष की सामाजिक संस्कृति के सर्वोच्च रूप में भक्ति सिद्धान्त के विकास की कोशिश की। एक उच्चतर मानवीय मूल्य से युक्त संसार की परिकल्पना और उसमें वर्तमान की विकृतियों का भावनात्मक आधार पर समाधान भक्ति साहित्य के मूल्य में है। अँधेरे और प्रकाश के संघर्ष में मनुष्य जब-जब अपने भीतर और बाहर के द्वन्द्वों से ऊपर उठकर कुछ रचनात्मक धरातल पर उपलब्ध कराना चाहता है तब ऐसे मानवीय मूल्यों के चरित्रांकन में तत्पर होता है जो मानवमात्र के लिए कल्याणकारी हो।

भक्ति साहित्य का कलेवर अत्यन्त विशाल है। भारतवर्ष की सभी प्रमुख भाषाओं में विपुल मात्रा में भक्ति साहित्य प्राप्त होता है। वेदव्यास, नारद, शांडिल्य, रामानुजाचार्य, मध्वाचार्य, निम्बार्काचार्य, वल्लभाचार्य, चैतन्य महाप्रभु जैसे आचार्यों ने भक्ति को एक सुदृढ़ और व्यापक दार्शनिक सिद्धान्त के रूप में प्रतिष्ठित किया। संस्कृत, हिन्दी, बांग्ला, असमिया, मराठी, कन्नड़, तमिल, तेलुगु, उड़िया जैसी भाषाओं में समय-समय पर अनेक रचनाकारों ने भक्ति के विविध आयामों पर अपनी प्रतिभा और कल्पना से ईश्वर के प्रति आत्म-निवेदन की अभिव्यक्ति की। भारतीय संस्कृति का जो रूप आज दिखाई देता है भारतीय समाज की सतत गतिशीलता और जीवनी-शक्ति के रूप में भक्ति सिद्धान्त को सहज ही परिलक्षित किया जा सकता है।

'भारत में भक्ति' पुस्तक के सम्पादन का विचार उस समय मन में आया जब कोरोना काल में वैश्विक आपदा से त्रस्त सम्पूर्ण विश्व ने भारत की ओर आशा और विश्वास से देखा। अत्यधिक बौद्धिकता, वैज्ञानिक प्रगति, उच्च स्तरीय प्रौद्योगिकी एवं भरपूर आर्थिक समृद्धि के बावजूद पश्चिमी देशों में मृत्यु का भय एवं असहायता बोध सामने आया। इसके समानान्तर भारत की जनता ने तमाम बाधाओं के बीच भी सहज ही इसके भय से आतंकित हुए बिना सफल प्रतिकार

समृद्ध करनेवाली भक्ति की परम्परा और साहित्य से जनता के सहज जुड़ाव को देखा गया। धर्मप्राण आस्तिक जनता ने हर बार की तरह इस बार भी अपने धैर्य और जिजीविषा का परिचय दिया। इन्हीं सब बातों के बीच भक्ति साहित्य पर अपने कई विद्वान और साथी अध्यापकों के साथ व्यक्तिगत रूप से विचार-विमर्श चलता रहा।

आधुनिक साहित्य की सबसे बड़ी असफलता यह है कि वह यथार्थ के अतिशय दबाव में मनुष्य को विश्वासहीन बना देता है। साहित्य पर राजनीति, विचारधारा, और यथार्थ का बोझ कुछ इस तरह जान-बूझकर लादा जा रहा है कि उससे मनुष्य की संघर्ष करने की क्षमता कुंठित हो रही है। अस्मितावादी विमर्श के सिद्धान्तों को आगे रखकर सामाजिक ताने-बाने को छिन्न-भिन्न करनेवाला साहित्य आज अधिकतर दिखाई पड़ता है। मानवमात्र के प्रति सहज सहानुभूति की जगह बेवजह की बेचैनी, छद्म व्यवस्था विद्रोह और प्रगतिशीलता का पाखंड उभरकर सामने आया है। इससे न केवल साहित्य के कला मूल्यों का क्षरण हुआ है अपितु आम पाठकों और सुधी विद्वज्जनों की चेतना भी संशयग्रस्त हो उठी है। पाश्चात्य साहित्यिक आन्दोलनों और सैद्धान्तिकी की नकल पर साहित्य रचना की प्रवृत्ति अभी भी विद्यमान है। समाज को जोड़ने और प्रगति के मार्ग पर ले जानेवाली दूर-दृष्टि को विकसित करनेवाले साहित्य की अपेक्षा व्यक्तिगत स्वार्थ और लाभ से प्रेरित साहित्य रचना को वर्तमान में देखा जा सकता है।

साहित्य मनुष्य की संवेदनशीलता का परिष्कार एवं मानवीय विवेक का विकास करनेवाला प्रमुख कला माध्यम है। अखिल भारतीय लोकजागरण को स्वर देनेवाले मध्यकालीन भक्ति साहित्य में कई प्रगतिशील परम्पराएँ विकसित होती हैं। निरंकुश राजतन्त्र का विरोध और सदियों से व्याप्त भेदभावमूलक शोषणपरक सामाजिक व्यवस्था के विरुद्ध भारतीय जनता के संघर्ष की गूँज इसमें सुरक्षित है। ईश्वर के समक्ष सभी मनुष्य बराबर हैं। इस केन्द्रीय प्रवृत्ति के इर्द-गिर्द समरसतापूर्ण वातावरण के निर्माण की कोशिश भक्त कवियों ने की। रागात्मक भावना के परिष्कार की जरूरत पर बल दिया गया। एक ऐसे यूरोपियाई समाज व्यवस्था का स्वप्न अखिल भारतीय स्तर पर देखा गया जिसमें हर प्रकार के शोषण और आतंक के विरुद्ध मनुष्य ईश्वरीय सहायता प्राप्त कर संघर्ष करते हुए अन्ततः विजयी होता है।

इस पुस्तक को साकार रूप देने में जिन विद्वान साथियों और आदरणीय गुरुजनों ने रचनात्मक सहयोग प्रदान किया है उनके प्रति कृतज्ञता ज्ञापित करना नैतिक दायित्व है। अपने विद्वत्तापूर्ण शोधपरक लेखों के माध्यम से जो अमूल्य

अन्त में लोकभारती प्रकाशन, प्रयागराज के प्रति हार्दिक कृतज्ञता ज्ञापित करता हूँ, जिन्होंने निरन्तर सम्पर्क द्वारा इस पुस्तक को साकार रूप देने के लिए दबाव बनाए रखा। यह पुस्तक उन सभी लोगों के प्रति समर्पित है, जो वर्तमान समय में भक्तिकाव्य की प्रगतिशील भूमिका को आधुनिक, वैश्विक चुनौतियों के परिप्रेक्ष्य में पढ़ना समझना चाहते हैं।

मेरा यह विनम्र प्रयास माँ भारती की चरणों में सादर समर्पित है—

मेरा मुझमें कुछ नहीं, जो कुछ है सो तेरा।
तेरा तुझको सौंपते, का लागत है मेरा।।

3 अगस्त, 2023
प्रयागराज

—डॉ. सुजीत कुमार सिंह

(क) भक्ति साहित्य : सैद्धान्तिकी

भक्ति की भावधारा

भरत प्रसाद

'भक्ति' शब्द जो कि मध्यकाल में सर्वाधिक लोकप्रिय हुआ, आज पुनर्परिभाषित होने का आह्वान कर रहा है।
रामचन्द्र शुक्ल ने अपने प्रसिद्ध निबन्ध—'श्रद्धा और भक्ति' में एक कुशल मनोवैज्ञानिक की भाँति भक्ति की मन्त्रमय परिभाषा की है—
''श्रद्धा और प्रेम के योग का नाम भक्ति है।... भक्ति का स्थान जहाँ मानव हृदय है, वहीं श्रद्धा और प्रेम के संयोग से उसका प्रादुर्भाव होता है।''

(चिन्तामणि, भाग-01)

भक्ति के सन्दर्भ में शुक्ल जी की यह परिभाषा अकाट्य, अमिट, अप्रश्नेय की हैसियत हासिल कर चुकी है, और जब-जब भक्ति की बात उठती है, शुक्ल जी इस लकीरी परिभाषा के साथ आगे खड़े हो जाते हैं। परन्तु अब भक्ति की निर्मिति में नए आयाम जोड़ने, और छिपी हुई संभावनाओं की खोज करने, उसकी प्रकृति में और बारीकी से उतरने का वक्त आ गया है। शुक्ल जी की परिभाषा के करीब 100 साल पूरे होने जा रहे हैं, इस अर्थ में भी भक्ति की पुनर्परिभाषा अनिवार्य है। श्रद्धा और प्रेम के अतिरिक्त भक्ति में अहम भूमिका विश्वास, समर्पण, एकनिष्ठता और अहंशून्यता की है। महत्त्वपूर्ण सिर्फ यह नहीं कि भक्ति किन-किन तत्त्वों से निर्मित होती है, बल्कि मायने यह भी रखता है—कौन-कौन से मानवीय दोष भक्ति के विनाशक तत्त्व हैं। भक्ति के लिए जहरीले तत्त्व हैं—सन्देह, निन्दा, भौतिक आसक्ति, स्वार्थ, ईर्ष्या और अकरुणा। श्रद्धा और प्रेम के अतिरिक्त जिन अन्य निर्माणक भावतत्त्वों का उल्लेख हुआ, और जिन विनाशकारी तत्त्वों की चर्चा हुई, आइए चलते हैं, भक्ति में उनकी निर्णायक भूमिका का पता लगाने। विश्वास एक नैसर्गिक मानवीय स्वभाव है, जो लगभग प्रत्येक मनुष्य में जन्मजात होता है, और जीवनपर्यन्त टूटता, पराजित होता, अपमानित और लांछित होता हुआ भी, मनुष्य

में अन्त तक कायम रहता है। हृदय की अश्रुभूमि में विराजमान रहने का कारण भी है। विश्वास हमारे साँसों की शक्ति है, धड़कनों की दवा है, सहज प्रसन्नता की अनिवार्य ओषधि है और शरीर को सकारात्मक बनाए रखनेवाली अपरिहार्य भाव ऊर्जा है। यही विश्वास जब असाधारण, अलौकिक, विवेकमय और असीम हो जाता है, तो भक्तिभावना में नींव की हैसियत हासिल करता है, जिसके आधार पर खड़ा भक्त का न केवल हृदय बल्कि मन, बुद्धि, आत्मा, चेतना सब भक्ति की अद्वितीयता से ओतप्रोत हो जाते हैं। विश्वास आखिर क्यों? मनुष्य तो मूलत: सन्देह प्रेमी है। क्षण-क्षण अविश्वास को हृदय से लगाता है, फिर विश्वास स्थायी तौर पर हो भी कैसे सकता है? इसमें क्या दो मत कि विश्वास का स्थायित्व होना एक अविश्वसनीय आश्चर्य ही है, परन्तु अत्यन्त विशिष्ट मनोदशा में, हृदयावस्था में वह स्थायी भी बन जाता है। विश्वास के स्थायित्व की एकमात्र शर्त है, भक्ति के आधार की महानता, निर्दोषता और गुणात्मक उत्कृष्टता। ये तीन विशेषताएँ मनुष्य में अत्यन्त दुर्लभ हैं, इसीलिए प्राय: जीते जी बड़ा-से-बड़ा मनुष्य भी भक्ति का स्थायी आधार नहीं बन पाता, हाँ उसकी जैसे ही मृत्यु हुई, धीरे-धीरे अपनी प्रसिद्धि के दम पर दुर्गुणों के प्रचार को दबाने में, मिटाने में सफल होता हुआ भक्तों की कतार हासिल करने की योग्यता हासिल कर लेता है। अभी तक अर्थात पूर्व वैदिक काल से लेकर मध्यकाल तक भक्ति के जितने भी आधार बने, सभी अशरीरी, दिवंगत, मृत्यु के उपरान्त। इस खास सन्दर्भ में विवेकानन्द का विचार समझने में बहुत सहायता करता है—"संसार के उस पार की किसी वस्तु की आवश्यकता अनुभव करने लगे,ऐसी वस्तु की जो इन समस्त जड़ या भौतिक शक्तियों से परे है, उनसे ऊपर है, तभी हम भक्त बनते हैं।"

(भाषण-भक्ति के लिए प्रारम्भिक सोपान, विवेकानन्द साहित्य संचयन)

रहस्य स्पष्ट है, भक्ति तभी जन्म लेती है, जब भक्ति का केन्द्र अलौकिक, ईश्वरीय, दैवीय सत्ता, महत्ता, प्रभुता हासिल कर ले। ऐसी दशा में भक्ति एक कठिन, असाध्य और अव्यावहारिक पद्धति बन जाती है। क्योंकि भक्त में अखंड, अपरिमित, प्रगाढ़ विश्वास अकसर तभी उत्पन्न होता है, जब भक्ति का आधार अदृश्य हो जाए, अलौकिक सत्ता हासिल कर ले, अप्रश्नेय हो जाए। ऐसे अन्धे विश्वास पर टिकी हुई भक्ति भी किस काम की? यह भक्ति नहीं, अन्धी श्रद्धा है, जो भक्त को आँखें नहीं खोलने देती, बल्कि सामयिक मनुष्य में भी अन्धभक्ति का घातक प्रचार करती है। इसीलिए भक्ति का स्रोत जितना ही श्रेष्ठ, मानवीय सद्गुणों से सम्पन्न और महिमापूर्ण माना जाता है, भक्ति से उत्पन्न परिणाम उतना ही शुभ, मंगलकारी और मन:विकासक होता है। अत: अनिवार्य बस इतना नहीं कि भक्ति

के लिए विश्वास अपरिहार्य है, बल्कि स्वास्थ्यवर्धक, जनहितकारी भक्ति के लिए श्रेष्ठतम मानवीय सद्गुणों की प्रेरणा से उत्पन्न विश्वास, जो भक्त के हृदय को अन्धमय नहीं, विवेक सम्पन्न कर दे, अधिक अनिवार्य है।

भक्ति चूँकि मिश्रित महाभाव है, इसीलिए भक्ति की तैयारी भी कुछ दुर्लभ गुणों का आह्वान करके करनी पड़ती है। इन दुर्लभ गुणों में से एक है—समर्पण। दिखने में जितना ही छोटा, अपनी सघनता और बनावट में उतना ही जटिल और बहुपरतीय। विश्वास की भाँति समर्पण भी अलौकिकता का आग्रही होता है। वैसे जहाँ श्रद्धा होगी, वहाँ समर्पण छाया की तरह चला आएगा। समर्पण परिणाम है, प्रेम, श्रद्धा और विश्वास तीनों का। कहा जा सकता है प्रेम, श्रद्धा और विश्वास के समन्वय से उत्पन्न समर्पण अद्भुत और असाधारण गहराई का होगा, बल्कि अपराजेय भी। समर्पण दो तरह का होता है। एक व्यक्तिगत और दूसरा सार्वजनिक। व्यक्तिगत समर्पण उसके प्रति जन्म लेता है, जिसमें हमारी आस्था होती है, सार्वजनिक समर्पण उसके प्रति होता है, जिसमें समाज की, समुदाय की और समूह की आस्था होती है। जैसे माता-पिता या गुरु के प्रति समर्पण व्यक्तिगत है, जबकि राम, कृष्ण, बुद्ध या महावीर के प्रति समर्पण सार्वजनिक। यह अहम सवाल है, यदि राम, कृष्ण की महत्ता, ईश्वरीयता समाज ने, करोड़ों मनुष्यों ने स्थापित न कर दी होती तो तुलसीदास या सूरदास उनके भक्त बनते? कई बार भक्तिभाव उत्पन्न ही होता है, भक्ति लायक व्यक्तित्व की सार्वजनिक हैसियत के कारण। यह अवश्य है, उसमें भक्त का अपना चिन्तन, मनन, विश्वास और रुचि भी निर्णायक भूमिका निभाते हैं। भक्ति में समर्पण की भूमिका बस इतनी ही है, कि वह भक्ति को और गहरा, स्थायी एवं अद्वितीय बना देता है। समर्पण जैसे ही भक्त में खिल गया, उसके व्यक्तित्व को आभामय कर देता है। किन्तु केवल श्रद्धा और अतिशय प्रेम में किया गया समर्पण घातक है, आत्मसंहारक भी। यहाँ भी अन्तर्दृष्टि का जाग्रत रहना, और सहज विवेक का सक्रिय रहना निर्दोष समर्पण के लिए अनिवार्य है। सांसारिक मनुष्यों का समर्पण प्राय: स्वार्थ प्रेरित होता है। इसलिए अस्थायी। ऐसे मनुष्य का स्वार्थ जैसे ही बाधित हुआ, प्रयोजन जैसे ही समाप्त हुआ, समर्पण धुँआ हो जाता है। इसीलिए श्रेष्ठ समर्पण के लिए न केवल श्रद्धेय का उत्कृष्ट होना अनिवार्य है, बल्कि भक्त भी गुणसम्पन्न होना शर्त की तरह है। चूँकि भक्त पहले एक सामान्य व्यक्ति रह चुका है, इसलिए सामान्य जीवन की दशाओं में जो अन्धकारी दोष जड़ जमा लिये हैं, उनको निष्क्रिय करना, कमजोर करना बेहद जरूरी है। यदि भक्ति में बहते हुए हृदय के दौरान उन विषैले दोषों ने पुन: सिर उठा लिया, पुन: भक्त के व्यक्तित्व पर हावी

होने लगे, उसकी आत्मा को विचलित और नियन्त्रित करने लगे, तो भक्त कई घातक मुखौटे धारण कर लेता है। उससे न भक्ति सधती है, न समर्पण और न ही प्रेम। भीतर-भीतर अपने स्वार्थों और आनन्दकारी वासनाओं का गुलाम वह भक्त, भक्ति के नाम पर कलंक सिद्ध होता है। उसे बखूबी पता है, कि वह स्वयं को धोखा दे रहा, परन्तु सार्वजनिक तौर पर कभी स्वीकार नहीं करेगा, और उद्दाम आत्मा की अलौकिक सुगन्ध से शून्य उसका अन्धकारी व्यक्तित्व समाज में भी सड़न पैदा कर देगा।

जिसके प्रति भक्ति चित्त में सुवासित है, उसके विरुद्ध सन्देह करना निषिद्ध है। क्योंकि सन्देह एक काँटा है, जो भक्तिमय हृदय में चुभ गया, तो निकल जाने के बावजूद उसका कुदर्द जल्दी जाता ही नहीं। वैसे यह भी एक अजीब शर्त ठहरी, क्योंकि सन्देह तो उर्वर बुद्धि का अनिवार्य स्वभाव है। यह सत्य है—भक्ति की गहराई के अनुपात में सन्देह की सम्भावना अल्प से अल्पतम होती जाती है। अर्थात भक्तिभावना यदि प्रबल, उद्दाम और आवेगमय है, तो सन्देह तिनके से भी मामूली अस्तित्व की भाँति विलुप्त हो जाता है। हाँ, यदि भक्ति के क्षणों में यह चिन्गारित हो गया, तो न केवल आराध्य का हृदय में बसा हुआ शिखरत्व जमींदोज़ कर देता है, बल्कि खुद साधक का भी व्यक्तित्व घटकर बौना हो रहता है। निन्दा, भौतिक आसक्ति, स्वार्थ और ईर्ष्या कितनी घातक भूमिका निभाते हैं भक्ति के सन्दर्भ में, आइए इसकी पड़ताल करें। गीता में श्रीकृष्ण ने भक्ति की मूलभूत शर्तों से पर्दा उठाया है, कहते हैं, "भक्त वह है, जो द्वेषरहित हो, दयालु हो, सुख-दुख में अविचलित रहे, बाहर-भीतर से शुद्ध, सर्वारंभ परित्यागी हो, चिन्ता और शोक से मुक्त हो, कामनारहित हो, शत्रु मित्र, मान-अपमान तथा अस्तुति-निन्दा और सफलता-असफलता में समभाव रखनेवाला हो, मननशील हो, और हर परिस्थिति में खुश रहने का स्वभाव बनाए रखे।"

(गीता-भक्तियोग, 12वाँ अध्याय)

अद्वेष्टा सर्वभूतानां मैत्रः करुण एव च। निर्ममो निरहंकारः समदुःखसुखः क्षमी।।

जिस तरह समर्पण सन्देहमुक्त एकनिष्ठ भक्ति का परिणाम है, वैसे ही करुणा। वैसे तो करुणा परदुख के प्रति उत्पन्न सहानुभूति का परिणाम है, परन्तु भक्ति की अवस्था में भी इसके अस्तित्व को विमल स्वरूप में खिला हुआ देखा जा सकता है। करुणा प्रायः अपने से बराबर के प्रति, असहाय के प्रति या संकट से घिरे हुए के प्रति उत्पन्न होती है। परन्तु करुणा के एक सूक्ष्म स्वरूप भक्ति की अवस्था में भी विकसित रहता है। वह है, मानवमात्र के प्रति, जीवों के प्रति, सृष्टि के प्रति और

अपने आसपास के दुर्बल, दोषपूर्ण, अज्ञानी मनुष्यों के प्रति भी। सच कहिए तो करुणा भावनाशील मनुष्य का नैसर्गिक गुण है, किन्तु यह तब सर्वाधिक विकसित होता है, जब प्रेम व्यक्तिगत और वासनात्मक न रहकर शेष जगत के प्रति हो जाता है, जब हमारे प्रेम के आयतन में ज्ञानी, अज्ञानी, दमित, उपेक्षित, सम्पन्न, विपन्न, प्रसिद्ध, गुमनाम, अपने, पराये सबके प्रति एक अहैतुक प्रेम जन्म ले लेता है। भक्ति की दशा में आश्चर्यजनक रूप से प्रेम का ऐसा ही स्वरूप विकसित होता है। फिर तो बहुत स्वाभाविक है, प्रेममय भक्ति की ऐसी दशा में परम कारुणिक हृदय भीतर जन्म ले ले। एक भक्त के लिए मुश्किल यह नहीं कि वह उन्नत मानवीय सद्गुणों में अपने व्यक्तित्व को ढाल पाया या नहीं, बल्कि मुश्किल यह है कि दिन-रात कभी बुद्धि, कभी मन, कभी आकांक्षा, कभी इन्द्रियों के बहाने शरीर में क्षण-क्षण प्रवेश करने को तत्पर नकारात्मक प्रवृत्तियों को पहचानने, रोकने और उन्हें मात देने में सफल हुआ है या नहीं। भक्ति के मूर्धन्य शास्त्रियों ने भक्ति के महत्त्व और भक्त के व्यक्तित्व की परतों का आदर्शवादी अन्दाज़ में खुलासा तो खूब किया है, परन्तु प्रामाणिक और वैज्ञानिक भक्ति के लिए किन नकारात्मक प्रवृत्तियों, दुर्गुणों और मानवीय नीचताओं से सावधान रहना चाहिए, इसकी पड़ताल कम दिखाई देती है। नारद ने 'भक्तिसूत्र' ग्रन्थ में इसकी उद्दाम भावमय परिभाषा की है, ''सा त्वस्मिन् परमप्रेमारूपा, अमृतस्वरूपा च।" सारांश यह कि भक्ति परमप्रेमरूपा और अमृतस्वरूपा है, जिसे प्राप्त कर मनुष्य सिद्ध, अमर और तृप्त हो जाता है। धार्मिक अर्थ में भक्ति को मोक्षदायिनी भी कहा गया है। भक्त भी 4 तरह के माने गए हैं—बद्ध, मुमुक्षु, केवल और मुक्त। जाहिर है मुक्त मानव ही भक्ति की सिद्धि का योग्यतम अधिकारी है, शेष यदि भक्ति की दिशा में यात्रा करते हैं, तो भक्ति का शिखर छूना उनके लिए असम्भव है। संसार में जीते हुए, संसारमुक्त हृदय से भक्ति सम्भव करना कितना अन्तर्विरोधपूर्ण है, यह कोई भक्त की आन्तरिक दशा को बूझकर ही जान सकता है। दो मत नहीं, कि अपने स्थूल और सूक्ष्म, बाहरी और आन्तरिक मोहक और घातक पतनगामी मनोवृत्तियों से मुक्त होकर या उन्हें निष्क्रिय करके ही भक्त, भक्ति की चरमदशा को हासिल कर सकता है। यकीनन यह भक्ति जितना भीतरी रूपान्तरण नहीं, उससे कहीं अधिक बाह्य व्यक्तित्व और सांसारिक जीवन का सुगठन है। इसीलिए तथाकथित भक्तों की संख्या तो बेहिसाब बढ़ जाती है, परन्तु कबीर के शब्दों में कहें तो, ''तेरा जन एकाध है कोई'' की हकीकत ही सामने आती है। जहाँ ईर्ष्या का कँटीला खेल जारी है, जहाँ अहंकार बात-बात में फुफकारता है, जहाँ प्रतिस्पर्धा हर क्षण मस्तिष्क को मथती रहती है, जहाँ मैं बड़ा कि तू निरन्तर मचा रहता है, वहाँ भक्ति के लिए स्थान कहाँ? भक्त

तो वह है, जो शरीर में होकर भी, शरीर की शर्तों से मुक्त है, जो भौतिकता से निर्मित होकर भी भौतिक आकर्षणों का गुलाम नहीं है, जो एक आकार में होकर भी निराकारपन को साँस-दर-साँस में जीता है। ऐसे भक्त के लिए जन्म और मृत्यु भी एक तरंग के उठने-गिरने का रूपक मात्र है। उस भक्त के लिए कुछ भी पराया या गैर नहीं, साथ ही उसके लिए संसार में कुछ भी अपना नहीं। यहाँ तक कि शरीर भी किसी और ही सत्ता की धरोहर है। गीतोपदेश चाहे जितना लुभावना लगे, परन्तु इसकी व्यावहारिक जटिलताएँ और अतिशयोक्तिपूर्ण शर्तें भी हैं। इन आदर्शवादी शर्तों से बँधकर भक्ति की मनोयात्रा करनेवाला तो खुद एक अलौकिक पुरुष हो जाएगा।

ध्यान देने योग्य है, कि भारतवर्ष पूर्व वैदिक काल से भक्ति की प्रबल सम्भावना लिए दिए जागनेवाला देश रहा है, किन्तु जागृति की यह तरंग आन्तरिक है, भावात्मक है, चेतनागत है। निश्चय ही भारत की इस अद्भुत शक्ति ने पूरे विश्व की आन्तरिक जड़ता को आन्दोलित किया। स्वयं की हकीकत को ठीक-ठीक जानने और अपने अक्स को ठीक-ठीक पहचानने की असाधारण भारतीय पद्धति भले ही धार्मिक साये तले विकसित हुई हो, फिर भी मनोक्रान्ति के क्षेत्र में भारतवर्ष की उपलब्धियाँ ऐतिहासिक महत्त्व की हैं। भक्तिमार्ग का प्रमुख सम्प्रदाय भागवत धर्म 1400 ई.पू. प्राचीन माना जाता है। आश्चर्य तो तब उठता है, जब इसके भी पहले के ग्रन्थ ऋग्वेद के वरुणसूक्त तथा अन्य ऋचाओं में भी भक्ति की कल्पना का आभास मिलता है। एक और तथ्य ध्यान देने योग्य है कि काव्यशास्त्री मम्मट ने अपनी कृति 'काव्यप्रकाश' में देव विषयक रति-अर्थात् भक्ति को स्वतन्त्र स्थायी भाव कहा है। कन्हैयालाल पोद्दार ने भक्ति को केवल भाव न कहकर रस भी माना है। संस्कृत में एक ग्रन्थ ऐसा भी है, जिसमें भक्ति की शास्त्रीय मीमांसा उपलब्ध होती है, वह है—रूपगोस्वामी विरचित 'हरिभक्तिरसामृत सिन्धु' जो कि वल्लभ सम्प्रदाय का प्रमुख सैद्धान्तिक ग्रन्थ है। वैष्णव आचार्यों द्वारा रतिभाव के 5 भेद और उतने ही रस माने गए हैं—1.शान्ति, 2. प्रीति 3. सख्य 4. वात्सल्य 5. माधुर्य। आचार्यों द्वारा सघन चिन्तन के बाद यह सिद्ध हुआ कि जब भक्त में इन 05 स्थायी भावों का विकास होता है, तब इनमें से 05 भक्तिप्रेरक रस उत्पन्न होते हैं, जो कि भक्ति की गहनता को और तीव्र, मूलगामी एवं प्रखर करते हैं। यह सर्वज्ञात है, कि भक्ति आन्दोलन में दो कालजयी धाराएँ वातावरण में निनादित हुईं—एक निर्गुण भक्ति और दूसरी सगुण भक्ति धारा। इन दोनों धाराओं के कवियों ने प्रेमलक्षणा भक्ति को अकुंठ हृदय से स्वीकार किया। भारतीय काव्यशास्त्री भरत मुनि ने भक्ति को शान्तरस के अन्तर्गत माना है। मानसिक तौर पर दर्पण की भाँति मौजूद यह

शान्तरस एक प्रकार से निष्क्रिय रस है, जो कि सारी भावनाओं को परिष्कृत करके, उनमें एक अद्वितीय पारदर्शिता ला देता है। शान्ति भूमिका है, चित्त की साधना की।

भक्तिकाल में भक्तिभावना का आवेग ऐसा समुद्रवत था कि जिसने सदियों में भेदों, प्रभेदों, वर्गों, उपवर्गों में बँटकर, कटकर, हटकर जीते, मरते चले आ रहे भारतीय समाज की सीमाओं को मिटा दिया। मध्यकाल में विकसित हुई यह भक्ति इस देश के इतिहास में पहला सामाजिक और सांस्कृतिक आन्दोलन है, जैसा फिर कभी सम्भव न हुआ। राजनीतिक, धार्मिक या आर्थिक क्रान्ति से भी बड़ी है, सामाजिक क्रान्ति, सांस्कृतिक परिवर्तन। क्योंकि यह विषमता के बाहरी ढाँचे को गिराती ही है, मनुष्य की आन्तरिक जड़ताओं को उखाड़ फेंकने का संकल्प भी देती है।

ईश्वर है या नहीं, परमात्मा कहीं मौजूद है या नहीं, ब्रह्म का अस्तित्व सचमुच है या कोरी कल्पना का चमत्कार मात्र है। यह सवाल अभी तक अनुत्तरित है। आज नए युग में इन अदृश्य सत्ताओं के अस्तित्व को स्वीकार करना बालू में नाव चलाने या पत्थर से पानी निकालने जैसा है।

इस भक्तिभावना से सूरदास को कृष्ण भले ही न मिले हों, मीराँबाई भले ही प्रेमी के लिए तड़पती रह गई हों, तुलसीदास को श्रीराम भले ही मात्र सपने में मिले हों। परन्तु खुद भक्त कवियों के व्यक्तित्व में क्रान्तिकारी रूपान्तरण हुआ, यही रूपान्तरण ही वह रहस्य है, जिसने हिन्दी कविता में एक बेमिसाल स्वर्णयुग को खड़ा कर दिया। भक्त कवियों की आन्तरिक संरचना में मनुष्यता की आई हुई यह अपूर्व बाढ़, उनके भीतर से निकली हुई वाणी को सार्थक कर गई, चमक दे गई, कालभेदी सिद्ध कर गई। निश्चय ही जब कोई सांसारिक हदबन्दियों से ऊपर उठता है, जब खुद को क्षुद्र अहंकार से मुक्त कर लेता है, जब उसकी निगाहें अपने, पराये का भेद भूल जाती हैं, जब जड़ में चेतन और चेतन में जड़ की कीमत खोज लेता है, तो व्यक्तित्व में अपूर्व भावनाओं का ऐसा ज्वार,ऐसी बाढ़ पैदा होती है, जो भक्त के समूचे अन्तर्बाह्य व्यक्तित्व को मौलिक और अभिनव मनुष्यता के साँचे में ढाल देता है। ऐसे क्रान्तिकारी विवेक के साँचे में तब्दील भक्त कवि जो भी रचता है, या गाता है, वह सृजन के लिए सदियों तक मिसाल बना रहता है।

हिन्दी विभाग, पूर्वोत्तर पर्वतीय विश्वविद्यालय, शिलांग-793022
मेघालय

भक्ति सम्बन्धी दार्शनिक पृष्ठभूमि

श्रद्धा सिंह

वैष्णव भक्ति आन्दोलन को तीन युगों अथवा उत्थानों में विभक्त किया जा सकता है—प्रथम उत्थान लगभग 1500 ई. पू. से लेकर 500 ई. तक अर्थात सात्वतों के उदय से लेकर गुप्त नरेशों के अभ्युदयकाल तक। सात्वतों ने भागवत धर्म को उत्तर भारत से दक्षिण भारत में भी पहुँचाया। भक्ति को शास्त्रीय रूप उसी युग में प्राप्त हुआ तथा भक्ति तत्त्व के प्रतिपादक मुख्य ग्रन्थों-नारद भक्ति सूत्र, शांडिल्य भक्ति सूत्र आदि की रचना इसी युग में हुई। शुंगवंशीय ब्राह्मण राजाओं तथा गुप्त राजाओं के शासनकाल में वैष्णव धर्म का विशेष अभ्युदय हुआ। गुप्त साम्राज्य के ध्वंस के पश्चात हूणराज, मिहिरकुल और तोरमाण ने वैष्णव भक्ति के स्थान पर सूर्य एवं शिव की उपासना का प्रचार किया। इसके परिणामस्वरूप धीरे-धीरे शैव धर्म राजकीय धर्म बन गया और वैष्णव भक्ति का स्थान शिव भक्ति ने ले लिया। शैव मठों की परम्परा उत्तर में कश्मीर से लेकर दक्षिण में चोलों के राज्य तक फैल गई, परन्तु जनसामान्य के मध्यवर्गीय गृहस्थों में गुप्तकालीन वैष्णव परम्परा अक्षुण्ण रूप से चलती रही। लगभग 700 ई. से 1400 ई. तक वैष्णव भक्ति का द्वितीय उत्थान दक्षिण में आलवार संतों के उदय से लेकर वैष्णव आचार्यों के आविर्भाव तक है। आलवारों के प्रभाव से दक्षिणावर्त में विष्णु भक्ति की बाढ़ सी आ गई। आलवारों ने वैष्णव भक्ति-आन्दोलन के लिए वह क्षेत्र तैयार कर दिया जिसमें आचार्यों ने शास्त्रीय भक्ति के बीज का वपन किया। आचार्यों द्वारा स्वीकृत होने पर और लोक-प्रचलित पौराणिक कल्पनाओं से संयुक्त होने पर वैष्णव भक्ति का प्रवाह फिर से देश के कोने-कोने में परिव्याप्त हो गया।

जिन आचार्यों ने इस दिशा में महत्त्वपूर्ण कार्य किया उनमें से आचार्य रामानुज, मध्व, निम्बार्क और विष्णुस्वामी के नाम विशेष रूप से उल्लेखनीय हैं। इन चारों को ही क्रमश: विशिष्टाद्वैतवाद, द्वैतवाद, द्वैताद्वैतवाद और शुद्धाद्वैतवाद नामक आध्यात्मिक वादों का प्रवर्तक एवं श्री, ब्रह्म, सनकादि तथा रुद्र सम्प्रदायों का संस्थापक बताया जाता है। आगे चलकर रामानुज सम्प्रदाय में रामानन्द और विष्णुस्वामी सम्प्रदाय में वल्लभाचार्य हुए, जिन्होंने क्रमश: रामानन्दी सम्प्रदाय और वल्लभ सम्प्रदाय की स्थापना की। इन सभी आचार्यों ने प्रस्थानत्रयी (गीता, उपनिषद, ब्रह्मसूत्र) पर प्रौढ़ भाष्यों की रचना की और अपने दार्शनिक एवं भक्ति

सम्बन्धी सिद्धान्तों को वैदिक एवं परम्परागत सिद्ध किया। भक्ति आन्दोलन के तृतीय उत्थान (1400 ई. से लेकर लगभग 1700 ई.) का आरम्भ पन्द्रहवीं शताब्दी में स्वामी रामानन्द और वल्लभाचार्य के कार्य क्षेत्र में आने से हुआ। द्वितीय उत्थान में आलवार भक्तों एवं आचार्यों द्वारा वैष्णव भक्ति का प्रचार हुआ और विभिन्न मतों तथा उपासना-पद्धतियों में समन्वय के भाव को अपनाया गया, परन्तु फिर भी दक्षिण भारत में शैव धर्म की प्रधानता रही, क्योंकि द्रविड़ देश शैव धर्म का प्रधान क्षेत्र बन चुका था। स्वामी रामानन्द द्वारा उत्तर भारत में भक्ति की गंगा प्रवाहित कर देने पर और वल्लभाचार्य तथा अन्य कृष्ण भक्त सम्प्रदायों द्वारा उसके प्रबुद्ध कर दिये जाने पर उसने समस्त देश को आप्लावित कर दिया। हजारीप्रसाद द्विवेदी के अनुसार, "उत्तर भारत में भक्ति की धारा को नए सिरे से प्रवाहित करने का श्रेय स्वामी रामानन्द और वल्लभाचार्य को ही है।"[1]

इनमें से प्रथम का कार्यक्षेत्र काशी था और दूसरे का वृन्दावन। इस युग की सबसे बड़ी विशेषता यह थी कि इसमें भक्ति आन्दोलन जनान्दोलन के रूप में अभिव्यक्त हुआ। अब वह केवल विद्वान आचार्यों, राजा-महाराजाओं तथा साधक भक्तों की वस्तु नहीं रह गया। दूसरे, पूर्ववर्ती आचार्य संस्कृत के द्वारा ही अपने भाव व्यक्त करते थे, परन्तु इस युग में यह कार्य कवियों के हाथ में चला गया, तथा लोकभाषाओं को अभिव्यक्ति का माध्यम बनाया गया। संस्कृत के ज्ञाता होते हुए भी तुलसीदास ने अवधी में और कृष्ण-भक्तिधारा के कवियों ने ब्रजभाषा में रचना की। बंगाली, असमी, मराठी, गुजराती, कन्नड़, तेलुगु, मलयालम और तमिल भाषाओं में भी वैष्णव काव्यों की रचनाएँ होने लगीं। तीसरे, इस युग में विभिन्न आचार्यों और भक्तों ने अनेक नए सम्प्रदाय, मत और पन्थ चलाए। श्री, ब्रह्म, सनकादि तथा रुद्र सम्प्रदाय तो पहले से ही थे। श्री सम्प्रदाय से रामानन्दी मत विकसित हुआ और उसमें से ही अनेक निर्गुणवादियों के पन्थ भी प्रवृत्त हुए। ब्रह्म तथा रुद्र सम्प्रदायों से क्रमश: चैतन्य और वल्लभ मतों का विकास हुआ। राधावल्लभी, हरिदासी आदि अनेक अन्य मत भी प्रचलित हुए। आसाम में महापुरुषिया, बंगाल में सहजिया, उड़ीसा में पंचसखा, महाराष्ट्र में महानुभावी, बारकरी, रामदासी और हरिदासी आदि पन्थों का जन्म हुआ। इस प्रकार वैष्णव धर्म अनेक मत-मतान्तरों के साथ समस्त भारतवर्ष में परिव्याप्त हो गया और भक्त कवियों की वाणियाँ सर्वत्र सुनाई देने लगीं। भक्तिकाव्य भक्ति रस से परिपूर्ण होने पर भी आध्यात्मिक एवं दार्शनिक तत्त्वों से रहित नहीं है। सगुणवादी कवि भावुक भक्त थे और उनका काव्य उनकी भावाभिव्यक्ति का माध्यम था परन्तु उनके काव्यों में यत्र-तत्र दार्शनिक सिद्धान्तों का सुन्दर व क्रमबद्ध विवेचन मिलता है। ब्रह्म, जीव, जगत, माया, मोक्ष आदि

के विषय में विभिन्न दार्शनिक आचार्यों द्वारा स्वीकृत सिद्धान्तों का काव्यमयी भाषा में अत्यन्त सुन्दर ढंग से प्रतिपादन किया गया है। सभी भक्तों की दार्शनिक एवं आध्यात्मिक विचारधारा नवीं शती से लेकर सोलहवीं शती तक के समय में होनेवाले शंकराचार्य, रामानुजाचार्य, मध्वाचार्य, विष्णुस्वामी, निम्बार्काचार्य, रामानन्द, चैतन्य महाप्रभु और वल्लभाचार्य जैसे दार्शनिकों के शास्त्रीय सिद्धान्तों से प्रभावित है। अन्तर केवल इतना रहा है कि उन दार्शनिक आचार्यों की रचनाएँ कोरा शास्त्र मात्र हैं और इन कवियों की रचनाएँ काव्य भी हैं। इसके अतिरिक्त धर्माचार्यों की अभिव्यक्ति का माध्यम संस्कृत रहा है और इनका लोकभाषा। इस प्रभाव को हिन्दी साहित्य के प्राय: सभी इतिहास-लेखकों ने स्वीकार किया है।[2]

हजारीप्रसाद द्विवेदी के अनुसार उक्त आचार्यों में रामानन्द और वल्लभाचार्य का प्रभाव अधिक रहा। तुलसीदास मूलत: रामानन्द से प्रभावित थे और अष्टछाप के कवि वल्लभाचार्य से। तुलसी ने रामानन्द के सिद्धान्तों को अपनी प्रतिभा द्वारा स्थायी महत्त्व प्रदान किया और सूरदास तथा नन्ददास ने वल्लभाचार्य के सिद्धान्तों को काव्यमय रूप दिया।

उक्त आचार्यों में से शंकराचार्य अद्वैतवाद और मायावाद के प्रवर्तक व उपनिषदों के निर्गुण ब्रह्म के समर्थक थे। उनके अनुसार—परमार्थ तत्त्व सत्ता रूप ब्रह्म अद्वैत और सत्य है। जगत मिथ्या है। ब्रह्म और जीव में कोई तात्त्विक अन्तर नहीं है। ब्रह्म निर्वैकल्पिक, निरुपाधि और निर्विकार सत्ता है। शंकराचार्य के अनुसार ब्रह्म का विचार दो दृष्टियों से किया जा सकता है—स्वरूप लक्षण से और तटस्थ लक्षण से। व्यावहारिक दृष्टि से जगत को सत्य माना जाता है और ब्रह्म को उसका मूल कारण, सृष्टिकर्त्ता, पालक, संहारक, सर्वज्ञ और सर्वशक्तिमान कह सकते हैं इसी रूप में उसे ईश्वर या सगुण ब्रह्म भी कहा जाता है। इसी रूप में ईश्वर की आराधना की जाती है। परन्तु ब्रह्म को जगतकर्त्ता कहना केवल व्यावहारिक दृष्टि से ही सत्य माना जा सकता है (अर्थात् जब तक हम जगत को सत्य मानते हैं) जगत-कर्तृत्व ब्रह्म का स्वरूप लक्षण नहीं केवल तटस्थ लक्षण है। अर्थात् सृष्टि का कर्त्ता उसका औपाधिक गुण है, वास्तविक स्वरूप नहीं। एक दृष्टान्त के द्वारा यह भेद स्पष्ट हो जाएगा। एक गड़ेरिया रंगमंच पर राजा बनकर अभिनय करता है। वह देश जीतकर उस पर शासन करता है। अब वास्तविक दृष्टि से वह गड़ेरिया है। यह उसका स्वरूप लक्षण है। किन्तु नाटक की दृष्टि से वह राजा विजेता और शासक के रूप में प्रकट होता है वह उसका तटस्थ लक्षण है। अर्थात ऐसा लक्षण, जो उसके वास्तविक स्वरूप को स्पर्श नहीं करता। इसी तरह ब्रह्म का स्वरूप लक्षण है—सत्यं ज्ञानमनन्तं ब्रह्म। (अर्थात् ब्रह्म सत्य और अनन्त ज्ञानस्वरूप है)

सृष्टिकर्त्ता, पालक, संहारक, सर्वज्ञ और सर्वशक्तिमान आदि विशेषण (जिनका जगत से सम्बन्ध है) उसके तटस्थ लक्षण मात्र हैं और केवल व्यावहारिक दृष्टि से सत्य हैं। जिस प्रकार हम रंगमंच के पात्र को नट के अतिरिक्त अन्य दृष्टिकोण से भी देख सकते हैं, उसी तरह हम ब्रह्म को भी जगत से भिन्न दृष्टिकोण से अर्थात पारमार्थिक दृष्टि से भी देख सकते हैं। तब जगत के सम्बन्ध को लेकर जितने विशेषण हम उसमें लगाते हैं, उन सभी से वह परे हो जाता है। यही ब्रह्म का यथार्थ स्वरूप है। शंकराचार्य उसी को परमब्रह्म कहते हैं। ब्रह्म के यथार्थ स्वरूप को (जो जगत से अतीत या परे है) तथा औपाधिक रूप को (जो जगत से सम्बद्ध है) समझने के लिए शंकर मायावी का दृष्टान्त देते हैं। मायावी या जादूगर उन्हीं लोगों की दृष्टि में अद्भुत है जो उसकी माया या छल से छले जाते हैं और उसके दिखाए गए इन्द्रजाल को सच समझते हैं। परन्तु जो लोग उसके मायाजाल में नहीं फँसते और उसकी चालाकी को समझ जाते हैं, उनकी दृष्टि में वह जादू अद्भुत या आश्चर्यजनक नहीं रहता। इसी तरह जो जगत रूपी मायाजाल के भुलावे में आ जाते हैं, वे ईश्वर को मायावी या सृष्टिकर्त्ता के रूप में देखते हैं। परन्तु जो इने-गिने तत्त्वज्ञानी हैं, वे समझते हैं कि संसार केवल धोखा है। न कोई वास्तविक सृष्टि है न सृष्टिकर्त्ता। शंकर का मत है कि इसी प्रकार सामान्य अनुभव के आधार पर हम समझ सकते हैं कि ब्रह्म कैसे जगत में व्याप्त भी है और इससे परे भी। जगत जब तक भासित होता है, तब तक वह एकमात्र सत्ता ब्रह्म के ही आश्रित रहता है। जैसे रस्सी में आभासित साँप उस रस्सी के अलावा और कहीं नहीं रहता। परन्तु जिस तरह उसी रस्सी में सर्पत्व की भ्रान्ति के कारण कोई विकार नहीं आता अथवा जिस तरह नाटक के पात्र को राज्य की प्राप्ति या नाश से कोई यथार्थ लाभ-हानि नहीं होती, उसी तरह जगत के सुख-दुख, पाप-पुण्य विषयों से ब्रह्म प्रभावित नहीं होता। जीव नित्य और चैतन्य स्वरूप है तथा उसका ब्रह्म से स्वभावगत ऐक्य है। वह विभु है। उसकी प्रवृत्ति अन्तर्मुखी और बहिर्मुखी दोनों होती है। अन्तर्मुखी प्रवृत्ति होने पर जीव ईश्वरोन्मुख होता है और बहिर्मुखी होने पर संसारोन्मुख। जीव मायाजन्य अज्ञान से आवृत होने के कारण अपने आप को ब्रह्म से पृथक समझता है। माया का आवरण हट जाने पर तथा औपाधिक भेद मिट जाने पर जीव का ब्रह्म से तादात्म्य हो जाता है। 'तत्त्वमसि', सोऽहम् आदि औपनिषदिक वाक्य इसी तथ्य के समर्थक हैं।

रामानुजाचार्य, मध्वाचार्य, विष्णुस्वामी, निम्बार्क और वल्लभाचार्य ने शंकराचार्य के मायावाद का विरोध किया और उनके अद्वैतवाद को अपने मन्तव्य के अनुसार नया रूप दिया एवं अपने-अपने सम्प्रदाय स्थापित किए। शंकराचार्य

के अद्वैतवाद में ब्रह्म के अतिरिक्त जीव और जगत को स्वीकृति नहीं मिली (ब्रह्म सत्यं जगन्मिथ्या) किन्तु वैष्णव भक्तों ने ब्रह्म के साथ-साथ जीव और जगत को स्वीकार किया। इन आचार्यों में सर्वप्रथम रामानुज ने शंकर के अद्वैतवाद का खंडन करते हुए वैष्णव भक्ति की दार्शनिक प्रतिष्ठा की। उन्होंने ब्रह्म का गुण विशिष्ट मानकर विशिष्टाद्वैतवादी सिद्धान्त का प्रवर्तन किया। इनके उपास्यदेव थे—लक्ष्मीनारायण। रामानुज का यह दार्शनिक सिद्धान्त काफी लोकप्रिय हुआ जिससे प्रभावित होकर बाद में निम्बार्काचार्य, मध्वाचार्य और विष्णुस्वामी ने क्रमशः द्वैत, द्वैताद्वैत और शुद्धाद्वैतवादी सिद्धान्तों का प्रवर्तन किया। इस सभी आचार्यों के उपास्यदेव थे—श्रीकृष्ण। इनके इन सिद्धान्तों को इनके ही चार शिष्यों—श्री, ब्रह्म, रुद्र और सनक ने प्रवर्तित कर चार वैष्णव सम्प्रदायों को जन्म दिया और इन सम्प्रदायों का नाम इन्हीं संस्थापक शिष्यों के आधार पर रखा गया। इसे स्पष्ट रूप से निम्न तालिका द्वारा समझा जा सकता है—

सम्प्रदाय	संस्थापक	आचार्य	सिद्धान्त	उपास्य
श्री सम्प्रदाय	श्री	रामानुज	विशिष्टाद्वैत	श्रीनारायण
ब्रह्म सम्प्रदाय	ब्रह्मा	मध्व	द्वैतवाद	लक्ष्मी-विष्णु
हंस सम्प्रदाय	सनक	निम्बार्क	द्वैताद्वैत	राधा-कृष्ण
रुद्र सम्प्रदाय	रुद्र	विष्णुस्वामी	शुद्धाद्वैत	बालकृष्ण

विशिष्टाद्वैतवाद—रामानुजाचार्य ने शंकर के अद्वैतवाद और मायावाद से सहमत न होने के कारण नाथमुनि के पौत्र यामुनाचार्य के शिष्य बनकर वैष्णव धर्म का प्रचार किया। अपने सम्प्रदाय को शास्त्रसम्मत सिद्ध करने के लिए उन्होंने ब्रह्मसूत्र और श्रीमद्भगवद्गीता पर भाष्य लिखे। इनका दर्शन विशिष्टाद्वैतवाद कहलाता है, जिसके अनुसार चित जीव भोक्ता है और अचित जगत भोग्य। ईश्वर दोनों का अन्तर्यामी है। तीनों नित्य हैं, किन्तु जीव और जगत स्वतन्त्र होते हुए भी ईश्वर के अधीन है। ईश्वर सभी भेदों से रहित है। विशिष्टाद्वैतवाद के कई अर्थ प्रचलित हैं।

(क) दो विशिष्टों का अद्वैत (तादात्म्य = अभेद) स्थूल चेतनता तथा अचेतनता से विशिष्ट जीव और सूक्ष्म चेतनता तथा अचेतनता से विशिष्ट परमात्मा की एकता ही विशिष्टाद्वैत है। या यों कहिए कि ब्रह्म के दो रूप हैं, कारणब्रह्म और कार्यब्रह्म। कारणब्रह्म सूक्ष्म चित और अचित से विशिष्ट है। कार्यब्रह्म (जीवों सहित समस्त जगत) स्थूल चित तथा अचित से विशिष्ट है। दोनों का (कारणब्रह्म और कार्यब्रह्म) एकमेक विशिष्टाद्वैत है।

(ख) उपर्युक्त अर्थ को न मानते हुए कुछ लोग विशिष्टाद्वैत का अर्थ द्वैत से विशिष्ट अद्वैत लेते हैं। द्वैत का अर्थ चित और अचित है। अद्वैत का अर्थ है अन्तर्यामी परमात्मा। द्वैत नियम्य है और अद्वैत नियामक।

शंकराचार्य की तरह रामानुजाचार्य भी मानव-जीवन का लक्ष्य मोक्ष मानते हैं, परन्तु दोनों के द्वारा प्रतिपादित मोक्ष के स्वरूप में अन्तर है। शंकर के अनुसार मोक्ष का अर्थ है—अविद्या या माया के नाश द्वारा सीमित जीव का असीमित ब्रह्म में मिल जाना और तद्रूप हो जाना, परन्तु रामानुज के अनुसार—मोक्ष का अर्थ है—जीवात्मा का अविद्या के नाश से निर्मूल होकर ब्रह्म के सदृश हो जाना। रामानुज के अनुसार मोक्ष में जीव का ब्रह्म में दूध और पानी की तरह अद्वैत रूप में विलय नहीं होता। शंकर के अनुसार मोक्ष-प्राप्ति का मुख्य साधन ज्ञान है, परन्तु रामानुज भक्ति को मुख्य साधन मानते हैं। इसीलिए उन्होंने प्रपत्तिवाद के सिद्धान्त को प्रवृत्त किया।

रामानुज के अनुसार ब्रह्म की अभिव्यक्ति पाँच प्रकार से होती है—पर, व्यूह, विभव, अन्तर्यामी और अर्चावतार।[3]

जीव (चित) अनेक हैं और उन्हें तीन कोटियों में विभक्त किया जा सकता है—बद्ध, मुक्त और नित्य।[4]

द्वैतवाद—शंकराचार्य के अद्वैतवाद तथा रामानुजाचार्य के विशिष्टाद्वैतवाद के विरुद्ध मध्वाचार्य ने द्वैतवाद की स्थापना की। मध्वाचार्य के मतानुसार—ब्रह्म और जीव दो परस्पर निरपेक्ष तत्त्व हैं। विष्णु ही परब्रह्म हैं। विष्णु अथवा परब्रह्म कारण है और जीव कार्य है। कार्य के कारण से उत्पन्न होने पर भी न तो समूचा कारण ही कार्य बन जाता है और न कार्य बदलकर कारण बन सकता है। कारण से एक बार कार्य बन जाने पर कार्य सदा कार्य रहता है और कारण सदा कारण। इसी प्रकार जीव ब्रह्म से उत्पन्न होकर न ब्रह्म बन सकता है और न ब्रह्म में विलीन हो सकता है। अत: जीव और ब्रह्म परस्पर निरपेक्ष पृथक तत्त्व हैं। इनका परस्पर स्वामी-सेवक भाव अथवा राजा और प्रजा का-सा सम्बन्ध है। ब्रह्म स्वतन्त्र है, जीव परतन्त्र। ब्रह्म आराध्य है और जीव आराधक। जीव भक्ति द्वारा ब्रह्म की समीपता पा सकता है। ब्रह्म को असंख्य गुणों का भंडार मानते हुए उन्होंने इसके कार्य को उत्पत्ति, पालन, लय, नियन्त्रण, आवरण, बोधन, बन्धन और मोक्ष नामक आठ श्रेणियों में विभक्त किया है। वह अवतार धारण करता है। कृष्ण ब्रह्म का ही अवतार हैं। जीव की तीन श्रेणियाँ हैं—मुक्तियोग्य, नित्य संसारी और तमोयोग्य। जीव के मुक्त हो जाने पर भी जीव और ब्रह्म में पार्थक्य बना रहता है। ब्रह्म और जीव के समान जगत भी सत्य और नित्य है और पाँच भेदों से युक्त है। मुक्ति-प्राप्ति

के लिए जीव को चाहिए कि वह पाँचों का अवयव ज्ञान प्राप्त करें। मुक्ति के भी चार स्तर हैं—कर्मक्षय, उत्क्रान्ति का लय, अर्चिरादि मार्ग और भेग-मुक्ति। भेग-मुक्ति चार प्रकार की है—सालोक्य, सामीप्य, सारूप्य और सायुज्य।[5]

शुद्धाद्वैतवाद—विष्णुस्वामी ने शंकर के अद्वैतवाद के विरुद्ध शुद्धाद्वैतवाद की स्थापना की और रुद्र सम्प्रदाय का प्रवर्तन किया। उनके अनुसार सर्वप्रथम एक ही ब्रह्म था। उसकी इच्छा हुई—'एकोऽहम् बहुस्याम्।' फलतः वह स्वचेतन जगत में परिवर्तित हो गया, जिसका नियन्ता भी वह स्वयं था। जगत के सब जीव उससे इस प्रकार उत्पन्न हुए, जिस प्रकार प्रज्वलित अग्नि से स्फुलिंग उत्पन्न होते हैं और ये सब उसी के भाग हैं।

द्वैताद्वैतवाद—श्री निम्बार्काचार्य का दर्शन द्वैताद्वैतवाद अथवा भेदाभेदवाद कहलाता है। उनके मत से यद्यपि जगत और ब्रह्म एक दूसरे से भिन्न हैं, तथापि जीव और जगत का अस्तित्व ईश्वर की इच्छा के अधीन है। जीव अवस्था भेद से ब्रह्म से भिन्न भी है, अभिन्न भी। ब्रह्म जगत का निमित्तोपादान कारण है। मकड़ी के जाले की तरह सृष्टि होती है। जीव और ईश्वर का सम्बन्ध अंश-अंशी का है। निम्बार्क के मत से कृष्ण परात्पर ब्रह्म हैं। उन्होंने राधा की उपासना पर विशेष बल दिया है। पाँच प्रकार की भक्ति में उन्होंने माधुर्य या उज्ज्वल भाव की भक्ति को विशेष महत्त्व दिया है। निम्बार्क से ही हिन्दी में राधावल्लभ और हरिदासी सम्प्रदायों का विकास हुआ। राधावल्लभ सम्प्रदाय के प्रवर्तक स्वामी हितहरिवंश थे और हरिदास ने वृन्दावन में सखी सम्प्रदाय की स्थापना की थी।

निम्बार्क के द्वैताद्वैत सिद्धान्त के अनुसार ब्रह्म और जीव में अद्वैत और द्वैत दोनों प्रकार का सम्बन्ध है। उपाधि भेद से ब्रह्म और जीव भिन्न हैं, परन्तु उपाधि भेद से ही वे अभिन्न भी हो सकते हैं। उनकी भिन्नता सत्य है और अभिन्नता भी सत्य है। यह भिन्नता माया अथवा भ्रम नहीं है। कारण से कार्य उत्पन्न होकर भी पुनः कारणरूपता को प्राप्त हो सकता है। इसी प्रकार जीव ब्रह्म से पृथक होकर भी फिर ब्रह्म में विलय हो सकता है अर्थात् उसका चिर-मिलन हो सकता है। ब्रह्म और जीव का चिर-मिलन ही मोक्ष है और उसका साधन प्रवृत्ति एवं भक्ति है। जहाँ तक कर्तृत्व का सम्बन्ध है जीव कार्य करने में स्वतन्त्र है, परन्तु भोग-प्राप्ति के लिए वह ब्रह्म पर आश्रित है। अतः ब्रह्म नियन्ता है, जीव नियम्य।

रामानन्द—स्वामी रामानन्द जी रामानुजाचार्य की शिष्य परम्परा में हुए और राघवानन्द के शिष्य थे। उत्तर भारत के सगुण भक्त कवियों को सबसे अधिक प्रभावित करनेवाले रामानन्द और वल्लभाचार्य ही थे। रामानन्द ने जहाँ एक ओर रामानुजाचार्य के श्री सम्प्रदाय को व्यापक और लोकप्रिय बना दिया वहीं दूसरी

ओर उत्तर और दक्षिण की भाषित पद्धति के समन्वय का भी महान कार्य किया। कहा जाता है कि राघवानन्द के शिष्य बनने से पूर्व वे किसी अद्वैती गुरु के चेले रह चुके थे। कदाचित यही कारण है कि एक ओर तो रामानुज की शिष्य-परम्परा में होने के कारण उनके विचारों में भक्ति तत्त्व एवं प्रपत्तिवाद का समावेश हुआ और दूसरी ओर अद्वैतवाद का, तथा एक ओर उन्होंने सगुण भक्ति को (निर्गुण राम को) उनकी सगुण-भक्त-शिष्य-परम्परा में गोस्वामी तुलसीदास जैसे कवि हुए और निर्गुण-भक्त-परम्परा में कबीर, रैदास आदि जैसे। रामानन्द ने अपने सिद्धान्तों का प्रतिपादन करने के लिए तीन ग्रन्थ संस्कृत लिखे—(1) ब्रह्मसूत्रों पर आनन्द भाष्य, (2) वैष्णवमताब्ज भास्कर और (3) रामार्चन पद्धति।

सैद्धान्तिक दृष्टि से रामानन्द मूलत: रामानुजाचार्य के सिद्धान्तों के अनुयायी हैं। परन्तु सगुण और निर्गुण का समन्वय करने के कारण उनके भक्ति क्षेत्र का सगुण राम और योग क्षेत्र का निर्गुण राम ज्ञान क्षेत्र में आकर द्वैताद्वैत विलक्षण हो गया है। जगत का अभिन्न निमित्तोपादान कारण ब्रह्म है। वह निर्विशेष और सविशेष दोनों प्रकार का है। जीव और ब्रह्म में भेद है। जीव अणु, कर्त्ता, भोक्ता, ज्ञाता और नित्य है। जीव नाना है और परस्पर भेद रखते हैं।[6]

वल्लभाचार्य—आचार्य वल्लभ के दर्शन को शुद्धाद्वैतवाद, ब्रह्मवाद अथवा अविकृत परिणामवाद कहा जाता है और भक्ति की दृष्टि से उसे पुष्टि-मार्ग कहते हैं। उनके सिद्धान्तों में निम्बार्काचार्य और विष्णुस्वामी के सिद्धान्तों का सुन्दर समन्वय है। वल्लभाचार्य के शुद्धाद्वैतवाद को ब्रह्मवाद तथा अविकृत परिणामवाद भी कहा जाता है। यह शंकराचार्य के अद्वैतवाद का संशोधित रूप है। शंकर ने माया और अविद्या रूप उपाधि से युक्त ब्रह्म को कारण और कार्य बताया है, परन्तु वल्लभाचार्य ऐसा नहीं मानते। उन्होंने ब्रह्म को शुद्धाद्वैत माना है जिसका तात्पर्य है—माया के सम्बन्ध से रहित—'शुद्धं च तदद्वैतम्।' माया के सम्बन्ध से रहित ब्रह्म ही जगत का कारण और कार्य है। वह दोनों रूपों में शुद्ध है। शंकराचार्य ब्रह्म को माया-संवलित मानते थे और जगत को मिथ्या अथवा भ्रम बताते थे। इसलिए उनका सिद्धान्त मायावाद कहलाया। शंकर ने जहाँ-जहाँ माया का अस्तित्व बतलाया था, वल्लभाचार्य ने वहीं-वहीं ब्रह्म का प्रतिपादन किया। इसीलिए उनका सिद्धान्त ब्रह्मवाद कहलाया। अविकृत परिणामवाद से तात्पर्य है कि जगत ब्रह्म का विकार-रहित परिणाम है। जैसे कुंडलादि आभूषणों के रूप में परिणत होने पर भी सुवर्ण में किसी प्रकार का विकार उत्पन्न नहीं होता, उसे गलाने पर वह फिर से सुवर्ण हो जाता है, वैसे ही जगत भी शुद्ध ब्रह्म का (मायाशबलित ब्रह्म का नहीं) अविकृत परिणाम है और लय होने पर फिर शुद्ध ब्रह्म ही हो जाता है। वल्लभाचार्य

के अनुसार ब्रह्म सत, चित और आनन्दमय है एवं वह स्वयं ही अपने तीनों रूपों में प्रकट होता है। सत्त्व गुण के आविर्भाव और चित तथा आनन्द के तिरोभाव से वह प्रकृति के रूप में प्रकट होता है एवं सत तथा चित के आविर्भाव और आनन्द के तिरोभाव से जीव के रूप में प्रकट होता है।

आनन्द के तिरोभाव से जीव भाव का उदय हुआ है। अत: जीव का लक्ष्य है—आनन्द की प्राप्ति। इस आनन्द की प्राप्ति का श्रेष्ठतम साधन है—भक्ति। भक्ति दो प्रकार की है—मर्यादा भक्ति और पुष्टि भक्ति। वैदिक कर्मों के अनुष्ठान, पालन आदि को मर्यादा भक्ति कहते हैं। इससे सायुज्य मुक्ति मिलती है। वल्लभाचार्य ने पुष्टि-मार्ग को श्रेष्ठ माना है। पुष्टि का अर्थ है—भगवान का अनुग्रह-पोषणं तदनुग्रह: (भागवत 2/10-4)। भगवान के प्रति माहात्म्य ज्ञान रखते हुए सुदृढ़ प्रेम से यह भक्ति आती है। भक्ति-साधना में एक ऐसी अवस्था आती है, जब भगवान स्वयं आकृष्ट होकर अनुग्रह करता है। यही पुष्टि का लक्षण है। वह स्वयं साध्य है, साधन नहीं। इसमें किसी फल की आकांक्षा नहीं रहती।

चैतन्य—चैतन्य महाप्रभु शंकराचार्य के भाष्य के विरुद्ध थे और अद्वैतवाद और विवर्तवाद में विश्वास नहीं रखते थे। चैतन्य और उनके अनुयायियों के अनुसार कृष्ण ही परमतत्त्व हैं। उनकी शक्ति अचिन्त्य है। उनकी शक्ति की प्रकट होने पर उसे भगवान कहते हैं : अन्यथा वह ब्रह्म कहलाता है। जब उसकी शक्ति कुछ प्रकट और कुछ अप्रकट रहती है तब वह परमात्मा कहलाता है। इस परमतत्त्व कृष्ण (ब्रह्म) का भगवान रूप भक्ति का आलम्बन है। भगवान का पुरुषावतार वासुदेव की सृष्टि का कारण है। उसकी तीन शक्तियाँ हैं : अन्तरंग शक्ति, बहिरंग शक्ति और तटस्थ शक्ति। अन्तरंग शक्ति स्वरूप शक्ति है। वही सामूहिक रूप सत चित आनन्द है। बहिरंग शक्ति माया कहलाती है और उससे जड़ प्रकृति का उद्भव होता है। माया दो प्रकार की है : द्रव्य माया और गुण माया। द्रव्य माया जगत का उपादान कारण है और गुण माया निमित्त कारण है। तटस्थ शक्ति जीवों की उत्पत्ति का कारण है। जीव अणुरूप और नित्य है, जड़ माया से छुटकारा पाने पर उन्हें सायुज्य कैवल्य मुक्ति प्राप्त होती है। चैतन्य सम्प्रदाय का यह दार्शनिक विवेचन निम्बार्क के द्वैताद्वैत से प्रभावित है।[7]

हित हरिवंश—चैतन्य महाप्रभु के समान राधावल्लभ सम्प्रदाय के प्रवर्तक गोस्वामी हित हरिवंश भी मुख्यरूप से रस भक्ति और प्रेम भक्ति साधना के समर्थक थे। द्वैत या अद्वैतपरक किसी विशिष्ट दर्शन मार्ग का उन्होंने अवलम्बन नहीं लिया। परन्तु गोस्वामी हित हरिवंश के अनुगामियों ने अपने सम्प्रदाय को अन्य वैष्णव सम्प्रदायों के समान परम्परा में स्थिर करने के प्रयत्न में वेदान्त सूत्रों पर

राधावल्लभीय भाष्य लिखे और राधावल्लभ सम्प्रदाय के दर्शन को सिद्धाद्वैत का नाम दिया।

इस काल के सगुण भक्त कवियों पर इन आचार्यों के और विशेषकर रामानुजाचार्य, रामानन्द और वल्लभाचार्य के दार्शनिक सिद्धान्तों का गहरा प्रभाव पड़ा और उन्होंने उनके स्वीकृत सिद्धान्तों का काव्यमयी भाषा में प्रतिपादन किया।

प्रोफेसर हिन्दी विभाग,
काशी हिन्दू विश्वविद्यालय,
वाराणसी

सन्दर्भ

1. हिन्दी साहित्य, पृ. 93
2. आचार्य रामचन्द्र शुक्ल, हिन्दी साहित्य का इतिहास, पृ. 62-63; डॉ. रामकुमार वर्मा, हिन्दी साहित्य का आलोचनात्मक इतिहास, पृ. 206, हजारीप्रसाद द्विवेदी, हिन्दी साहित्य, पृ. 93-94
3. देखिए 'भारतीय दर्शन' (बलदेव उपाध्याय), पृ. 492-502.
4. वैष्णविज़्म, शैविज़्म एंड माईनर रिलीजस सिस्टम्ज़ (आर. जी. भंडारकर), पृ. 74-75.
5. देखिए—वैष्णविज़्म शैविज़्म एंड माईनर रिलीजस सिस्टम्ज़ (आर.जी. भंडारकर), पृ. 83-85, 'भारतीय दर्शन' (बलदेव उपाध्याय), पृ. 507-512.
6. भागवत सम्प्रदाय (बलदेव उपाध्याय), पृ. 259-261
7. वैष्णविज़्म, शैविज़्म एंड माईनर रिलीजस सिस्टम्ज़ (आर. जी. भंडारकर), पृ. 119-121. 'भारतीय दर्शन' (बलदेव उपाध्याय), पृ. 532-534.

भक्तियुगीन साहित्य और लोकभावना

किरण तिवारी

हिन्दी साहित्य का भक्तिकाल इतिहास के सन्धि युग का परिचायक है। भक्तियुगीन समाज आर्थिक रूप से असुरक्षित और कुलीनतन्त्रीय व्यवस्था से त्रस्त था। जनता में कर्मकांड और पाखंड का जोर चरम पर था। बौद्ध धर्म देश से खदेड़ा जा चुका था तथा इस्लाम का एकेश्वरवाद और अस्पृश्यताविहीन सामाजिक सरोकार लोगों के लिए आश्चर्य का विषय था। इन्हीं परिस्थितियों में भक्ति साहित्य का जन्म हुआ, जिसकी हुंकार आज भी एक नए संकल्प को पोषित-पल्लवित करने के लिए पर्याप्त है।

भक्तिकाल से पूर्व हिन्दी साहित्य का 'विज़न' संकुचित रहा और फिर यह किसी बड़े आदर्श से संचालित भी नहीं था। आश्रयदाता राजाओं के गुणगान और काव्यगत रूढ़ियों पर आधारित साहित्य, सूक्तियों को जन्म दे सकता है पर वह समाज को किसी नए रास्ते पर चलने की स्फूर्ति नहीं दे सकता। चौदहवीं सदी से पूर्व का हिन्दी साहित्य तालाब के ठहरे हुए जल के जैसा है जिससे कोई प्रेरणा नहीं मिलती परन्तु भक्तियुगीन साहित्य मनुष्य जीवन के एक निश्चित लक्ष्य और आदर्श को लेकर चला। यह लक्ष्य है—भगवद्भक्ति, आदर्श है शुद्ध सात्त्विक जीवन और साधना है भगवान के निर्मल चरित्र और सरस लीलाओं का गान। जबकि इससे पूर्ववर्ती साहित्य का लक्ष्य था—राज दरबारों का संरक्षण, कवि यश और वाक् सिद्धि। आदिकालीन साहित्यकारों में हमें आडम्बररहित, अलौकिक लक्ष्य प्राप्त करने की चेष्टा नहीं नजर आती है, न ही उनकी रचनाएँ समाज को प्रेरित करती हैं। वहीं भक्तिकाल में रचित काव्य में प्रेरित करने की अपार शक्ति है। इस काल की शुरुआत ही कबीर, नानक, सूरदास, तुलसीदास, मलिक मुहम्मद जायसी जैसे महारथियों से हुई। ये सभी अपने-अपने क्षेत्रों के महारथी हैं। इस काल का साहित्य इस बात की स्पष्ट उद्घोषणा करता है कि बड़े और महान साहित्य की रचना के लिए लक्ष्य भी उतना ही उदात्त होना चाहिए।

कबीर भले ही विद्रोही रहे हों, लेकिन विनाशक नहीं। उनका विद्रोह उन्हें ऐसी क्रान्ति का वाहक बनाता है जो समाज के दूषित तत्त्व को उखाड़कर परस्पर प्रेम व ऐक्य की लोकभावना को प्रश्रय देता है।

रैदास, धर्मदास, गुरुनानक, दादू दयाल, मलूकदास, सुन्दरदास जैसे संतों के आदर्श कबीर, क्रान्तिकारी कवि होने के साथ-साथ अपने समय के विश्रृंखलित समाज के पथ प्रदर्शक, समाज सुधारक व महान दार्शनिक थे। उन्होंने कभी भी स्वयं को लोक से अलग नहीं माना।

'सुखिया सब संसार है खावे अरु सोवै
दुखिया दास कबीर है जागे अरु रोवै'

ऐसा कहकर कबीर ने यह समझाने की कोशिश की है कि वह समाज में सर्वत्र फैली जाति-पाँति की भावना व ऊँच-नीच के भेदभाव से दुखी हैं। उनकी यह पीड़ा निजी है लेकिन निजी होते हुए भी लोक-पीड़ा उसमें समाई है। वे आमजन की पीड़ा को, लोकभावना को अपने शब्दों द्वारा समाज तक पहुँचाने का कार्य करते हैं।

भक्तिकालीन साहित्य में प्राय: सभी भक्त कवियों ने ज्ञान और भक्ति में भक्ति को प्रधानता दी है। जहाँ कबीर ने कहा है—

'हरि भगति जाने बिना बूड़ि मुआ संसार',

वहाँ सूरदास जी गोपियों द्वारा उद्धव को कहलाते हैं—

'बार-बार यह बचन निबारो, भक्ति-विरोधी ज्ञान तिहारो।'

"तुलसी के काव्य में लोकमंगल की भावना तो है ही वे समन्वयवादी भी हैं, यह भी सिद्ध है। ज्ञान और भक्ति का समन्वय करते हुए तुलसीदास जी ने भी भक्ति को प्रधानता दी है। उन्होंने भक्ति को चिन्तामणि कहा है और ज्ञान को दीपक, जो माया की हवा में बुझ जाता है।"[1]

भक्तिकालीन साहित्य की भाषा लोक और समाज के बीच की है। इसकी शैली सहज है। गम्भीर-से-गम्भीर बातों को भी लोक भाषा में प्रचारित करने का कार्य भक्ति साहित्य ने किया है। यही कारण है कि आज भी गाँवों, देहातों में लोगों को भक्तिकालीन चौपाइयाँ, दोहे, कहावतें आदि कंठस्थ हैं।

भक्तियुगीन कवियों द्वारा चयनित विषयवस्तु आमजनों के लिए भी उतनी ही सुखद है जितनी अभिजात्य वर्ग के लिए। इसमें व्यक्ति के जीवन और कर्म को प्रधानता दी गई है जबकि आदिकाल और रीतिकाल में व्यक्तिविशेष की महिमा का बखान और गुणगान है।

भक्तियुगीन कवियों ने अमर काव्यों की रचना की है जो स्वान्त: सुखाय होने के साथ-साथ बहुजन हिताय भी सिद्ध हुई है। ये कृतियाँ किसी एक युग की न होकर सर्वयुगीन, शाश्वतकालीन हैं।

कबीर की साखियाँ हों या जायसी का पद्मावत, भक्त सूर का 'सूरसागर' हो या तुलसी का 'रामचरितमानस' सभी अपने-अपने क्षेत्र में बेजोड़ हैं।

गोस्वामी तुलसीदास मर्यादावादी और लोकदर्शी भक्त थे। उन्होंने युगधर्म को पहचाना और लोकधर्म को सुरक्षित रखने के लिए रामभक्ति का आदर्श प्रस्तुत किया। वे व्यक्तिगत मोक्ष के साथ ही लोक-कल्याण के अभिलाषी थे। उन्होंने अनुभव किया कि लोकमंगल के लिए विश्व को उस ईश्वर की आवश्यकता है जो दीन-दुखियों की पुकार सुन सके, तत्काल उनकी रक्षा कर सके, अधर्म का नाश करके धर्म की प्रतिष्ठा कर सके। परिस्थिति का आग्रह था कि जनता को लोकरक्षक, वर्णाश्रम धर्मपालक तथा धनुर्धर राम की आवश्यकता है। अत: उन्होंने मर्यादा पुरुषोत्तम राम की दास्य भक्ति का ही गौरवगान किया।

भगवान के सभी अवतारों में लोकरक्षक रूप की सर्वाधिक अभिव्यक्ति राम में ही हुई है। उनमें ही भगवान के तीन महती गुणों—शील, शक्ति और सौन्दर्य के पूर्ण रूप देखने को मिलते हैं। वह असुरारि हैं, भक्तों तथा सज्जनों की रक्षा करनेवाले हैं। उनकी भक्ति का पथ कल्पित नहीं है अपितु वेदशास्त्रसम्मत है, ज्ञान वैराग्य युक्त है।

'श्रुति संमत हरि भक्ति पथ संजुत बिरति बिबेक।
तेहिं न चलहिं नर मोह बस कल्पहिं पन्थ अनेक।।'[2]

यद्यपि तुलसी ने ज्ञान मार्ग को तलवार की धार के समान तीक्ष्ण और दुरूह भी बताया है लेकिन साथ ही वे यह भी कहते हैं कि साध्य की दृष्टि से ज्ञान और भक्ति में कोई अन्तर नहीं है।

'भगतिहि ग्यानहिं नहिं कछु भेदा। उभय हरहिं भव संभव खेदा।।'[3]

इस प्रकार तुलसीदास ने अपने युग, परिस्थितियों की माँग व आवश्यकता को ध्यान में रखकर भक्ति, धर्म, भाषा, साहित्य, पारिवारिक जीवन, समाज आदि सभी क्षेत्रों में व्याप्त विरोध व वैमनस्य को मिटाने और सामंजस्य स्थापित करने का जो प्रयास अपने साहित्य में किया है वह अतुलनीय है। और अपने इसी प्रयास के कारण भारतीय जनमानस के हृदय व साहित्य में जो स्थान तुलसी को प्राप्त हुआ वह अन्य किसी साहित्यकार को नहीं। तुलसी साहित्यिक और सांस्कृतिक दोनों ही दृष्टियों से बेजोड़ हैं। इनकी कृतियाँ साहित्यिक दृष्टि से ही अनुपम नहीं ठहरतीं वरन भारत की सांस्कृतिक विरासत में भी यह बेजोड़ सिद्ध होती है। साहित्य-संस्कृति के इसी संगम के कारण तुलसी की पहुँच घर-घर तक हो सकी है। इसलिए वे एक ओर जहाँ साहित्य समाज में सर्वाधिक सम्मान के अधिकारी बन सके हैं वहीं दूसरी ओर व्यापक समाज में सर्वाधिक लोकप्रिय व्यक्तित्व के रूप में भी समादृत हो सके हैं।

आचार्य हजारीप्रसाद द्विवेदी के अनुसार, "भारतवर्ष का लोकनायक वही हो सकता है जो समन्वय करने का अपार धैर्य लेकर आया हो। भारतीय समाज में नाना भाँति की परस्पर विरोधी संस्कृतियाँ, साधनाएँ, जातियाँ, आचार-विचार और पद्धतियाँ प्रचलित हैं। तुलसीदास स्वयं नाना प्रकार के सामाजिक स्तरों में रह चुके थे।... उस युग में प्रचलित सब प्रकार की काव्य-पद्धतियों को उन्होंने अपनी शक्तिशाली भाषा की सवारी पर चढ़ाया था।... उसमें केवल लोक और शास्त्र का ही समन्वय नहीं है, वैराग्य और गार्हस्थ्य का, भक्ति और ज्ञान का, भाषा और संस्कृति का, निर्गुण और सगुण का, पुराण और काव्य का, भावावेग और अनासक्त चिन्तन का, ब्राह्मण और चांडाल का, पंडित और अपंडित का समन्वय रामचरितमानस के आदि से अन्त दो छोरों पर जानेवाली परा-कोटियों को मिलाने का प्रयत्न है।"[4]

भक्तिकाल अनुभूति तथा अभिव्यक्ति दोनों ही दृष्टिकोण से हिन्दी काव्य का सर्वोत्कृष्ट काल तो था ही, व्यापकता और गहराई के दृष्टिकोण से भी सर्वोत्कृष्ट काल था। तुलसी का 'रामचरितमानस' व्यापकता और सूर का 'सूरसागर' गहराई का प्रतिनिधित्व करता है। वहीं भक्तिकाल मर्यादा और सदाचार के दृष्टिकोण से भी उच्चादर्शों का काल था और समाज के सामने उच्चादर्शों को उपस्थित कर उसका पथ प्रदर्शन करता था। पिता के प्रति पुत्र के आदर्शोन्मुख सदाचार को हम रामचरितमानस में देख सकते हैं—

"प्रातकाल उठि कै रघुनाथा। मातु पिता गुरु नावहिं माथा।"[5]

लोकप्रियता के दृष्टिकोण से भी भक्तिकाल सर्वोत्कृष्ट काल है। कबीर की साखियों, सूर के पदों, मीराँ की गीतों और रहीम के दोहों की लोकप्रियता से कौन इनकार कर सकता है?

इसके अलावा भक्तिकाल के ज्ञानमार्गी तथा प्रेममार्गी शाखाओं के कवियों ने हिन्दुओं तथा मुसलमानों में सद्भावना उत्पन्न कर उन्हें एक-दूसरे के निकट लाने का भरपूर प्रयत्न किया था। कबीर ने दोनों जातियों के बाह्याडम्बरों का उपहास करके और जायसी तथा उस शाखा के अन्य कवियों ने हिन्दू प्रेमगाथाओं को अपनाकर दोनों जातियों के बीच एकता स्थापित करने का प्रयत्न किया था। अत: सामाजिक दृष्टिकोण से भी यह काल सर्वोत्कृष्ट काल था।

भक्तियुगीन साहित्य की बड़ी विशेषता यह रही कि वह लोकभावना का संवाहक बना। इसका स्पष्ट कारण था कि इसकी भाषा और शब्द क्लिष्ट न होकर आमजन के बीच से एकत्रित किए गए थे। भक्तिकालीन हिन्दी साहित्य और लोकभावना के बीच एक अदृश्य गगर मजबूत अन्तर्सम्बन्ध था।

निर्गुण साहित्य की मूल प्रेरणा प्राचीन काल से ही विद्यमान रही है जिसका मूल उद्देश्य व्यक्तिगत उत्कर्ष के निमित्त आध्यात्मिक दृष्टि का सहारा लेना था। परन्तु कालान्तर में महायानियों द्वारा उसे 'बहुजन हिताय' के रूप में नया मोड़ दे दिया गया जिसमें वैदिक आदर्श 'सर्वे भवन्तु सुखिन:' की प्रतिध्वनि विद्यमान थी। लोकचेतना का एक परिणाम लोकभाषाओं के बढ़ते महत्त्व में लक्ष्य हुआ और वे मनोभावों की अभिव्यक्ति का माध्यम बनने लगीं। एक ओर जहाँ महाकाव्यों के माध्यम से शास्त्रीय शैली में राजपुरुषों तथा दिव्य नायकों को महत्त्व दिया जा रहा है, वहाँ दूसरी ओर जन-जीवन की उपेक्षित अनुभूतियों को भी अभिव्यक्ति मिलने लगी थी, जिससे लौकिक वर्ण्य-विषयों का स्वर मुखर होने लगा था। इस काल में लोकगीतों व लोककथाओं को भरपूर सम्मान मिलने लगा और लोक प्रचलित रूपकों, दृष्टान्तों, प्रतीकों व लोकोक्तियों को भी यथेष्ट स्थान दिया जाने लगा। इन बातों से जनता में आत्मविश्वास बढ़ने लगा और समन्वयात्मक दृष्टिकोण का प्रसार हुआ।

भक्तिकालीन साहित्य का प्रेरणा स्रोत था लोकहित की भावना। फलस्वरूप संत कवियों ने समाज-कल्याण का मार्ग अपनाते हुए जीवन के विभिन्न क्षेत्रों में शोषित और प्रताड़ित जनता का यह तथ्यात्मक चित्रण किया। कहा जा सकता है कि संत साहित्य मात्र आध्यात्मिक अनुभूतियों का लेखा-जोखा न होकर तत्कालीन जनजीवन का प्रतिबिम्ब भी है। इस काल के साहित्य में धार्मिक रूढ़ियों और सामाजिक-सांस्कृतिक परम्पराओं का अन्धानुकरण न कर वर्णाश्रम व्यवस्था का विरोध, क्रोध, लोभ, मोह, हिंसा आदि की निन्दा, सद्‌गुणों की प्रतिष्ठा आदि पर बल दिया गया। उदात्त अनुभूति की सरल अभिव्यक्ति इस काव्य की अनन्य विशेषता है। संत कवियों ने तत्कालीन समाज का यथार्थ चित्र अंकित किया है। इनके काव्य में युगबोध और युगचेतना का व्यापक स्वरूप प्रतिफलित हुआ है।

सूफी कवियों ने अपने काव्य के माध्यम से हिन्दू-मुस्लिम संस्कृतियों के समन्वय का प्रयास किया है। काव्य के माध्यम से हिन्दू-मुस्लिम भावनात्मक एकता का प्रयास हिन्दी भक्ति साहित्य की सबसे बड़ी उपलब्धि है। आचार्य शुक्ल ने जायसी की पद्‌मावत की समीक्षा करते हुए 'जायसी ग्रन्थावली' की भूमिका में उनके प्रेम और मानवतावादी प्रभाव को इस प्रकार स्पष्ट किया है—"अपनी कहानियों द्वारा इन्होंने प्रेम का शुद्ध मार्ग दिखाते हुए सामान्य जीवन दशाओं को सामने रखा। कबीर ने भिन्न प्रतीत होती हुई परोक्ष सत्ता की एकता का आभास दिया था, प्रत्यक्ष जीवन की एकता का आभास उन्होंने नहीं दिया था। प्रत्यक्ष जीवन

की एकता का दृश्य सामने रखने की आवश्यकता बनी रही, वह जायसी द्वारा पूरी हुई।''[6]

भक्तिकाल का श्रेष्ठतम काव्य सगुण भक्तिकाव्य है जिसमें राम और कृष्ण की भक्ति परम्परा का विस्तार से वर्णन है। नैराश्यपूर्ण मनोदशा में भ्रमित जनता को अवसाद, कुंठा, निराशा और दैन्य भावना से मुक्ति दिलाकर ईश्वर की सगुण रूप की आराधना करने तथा उनके अवतारी रूप में आश्रय पाने का मार्ग जनता को इस काल के महाकवियों ने दिखलाया। यह भक्तिकाव्य की सबसे बड़ी उपलब्धि कही जाएगी। इस काल के कवियों ने लोक-मानस को आश्वस्त करने के लिए माता-पिता, पिता-पुत्र, स्वामी-सेवक, पति-पत्नी, भाई-बहन, राजा-प्रजा आदि पारिवारिक और सामाजिक सम्बन्धों का वर्णन किया और उन्हें आदर्श के रूप में प्रतिष्ठित किया।

संक्षेप में कहा जा सकता है कि भक्तियुगीन रचनाएँ जीवन के सूक्ष्म अनुभवों की सहज अभिव्यक्ति हैं जिनमें लोक-जीवन की गन्ध रची-बसी है और वे शाश्वत सत्य से साक्षात्कार करवाती हैं।

अत: इसमें कोई सन्देह नहीं कि भक्तिकालीन साहित्य, काव्य सौष्ठव, भारतीय संस्कृति और सभ्यता, लोकमंगल, लोकरंजन और भाषा सभी दृष्टिकोणों से सर्वोत्तम साहित्य की श्रेणी में आता है।

सहायक प्राध्यापिका,
हिन्दी विभाग
राँची विमेंस कॉलेज, राँची

सन्दर्भ

1. हिन्दी साहित्य का सुबोध इतिहास, बाबू गुलाब राय, 54वाँ संस्करण, प्रकाशक-लक्ष्मीनारायण अग्रवाल, अनुपम प्लाजा-1, पृ. 24.
2. 'रामचरितमानस'—गोस्वामी तुलसीदास 'उत्तरकांड'—दोहा सं. 100, प्रकाशन गीताप्रेस
3. वही, उत्तरकांड, 115/13.
4. हिन्दी साहित्य , उद्भव और विकास, आचार्य हजारीप्रसाद द्विवेदी, राजकमल प्रकाशन, पृ. 142.
5. रामचरितमानस, गोस्वामी तुलसीदास, बालकांड, दोहा - 205/4
6. 'जायसी ग्रन्थावली' की भूमिका, आचार्य रामचन्द्र शुक्ल, वाणी प्रकाशन, नई दिल्ली, पृ. 2.

भक्तिकालीन कविता में लोकधर्म

चितरंजन कुमार

इस्लाम के आगमन से पूर्व भारतीय सामन्तवादी ढाँचा सामाजिक रूढियों के चलते वेगहीन हो चला था, उसकी शोषणवादी प्रवृत्तियाँ दिन-प्रतिदिन बढती जा रही थीं। इस्लाम के आगमन ने इस सामाजिक ढाँचे को और भी जटिल बना दिया। प्रतिक्रियात्मक तौर पर समाज की जड़ता में तूफानी विक्षोभ उमड़ा, जिसने समूचे समाज को आत्मनिरीक्षण का अवसर प्रदान किया लेकिन समाज की जड़ता में किंचित कमी होने के बजाय उत्तरोत्तर वृद्धि हुई। परिवेश धार्मिक होने के कारण शोषण का स्वरूप भी बहुत कुछ धार्मिक लबादा ओढ़े रहता था। परन्तु इस समूची जड़ता का एक धनात्मक परिणाम यह हुआ कि भारतीय समाज का आत्मनिरीक्षण प्रतिदिन प्रबल हुआ। भक्तिकालीन कविता संक्रमण काल की इन्हीं स्थितियों के परिणामस्वरूप आन्दोलनात्मक तेवर प्राप्त करती है। प्रो. मैनेजर पांडेय के शब्दों में कहें तो, "वास्तव में यह सामन्ती संस्कृति के विरुद्ध जनसंस्कृति के उत्थान का अखिल भारतीय आन्दोलन है।"[1]

आचार्यों ने भी भक्तिकालीन कविता को विवेचित विश्लेषित करते हुए यह पाया है कि प्रथम बार भारतीय समाज की आधार भूमि इतनी विशुद्ध हो सकी कि जाति, सम्प्रदाय, धर्म एवं सामाजिक भेद बहुत पीछे छूट गए। मुक्तिबोध का भी मानना है कि प्रथम बार तथाकथित शूद्र जातियों से व्यापक स्तर पर संत आए, प्रथम बार युगों-युगों से दलित शोषित जनता आभिजात्य वर्ग के सामने सिर उठाकर खड़ी हो सकी, यह सब इस कविता की ही देन है।

आचार्य रामचन्द्र शुक्ल जब भक्तिकाव्य का मूल्यांकन करते हैं तो वह इसका मूल्यांकन लोकधर्म और लोकजागरण की दृष्टि से करते हैं। यद्यपि उनकी अपनी कुछ सीमाएँ हैं जिसके तहत वह संत काव्यधारा में अन्तर्निहित प्रगतिशील तत्त्वों का सटीक विश्लेषण नहीं कर सके किन्तु उन्होंने साहित्यिक मूल्यांकन को जनवाद की जो कसौटी प्रदान की उससे भक्तिकाव्य के परवर्ती मूल्यांकन को बल मिला। आचार्य शुक्ल से लेकर द्विवेदी जी, रामविलास शर्मा, रामस्वरूप चतुर्वेदी, शिवकुमार मिश्र, मैनेजर पांडेय आदि आचार्यों ने इस कविता के सामाजिक मूल्यांकन पर बल दिया एवं इसे राष्ट्र की शिराओं में रक्त का संचार करनेवाला कहा है, निम्न वर्ग के अन्दर आत्मविश्वास जाग्रत करनेवाला कहा है एवं लोकजागरणकारी कहा है।

भक्तिकालीन कविता में आध्यात्मिक चिन्ता भी है, इसके बावजूद आज भी अगर हमें किसी कारण यह सर्वाधिक प्रभावित, प्रेरित और उद्वेलित करता है तो अपने उदात्त सामाजिक विज़न के कारण। चूँकि इस काल के कवियों की आध्यात्मिक चिन्ता आकाशीय नहीं है, बल्कि भारतीय जीवन से ही उपजी है और इसी पर प्रतिष्ठित है, इसीलिए उनकी आध्यात्मिक चिन्ता सामाजिक चिन्ता में एकमेक हो जाती है।

बुद्ध, महावीर आदि महापुरुषों ने जिस विचार क्रान्ति का आरम्भ किया था उसकी भावात्मक निष्पत्ति भक्ति कविता में मिलती है। कबीर, नानक और रैदास का ब्रह्म तमाम पारम्परिक दार्शनिक मान्यताओं के ऊपर है चूँकि वह घट-घट में व्याप्त है इसलिए सत्ता की परिकल्पना, सहज साध्य हो जाती है और शायद यही कारण रहा कि अकेले चलने का व्रत लेनेवाले कबीर, हिन्दू और मुस्लिम दोनों धर्मों से तटस्थ रहने वाले कबीर, सामन्ती समाज की दशा को देखकर रो पडते हैं—

"चलती चाकी देख के दिया कबीरा रोय।
दो पाटन के बीच में साबुत बचा न कोय।। "

भक्तिकाव्यधारा ऐसे समाज की कल्पना करती है, जिसमें धार्मिक रूढ़ि, परम्परागत अन्धविश्वास, जातिगत वर्णगत सम्प्रदायगत भेदभाव एवं नाना प्रकार के कर्मकांडों के लिए कोई जगह नहीं है, जो समाज अपने अनुभवों में अपनी संवेदनाओं में ईमानदार है, श्रमशील है और सद्प्रवृत्ति का साधक है, वह समाज इन संतों के लिए काम्य है।

भक्तिकाव्यधारा में कबीर के साहित्य में समाज के प्रति जो प्रगतिशील क्रान्तिधर्मी, वैज्ञानिक विवेकवाद से समर्थित स्वच्छ एवं ईमानदार दृष्टिकोण का परिपाक पाया जाता है, वह संतमत के अन्य कवियों दादू, रैदास, मलूका, पीपा, सेन, नानक, पल्टू, दरिया, भीखा, रज्जब साहब आदि के यहाँ कम प्राप्त होता है। यद्यपि इन सारे संतों की दार्शनिक एवं सामाजिक मान्यताएँ लगभग एक जैसी हैं लेकिन यह प्रतीत होता है कि जितना आक्रोश व्यक्त करना था वह सब कबीर में ही मूर्त हो गया था। लेकिन इससे भी इनकार नहीं किया जा सकता है कि प्राय: निम्नवर्ग से आये हुए ये सभी संत दलित वर्ग के अन्दर अनोखे आत्मविश्वास का संचार करते हैं और इसी दृष्टि से उनके काव्य के आध्यात्मिक आस्वाद में समाज के लिए प्रगतिशील दृष्टिकोण भी मिलता है।

निर्गुण भक्तिधारा की दूसरी शाखा सूफी काव्यधारा का महत्त्व उसके लोकधर्मिता के कारण ही बढ़ जाता है। आज हिन्दी में यह एक मुहावरा है कि सूफी काव्य सांस्कृतिक मेल-जोल का काव्य है। वस्तुतः सूफी काव्यधारा की

जो लोकधर्मी जमीन है उसका सामाजिक मूल्यांकन अनिवार्यत: उसके काव्य को खोलता है। विजयदेव नारायण साही जायसी को सूफी से ज्यादा सेक्युलर मानसिकता का कवि मानते हैं। जिस सामन्ती संस्कृति में नारी भोग की वस्तु थी और उसे पाने के लिए बड़े-बड़े युद्ध हुआ करते थे, जायसी उसे खुदा का दर्जा देते है। सूफी कविता में प्रेम व मानवधर्म की सत्ता को सर्वोपरि माना गया है। इसका सबसे बड़ा रचनात्मक सामाजिक उपक्रम यह है कि सामन्ती संस्कृति का अतिक्रमण करके सूफी कवि सहज नैसर्गिक जीवनोत्सव की प्रतिष्ठा करते हैं, जिसकी जमीन प्रेम की जमीन है।

मध्यकालीन कविता के सामाजिक प्रश्नों में एक महत्त्वपूर्ण प्रश्न लोकधर्म की प्रतिष्ठा व लोकमंगल की भावना का ही है। जिसका चरम स्थल हमें तुलसी की कविताई में मिल सकता है। रामचरितमानस के बालकांड में तुलसी ने लिखा है—

'नानापुराणनिगमागमसम्मतं यद्
रामायणे निगदितं क्वचिदन्यतोऽपि।
स्वान्त:सुखाय तुलसी रघुनाथगाथा,
भाषानिबन्धमतिमंजुलमातनोति।।

'रामायणे निगदित क्वचिदन्यतोऽपि' अर्थात् रामायण के अलावा इसमें और भी कुछ है, शायद यही तुलसी का कवित विवेक है। इसमें तुलसी की अपनी आकांक्षा छिपी है जो कि लोकधर्म के प्रतिष्ठापन की है। तुलसी रामराज्य की परिकल्पना देते हैं कि एक आदर्श सामाजिक व सांस्कृतिक व्यवस्था देने की जो चाह है वही तुलसी को लोकमंगलकारी कवि बनाती है। तुलसी ही ऐसे कवि हैं जो अकाल का मार्मिक वर्णन करते हुए यह लिखते हैं ''खेती न किसान को, भिखारी को न भीख भली।" तुलसी ने 'पेट के सच' को 'आत्मा के सच' से ऊपर बताया है और अपनी इसी संवेदना में वह कबीर से आगे बढ़कर लोकजीवन की थाह लेते हैं। वह रामराज्य की परिकल्पना में लोकधर्म की प्रतिष्ठा लोकभाषा में अपने काल के वैचारिक द्वन्द्वों को समेटते हुए लोकमानस में करते हैं।

सूरदास के यहाँ लोकधर्म का एक नवीन रूप देखने को मिलता है, जो अन्य कवियों के लोकधर्म से अलग जमीन पर प्रतिष्ठित है। सूर की पैठ लोकजीवन के मर्म तक है। वह लोकजीवन की सही नब्ज पकड़ते हैं और सामन्ती व्यवस्था का शोषणकारी मार्ग को ठुकराते हुए 'प्रेम की व्यवस्था को सर्वोपरि महत्त्व देते हैं। जब नारियाँ मुगल राजाओं के हरम की वस्तु हो गई थीं, तब सर्वप्रथम सूरदास ने नारी मुक्ति का बिगुल बजाया था। मजे की बात यह है कि यह मुक्ति किसी महानायक द्वारा नहीं की जाती है, बल्कि नारी अपनी लड़ाई स्वयं लड़कर अपने आत्मविश्वास

का परिचय देती है।

एक ऐसे समय में जब नारी विलासिता की वस्तु हो गई थी, उस कालखंड में सूरदास अपनी ईमानदारी एवं चरम संवेदनशीलता का परिचय देते हुए यशोदा जैसी माँ का प्रतिष्ठा करते हैं और ब्रह्म को शिशु के रूप में चित्रित करके मानवीय संवेदना के कोमलतम तंतु पर उँगली रखते हैं। राजसी विलासिता के समक्ष यह गृहस्थ जीवन की प्रतिष्ठा है। सूर का काव्य नारी को शक्ति के रूप में प्रतिष्ठित करके उस समय के समाज को सबसे बड़ा उपहार देता है। बलराम तिवारी लिखते हैं कि, "सूर अपने समय के विलास जर्जर समाज को देहवाद और भोगवाद की संकीर्ण गलियों से बाहर निकालकर वृन्दावन के उन्मुक्त विस्तार में ले आते हैं। "[2]

कालान्तर में मीराँ सूर की गोपियों की व्यावहारिक व्याख्या ही बनकर आती हैं। सबसे पहले तो मध्यकाल में सामन्ती चौखटे को लाँघकर कृष्ण प्रेम का गीत गाने वाली मीराँ राजघराने की आभिजात्यता को मुँह चिढ़ाती हैं। साधुओं के साथ रहने वाली मीराँ के यहाँ अगर लोकधर्म की बात करें तो वह लोकधर्म नहीं है जिसमें प्रेम के रास्ते में लोकलाज दीवार बनती है बल्कि उनका लोकधर्म तो लोकलाज खोने के पश्चात ही उपलब्ध होता है। "मीराँ लोकलाज, कुल की मर्यादा तोड़ने का अदबदाकर उल्लेख करती हैं।"[3]

मीराँ ने अपनी कविताओं में अपने व्यक्तिगत अनुभवों को ही अभिव्यक्त किया है, किंतु मीराँ का वह अनुभव कमोबेश तमाम मध्यकालीन नारी का अनुभव है। वस्तुतः मीराँ व्यक्ति नहीं, मध्यकालीन नारी की पीडा, बेचैनी, त्याग, समर्पण और विद्रोह का प्रतीक है। कृष्ण प्रेम में बावरी मीराँ ने अपने भावों का निर्भीक चित्रण किया। लेकिन प्रेम के प्रति हमारा समाज कभी सहिष्णु और उदार नहीं रहा, फिर मध्यकाल में तो स्त्रियों का प्रेम करना और डंके की चोट पर उसकी घोषणा करना एक अपराध ही था। मीराँ ने यह अपराध जान-बूझ कर किया। मीराँ तमाम बन्धनों को तोड़कर अपने प्रेम की साधना करती हैं। मीराँ का यह बन्धन उनके साथ और भी ज्यादा है इस बारे में मैनेजर पांडेय का सूक्ष्म विश्लेषण द्रष्टव्य है- "अपने प्रेम की रक्षा के लिए मीराँ का संघर्ष चौतरफा है। उसके विरोध में राणा की राजसत्ता है और सिसोदिया कुल की मर्यादा भी पुरुष प्रभुत्व की सत्ता है और सामन्ती समाज की रूढ़ियाँ (लोकलाज) भी। इनमें से कोई भी एक स्त्री की स्वतन्त्र चेतना की हत्या करने में सक्षम है फिर जहाँ चारों एकत्र हों वहाँ आतंक का क्या कहना।"[4]

मीराँ की कविता में जो मुक्ति की छटपटाहट है वह ठेठ मध्यकालीन भारतीय नारी की छटपटाहट है।

डॉ. विश्वनाथ त्रिपाठी ने मीराँ की कविता की एक अद्भुत विशेषता की ओर संकेत किया है जो उनकी कविता और उनके संघर्ष को और ज्यादा प्रमाणित करती है। वे लिखते हैं कि- "मीराँ भक्त थीं, लेकिन नारी भी थीं। वह भगवान के पास अपने नारीत्व को छोडकर नहीं उसके साथ जाती हैं। अपने देशकाल की सामान्य नारी स्थिति के साथ जाती है। यह उनकी भावनाओं की प्रामाणिकता का सबसे महत्त्वपूर्ण लक्षण है।"[5]

जहाँ तक नारी सम्बन्धी दृष्टिकोण पर भक्तिकालीन कविता का मूल्यांकन करेंगे तो मीराँ के अनुपात में नारी संवेदना अन्य मध्यकालीन कवियों में थोडी कम ही दिखती है। जैसा कि मैनेजर पांडेय ने 'भक्ति आन्दोलन और सूरदास का काव्य' में लिखा है कि, "यद्यपि कबीर की सामाजिक चेतना अत्यन्त प्रखर है, लेकिन उनके स्त्री-सम्बन्धी विचारों पर उस युग की गहरी छाया है। 'सामाजिक व्यवस्था और धार्मिक विश्वास सम्बन्धी कबीर के अधिकांश विचारों से तुलसीदास असहमत हैं, लेकिन स्त्री के बारे में दोनों की राय लगभग एक जैसी है।"[6] लेकिन कबीर के सम्बन्ध में यह गौरतलब है कि जो कबीर साधना के धरातल पर नारी को नरक का द्वार मानते हैं, वही कबीर अनुभूति के धरातल पर समूचे प्रेम को स्त्री की निगाह से देखते हैं व प्रियतम के विरह को एक स्त्री की तरह महसूस करते हैं—

बालम आव हमारे गेह रे।

तुलसी जहाँ यह लिखते हैं कि 'जिमि स्वतंत्र भए बिगरहिं नारी'। वहीं यह भी लिखते हैं—

तुम बिन दुखिया देह रे।।
कत विधि सृजी नारी जगमांही
पराधीन सपनेहुं सुख नाहीं।

वहीं तुलसी 'सियाराम मैं सब जग जानी' भी लिखते हैं। परन्तु इस बात से इनकार नहीं किया जा सकता कि भक्तिकालीन कविता में स्त्री को लेकर एक स्पष्ट दृष्टिकोण का अभाव है।

मध्यकाल में प्रचलित तमाम सामाजिक बुराइयों जैसे—जाति-पाँति, वर्ण-व्यवस्था, छुआछूत, ऊँच-नीच भेदभाव से मध्यकालीन कविता संघर्ष करती है। अपने संघर्ष में कहाँ तक सफल रही यह तो हिन्दी आलोचना का शुरू से ही विषय रहा और भविष्य में भी रहेगा क्योंकि यह कविता हर बार एक नए रूप से खुलती है और हर बार मध्यकालीन समाज के एक और प्रश्न से जूझती दिखती है।

निष्कर्षत: हिन्दी साहित्य के इतिहास में भक्तिकालीन कविता अपने लोकधर्मी स्वरूप के कारण ही महत्त्वपूर्ण स्थान रखती है। यह ऐसी कविता है जो अपने

समय, समाज और जन संस्कृति से गहरा ताल्लुक रखती है। इसमें तत्कालीन सामाजिक जीवन की तरह-तरह की विसंगतियों की पहचान है। इस कविता में सामन्ती समाज व्यवस्था और उसकी विचारधारा के मानव विरोधी रूपों तथा परिणतियों का बोध व चित्रण है तथा साथ ही उसके विरुद्ध विद्रोह भावना और जनसंस्कृति की सृजनशीलता की जैसी अभिव्यक्ति मध्यकालीन कविता में हुई है, वैसी उससे पूर्व की कविता में कम ही मिलती है। इस कविता में मुक्ति की छटपटाहट और जीवन की आकांक्षा है।

सहायक आचार्य, हिन्दी विभाग, इलाहाबाद विश्वविद्यालय, प्रयागराज

सन्दर्भ

1. पांडेय, मैनेजर, (2003), भूमिका से भक्ति आन्दोलन और सूरदास का काव्य, नई दिल्ली : वाणी प्रकाशन, पृष्ठ 5
2. तिवारी, बलराम, (2007), सूर की काव्य चेतना, इलाहाबाद : अभिव्यक्ति प्रकाशन, पृष्ठ 15
3. त्रिपाठी, विश्वनाथ, (1998), मीराँ का काव्य, नई दिल्ली : वाणी प्रकाशन, पृष्ठ 55
4. पांडेय, मैनेजर, (2003), भूमिका से भक्ति आन्दोलन और सूरदास का काव्य, नई दिल्ली: वाणी प्रकाशन, पृष्ठ 42
5. त्रिपाठी, विश्वनाथ (1998), मीराँ का काव्य, नई दिल्ली: वाणी प्रकाशन, पृष्ठ 79
6. पांडेय, मैनेजर, (2003), भूमिका से भक्ति आन्दोलन और सूरदास का काव्य, नई दिल्ली : वाणी प्रकाशन, पृष्ठ 26

ध्वनिसिद्धान्त और श्रीरामचरितमानस की भाषिक मार्मिकता

सुजीत कुमार सिंह

'रामचरितमानस' की काव्यभाषा तुलसी की सर्जनात्मक कल्पना और समन्वयात्मक प्रतिभा का मूर्तिमान रूप है। लोक और शास्त्र का समन्वय केवल भाव, अनुभूतियों और वैचारिक आधार पर ही तुलसीदास नहीं करते हैं, बल्कि वे भाषा के स्तर पर भी एक बहुरंगी समन्वयपूर्ण आदर्श छवि का निर्माण करते हैं, जो कालान्तर में परवर्ती कवियों के लिए आदर्श भाषा के प्रतिमान के रूप में स्वीकृत होती है। भाषा का मुख्य कार्य अपने भावों और विचारों का सम्प्रेषण है, न कि प्रतिभा और पांडित्य की धाक जमाना। इसीलिए उन्मुक्त भाव से प्रसंग और आवश्यकता के अनुरूप जहाँ से जो उपयुक्त शब्द तुलसीदास को मिलता है, उसे वे ग्रहण कर लेते हैं। संस्कृत, देशी भाषा, फारसी और स्थानीय बोलियों के शब्दों को उन्होंने बेझिझक स्वीकार किया है जिससे भावाभिव्यंजकता अत्यन्त मार्मिक हो उठी है।

'रामचरितमानस' की भाषिक मार्मिकता के उद्घाटन में ध्वनिसिद्धान्त से किन स्तरों पर सहायता प्राप्त हो सकती है, इसे समझने के लिए पहले ध्वनिसिद्धान्त में 'ध्वनि' के तात्पर्य और उसके स्वरूप को जानना जरूरी है। ध्वनिसिद्धान्त को काव्य के मूल्यांकन का आधार बनानेवाले आचार्य आनन्दवर्धन 'ध्वन्यालोक' में कहते हैं—

''यत्रार्थ: शब्दो वा तमर्थमुपसर्जनीकृतस्वार्थौ।
व्यङ्गक्त: काव्यविशेष: स ध्वनिरिति सूरिभि: कथित:।।13।।''[1]

अर्थात् जहाँ अर्थ अपने को (स्व) अथवा शब्द अपने अर्थ को गुणीभूत करके किसी विशेष अर्थ (प्रतीयमान) को अभिव्यक्त करते हैं, तो उस काव्यविशेष को विद्वान लोग ध्वनि काव्य कहते हैं।

यह व्यंग्यार्थ या प्रतीयमान अर्थ ही चारुत्व का उत्कर्ष करनेवाला होता है। अर्थ के इसी प्रतीयमान रूप को लेकर आचार्य आनन्दवर्धन ने ध्वनिसिद्धान्त का विशाल प्रासाद निर्मित किया है। इस प्रतीयमान अर्थ रूप की विवेचना करते हुए आनन्दवर्धन कहते हैं—

''प्रतीयमानं पुनरन्यदेव वस्त्वस्ति वाणीषु महाकवीनाम्।
यत् तत् प्रसिद्धावयवातिरिक्तं विभाति लावण्यमिवाङ्गनासु।।4।।''[2]

अर्थात् महाकवियों की वाणियों में वाच्यार्थ से भिन्न प्रतीयमान कुछ और ही वस्तु है, जो प्रसिद्ध अलंकारों अथवा प्रतीत होनेवाले अवयवों से भिन्न-सहृदयसुप्रसिद्ध अङ्गनाओं के लावण्य के समान (अलग ही) प्रकाशित होता है। जिस प्रकार सुन्दरियों का सौन्दर्य पृथक दिखाई देनेवाला समस्त अवयवों से भिन्न सहृदय नेत्रों के लिए अमृततुल्य कुछ और ही तत्त्व है, इसी प्रकार वह (प्रतीयमान) अर्थ है।

यह प्रतीयमान अर्थ महाकवियों की वाणी में भी प्राप्त होता है, ऐसा कहकर आनन्दवर्धन ने प्रतीयमान के महत्त्व की ओर संकेत किया है। इसका तात्पर्य यह है कि वागर्थ वैभव सम्पन्न होना ही महाकवि की कसौटी नहीं है, बल्कि वागर्थ के विवेकसम्मत प्रयोग और सर्वाधिक उपयुक्त शब्द का चयन अधिक महत्त्वपूर्ण है। इसे लोकभाषा में कवित्तविवेक कहा जाता है। आगे आनन्दवर्धन कहते हैं—

"शब्दार्थशासनज्ञानमात्रेणैव न वेद्यते।
वेद्यते स तु काव्यार्थतत्त्वज्ञैरेव केवलम्।।7।।
सोऽर्थस्तद्व्यक्तिसामर्थ्ययोगी शब्दश्च कश्चन।
यत्नतः प्रत्यभिज्ञेयौ तौ शब्दार्थौ महाकवेः।। 8।।[3]

अर्थात् वह (प्रतीयमान अर्थ) शब्दशास्त्र (व्याकरणादि) और अर्थशास्त्र (कोशादि) के ज्ञानमात्र से ही प्रतीत नहीं होता, वह तो केवल काव्यमर्मज्ञों को ही विदित होता है। वह व्यंग्य अर्थ और उसको अभिव्यक्त करने की शक्ति से युक्त कोई विशेष शब्द (ही) है। शब्दमात्र (सारे शब्द) नहीं। महाकवि (बनने के अभिलाषी) को वही शब्द और अर्थ भली प्रकार पहचानने चाहिए। व्यंग्य और व्यंजक के सुन्दर प्रयोग से ही महाकवियों को महाकविपद की प्राप्ति होती है, वाच्य-वाचक रचनामात्र से नहीं।

इसी वाच्यार्थ से भिन्न प्रतीयमान रूप व्यंग्यार्थ को आचार्य आनन्दवर्धन 'ध्वन्यालोक' में 'ध्वनि' के रूप में प्रतिष्ठित करते हैं।

इस प्रकार स्पष्ट है कि ध्वनि काव्य का आधार प्रतीयमान अर्थ है, जो व्यंजनाव्यापार युक्त शब्द द्वारा रमणीय रूप में काव्य में अभिव्यक्त होता है। (यह रमणीयता चारुत्व है और यह चारुता शब्दविशेष मात्र में ही होती है, न कि सम्पूर्ण वाक्य या काव्य में अलग से। भाषा में इस चारुत्व को मार्मिकता कह सकते हैं, जिसका अर्थ होगा सही शब्द संयोजन और प्रयोग से उत्पन्न रंजकता। साहित्य के आह्लाद का अनुभव विशिष्ट सहृदय ही कर सकते हैं। महाकवि को दिया गया निर्देश बताता है कि ध्वनि काव्य के लिए केवल अनुभूति या वस्तुतत्त्व ही प्रधान

नहीं है, बल्कि उसके अनुरूप शब्द विधान और रूपतत्त्व की गहन जानकारी अपेक्षित है।

काव्यमर्म के सटीक उद्घाटन के लिए अर्थानुभव के कुछ मानक संकेत होते हैं। इसे भर्तृहरि अपने 'वाक्यपदीयम्' में इस रूप में प्रकाशित करते हैं—

"संयोगोविप्रयोगश्च साहचर्यं विरोधिता।
अर्थ: प्रकरणं लिंगं शब्दस्यानस्य सन्निधि:।।
सामर्थ्यमौचितीदेश: कालो व्यक्ति स्वरादय:।
शब्दार्थस्यानवच्छेदे विशेषस्मृति हेतव:।।"[5]

अर्थात् शब्दार्थ का निश्चय न होने की दशा में अर्थात् अनेकार्थ शब्द प्रयोग की अवस्था में उसका एक अर्थ—अर्थ विशेष में नियमन करने हेतु संयोग, विप्रयोग, साहचर्य, विरोध, अर्थ, प्रकरण, लिंग, शब्दान्तर का सन्निधान, सामर्थ्य, औचित्य, देश, काल, व्यक्ति और स्वर आदि होते हैं।

तुलसी ने रामचरितमानस में जिस भाषा का प्रयोग किया है, वह न केवल सर्जनात्मकता का अप्रतिम उदाहरण है बल्कि उसमें सर्वत्र विवेकसम्मत सहृदयता भी परिलक्षित होती है जिसे हास्यरसध्वनि, वीररसध्वनि, रौद्ररसध्वनि के माध्यम से समझा और देखा जा सकता है।

(1) हास्यरसध्वनि

काव्यशास्त्र के अनुसार जहाँ पर विचित्र वेशभूषा, अटपटे काम और बेतुके शब्दों का अनौचित्यपूर्ण प्रयोग युक्त वर्णन हो वहाँ हास्यरस माना जाता है। हास्यरस के सम्यक प्रयोग में हास्यरसध्वनि का निर्देश काव्यशास्त्र में प्राप्त होता है। हास्यरस के मुख्यत: तीन भेद बताए गए हैं, जो इस प्रकार हैं—

(क) शुद्ध हास्य
(ख) शुद्ध व्यंग्य तथा
(ग) व्यंग्यगर्भित हास्य

हास भाव के इन तीनों भेदों का चित्रण रामचरितमानस में पाए जाते हैं। यहाँ पर हास्यरसध्वनि के दूसरे प्रमुख भेद शुद्ध व्यंग्य की विवेचना के लिए एक उदाहरण पर्याप्त होगा। रामचरितमानस के बालकांड में शिव बारात प्रसंग के अन्तर्गत वर्णन आता है—

"सिवहि संभु गन करहिं सिंगारा। जटा मुकुट अहि मौरु सँवारा।।
कुंडल कंकन पहिरे ब्याला। तन बिभूति पट केहरि छाला।।
ससि ललाट सुन्दर सिर गंगा। नयन तीनि उपबीत भुजंगा।

गरल कंठ उर नर सिर माला। असिव बेष सिवधाम कृपाला।।
कर त्रिसूल अरु डमरु बिराजा। चले बसहँ चढ़ि बाजहिं बाजा।।
देखि सिवहि सुरत्रिय मुसुकाहीं। बर लायक दुलहिनि जग नाहीं।।[5]

* * *

नाना बाहन नाना बेषा। बिहसे सिव समाज निज देखा।।
कोउ मुखहीन बिपुल मुख काहू। बिनु पद कर कोउ बहु पद बाहू।।
बिपुल नयन कोउ नयन बिहीना। रिष्टपुष्ट कोउ अति तनखीना।।
तन खीन कोउ अति पीन पावन कोउ अपावन गति धरें।
भूषन कराल कपाल कर सब सद्य सोनित तन भरें।।
खर स्वान सुअर सृकाल मुख गन बेष अगनित को गनै।
बहु जिनस प्रेत पिसाच जोगि जमात बरनत नहिं बनै।।
नाचहिं गावहिं गीत परम तरंगी भूत सब।
देखत अति बिपरीत बोलहिं बचन बिचित्र बिधि।।[6] *(बालकांड, 91, 92, 93)*

यहाँ पर शिव के बारात में जाने की तैयारियों का वर्णन हुआ है। शिव के गण शिव को जिस तरह से तैयार करते हैं वह अत्यन्त विचित्र होने के कारण हास्य उत्पन्न करनेवाली है। जटाओं को ही मुकुट के रूप में सजा दिया गया है। साँपों का कुंडल और कंकड़ पहने शरीर पर चिता की भस्म का लेपन किया। वस्त्र की जगह बाघम्बर लपेट लिया। चन्द्रमा को मस्तक पर और गंगा को सिर पर धारण कराया। साँपों का जनेऊ पहना दिया। हाथ में त्रिशूल और डमरू लिये हुए शिव जी बैल पर चढ़कर विवाह करने के लिए चलते हैं। ऐसे अशुभ और विचित्र वेष में शिव को देखकर हास्य प्रवृत्ति का संचार होना स्वाभाविक है। शादी के लिए बैल पर सवार होना, त्रिशूल और डमरू धारण करना, साँपों का जनेऊ पहनना अत्यन्त कौतूहल पैदा करनेवाला है।

विवाह के लिए वर को सजाने-सँवारने और श्रृंगार करने की परम्परा विश्व के सभी समुदायों में पाई जाती है। विवाह का अवसर बहुत विशिष्ट होता है इसलिए इस दिन दूल्हा और बाराती—सभी सुन्दर और आकर्षक वेष में सज-धजकर चलते हैं। यहाँ पर शिव का जो शृंगार है उसमें जटाजूट को मुकुट की भाँति सजाया गया है। साँपों के बाजूबन्द और जनेऊ से उनको मांडित किया गया है। गले में विष और हृदय पर नरमुंडों की माला विराजमान है। विवाह जैसे पवित्र, मांगलिक अवसर पर ऐसी अशुभ वेश-भूषा अमंगलकारी है। शिव योगी और अवधूतों की तरह विचित्र वेश-भूषा में विवाह के लिए जा रहे हैं इसलिए यह अटपटा होने के साथ कौतूहल पैदा करनेवाला है। लोक की परम्पराओं के विपरीत दूल्हे का बैल पर सवार होना

जगहँसाई कराना है। शिव के वेश को देखकर यदि उसका सामान्य जीवन में अनुकरणमूलक अनुमान लगाया जाए तो यह काफी रोमांचक और मजेदार दृश्य होगा। बहुरूपियों की तरह ऐसा वेश लोगों के मनोरंजन और हँसी का आलम्बन बनता है। आगे उसमें शिव की जो अटपटी बारात का वर्णन है वह विस्मयजनक, भयमिश्रित रोमांच को पैदा करनेवाला है। ऐसा बारात इसके पूर्व न किसी ने देखी सुनी थी, और न किसी की कल्पना में ही आई थी। अड़बंगी महादेव की ऐसी बारात का वर्णन यहाँ पर हास्य की सृष्टि करता है। शिव जी को देखकर देवांगनाओं का मुस्कुराना, श्री हरि विष्णु का ऐसी बारात के साथ चलने में जग-हँसाई होने का भय दिखाने का व्यंग्य और देवताओं का इस बात पर हँसना, इन सबके बीच शिव जी का खुद मन-ही-मन मुस्कुराना पूरे परिवेश को हास्य के झोंकों से आन्दोलित कर रहा है। देवांगनाओं का व्यंग्य वचन कहना कि इस वर के योग्य दुलहिन सारे संसार में ढूँढ़ने पर भी नहीं मिलेगी, आनन्दपूर्ण हास्य परिवेश का निर्माण करता है। अत: यहाँ पर पूर्ण हास्यरस ध्वनि का निरूपण परिलक्षित किया जा सकता है।

(2) वीररसध्वनि

वीररसध्वनि मुख्यत: वीररस को समेटते हुए ध्वनिवादी आचार्यों द्वारा-परिकल्पित की गई है। उत्साह नामक स्थायी भाव के परिपाक रूप वीररस के चार भेद परिकल्पित किए गए हैं। साहित्यदर्पण में युद्धवीर, दानवीर, धर्मवीर और दयावीर—ये चार भेद वर्णित हैं।

"आचार्य भरत द्वारा कथित वीररस के विभावों के आधार पर सृष्टि में विद्यमान शारीरिक, मानसिक तथा आत्मिक शान्ति के क्रमश: बल, पराक्रम, शस्त्रास्त्र-संचालन और रणविद्या, साहस, वीरता और दृढ़ता; और ओज, प्रताप, तेजस्विता आदि जिन रूपों की कल्पना की जा सकती है, और जिनके आधार पर परवर्ती आचार्यों ने वीररस के युद्धवीर आदि चार भेद किए हैं, उन सभी का पूर्ण उत्कर्ष एवं सामंजस्य हमें राम के चरित्र में उपलब्ध होता है।"

रामचरितमानस में वीररसध्वनि के अन्तर्गत वीररस के चारों भेदों का उचित और उत्कृष्ट उदाहरण प्राप्त होते हैं। सर्वप्रथम यहाँ युद्धवीर को विश्लेषित करते हैं। रामचरितमानस के अरण्यकांड में ऋषियों के द्वारा राक्षसों द्वारा खाए गए मुनियों के शरीर के अवशेष अस्थियों को दिखाए जाने पर राम उनसे पूछते हैं तो ऋषिगण राक्षसों के बर्बर और अमानुषिक कृत्यों का वर्णन करते हुए त्रासजनक वातावरण की ओर संकेत करते हैं। उत्साह किसी 'कठिन या दुष्कर परिस्थितियों के सामने आत्मविश्वासपूर्वक कर्म क्षेत्र में तत्पर होने की प्रवृत्ति का सूचक होता है। जितना

कठिन कर्म या बड़ी समस्या उपस्थित होगा, उत्साह की मात्रा भी उतनी ही अधिक या बलवती होगी। श्रीराम भी ऐसे समय में तटस्थ और निरपेक्ष न रहकर प्रतिज्ञा करते हुए कहते हैं—

"निसिचर हीन करउँ महि भुज उठाइ पन कीन्ह।
सकल मुनिन्ह के आश्रमन्हि जाइ जाइ सुख दीन्ह।।9।।"[7]

यहाँ पर श्रीराम का उत्साह अत्यन्त विकट पराक्रम के लिए सूचित किया गया है। राम रघुवंशी क्षत्रिय हैं और सत्य के प्रति दृढ़ निष्ठावान भी। वे सामान्य मनुष्य नहीं हैं। धर्म पालन और कठिन तपस्या द्वारा उन्होंने जो शक्ति प्राप्त की है उस शक्ति का इस्तेमाल लोकमंगलकारी कार्य करने के लिए प्रवृत्त होने में उत्साह को सूचित करती है। भुजा उठाकर प्रतिज्ञा करना परम्परा से क्षत्रिय राजाओं का स्वभाव रहा है। तुलसी ने यहाँ पर 'प्रण' शब्द का साभिप्राय प्रयोग किया है। 'प्रण' अर्थात् प्रतिज्ञा, आवेश में दिये गए वचन के लिए प्रयुक्त होता है। यह उद्वेलित मनोदशा की ओर संकेत करता है। संकल्प और प्रतिज्ञा में मुख्य अन्तर मनोदशा का होता है। संकल्प शान्त भाव से सर्जनात्मक कार्यों के लिए प्रतिबद्ध होने की निश्चयात्मिका मनोवृत्ति को कहते हैं, जबकि प्रतिज्ञा-उद्वेलित होकर आवेशित अवस्था में विध्वंस और संघारात्मक कार्यों को परिणत करने की निश्चयात्मिका वृत्ति है। प्रतिक्रिया, शोक और नाश के उपरान्त उत्पन्न हुई करुणा भाव से इसे विध्वंस रूप में परिणत करने के लिए वचनबद्ध हुआ जाता है।

असुरों को यहाँ पर 'निश्चर' कहा गया है। निसिचर का सामान्य अर्थ होता है—रात्रिचर अर्थात् रात्रि में चलनेवाले जीव। वाच्यार्थ का अतिक्रमण करके जब प्रतीयमान अर्थ के रूप में इसे राक्षस समुदाय के लिए ग्रहण किया जाएगा तब व्यंजना व्यापार द्वारा इसके मर्म का यथार्थ उद्‌घाटन सम्भव है। वैदिक साहित्य में सबसे प्राचीन उल्लेख प्राप्त होता है जहाँ दैवी और आसुरी शक्तियों के बीच संघर्ष को प्रकाश और अन्धकार के संघर्ष के रूप में वर्णित किया गया है। अन्धकार, दु:ख, अज्ञान, शोषण, अत्याचार और आतंक का भी पर्याय माना गया है। भगवद्‌गीता में ईश्वर की अवतार की परिस्थितियों का उल्लेख करते हुए श्रीकृष्ण अर्जुन से कहते हैं—

"यदा यदा हि धर्मस्य ग्लानिर्भवति भारत।
अभ्युत्थानमधर्मस्य तदात्मानं सृजाम्यहम्।।
परित्राणाय साधूनां विनाशाय च दुष्कृताम्।"[8]
धर्मसंस्थापनार्थाय सम्भवामि युगे युगे।।

इसी भाव को तुलसीदास ने भी व्यक्त करते हुए कहा है—

''जब जब होइ धरम कै हानी। बाढ़हिं असुर अधम अभिमानी।।
करहिं अनीति जाइ नहिं बरनी। सीदहिं बिप्र धेनु सुर धरनी।।
तब तब प्रभु धरि बिबिध सरीरा। हरहिं कृपानिधि सज्जन पीरा।।
असुर मारि थापहिं सुरन्ह राखहिं निज श्रुति सेतु।
जग बिस्तारहिं बिसद जस राम जन्म कर हेतु।।''[9] *(बालकांड, 121)*

ऐसे ही असुरों के स्वभाव को देखकर उन्हें राक्षस और निशाचर कहा गया है। निसिचर को परिभाषित करते हुए वहीं पर आगे तुलसी कहते हैं—

''बाढ़े खल बहु चोर जुआरा। जे लंपट परधन परदारा।।
मानहिं मातु पिता नहिं देवा। साधुन्ह सन करवावहिं सेवा।।
जिन्ह के यह आचरन भवानी। ते जानेहु निसिचर सब प्रानी।।''

इससे स्पष्ट है कि निसिचर किसी जाति विशेष के परिप्रेक्ष्य में तुलसीदास ने प्रयुक्त नहीं किया है। वे दो विपरीत ध्रुवी मूल्यों को प्रदर्शित करने के लिए देवता और निसिचर शब्द का प्रयोग करते हैं। राम विष्णु के अवतार हैं और उन्होंने देवताओं के कार्य सिद्ध करने के लिए दशरथ पुत्र राम के रूप में अवतार लिया है। निसिचर प्रवृत्ति ऐसे मनोभावों और व्यक्तित्व की सूचना देती है जो प्रकृति से घोर स्वार्थी और असामाजिक हैं। ऐसे लोग सामाजिक विकास और सुख-शान्ति के लिए विघ्नरूप होते हैं। इनका वध करना मात्र सामाजिक दायित्व ही नहीं बल्कि प्राणिमात्र के हित की दृष्टि से आवश्यक है।

ऐसे निसिचरों से पृथ्वी को हीन करने के लिए या मुक्त करने के लिए राम भुजा उठाकर प्रण करते हैं। भुजा उठाकर प्रण करना एक ओर तो क्षत्रीय धर्म की ओर संकेत करता है तो दूसरी तरफ यह व्यंजना ध्वनित होती है कि राम अपने बाहुबल से पराक्रम प्रदर्शित करते हुए युद्ध में राक्षसों का संघार करेंगे।

यह मार्मिक प्रसंग केवल युद्धवीर का ही नहीं है अपितु दयावीर के रूप को भी समेटे हुए है क्योंकि यह प्रतिज्ञा करुणा के वशीभूत होकर की गई है। प्राणिमात्र को अभय प्रदान करना और दुष्टों का संहार करना क्षत्रिय का अनिवार्य कर्तव्य शास्त्रों में बताया गया है।

युद्धवीर के अलावा धर्मवीर रूप वीररसध्वनि के कई सुन्दर प्रसंगों का उल्लेख रामचरितमानस में मिलता है। इसका सबसे सुन्दर उदाहरण वहाँ मिलता है जब राजा दशरथ कैकेयी को सम्बोधित करते हुए कहते हैं—

''रघुकुल रीति सदा चलि आई। प्रान जाहुँ बरु बचनु न जाई।।
नहिं असत्य सम पातक पुंजा। गिरि सम होहिं कि कोटिक गुंजा।।

सत्यमूल सब सुकृत सुहाए। बेद पुरान बिदित मनु गाए।।"[70]

(अयोध्याकांड, 28)

गोस्वामी जी ने धर्म की व्याख्या करते हुए मानस में ही कहा है, "धरम न दूसर सत्य समाना।" सत्य से बड़ा कोई धर्म नहीं है। मनुस्मृति में भी कहा गया है, "न हि सत्यात् परो धर्मः।" इसी को दशरथ भी प्रमाण मानकर यहाँ पर अपने कुल में धर्मवीरों के होते आने का संकेत किया है। रघुकुल में यह रीति प्रसिद्ध है कि वचन की रक्षा के लिए यदि प्राण भी चले जाएँ तो वह भी स्वीकार्य है। असत्य को 'पातक पुंजा' कहा है। 'पातक' वे निषिद्ध कर्म होते हैं जिन्हें मर्यादा के विपरीत और अधर्म माना गया है। पातकों से मुक्त होने के लिए प्रायश्चित्त का विधान है। असत्य को पातक इसलिए कहा गया है क्योंकि असत्य पातक पर आवरण डालता है। इससे एक अपराध करने के पश्चात तब तक अपराध करते रहना पड़ता है जब तक कि मनुष्य अपने हृदय में सत्य का निश्चय करके उन्हें स्वीकार नहीं कर लेता। 'पुंजा' का अर्थ समूह होता है। एक झूठ को छिपाने के लिए सौ झूठों का सहारा लेना पड़ता है। इसी लोक प्रसिद्ध कहावत में असत्य को पातकों का पुंज कहा गया है। आगे तुलसी सारे सत्कर्मों के मूल में सत्य को प्रतिष्ठित करते हैं और अपने कथन के प्रमाण के लिए लोक, वेद, पुराण और मनु के द्वारा गाए जाने का संकेत करते हैं।

दशरथ को इसीलिए मानस में 'सत्यसंघ' अर्थात् सत्य पर दृढ़ रहनेवाला कहा गया है। धर्मवीर होने का यह उत्तम प्रमाण है।

वीररसध्वनि के अन्तर्गत दानवीर की चर्चा भी की जाती है। रामचरितमानस में राजा दशरथ, जनक, राम और भरत को दानवीर के रूप में चित्रित किया गया है।

रामचरितमानस में युद्धवीर के कई अच्छे प्रसंग आए हैं। खर-दूषण युद्ध प्रसंग में युद्धवीर वीररसध्वनि का पूर्ण वैभव दिखाई पड़ता है—

"कोदंड कठिन चढ़ाइ सिर जट जूट बाँधत सोह क्यों।
मरकत सयल पर लरत दामिनि कोटि सों जुग भुजग ज्यों।।
कटि कसि निषंग बिसाल भुज गहि चाप बिसिख सुधारि कै।
चितवत मनहुँ मृगराज प्रभु गजराज घटा निहारि कै।।

(अरण्यकांड, 18)

* * *

उर दहेउ कहेउ कि धरहु धाए बिकट भट रजनीचरा।
सर चाप तोमर सक्ति सूल कृपान परिघ परसु धरा।।

प्रभु कीन्हि धनुष टकोर प्रथम कठोर घोर भयावहा।
भए बधिर ब्याकुल जातुधान न ग्यान तेहि अवसर रहा।।''[11]

(अरण्यकांड, 19 क)

यहाँ पर राक्षसों की भयानक सेना को आती हुई देखकर राम उनको इस प्रकार देखते हैं जैसे हाथियों के समूह को कोई सिंह निर्भय होकर देखता है। श्रीराम की निर्भयता और युद्ध के लिए उनका तैयार होना ही उत्साह भाव से सम्पन्न होने की सूचना देता है। कमर में तरकस का कसना और बाणों को सँवारना प्रसिद्ध अनुभाव हैं। इनसे युद्धविषयक तत्परता की सूचना मिलती है। खर-दूषण का राम को पकड़ लो कहना युद्ध के आरम्भ का सूचक है। श्रीराम का धनुष टंकार करना परस्पर सहमति का सूचक है।

युद्ध दो पक्षों के बीच तभी सम्भव है जब दोनों ओर से हृदय क्रोध की ज्वाला से धधक रहे हों। शान्त अवस्था में युद्ध नहीं किया जाता। हृदय के जलने के लिए 'दहेउ' क्रियापद का सटीक प्रयोग किया है। हृदय के क्रोध से जलकर धधक उठने की अभिव्यंजना यहाँ हुई है। जब तक दहन क्रिया सम्पन्न नहीं होती तब तक आग जलती रहती है और मन को शान्ति नहीं मिलती। इससे युद्ध की विध्वंसकता की सूचना मिलती है। युद्ध में जो जन-धन की हानि होती है उसी को व्यंजित करने के लिए इस क्रियापद का प्रयोग किया गया है। राक्षसों के लिए 'बिकट भट' विशेषण पद का इस्तेमाल तुलसी ने किया है। 'बिकट भट' का तात्पर्य ऐसे योद्धाओं से है जिन्हें कई युद्धों का अनुभव प्राप्त हो और उन्होंने युद्ध में अपने पराक्रम को कई बार सिद्ध किया हो। ऐसे राक्षसों के समूह भी जब राम के धनुष की टंकार सुनते हैं तो वे बहरे हो जाते हैं और उनकी ज्ञानशक्ति का लोप हो जाता है। कहने का तात्पर्य यह है कि युद्ध में न तो योद्धाओं को कोई भावना उद्वेलित करती है और न तो वे मानवीय व्यक्तित्व सम्पन्न रह जाते हैं। मार-काट और विध्वंस के समय कोई भी योद्धा शान्त और स्थिरचित्त ज्ञान की अवस्था में नहीं रह सकता क्योंकि तब युद्ध असम्भव है। यहाँ पर इस प्रसंग में उत्तम वीररसध्वनि का प्रयोग दिखाई पड़ता है।

युद्धवीर के अन्य प्रसंगों में परशुराम-लक्ष्मण संवाद, राम-रावण युद्ध, राम-कुम्भकरण युद्ध और लक्ष्मण-मेघनाद युद्ध विषयक प्रसंग भी आते हैं।

(3) रौद्ररसध्वनि

वीररस ही अपने चरम परिपाक को प्राप्त करके रौद्र रस में परिवर्तित हो जाता है। उत्साह जब संघर्षशील अवस्था को प्राप्त होता है और कर्म में प्रवृत्त होकर विरोधी भावों द्वारा पीड़ित होता है तब वह क्रोध स्थायी भाव का आधार लेकर

रौद्ररूप धारण कर लेता है। जहाँ पर विध्वंस और युद्ध के लोमहर्षक दृश्य दिखाई दें वहाँ रौद्ररसध्वनि होती है। रौद्र में पात्र को उचित-अनुचित का विवेक नहीं रहता और क्रोध का रौद्ररूप में पर्यवसान हो जाता है।

रामचिरतमानस में बहुत से वर्णन रौद्ररसध्वनि के प्राप्त होते हैं। लंकाकांड में राम-कुम्भकरण युद्ध प्रसंग में इसका वर्णन यहाँ पर विश्लेषित किया जाएगा—

''महानाद करि गर्जा कोटि कोटि गहि कीस।
महि पटकइ गजराज इव सपथ करइ दससीस।। 69।।
भागे भालु बलीमुख जूथा। बृकु बिलोकि जिमि मेष बरूथा।।
चले भागि कपि भालु भवानी। बिकल पुकारत आरत बानी।।
यह निसिचर दुकाल सम अहई। कपिकुल देस परन अब चहई।।
कृपा बारिधर राम खरारी। पाहि पाहि प्रनतारति हारी।।
सकरुन बचन सुनत भगवाना। चले सुधारि सरासन बाना।
राम सेन निज पाछें घाली। चले सकोप महा बलसाली।।
खैंचि धनुष सर सत संधाने छूटे तीर सरीर समाने।।
लागत सर धावा रिस भरा। कुधर डगमगत डोलति धरा।।
लीन्ह एक तेहिं सैल उपाटी। रघुकुलतिलक भुजा सोइ काटी।।
धावा बाम बाहु गिरि धारी। प्रभु सोउ भुजा काटि महि पारी।।
काटें भुजा सोह खल कैसा। पच्छहीन मंदर गिरि जैसा।।
उग्र बिलोकनि प्रभुहि बिलोका। ग्रसन चहत मानहुँ त्रैलोका।।
करि चिक्कार घोर अति धावा बदनु पसारि।
गगन सिद्ध सुर त्रासित हा हा हेति पुकारि।।70।।''[12]

(लंकाकांड 69, 70)

वीर और भयानक रस रौद्र के सहयोगी होते हैं। यहाँ पर वीर, रौद्र और भयानक तीनों रसों के उचित निवेश द्वारा रौद्ररसध्वनि दिखाई पड़ती है। कुम्भकरण का क्रोधित होकर काल के समान युद्ध करना इसका मूल है। करोड़ों वानरों को पकड़कर खाना, उन्हें शरीर से मसल देना और उसके मुख में चले गए वानर-भालुओं का नाक और कान के रास्ते बाहर निकलना भयानकता को सूचित करता है। युद्ध के मद में मस्त होकर कुम्भकरण का गरजना और वानर-भालुओं का भागना श्रीराम को क्रोध दिलानेवाला है। कुम्भकरण को यहाँ पर दुकाल के समान कहा गया है। 'दुकाल' खेती और किसानों के लिए मृत्यु की तरह विभीषिका के समान होता है। राम को 'कृपा वारिधर' कहकर उनके क्रोध की व्यंजना की गई है। कुम्भकरण की भुजाओं को काटना उनके क्रोध को सफल प्रदर्शित करता है।

कुम्भकरण का चिंघाड़ करके मुँह फैलाकर राम की ओर दौड़ना और आकाश में सिद्ध-देवताओं का भयभीत होकर हाय-हाय पुकारना पूर्णत: रौद्ररस को मूर्तिमान कर देता है। अत: यहाँ पर रौद्ररसध्वनि की सफल व्यंजना दिखाई पड़ती है।

सहायक आचार्य, हिन्दी विभाग, इलाहाबाद विश्वविद्यालय प्रयागराज

सन्दर्भ

1. ध्वन्यालोक, आनन्दवर्धन, सम्पादक—आ. विश्वेश्वर, पृ. 37 प्रकाशन—ज्ञानमंडल लिमिटेड संस्करण-2015
2. ध्वन्यालोक, आनन्दवर्धन, सम्पादक- आ. विश्वेश्वर, पृ. 13 प्रकाशन—ज्ञानमंडल लिमिटेड संस्करण-2015
3. ध्वन्यालोक, आनन्दवर्धन, सम्पादक—आ. विश्वेश्वर, पृ. 32-33 प्रकाशन—ज्ञानमंडल लिमिटेड संस्करण-2015
4. वही पृ. 61
5. श्रीरामचरितमानस—गोस्वामी तुलसीदास, पृ. 84-85, प्रकाशन—गीताप्रेस, गोरखपुर, संस्करण सं. 2070
6. ध्वनिसिद्धान्त की दृष्टि से वाल्मीकि रामायण का अध्ययन, लेखक—डॉ. जयनारायण शर्मा, पृ. 78, प्रकाशन—ब्राह्मी साहित्यसदन होशियारपुर (पंजाब) संस्करण—1991
7. श्रीरामचरितमानस - अरण्यकांड, दोहा सं. 9, पृ. 577
8. भगवद्गीता, अध्याय 4 श्लोक सं. 7-8
9. श्रीरामचरितमानस -तुलसीदास, बालकांड, पृ. 110
10. श्रीरामचरितमानस -तुलसीदास, बालकांड, पृ. 329
11. श्रीरामचरितमानस -तुलसीदास, बालकांड, पृ. 490, 492 (अरण्यकांड)
12. श्रीरामचरितमानस-तुलसीदास, पृ. 767-68 (लंकाकांड)

भक्ति की लोकधर्मी चेतना और भागवत

अवनीश चन्द्र पांडेय

सभ्यता के उन्मेषकाल से ही मनुष्य प्राणिमात्र के कल्याण की कामना से अपने हृदय सिन्धु के भीतर अन्तर्निहित भावना सुधा को वाणी में निबद्ध कर समय-समय पर प्रस्तुत करता रहा है। जीवन के संघर्ष में मानव-चेतना जब तमसाच्छन्न होकर विवेक से दूर स्वार्थ, शोषण और भय के गह्वरों में विलीन होने लगती है, जीवन का सारतत्त्व क्षीण होने लगता है, त्राण का प्रत्यक्ष आधार तिरोहित हो रहता है; ऐसे समय में मनुष्य को अपनी प्रज्ञा को जाग्रत कर अपने वास्तविक स्वरूप का सन्धान करने, पराजय, आशंका, असहायता को दूर कर पुरुषार्थ द्वारा अपना मार्ग स्वयं निर्मित करने का संकल्प धारण करने की सामर्थ्य प्रदान करने की लोककल्याणकारी सद्भावना से संचरित शब्द सरिता में अवगाहन कराकर परम श्रेय को प्राप्त करानेवाले मार्ग का निदर्शन ऋषि प्रज्ञा का प्रमुख उद्देश्य होता है। हृदय और मस्तिष्क का सन्तुलन न केवल मनुष्य के स्वास्थ्य के लिए आवश्यक है, बल्कि सम्पूर्ण समाज के उत्थान के लिए इस संतुलन स्थापित करनेवाले साहित्य की प्रासंगिकता सदैव बनी रहती है।

वैदिक काल से ही भारतीय ऋषियों की चिन्ता के केन्द्र में मनुष्य के अभ्युदय एवं परम श्रेय के साधनों का आविष्कार करना रहा है। धर्म की परम धारणा के रूप में एक ऐसी जीवन-दृष्टि के विकास का सतत शोधन उनके चिरकालिक प्रयासों का सम्मिलित रूप रहा है, जिसके दृष्टिपथ में जड़-चेतनात्मक चराचर जगत का आत्यन्तिक कल्याण आलोकित हो सके। काल के तीव्र आघातों से मनुष्य का अस्तित्व जब-जब संकट में पड़े और मनुष्य की रागात्मकता व प्रतिरोध का स्रोत सूखने लगे, ऐसे समय में पूर्व महर्षियों के ज्ञान-विज्ञान संयुक्त अनुभवसिक्त अभयपूर्ण वाणी निनाद लोकमंगलकारी स्वरूप में कैसे अभिव्यक्त हो, यह करुणार्द्र चिन्तन ही भक्ति के स्वरूप में प्रकट हुआ। सार्वभौम जीवन-मूल्यों को समेटे भक्ति सिद्धान्त में पहली बार ऋषियों ने भक्त और भगवान के सम्बन्ध के माध्यम से प्राणिमात्र की समानता व एकता का सुदृढ़ दार्शनिक आधार प्रस्तुत किया।

भक्ति का बीज रूप यद्यपि वैदिक साहित्य में प्राप्त होता है, लेकिन एक दार्शनिक सिद्धान्त, जीवन-दर्शन और भावधारा की सुरसरिता प्रवाहित करने का श्रेय महर्षि वेदव्यास के द्वारा रचित भागवत पुराण को प्राप्त है। लीला पुरुषोत्तम वासुदेव श्रीकृष्ण को केन्द्र में रखकर जिस भव्य भक्ति प्रासाद का स्थापत्य भागवत में रचा गया है, वह मानवमात्र को अभय प्रदान करनेवाला है। पद्म पुराण के

उत्तरखंड में भागवत माहात्म्य में बौद्धिकों की सभा में जिज्ञासा रूप में चिन्ता प्रकट करते हुए ऋषि शौनक पूछते हैं —

"इह घोरे कलौ प्रायो जीवश्चासुरतां गत:।
क्लेशाक्रान्तस्य तस्यैव शोधने किं परायणम् ।।[1]

कलियुग के माध्यम से यह उस कालखंड की बात करता है, जिसका अस्तित्व सदैव समाज में एक प्रवृत्ति के रूप में विद्यमान रहा है। मनुष्य के भीतर आसुरी भाव के बढ़ जाने से ही समस्त मानवीयकृत समस्याएँ अपने विकराल रूप में विध्वंसकारी हो जाती हैं। मानवीय चेतना और वृत्तियों का शोधन व परिष्कार के बिना किसी भी प्रकार की स्थायी उन्नति दशा की प्राप्ति सम्भव नहीं है।

भागवत पुराण के प्रवर्तन की प्रेरणा वृत्तियों का परिष्कार व शोधन है। श्रीकृष्ण के चरित्र के माध्यम से जिस आवश्यकता की पूर्ति के लिए वेदव्यास देवर्षि नारद से प्रश्न करते हैं, उसका समाधान करते हुए नारद कहते हैं —

"तद्वाग्विसर्गो जनताघविप्लवो
यस्मिन् प्रतिश्लोकमबद्धवत्यपि।
नामान्यनन्तस्य यशोऽङ्कितानि य-
च्छृण्वन्ति गायन्ति गृणन्ति साधव:।।"[2]

मनुष्य के अन्दर की कलुषित भावना के पोषण से ही अन्याय, अत्याचार, शोषण, आतंक और अन्य व्यक्तित्व भंजक परिस्थितियाँ अभिवृद्धि को प्राप्त होती हैं, जिन्हें व्यास अधर्म का अभ्युदय कहते हैं। मानव को मानव के प्रति दुर्भावना से असुर बना देनेवाला अज्ञानजनित स्वार्थ ही मानवता का सबसे बड़ा उत्पीड़क हर समय में रहा है। भक्ति के अन्तर्गत भागवत में श्रीकृष्ण के लोकमंगलकारी व्यक्तित्व के विविध आयामों का चित्रण किया गया है।

सभ्यता के विकास क्रम में मानव समाज ने मत्स्य न्याय से उत्पन्न अव्यवस्था से रक्षा के क्रम में 'राजा' पद एवं राजव्यवस्था का वितान बुना। राज्य की शक्ति का सदुपयोग प्रजा का पालन और उसका हित संवर्धन में हो, यही बौद्धिक वर्ग की आकांक्षा थी। कालान्तर में जब राजमद से उन्मत्त होकर राजागण प्रजाहित के स्थान पर प्रजा के भक्षक बन गए, तो ऐसे सिद्धान्त और साहित्य के प्रणयन की आवश्यकता आन पड़ी, जो भय और अराजकता के उन्मूलन के लिए जनसाधारण की प्रेरणा का स्रोत बन सके। वेदव्यास के समय की परिस्थिति का संकेत इस रूप में मिलता है

"भूमिर्दृप्तनृपव्याजदैत्यानीकशतायुतै:।
आक्रान्ता भूरिभारेण ब्रह्माणं शरणं ययौ।।"[3]

यहाँ तत्कालीन राजाओं को ही व्यंग्य व्यापार द्वारा कवि ने दैत्य संज्ञा प्रदान की है। साहित्यकार अभिधा और प्रत्यक्ष वृत्ति द्वारा व्यवस्था की उत्पीड़नकारी स्थिति का वर्णन करके एक ओर राजद्रोह तो दूसरी ओर संकीर्ण समकालीनता की सीमा में आबद्ध नहीं होना चाहता, इसीलिए वह ऐसे साहित्य रूपक की सृष्टि करता है, जो काल का अतिक्रमण कर हर युग में अपनी क्रान्तिकारी भूमिका से युगान्तर उपस्थित करने का माध्यम बन सके। यह आकस्मिक नहीं कि भागवत का सबसे रमणीय भाग दशम स्कन्ध श्रीकृष्ण का चरित्र अन्यायी शासन व्यवस्था के प्रतिकार की स्थितियों के बीच विकसित होता है। कंस और उसके सहयोगी दैत्यों के विनाश के लिए ईश्वर रूप कृष्ण का आविर्भाव होता है।

भागवत में भक्ति को जीवन-दर्शन के रूप में व्याख्यायित-विश्लेषित किया गया है। साधारण जनता योग, ध्यान, ज्ञान, तप, वेद, पाठ आदि के द्वारा वह शक्ति अर्जित करने में अक्षम थी, जो भक्ति के माध्यम से वह सहज ही प्राप्त करती है। विचारहीन विद्रोह की जगह विवेकपूर्ण तिरस्कार का मार्ग व्यास ने जनता को दिखाया—

"एष वः श्रेय आधास्यद् गोपगोकुलनन्दनः।
अनेन सर्वदुर्गाणि यूयमञ्जस्तरितस्यथ।।
पुरानेन व्रजपते साधवो दस्युपीड़िताः।
अराजके रक्ष्यमाणा जिग्युर्दस्यून् समेधिताः।।
य एतस्मिन् महाभागाः प्रीति कुर्वन्ति मानवाः।
नारयोऽभिभवन्त्येतान् विष्णुपक्षानिवासुराः।।"[4]

ध्यान देने योग्य तथ्य है कि ईश्वर के विचार की अवतारणा की ज्ञानमूलक निष्पत्ति व्यक्तिगतमोक्ष या ऐकान्तिक शान्ति का सृजन करने में तो समर्थ था, लेकिन जनसामान्य की शोषणकारक स्थितियों के लिए महत्त्वहीन था। वैदिक ईश्वर की प्रार्थना द्वारा नैतिकता और सदाचार की प्रेरणा तो प्राप्तव्य थी किन्तु अन्याय-अत्याचार के बीच अप्रतिहत जीवनी शक्ति का दुरन्त उद्घोष करने की चुनौती भागवतकार ने स्वीकार की। जब तक मनुष्य को बाह्य अनुकूल जीवनदशा की उपलब्धि नहीं होगी, तब तक उसका किसी भी प्रकार से नैतिक उन्नयन या उत्थान सम्भव नहीं।

मानवीय करुणा का सर्वोत्तम रूप नीरस उपदेश के बीच कभी विकसित नहीं हो सकता। गहरी संवेदनशीलता और उदात्त विवेक का संस्पर्श ही पीड़ित, विवश एवं साधनहीन जनसाधारण के दुःखों पर मरहम का काम कर सकता है। जीवन से वैराग्य का उपदेश उच्छृंखल राजवर्ग के लिए विधान किया जाता है, अज्ञानता और

असुविधाओं के बीच पलनेवाली जनता को तो रमणीय वर्णन ही संघर्ष की शक्ति दे सकता है। गोपियों के यशोदा को दिये जानेवाले उपालम्भ में कितने सरस जीवन का चित्र उकेरा गया है—

''वत्सान् मुंचन् क्वचिदसमये
क्रोश संजातहास:
स्तेयं स्वाद्वत्त्यथ दधि पय:
कल्पितै: स्तेययोगै:।
मर्कान् भोक्ष्यन् विभजति स चेन्नात्ति
भाण्डं भिनत्ति
द्रव्यालाभे स गृहकुपितो
यात्युपक्रोश्य तोकान् ।।''[5]

मनुष्य अपने जीवन में संघर्ष की शक्ति वहीं से प्राप्त करता है, जहाँ वह थोड़े समय के लिए ही सही, परिपूर्ण क्षणों को उनकी सम्पूर्णता में उमगकर जीता है। दु:ख-दैन्य-निराशा-अवसाद के बीच बचपन की नि:शंक, उद्धत, चपल किन्तु मनोरम स्मृति को अपनी संतान के माध्यम से वह बार-बार साक्षात्कृत करता है।—

''कृतागसं तं प्ररुदन्तमक्षिणी
कषन्तमंजन्मषिणी स्वपाणिना।
उद्वीक्षमाणं भयविह्वलेक्षणं
हस्ते गृहीत्वा भिषयन्त्यवागुरत् ।।[6]

ऊपर बाल-जीवन के दोनों चित्र किसी भी क्लान्त-श्रान्त मनुष्य के चित्त को अनुरागरंजित करने में समर्थ है।

साहित्य की प्राणधारा उसकी सौन्दर्योन्मुखी चित्रोपम वर्णनक्षमता में निहित होती है। काव्य के सन्दर्भ में यह पूर्णतया सत्य मानी जाती है। जीवन की नानाविध स्थितियों का मार्मिक प्रत्यक्षीकरण काव्य में जितनी अधिक मात्रा में वर्तमान होगा, वह उतना ही उपयोगी, प्रासंगिक और कालजयी होगा। मानवीय विवेक को यदि रागात्मकता का सहारा न मिले तो वह नीरस ज्ञान और रुक्ष जीवनचर्या में बदल सकता है। यज्ञपत्नियों के ऊपर ईश्वरीय कृपा वर्णन प्रसंग में उल्लिखित है—

''धिग् जन्म नस्त्रिवृद् विद्यां धिग् व्रतं धिग् बहुज्ञताम् ।
धिक् कुलं धिक् क्रियादाक्ष्यं विमुखा ये त्वधोक्षजे।।
नूनं भगवतो माया योगिनामपि मोहिनी।
यद् वयं गुरवो नृणां स्वार्थे मुह्मयामहे द्विजा:।।
अहो पश्यत नारीणामपि कृष्णे जगद्गुरौ।

दुरन्तभावं योऽविध्यन्मृत्युपाशान् गृहाभिधान् ।।
नासां द्विजातिसंस्कारो न निवासो गुरावपि।
न तपो नात्ममीमांसा न शौचं न क्रिया: शुभा:।।
अथापि ह्युत्तमश्लोके कृष्णे योगेश्वरेश्वरे।
भक्तिर्दृढा न चास्माकं संस्कारादिमतामपि।।''[७]

ज्ञान, तप, योग और यज्ञ आदि विधियों का नियन्ता ज्ञानी पुरुष समाज प्रेम और भक्ति के अभाव में एक समय जब उनकी निरर्थकता का अनुभव करता है तो ऐसी ही आत्मभर्त्सना के स्वर फूट पड़ते हैं। यहाँ यह धिक्कार भाव और अधिक तीव्रता के साथ इसलिए व्यंजित हुआ है क्योंकि जिन स्त्रियों को ज्ञान व मुक्ति के विविध मार्गों पर जाने से वंचित रखा गया था, वे भक्ति के माध्यम से ध्यानयोग की चरम स्थिति को सहज ही प्राप्त कर लेती हैं। साधना और मुक्ति पर किसी वर्ग-वर्ण विशेष मात्र का एकाधिकार नहीं हो सकता। वास्तविक जनपक्षधर रचनाकार सार्विक और सार्वकालिक मुक्तिसाधना के पथ का अन्वेषण करता है। ईश्वर समस्त भेदभाव से ऊपर प्रेम द्वारा प्राप्तव्य है, इस सत्य विचार का बोध मनुष्य में गहरी करुणा व सहानुभूति का संचार करता है। अद्वैत वेदान्त के मूल स्रोत रूप में भागवतकार की संवेदना के पात्र स्त्री, पतित, पशु एवं समाज में निम्न समझे जानेवाले लोग मुख्य रूप से हैं, यही श्रीकृष्ण के चरित्र की विशाल परिधि का अनन्त विस्तार है। विश्व जीवन के रंगमंच पर समाज और मनुष्य की व्यष्टि-समष्टिगत चेतना के प्रतिस्पर्धी द्वन्द्व से वास्तविक जीवन में बड़े स्तर पर बदलाव होता है, बल्कि साहित्य में प्रामाणिकता के उच्च स्तर को भी प्राप्त किया जाता है। किसी भी रचना की मूल्यवत्ता तब और भी बढ़ जाती है, जब उसमें जनभावना के उदात्त रूप का रंजक चित्रण समाविष्ट होता है। मथुरा की नारियों के बहाने सौन्दर्य-दर्शन से तृप्ति के आनन्द का संकेत करता हुआ यह श्लोक द्रष्टव्य है—

''दृष्ट्वा मुहु:श्रुतमनुद्रुतचेतसस्तं
तत्प्रेक्षणोत्स्मितसुधोक्षणलब्धमाना:।
आनन्दमूर्तिमुपगुह्य दृशाऽऽत्मलब्धं
हृष्यत्त्वचो जहुरनन्तमरिन्दमाधिम् ।।''[८]

ईश्वर केवल ज्ञान और मुक्ति का माध्यम रहकर उतना प्रभावी संस्कार चित्त पर नहीं छोड़ सकता, जितना कि इन्द्रियग्राह्य सौन्दर्यानुभूति को तृप्त करके। बड़े रचनाकार दो स्तरों पर रचना में महत्त्वशीलता का सृजन करते हैं--एक जीवन को व्यापक व विशाल आयाम में ग्रहण करना और दूसरा सामान्य मनुष्योचित संवेगों को स्वस्थ व सुन्दर ढंग से तृप्त होते दिखलाना। यही वह मानदंड है जिस पर

वेदव्यास की प्रज्ञा प्रखरता और सदाशयता का अनुपम सामंजस्य स्थापित करने में सफल होती है।

सम्पत्ति, प्रतिष्ठा और प्रभुत्व एक ओर मनुष्य के भीतर मान, मद व अहंकार में वृद्धि करते हैं, वहीं दूसरी ओर वे शोषण के लिए अवसर भी उत्पन्न करते हैं। यही कारण है कि ईश्वर अकिंचन है और अकिंचन को ही अधिक प्रेम करता है—

"निष्किंचनो ननु भवान् न यतोऽस्ति किंचिद्
यस्मै बलिं बलिभुजोऽपि हरन्त्यजाद्या:।
न त्वा विदन्त्यसुतृपोऽन्तकमाढ्यतान्धा:
प्रेष्ठो भवान् बलि भुजामपि तेऽपि तुभ्यम् ।।"[९]

सामान्य रचनाएँ केवल आनन्दानुभूति को ही जगाती हैं, जबकि कालजयी रचना संवेदनशीलता के स्तर को उदात्त भावभूमि पर स्थापित करती है। भागवत में मनुष्य के दैन्य और दारिद्र्य की मार्मिक व्यंजना का चित्रण हृदयद्रावक है—

"पतिव्रता पतिं प्राह म्लायता वदनेन सा।
दरिद्रा सीदमाना सा वेपमानाभिगम्य च।।[१०]

भागवत अपने से पूर्ववर्ती समस्त श्रेष्ठ संस्कृत की लोकाभिमुखी प्रवृत्तियों से युक्त ग्रंथों का समाहार करता दिखाई देता है। मनुष्य अपने कर्मों से द्विजत्व या अधम को प्राप्त होता है, मात्र जन्म लेने से कोई श्रेष्ठ या नीच नहीं हो जाता। इसी तरह यह जगत जितना बुद्धि, बल, ज्ञान, कौशलसम्पन्न लोगों का है, उतना ही मूढ़, जड़, तुच्छ समझे जानेवाले लोगों का भी है। ईश्वर सभी के हृदय में समान भाव से अवस्थित है, इसलिए उसकी उपासना का सर्वोत्तम उपाय है--जीवमात्र की गरिमा का आदर। यहाँ तक कि जड़ समझे जानेवाले नदी, पर्वत, जलाशयों, वृक्षों, पशुओं आदि के प्रति भी आदर बुद्धि रखना। भागवत में कई उपाख्यानों के माध्यम से इसे स्मृति और संस्कार का विषय बनाने का प्रयास हुआ है।

वर्णाश्रम धर्म के भीतर भारतीय समाज का बहुत बड़ा भाग अन्तर्भुक्त नहीं हो सकता था। इसलिए आवश्यकता थी एक ऐसे समाज के निदर्शन की, जो अपने परिवेश में रहनेवाले सभी मनुष्यों को आत्मगौरव के बोध से युक्त स्वेच्छया संगठित रूप में प्रगति की ओर अग्रसर होता चले। विशाल जनसमुदाय को संगठित करने के लिए आत्मप्रसार और उदार मानवीय भावों को चेतना का सक्रिय भाग बनाने की चुनौती होती है। हर युग में बड़े रचनाकार जनसंगठन के लिए भावात्मक एकता की आवश्यकता की पूर्ति के लिए सृजन कर्म में प्रवृत्त होते रहे हैं। संगठित और एकात्म जनता ही प्रतिरोध व संघर्ष कर सकती है, इसे भारतीय ऋषि प्रज्ञा सम्यक आत्मसात करके साहित्य रचना में अग्रसर रही है।

साहित्य में शुभ और मंगल को ध्यान में रखकर भावक्षेत्र की शुद्धि के लिए की जानेवाली नाना क्रियात्मक गतिविधियों के बीच हृदय की एकता का सम्पादन विविध चरित्रों के माध्यम से जब मूर्त रूप धारण करता है, तब जनता के बीच वह रचना उसकी स्मृति व चेतना का अभिन्न अंग बन जाती है। सत-असत, न्याय-अन्याय के संघर्ष में मानवता को प्रशस्त मार्ग की ओर अग्रसर करनेवाला रचनाकार लोकधर्मी होता है। वह सत्य के लिए किसी भी सत्ता के प्रतिपक्ष में खड़े होने का साहस रखता है। यही कारण है कि भागवत में एक ओर प्रतीकात्मक रूप में अधर्मी-अन्यायी लोकपीड़क शासकों को दैत्य कहा गया है और उनके विनाश की आकांक्षा को ईश्वरीय अवतार के माध्यम से अभिव्यक्त किया गया है, तो दूसरी ओर धर्म के प्रतिनिधि राजा परीक्षित को भी सत्ता के अधिक संस्पर्श में रहने के कारण संसर्ग दोष से अपराध करते चित्रित किया गया है। सामान्य जनता सत्य और न्याय की विजय की आकांक्षा लेकर जीवित रहती है। उसकी इस अभिलाषा और लोकसामान्य अभिरुचि को परिष्कृत रूप में प्रस्तुत करने का दायित्व रचनाकार का है। भागवत के माध्यम से इसी तेजस्विता और जीवनी शक्ति की अकुंठित गति को स्वर प्राप्त हुआ और कालान्तर में भक्ति आन्दोलन जैसा विराट लोकजागरण भारतभूमि की चेतना का अभिन्न अंग बन सका। भक्ति की लोकधर्मिता यही है कि वह सबके लिए सबके जीवन के महत्त्व को सबके हृदय में स्थापित करने में समर्थ बनी।

सहायक प्राध्यापक, हिन्दी विभाग, आर.डी. एंड डी.जे.कॉलेज, मुंगेर (बिहार)

सन्दर्भ

1. भागवत माहात्म्य (1-6), भागवत पुराण-गीताप्रेस गोरखपुर, संस्करण-2071 वि., पृष्ठ-33
2. भागवत पुराण-1:05:11
3. वही-10:01:17
4. वही-10:08:16-18
5. वही-10:08:29
6. वही 10:09:11
7. वही-10:23:39-43
8. वही-10:41:28
9. वही-10:60:37
10. वही-10:80:08

लोकजागरण और भक्ति साहित्य

अभिषेक कुमार सिंह

भक्ति साहित्य भारतीय साहित्य समृद्धि का वह कालखंड है जिसने हमारे समाज और चेतना के विकास में एक महत्त्वपूर्ण भूमिका निभाई है। भक्ति आन्दोलन की उत्पत्ति के सम्बन्ध में विद्वानों में परस्पर मतभेद रहा है जहाँ ग्रियर्सन ने भक्ति आन्दोलन को ईसाइयत की देने मानते हुए कहा है कि, ''बिजली की चमक के समान अचानक इस समस्त पुराने धार्मिक मतों के अन्धकार के ऊपर एक नई बात दिखाई दी। कोई हिन्दू यह नहीं जानता कि यह बात कहाँ से आई और कोई भी इसके प्रादुर्भाव का काल निश्चित नहीं कर सकता।''[1] ग्रियर्सन के इस विचार के बाद भक्ति आन्दोलन की उत्पत्ति के सम्बन्ध में आचार्य रामचन्द्र शुक्ल ने अपने हिन्दी साहित्य के इतिहास में लिखा है कि, ''देश में मुसलमानों का राज्य प्रतिष्ठित हो जाने पर हिन्दू जनता के हृदय में गौरव,गर्व और उत्साह के लिए वह अवकाश न रहा गया। उसके सामने ही उनके देव मन्दिर गिराए जाते थे, देव मूर्तियाँ तोड़ी जाती थीं और पूज्य पुरुषों का अपमान होता और वे कुछ भी नहीं कर सकते थे। ऐसी दशा में अपनी वीरता के गीत न तो वे गा ही सकते थे और न बिना लज्जित हुए सुन सकते थे। आगे चलकर जब मुस्लिम साम्राज्य दूर तक स्थापित हो गया तब परस्पर लड़नेवाले स्वतन्त्र राज्य भी नहीं रह गए। इतनी भारी उलटफेर के पीछे हिन्दू जनसमुदाय पर बहुत दिनों तक उदासी-सी छाई रही। अपने पौरुष से हताश जाति के लिए भगवान की भक्ति और करुणा की ओर ध्यान ले जाने के अतिरिक्त दूसरा मार्ग ही क्या था?''[2] आचार्य शुक्ल भक्ति की उत्पत्ति में इस्लाम के आगमन को एक बड़े परिप्रेक्ष्य में देखते हैं। वहीं आचार्य हजारीप्रसाद द्विवेदी का मत उनसे इतर ठहरता है। आचार्य द्विवेदी अपनी पुस्तक हिन्दी साहित्य की भूमिका में भक्ति की उत्पत्ति के सम्बन्ध में भारतीय चिन्तनधारा के स्वाभाविक विकास की बात करते हुए कहते हैं कि, ''मैं इस्लाम के महत्त्व को भूल नहीं रहा हूँ, लेकिन जोर देकर कहना चाहता हूँ कि अगर इस्लाम नहीं आया होता तो भी इस साहित्य का बारह आना वैसा ही होता जैसा आज है।''[3] आचार्य द्विवेदी ने भारतीय चिन्ता के स्वाभाविक विकास की बात करते हुए ग्रियर्सन की भक्ति की उत्पत्ति के सम्बन्ध में ईसाइयत की अवधारणा का खंडन करते हुए कहा है कि, ''जिस बात को ग्रियर्सन ने अचानक बिजली की चमक के समान फैल जाना लिखा है वह वैसी नहीं है। उसके लिए सैकड़ों वर्ष से मेघखंड एकत्र हो रहे थे।''[4]

उपर्युक्त बहस के केन्द्र में भक्ति आन्दोलन का उत्तर भारत में प्रसार प्रमुख रहा है। हिन्दी के दो प्रतिष्ठित आचार्यों आचार्य शुक्ल और आचार्य द्विवेदी इस बात पर सहमत नजर आते है कि भक्ति का प्रसार दक्षिण भारत से उत्तर भारत की ओर हुआ है। आचार्य शुक्ल कहते हैं कि, "भक्ति का जो सोता दक्षिण ओर से धीरे-धीरे भारत की ओर पहले से ही आ रहा था उसे राजनीतिक परिवर्तन के कारण शून्य पड़ते हुए जनता के हृदय क्षेत्र में फैलने के लिए पूरा स्थान मिला। रामानुजाचार्य (संवत् 1073) ने शास्त्रीय पद्धति से जिस सगुण भक्ति का निरूपण किया था उसकी ओर जनता आकर्षित होती चली आ रही थी।"[5] तो वही द्विवेदी जी अपनी पुस्तक 'हिन्दी साहित्य उद्‌भव और विकास' में कहते हैं कि सन ईसवी की सातवीं शताब्दी से और किसी के मत से तो इसे पूर्व से दक्षिण में वैष्णव भक्ति ने बड़ा जोर पकड़ा इसके पुरस्कर्त्ता आलवार भक्त कहे जा सकते हैं। इनकी संख्या बारह है जिसमें कम-से-कम नौ को ऐतिहासिक मानने में किसी को कोई आपत्ति नहीं है। इसमें अण्डाल नाम की एक महिला भी थी। इनमें से अनेक ऐसी जातियों में उत्पन्न बताए जाते है जिन्हें अस्पृश्य समझा जाता है। इन्ही लोगों की परम्परा में सुविख्यात वैष्णव आचार्य रामानुजाचार्य का प्रादुर्भाव हुआ।"[6] इस तरह से एक बात मुकम्मल रूप से कही जा सकती है कि भक्ति की उत्पत्ति का स्रोत-दक्षिण से है जिसका हिन्दी के दो बड़े आचार्य समर्थन करते हैं। आचार्य हजारीप्रसाद द्विवेदी ने तो बाकायदा भक्ति की उत्पत्ति के सम्बन्ध को बौद्ध की वज्रयान शाखा से होते हुए सिद्ध-नाथ योगियों की परम्परा तक विकसित माना है।

भक्ति आन्दोलन की उत्पत्ति के सम्बन्ध मे एक प्रचलित उक्ति है कि—

भक्ति द्राविड़ी ऊपजी लाए रामानंद।
परगट किया कबीर ने सप्त द्वीप नव खंड।

इस उक्ति के आधार पर भी भक्ति आन्दोलन की उत्पत्ति को व्याख्यायित करने का प्रयास हजारीप्रसाद द्विवेदी द्वारा किया गया है। एक अन्य उक्ति भक्ति के सम्बन्ध में तुलसीदास की प्रचलित है कि—

गोरख जगायो जोग, भगति भगायो लोग।

उपर्युक्त उक्तियों और हिन्दी के दोनों प्रतिष्ठित आचार्यों के मतों से एक बात स्पष्ट हो जाती है कि भक्ति का प्रसार दक्षिण से उत्तर की ओर होता है जो सिद्ध-नाथ से होते हुए रामानुजाचार्य और फिर रामानन्द की शिष्य-परम्परा में पुष्पित और पल्लवित होता है। भक्ति के इस प्रसार के बारे में प्रसिद्ध चिन्तक के. दामोदर ने अपनी पुस्तक भारतीय चिन्तन परम्परा में लिखते हैं कि रामानुज और उनके शिष्य रामानन्द के वेदान्ती सिद्धान्त इस सुधार आन्दोलन के मूल प्रेरणा-स्रोत थे। रामानुज

का यह दावा कि सभी मनुष्यों के लिए ईश्वर से अपनत्व स्थापित करना और उक्ति के माध्यम से शाश्वत सुख का अनुभव करना सम्भव है, वह सैद्धान्तिक आधार था जिसने क्रियाशीलता की नई लहर को बल प्रदान किया। रामानन्द ने देश में दूर-दूर भ्रमण किया और ब्राह्मणों के प्रमाधिकार और जाति प्रथा का खंडन किया। उनका सरल मन्त्र था 'जात-पात पूछै नहीं कोई, हरि को भजै सो हरि को होई।'[7] रामानन्द की मान्यता है कि भक्त और ईश्वर के बीच किसी भी प्रकार का भेदभाव और ऊँच-नीच नहीं है यही उनकी भक्ति का आधार बनता है। इसके फलस्वरूप हम देखते हैं कि भक्ति के क्षेत्र में निचले तबके के लोगों की एक बड़ी संख्या है जो अपने भक्ति के माध्यम से हर उस सामाजिक जड़ता को तोड़ने के लिए अग्रसर है जिसने भक्त और ईश्वर के बीच दीवार की तरह उनका विरोध करने का कार्य किया।

भक्ति आन्दोलन की उत्पत्ति के सम्बन्ध में मार्क्सवादी विचारकों ने अपने मत और तर्क दिये हैं कि किस प्रकार भक्ति-साहित्य तत्कालीन सामाजिक, आर्थिक और सांस्कृतिक परिस्थितियों की देन था। मुक्तिबोध अपने लेख मध्यकालीन भक्ति आन्दोलन का एक पहलू में कहते हैं कि, ''किसी भी साहित्य का ठीक-ठीक विश्लेषण तब तक नहीं हो सकता, जब तक हम उस युग की मूल गतिमान सामाजिक शक्तियों से बननेवाले सांस्कृतिक इतिहास को ठीक-ठीक न जान सके।''[8] मुक्तिबोध ने भक्ति आन्दोलन की उत्पत्ति के बारे में भी कहा है कि, ''भक्ति आन्दोलन का जन-साधारण पर जितना व्यापक प्रभाव हुआ, उतना किसी अन्य आन्दोलन का नहीं। पहली बार शूद्रों ने अपने संत पैदा किए। अपना साहित्य और अपने गीत सृजित किए। कबीर, रैदास, नाभा, सिम्पी, सेना, भाई आदि महापुरुषों ने ईश्वर के नाम पर जातिवाद के विरुद्ध आवाज बुलन्द की।''[9] मुक्तिबोध भक्ति आन्दोलन के उदय में उस सामाजिक संरचना के टूटने की बात करते हैं जिसकी निर्मिति सामन्तवाद ने की थी।

भक्ति आन्दोलन की उत्पत्ति के बारे में रामविलास शर्मा का मानना है कि आर्थिक कारणों ने उसकी उत्पत्ति में अहम भूमिका निभाई। शर्मा कहते हैं कि, ''भारत में जब-जब उद्योग और विनिमय के विकास के साथ नगर सभ्यता का प्रसार हुआ है, तब-तब वंशगत वर्णव्यवस्था टूटी है, उसकी जगह कर्मगत वर्ण व्यवस्था का चलन हुआ है।''[10] इसके साथ ही डॉ. शर्मा आचार्य शुक्ल की ही बातों को पुष्ट करते नजर आते हैं। वे भक्ति आन्दोलन को योग बनाम भक्ति के रूप में देखते हुए कहते हैं कि, ''भारत का विराट जनवादी आन्दोलन, जिसे हम भक्ति आन्दोलन के नाम से जानते हैं, उन कनफटे योगियों और वामाचारी सिद्धों

की प्रेरणा का मोहताज न हो सकता था।''[11] इसके पीछे डॉ. शर्मा का यह तर्क है कि भक्ति की उत्पत्ति में बौद्ध की बज्रयान शाखा से प्रभावित सिद्ध-नाथ योगियों से कहीं पहले भारत में चौथी शताब्दी से ही वैष्णव मत का उत्थान आरम्भ हो गया था इसलिए डॉ.शर्मा भक्ति आन्दोलन में वैष्णव परम्परा की भूमिका को प्रमुख मानते हैं। इन विचारों के अतिरिक्त इरफान हबीब जहाँ भक्ति आन्दोलन की उत्पत्ति में दस्तकारी और उनसे जुड़ी जातियों को प्रमुख मानते हैं तो वहीं हरबंस मुखिया नगरों के विकास को। इस प्रकार यह कहा जा सकता है कि मार्क्सवादी दृष्टिकोण में भक्ति आन्दोलन की उत्पत्ति में इस्लाम का आगमन, टूटता सामन्तवादी ढाँचा, नगरों का विकास, व्यापार और परिवाहन के साथ ही निम्नवर्गीय जनता का शोषणवादी जाति और वर्णव्यवस्था के प्रति मुखर विरोध रहा है।

बारहवीं शताब्दी के आसपास शंकराचार्य के दार्शनिक मत अद्वैतवाद की प्रतिक्रिया शुरू हो गई थी। जिसमें जीव और ब्रह्म की एकता महत्त्वपूर्ण नहीं था, जिसे बाद के आचार्यों ने मायावाद भी कहा है और उसके विरोध में चार सम्प्रदाय रामानुजाचार्य का श्री-सम्प्रदाय, मध्वाचार्य का ब्रह्म सम्प्रदाय, विष्णुस्वामी का रुद्र-सम्प्रदाय और निम्बार्काचार्य का सनकादि सम्प्रदाय अपने बीच तमाम अन्तर्विरोधों के बाद भी मायावाद का पुरजोर विरोध किया। रामानुजन की शिष्य-परम्परा में आनेवाले रामानन्द ने भक्ति का मार्ग सभी के लिए खोल दिया—रैदास (चमार), कबीर (जुलाहा), धन्ना (जाट), सेना (नाई), पीपा (राजपूत), भवानन्द, सुखानन्द, सुरसुरानन्द, परमानन्द, महानन्द,श्री-आनन्द है। रामानन्द के बारे में आचार्य द्विवेदी कहते हैं कि, ''रामानन्द ने स्वयं रामचन्द्र के अवतार और चरित्र को ही लोक और काल के लिए उपयोगी बताया था। उपासना के क्षेत्र में ही वे जाति-पाँति के बन्धन को अस्वीकार करते थे, पर अपने किसी भी व्यक्तिगत मत को उन्होंने शिष्यों पर लाद नहीं दिया। उनके मत से गुरु को आकाशधर्मी होना चाहिए जो पौधे को बढ़ने के लिए उन्मुक्तता दे, न कि शिलाधर्मी जो पौधे को अपने गुरुत्व को दबाकर उसका विकास ही रोक न दे।''[12] रामानन्द की शिष्य-परम्परा में आनेवाले कबीरदास ने अपने समय की हर उस कुरीति पर कुठाराघात किया जिसने समाज में मनुष्यता को खत्म करने का प्रयास किया। कबीर ने काशी में रहकर उस ब्राह्मणवादी परम्परा और इस्लाम के उन आडम्बरों को चुनौती देने का कार्य किया जिसके मूल में शोषण निहित था। कबीरदास के निर्गुण पन्थ पर लिखते हुए आचार्य शुक्ल कहते हैं कि, ''इसमें कोई सन्देह नहीं कि कबीर ने ठीक मौके पर जनता के उस बड़े भाग को सँभाला जो नाथपन्थियों के प्रभाव से प्रेमभाव और भक्ति रस से शून्य और शुष्क पड़ता जा रहा था। उनके द्वारा बहुत आवश्यक कार्य हुआ। इसके

साथ ही मनुष्य तत्त्व की सामान्य भावना को आगे करके निम्न श्रेणी की जनता में उन्होंने आत्मगौरव का भाव जगाया और भक्ति के ऊँचे-से-ऊँचे सोपान की ओर बढ़ने के लिए बढ़ावा दिया। पन्थ चल निकला, जिसमें नानक, दादू, मलकूदास आदि अनेक संत हुए।''[13] कबीर ने अपनी कविताई के माध्यम से हिन्दू-मुस्लिम, ऊँच-नीच, मूर्ति पूजा, बाह्याडम्बर, वर्णव्यवस्था, पर प्रहार किया और ईश्वर की एकता की बात करते हुए कहते हैं कि—

''साईं के सब जीव है कीरी कुंजर दोय।''

कबीर की कविता में एक सामाजिक युगद्रष्टा के भाव के साथ-साथ योग साधना और रहस्यवाद का पुट मिलता है जो उन्हें नाथों की एक लम्बी परम्परा से मिलता था। कबीरदास की उलटवाँसियों ने भी हमारे सामाजिक चेतना के विकास में महत्त्वपूर्ण भूमिका निभाई है बानगी के रूप में उनकी इस उलटवाँसी को देखा जा सकता है—

है कोई गुरुज्ञानी जगत महँ उलटि बेद बूझै
पानी महँ पावक बरै, अन्धहि आँखिन्ह सूझै।।
गाय तो नाहर को धरि खायो, हरिना खायो चिता।

कबीरदास की इसी प्रकार की उक्तियों को ध्यान में रखते हुए आचार्य शुक्ल ने इनके बारे में कहा है कि, ''इस प्रकार उन्होंने भारतीय ब्रह्मवाद के साथ सूफियों के भावात्मक रहस्यवाद, हठयोगियों के साधनात्मक रहस्यवाद और वैष्णवों के अहिंसावाद तथा प्रपत्तिवाद का मेल करके अपना पन्थ खड़ा किया। उनकी बानी में ये सब अवयव स्पष्ट लक्षित होते है।''[14] कबीर की भाषा की साफ़गोई के बारे में आचार्य द्विवेदी कहते हैं कि—''कबीर मस्तमौला थे। जो कुछ कहते थे, साफ कहते थे। जब मौज में आकर रूपक और अन्योक्तियों पर उतर आते थे तब जो कुछ कहते थे, वह सनातन कवित्व का श्रृंगार होता था।''[15] कबीर के अतिरिक्त निर्गुण उपासक भक्तों में नामदेव, रैदास, गुरुनानक, दादूदयाल, सुन्दरदास, मूलकदास और अक्षर अनन्य का नाम उल्लेखनीय है जिन्होंने अपनी रचनाओं के माध्यम से भक्तिसाहित्य की निर्गुणधारा को समृद्ध बनाया।

निर्गुण संतों ने अपनी वाणी के माध्यम से जिस प्रकार से उत्तर भारत के जनमानस को सचेत और परिष्कृत करने का कार्य किया ठीक उसी प्रकार से भक्ति की निर्गुण प्रेममार्गी धारा ने भी, जनचेतना का प्रसार किया लेकिन उनकी वाणी से मधुरता और प्रेम का भाव अधिक प्रकट होता था। जिसके बारे में आचार्य शुक्ल कहते हैं कि—''कबीर ने अपनी झाड़-फटकार के द्वारा हिन्दुओं और मुसलमानों के कट्टरपन को दूर करने का जो प्रयास किया वह अधिकतर चिढ़ानेवाला सिद्ध

हुआ, हृदय को स्पर्श करनेवाला नहीं। मनुष्य-मनुष्य के बीच जो रागात्मक सम्बन्ध है वह उसके द्वारा व्यक्त न हुआ। अपने नित्य जीवन में जिस हृदयाभास का अनुभव मनुष्य कभी-कभी किया करता है, उनकी अभिव्यंजना उससे न हुई। कुतुबन, जायसी आदि इन प्रेम कहानी के कवियों ने प्रेम का शुद्ध मार्ग दिखाते हुए उन सामान्य जीवन दशाओं को सामने रखा जिसका मनुष्यमात्र के हृदय पर एक-सा प्रभाव दिखाई पड़ता है।''[16] इस प्रेममार्गी धारा को ही आचार्य हजारीप्रसाद द्विवेदी इस्लाम के आगमन के फलस्वरूप विकसित हुआ मानते हैं। इसके साथ इस बात से भी किसी को कोई गुरेज नहीं है, कि सूफियों की इस धारा ने इस्लाम की उग्र विचारधारा से अपने को अलग करते हुए आपसी भाईचारे और हिन्दू-मुस्लिम एकता की बात की है। आचार्य शुक्ल इन कवियों के बारे में कहते हैं कि, ''इन्होंने मुसलमान होकर हिन्दुओं की कहानियाँ, हिन्दुओं की बोली में पूरी सहृदयता से कहकर उनके जीवन की मर्मस्पर्शी अवस्थाओं के साथ अपने उदार हृदय का पूर्ण सामंजस्य दिखाया है।[17] प्रेममार्गी धारा की सबसे सशक्त आवाज मलिक मुहम्मद जायसी की रचनाओं में पाई जाती है। जायसी ने अपनी पद्मावत के माध्यम से लोकजीवन और संस्कृति के बहुत बड़े परिक्षेत्र को उकेरने का कार्य किया है। पद्मावत में जायसी ने ऐतिहासिक पात्रों के माध्यम से एक ऐसी कहानी की रचना की है जिसमें प्रेम, सौन्दर्य, विरह, वीरता, प्रकृति-चित्रण, हिन्दू रीति-रिवाज, के वे सारे घटना-क्रम वर्णित हैं जो हमारे समाज में विद्यमान है और कहानी ऐसी की खुद जायसी कहते हैं कि—

मुहम्मद कवि जो प्रेम का ना तन रकत न माँसू।
जेइँ मुँह देखा तेई हँसा सुना तो आए आँसू।।

जायसी ने पद्मावती के रूप में ऐसे सौन्दर्य को गढ़ा है जिसके सामने दिल्ली का शहंशाह अलाउद्दीन भी नत-मस्तक होता है और उसे पाने की चाह में उसके हाथ केवल एक मुट्ठी क्षार लगती है—

छार उठाइ लीन्हि एक मूठी।
दीन्ही डारि पिरिथिमी झूठी।।

जायसी बताना चाहते हैं कि जिन्दगी का अन्तिम निष्कर्ष बस एक मुट्ठी राख है। वह हिन्दुस्तान के बादशाह को लानत देते हैं उसकी हवस पर, उसकी तृष्णा पर, उसकी रूप लम्पटता पर और उसकी वासना पर। जायसी यहीं नहीं रुकते वे लिखते हैं कि—

जब लगि तन पर छार न परै,
तब लगि यह तृष्णा नहिं मरै।।

जायसी ने अपने लोक से सीखा है कि जब तक आदमी के शरीर पर मिट्टी नहीं पड़ती है तब तक उसकी तृष्णा का नाश नहीं होता है। जायसी के लिए जाहिर है काफी कठिन-परिस्थितियाँ रही होंगी जब उन्हें अपने द्वारा रचित उस अप्रतिम रूप को खंडित करना पड़ता है। जिसके बारे में वे कहते हैं कि—

जौहर भईं सब इस्तरी, पुरुष भये संग्राम।
पातसाह गढ़ चूरा, चितउर भा इस्लाम।।

जायसी चित्तौड़ पर इस्लाम के अधिकार को एक त्रासदी के रूप में देखते हैं जिसके बारे में विजयदेव नारायण साही अपनी पुस्तक जायसी में लिखते हैं कि, ''पद्मावत की कथा केवल अलाउद्दीन, रतनसेन और पद्मिनी की व्यक्तिगत ट्रैजडी नहीं है—जिन शर्तों पर जायसी का समाज उलट-पुलट रहा है, उनके चलते समूची पृथ्वी के झूठी पड़ जाने की ट्रैजडी है।''[18] भक्ति आन्दोलन में ईश्वर के साकार रूप की उपासना करनेवाली सगुण धारा भी अपने वेग से बह रही थी। आचार्य शुक्ल कहते हैं कि, ''जगत प्रसिद्ध स्वामी शंकराचार्य जी ने जिस अद्वैतवाद का निरूपण किया था वह भक्ति के सन्निवेश के उपयुक्त न था। यद्यपि उसमें ब्रह्म के व्यावहारिक सगुण सत्ता को भी स्वीकार था पर भक्ति के सम्यक प्रसार के लिए जैसे दृढ़ आधार की आवश्यकता थी वैसा दृढ़ आधार स्वामी रामानुजाचार्य जी ने खड़ा किया।''[19] रामानुज की शिष्य-परम्परा में रामानन्द ने भारतवर्ष में अपने सम्प्रदाय का प्रचार किया। कालान्तर में रामानन्द की ही परम्परा में रामभक्ति की जो धारा प्रवाहित हुई उसके सबसे बड़े साधक गोस्वामी तुलसीदास थे। तुलसीदास की भक्ति के बारे में आचार्य शुक्ल कहते हैं कि, ''गोस्वामी जी की भक्तिपद्धति की सबसे बड़ी विशेषता है उसकी सर्वांगपूर्णता। जीवन के किसी पक्ष को सर्वथा छोड़कर वह नहीं चलती है। सब पक्षों के साथ उनका सामंजस्य है। न उनका कर्म या धर्म से विरोध है न ज्ञान से। धर्म तो उनका नित्यलक्षण है। तुलसी की भक्ति को धर्म और ज्ञान दोनों की रसानुभूति कह सकते हैं। योग का भी उनमें समन्वय है पर उतने ही का जितना ध्यान के लिए, चित्त को एकाग्र करने के लिए अवश्य है।''[20] तुलसीदास के लोकधर्म की पहचान इस बात से होती है कि उनके लिए धर्म, राजनीति और कविता, सबको मापने का एक ही आधार है कि वह लोक के लिए कितना हितकारी है—

परहित सरिस धर्म नहीं भाई।
परपीड़ा सम नहीं अधमाई।।

तुलसीदास ने मध्यकाल के हर द्वन्द्व का बड़ी ही निर्भीकता और साहस के साथ जवाब अपनी कविता के माध्यम से दिया है चाहे वह द्वैत-अद्वैत, निर्गुण-

सगुण, जगत की सत्यता और असत्यता, जीव का भेद-अभेद, भाग्य और पुरुषार्थ, कर्म-ज्ञान-भक्ति, शैव-शक्ति-वैष्णव का ही क्यों न हो। तुलसी सगुण-निर्गुण के विवाद पर कहते हैं कि—

1. *सगुनहि अगुनहि नहीं कछू भेदा।*
   गावहिं मुनि पुरान बुध वेदा।।
2. *अगुन सगुन दुइ ब्रह्म सरूपा।।*
   अकथ अगाध अनादि अनूपा।।

अर्थात तुलसी के राम एक ही हैं। वे ही निर्गुण और सगुण, निराकार और साकार, व्यक्त और अव्यक्त, अन्तर्यामी और बहिर्यामी, गुणातीत और गुणाश्रय है। निर्गुण राम भक्तों के प्रेमवश सगुण रूप में प्रकट होते हैं। दोनों में कोई विरोध नहीं है यह विश्वास की बात है। अपने प्रेम के कारण भक्त उन्हें किसी भी रूप में भज सकता है। तुलसी की इसी समन्वयकारी दृष्टि के बारे में आचार्य हजारीप्रसाद द्विवेदी कहते हैं कि, ''भारतवर्ष का लोकनायक वही हो सकता है, जो समन्वय कर सके क्योंकि भारतीय समाज में नाना भाँति की परस्पर-विरोधिनी संस्कृतियाँ, साधनाएँ, जातियाँ, आचारनिष्ठा और विचार-पद्धतियाँ प्रचलित हैं। बुद्धदेव समन्वयकारी थे, गीता में समन्वयकारी चेष्टा है और तुलसी भी समन्वयकारी थे''[21] तुलसीदास ने अपने समय को बहुत ही नजदीक से देखा था जिसके कारण वह आज समाज में व्याप्त जाति-पाँति-भुखमरी, अन्धविश्वास—जैसी कुरीतियों पर बहुत बेबाकी से राय देते हैं। वे कहते हैं कि—

1. ''*आगि बड़वानि तै बड़ी है आग पेट की।*''
2. ''*कलि बारहिं बार दुकाल परै।*
   बिनु अन्न दुखी सब लोग मरै।।''
3. ''धूत कहौं, अवधूत कहौ, रजपूत कहौ जुलहा कहौ कोऊ/
   काहू की बेटी सो बेटा न ब्याह, काहू की जाति बिगार न सोऊ।।
   तुलसी सरनाम गुलाम है राम को, जाको रुचै सौ कहै कछु कोऊ/
   माँगि के खैबो, मसीत पर सोइबो,लेबे को एक न देबे को दोऊ।''
4. ''खेती न किसान को, भिखारी को न भीख, बलि,
   बनिक को बनिज न चाकर को चाकरी।
   जीविका-विहीन लोग सीधमान सोच बस, कहै एक एकन सौ
   कहाँ जाइ, का करी।''

उपर्युक्त उक्तियों के द्वारा हम तुलसी की कविताओं में लोकजीवन की उन जटिल समस्याओं को देख सकते हैं जिन पर तुलसीदास ने अपने अन्तिम

समय तक आते-आते मुखर विरोध दर्ज कराया। तुलसीदास ने अपनी कविताई के माध्यम से जिस आदर्श रामराज्य की संकल्पना की है उसमें किसी भी प्रकार का भेदभाव और शोषण नहीं है। तुलसीदास के इसी रामराज्य की संकल्पना के बारे में डॉ.अजय तिवारी अपने लेख 'तुलसी का समाज और ज्ञान' में लिखते हैं कि, ''तुलसी ने अपने समय के टूटते हुए सामन्ती ढाँचे की रक्षा का यत्न नहीं किया। उनकी चिन्ता यह थी कि किसानों को खेती और कारीगरों की रोजी छिन रही है, प्रजा भूख और दरिद्रता से त्रस्त है। उन्होंने खुद ये मुसीबतें झेली थीं। वे जनता को इस विपदा से बचा नहीं सकते थे। इसलिए उन्होंने संसार की घटनाओं की व्याख्या की और कल्पना की कि रामराज्य में इन समस्याओं का अन्त हो जाएगा। महत्त्वपूर्ण यह नहीं है कि उन्होंने रामराज्य का काल्पनिक चित्र खींचा, महत्त्वपूर्ण यह है कि उनका यह स्वप्न मनुष्य के विवेकपूर्ण कर्म द्वारा अर्जित किया जा सकता है, यह स्वप्न मनुष्य के सुख की संचित अभिलाषा का मूर्त रूप है।''[22] तुलसीदास के रामराज्य में—

राम राज बैठे त्रैलोका हरषित भए गए सब सोका।।
बयरु न कर काहू सन कोई। राम प्रताप बिषमता खोइ।।
दैहिक दैविक भौतिक तापा। राम राज नहिं काहुहि ब्यापा।।
नहिं दरिद्र कोउ दुखी न दीना। नहिं कोउ अबुध न लच्छन हीना।।
सब निर्दंभ धर्मरत पुनी। नर अरु नारि चतुर सब गुनी।।
एकनारि व्रत रत सब झारी। ते मनबच क्रम पति हितकारी।।

उपर्युक्त सभी विशेषताएँ पाई जाती हैं तथा उनके राम के नाम स्मरण मात्र से ही सारे संशय-शोक समाप्त हो जाते हैं। तुलसी के इसी महत्ता को ध्यान में रखते हुए आचार्य हजारीप्रसाद द्विवेदी लिखते हैं कि, ''तुलसी कवि थे, भक्त थे, पंडित-थे, सुधारक थे, लोकनायक थे और भविष्य के द्रष्टा थे। इन रूपों में उनका कोई भी रूप किसी से घटकर नहीं था। यही कारण था कि उन्होंने सब ओर से समता की रक्षा करते हुए एक अद्वितीय काव्य की सृष्टि की, जो अब तक उत्तरभारत का मार्गदर्शक रहा है और उस दिन भी रहेगा जिस दिन नवीन भारत का जन्म हो गया होगा।''[23] सगुण धारा में वल्लभाचार्य ने पुष्टिमार्ग का प्रवर्तन किया। भक्ति की इसी धारा में विट्ठलनाथ और कालान्तर में इनके द्वारा निर्मित अष्टछाप कवियों ने कृष्णलीला का गान किया जिसमें सबसे प्रमुख आवाज हम सूरदास की पाते हैं। कृष्णभक्त कवियों के बारे में आचार्य शुक्ल कहते हैं कि, ''इन कृष्णभक्त कवियों के सम्बन्ध में यह कह देना आवश्यक है कि वे अपने रंग में मस्त रहनेवाले जीव थे, तुलसीदास जी के समान लोकसंग्रह का भाव इनमें नहीं था। समाज किधर जा

रहा है, इस बात की परवाह ये नहीं रखते थे, यहाँ तक कि अपने भगवत्प्रेम की पुष्टि के लिए जिस श्रृंगारमयी लोकोत्तर छटा और आत्मोत्सर्ग की अभिव्यंजना से जनता को इन्होंने रसोन्मत्त किया, उसका लौकिक स्थूल दृष्टि रखनेवाले विषय वासनापूर्ण जीवों पर कैसे प्रभाव पड़ेगा, इसकी ओर ध्यान नहीं था।''[24] आचार्य शुक्ल का विचार कृष्णभक्तिधारा के कवियों के प्रति एकांगी नजर आता है। आचार्य शुक्ल इस बात की ओर ध्यान ही नहीं देते हैं कि सामाजिक संस्कृति इतिहास में दिलचस्पी रखनेवालों के लिए यह साहित्य बहुत महत्त्वपूर्ण है अपने कलात्मक सृजन के लिए। कला में मनुष्य के अनुभव के वैयक्तिक, सामाजिक और मानवीय तीनों ही पक्ष होते हैं। कला में मनुष्य के अनुभव का वैयक्तिक और सामाजिक पक्ष कई बार अपनी ऐतिहासिक सीमाओं में बँधे होने के कारण सीमित अर्थ रखता है लेकिन अनुभव का मानवीय पक्ष हर युग के मनुष्य की मनुष्यता से जुड़कर अपनी सार्थकता पा लेता है।

कृष्णभक्त सूर की कविता में मानवीय संवेदनशीलता के ये तीनों पक्ष पाए जाते हैं। प्रेम किसी शास्त्रमत और लोकमत के बन्धन को स्वीकार नहीं करता है। इसकी बानगी हम सूर की गोपियों के संयोग पक्ष और वियोग पक्ष की दशाओं में देख सकते हैं—

''आरज पथ चलै कहै सरिहै, स्यामहिं संग फिरौरी।''
''अब यह दशा देखि निज नैननि सब सरजाद ढ़ही।''

सूर साहित्य के बारे में डॉ. मैनेजर पांडेय कहते हैं कि, ''सूर का वृन्दावन ऐसी ही यूटोपिया है, जिसमें आदिम समाज की स्मृति और भावी समाज की सम्भावना का योग है। यह रचना दृष्टि स्वच्छन्दतावादी काव्यदृष्टि के समान है।''[25] कृष्णभक्ति परम्परा में मीराँबाई का भी बहुत ही सशक्त हस्तक्षेप रहा है। मीराँ ने मध्यकालीन समाज की सारी जड़ताओं और लोक के बन्धन पर प्रहार किया। वह कृष्णभक्ति में किसी भी प्रकार के अवरोध को नहीं मानती है। कृष्ण से अटूट प्रेम होने के कारण वह हमेशा अपने विरोधियों को चुनौती देती हैं—

लोक लाज कुल कानि जगत की, दइ बहाय जस पानी।
अपने घर का परदा कर ले, मैं अबला बौरानी।।

मीराँ समूचे भक्तिकाल में अकेली नारी भक्त हैं जिन्होंने अपनी कविताई के माध्यम से एक पूरी-की-पूरी समाज-व्यवस्था की असहिष्णु और अमानवीय मानसिकता को, उसकी भेदभावपूर्ण रीति-नीति को और उसके दोमुँहे चेहरे को बेनकाब किया है। मीराँ के बारे में डॉ. मैनेजर पांडेय कहते हैं कि, ''भक्तिकाल के कवियों में मीराँबाई का प्रेम सबसे अधिक सहज, उत्कट और विद्रोही है। उनको

प्रेम की अभिव्यक्ति के लिए किसी बिचवई की जरूरत नहीं है, न कबीर की तरह रूपक की न जायसी की तरह लोककथा की और न सूर की तरह गोपियों की। वहाँ सीधा और प्रत्यक्ष प्रेम-निवेदन है, निर्भय और निर्द्वन्द्व आत्माभिव्यक्ति।''[26]

उपर्युक्त तथ्यों के आधार पर यह कहा जा सकता है कि भक्ति आन्दोलन की उपज के मूल में लोकजागरण है। जो मध्यकालीन समय में बहुत की तीव्र गति से राजनीतिक, सामाजिक, धार्मिक, आर्थिक और सांस्कृतिक बदलाव के कारण होता है। भक्त कवियों और चिन्तकों ने अपनी भक्ति का उद्‌देश्य जनमानस को शिक्षित करने और समाज में व्याप्त रूढ़ि, अन्धविश्वाास, जड़ता पर प्रहार करने को बनाया। भक्ति की उपासना के रूप में सगुण-निर्गुण के विवाद हो सकते हैं लेकिन ये साधक इस बात पर एक मत हैं कि भक्ति का लक्ष्य,जनकल्याण होना चाहिए इसीलिए डॉ. रामविलास शर्मा इन भक्त कवियों के बारे में कहते हैं कि— ''आलोचक इन कवियों को भक्तिमार्गी, ज्ञानमार्गी, प्रेममार्गी आदि कहते हैं। यह विभाजन बहुत युक्ति-सम्मत नहीं है। तुलसीदास से अधिक ज्ञानी उस युग में दूसरा नहीं है। कबीर बहुत बड़े भक्त हैं। सूरदास जायसी के समान सौन्दर्य-प्रेमी कवि है।''[27] इस प्रकार यह कहा जा सकता है भक्तिसाहित्य लोक से ही ऊर्जा लेकर लोक को जागृति प्रदान करता है और उसकी कविताई के मूल में है—

''कीरति भनिति भूति भलि सोई।
सुरसरि सम सब कहँ हित होइ।।''

सहायक आचार्य, हिन्दी विभाग,
अम्बिका प्रताप नारायण पी.जी.कॉलेज बस्ती, उत्तर प्रदेश।

सन्दर्भ

1. आचार्य हजारीप्रसाद द्विवेदी, हिन्दी साहित्य की भूमिका, पृष्ठ-52.
2. आचार्य रामचन्द्र शुक्ल, हिन्दी साहित्य का इतिहास, पृष्ठ-52.
3. आचार्य द्विवेदी, हिन्दी साहित्य की भूमिका, पृष्ठ-16.
4. आचार्य द्विवेदी, हिन्दी साहित्य की भूमिका, पृष्ठ-53.
5. आचार्य शुक्ल, हिन्दी साहित्य की इतिहास, पृष्ठ-62.
6. आचार्य द्विवेदी, हिन्दी साहित्य का उद्‌भव और विकास, पृष्ठ-59.
7. के. दामोदरन, भारतीय चिन्तन परम्परा, पृष्ठ-315.
8. गोपेश्वर सिंह, भक्ति आन्दोलन और काव्य, पृष्ठ-149.
9. मुक्तिबोध, नई कविता का आत्मसंघर्ष तथा अन्य निबन्ध, पृष्ठ-88.
10. गोपेश्वर सिंह, भक्ति आन्दोलन और काव्य, पृष्ठ-34.
11. गोपेश्वर सिंह, भक्ति आन्दोलन और काव्य, पृष्ठ-21.

12. आचार्य द्विवेदी, हिन्दी साहित्य की भूमिका, पृष्ठ-55.
13. आचार्य शुक्ल, हिन्दी साहित्य का इतिहास, पृष्ठ-67.
14. आचार्य शुक्ल, हिन्दी साहित्य का इतिहास, पृष्ठ-72.
15. आचार्य द्विवेदी, हिन्दी साहित्य की भूमिका, पृष्ठ-93.
16. आचार्य शुक्ल, हिन्दी साहित्य का इतिहास, पृष्ठ-89.
17. आचार्य शुक्ल, हिन्दी साहित्य का इतिहास, पृष्ठ-89.
18. विजयदेव नारायण साही, जायसी, पृष्ठ-88.
19. आचार्य शुक्ल, हिन्दी साहित्य का इतिहास, पृष्ठ-99.
20. आचार्य शुक्ल, हिन्दी साहित्य का इतिहास, पृष्ठ-115.
21. आचार्य द्विवेदी, हिन्दी साहित्य की भूमिका, पृष्ठ-98.
22. स.अजय तिवारी, तुलसीदास : एक पुनर्मूल्यांकन, पृष्ठ-103.
23. आचार्य द्विवेदी, हिन्दी साहित्य की भूमिका, पृष्ठ-101.
24. आचार्य शुक्ल, हिन्दी साहित्य का इतिहास, पृष्ठ-131.
25. डॉ.मैनेजर पांडेय, भक्ति आन्दोलन और सूरदास का काव्य, पृष्ठ-40.
26. डॉ. मैनेजर पांडेय, भक्ति आन्दोलन और सूरदास का काव्य, पृष्ठ-41.
27. डॉ.रामविलास शर्मा, परम्परा का मूल्यांकन

शबार उपरे मानुष शन्तो

अवनीश पांडेय

उत्तर भारत के भक्ति आन्दोलन और जाति-व्यवस्था के स्वरूप, उसके मूल चरित्र को समझने के लिए हमें तत्कालीन स्थिति-परिस्थिति और उसकी ऐतिहासिक पृष्ठभूमि को समझना बेहद जरूरी है। इसके लिए यह भी जरूरी होगा कि हम स्थापित विचारों से टकराएँ या फिर उससे मुक्त होकर अपनी बात कहें। मुक्तिबोध ने कहा कि, ''किसी भी साहित्य को हमें तीन दृष्टियों से देखना चाहिए। एक तो यह कि वह किन सामाजिक और मनोवैज्ञानिक शक्तियों से उत्पन्न हुआ है, अर्थात् वह किन शक्तियों के कार्यों का परिणाम है, किन सामाजिक-सांस्कृतिक प्रक्रियाओं का अंग है? दूसरे यह कि उसका अन्त: स्वरूप क्या है, किन प्रेरणाओं और भावनाओं ने उसके आन्तरिक तत्त्व रूपायित किए हैं? तीसरे, उसके प्रभाव क्या हैं, किन सामाजिक शक्तियों ने उसका उपयोग या दुरुपयोग किया और क्यों? साधारण जन के किन मानसिक तत्त्वों को उसने विकसित या नष्ट किया है?''[1] यह सही भी है क्योंकि किसी भी साहित्य का हम ठीक-ठीक मूल्यांकन तब तक नहीं कर सकते जब तक उस युग में गतिशील 'सामाजिक शक्तियों से बननेवाली सांस्कृतिक इतिहास' को उसके ऐतिहासिक पृष्ठभूमि में न जान समझ लें।'

आचार्य शुक्ल ने कहा कि,''धर्म की रसात्मक अनुभूति का नाम भक्ति हैं।''[2] और भक्ति की धारा को वे पीछे ले जाकर उसका सूत्रपात महाभारत और पुराणों में देखते हैं। वे भक्ति के बीज को वेदों में ढूँढ़ते हैं। वे प्रकृति पूजा को मानव की भावात्मक अनुभूति कहते हैं। कर्म, ज्ञान और भक्ति मोक्ष प्राप्ति के तीन मार्ग प्रचलित हुए। आगे चलकर जब ब्राह्मण ग्रन्थों का विकास हुआ तो कर्मकांड की प्रधानता के साथ उसमें तमाम प्रकार की विकृतियाँ भी उत्पन्न हुईं। यज्ञ में हिंसा और पाखंड का महत्त्व बढ़ा। यही कारण है कि भारत में बौद्ध और जैन धर्म वैदिक संस्कृति के विरुद्ध प्रतिक्रिया के रूप में आए। धर्म के क्षेत्र में यह एक नया आन्दोलन था। इसके साथ यह भी सच है कि यह धर्म ज्यों-ज्यों प्राचीन होते गए त्यों-त्यों उसमें भी वैदिक कर्मकांड का प्रवेश होता गया तथा रूढ़िवादिता बढ़ती गई उदाहरण के तौर पर-वज्रयान शाखा और तन्त्रवाद जो मुख्यत: दो समूहों में विभक्त था—वामाचार सम्प्रदाय और दक्षिणाचार सम्प्रदाय बाद में रही-सही कसर भी' गुह्य समाज तन्त्र' ने पूरी कर दी। कुल मिलाकर कालान्तर में—''बौद्ध धर्म

ने जब अपना धार्मिक-अनुशासन त्याग दिया और हिन्दुओं में प्रचलित मान्यताओं, रीति-रिवाजों और कर्मकांडों को अपना लिया, तो यह भीतर और बाहर, दोनों तरफ से हमले के लिए बहुत आसान निशाना बन गया। इसका दार्शनिक आधार भी उस समय बहुत कमजोर हो गया जब वैभाषिक और सौत्रान्तिक प्रणालियों की भौतिकतावादी शिक्षाएँ पृष्ठभूमि में चली गईं और संसार से पलायनवाला मनोवादी आदर्शवाद योगाचारों और माध्यमिकों के माध्यम से बौद्ध धर्म की प्रमुख प्रणाली के रूप में सामने आया। इस समय तक पुनर्जागृत हिन्दू धर्म ने प्रारम्भिक बौद्ध धर्म के कुछ दार्शनिक सिद्धान्तों तथा बुद्ध द्वारा बताए गए कुछ नैतिक और आध्यात्मिक मूल्यों को भी अपना लिया था।''[3]

छठी सदी से लेकर 10वीं सदी तक दक्षिण भारत में अनेक संतों ने भक्ति आन्दोलन के दार्शनिक-वैचारिक फलक का विस्तार किया। इन संतों का जोर प्रेम पर अधिक था। यह सर्वविदित है कि जो शिव के भक्त थे वे नायनार कहलाए और जो विष्णु के उपासक थे वे आलवार के नाम से प्रसिद्ध हुए। इन्होंने पहला काम यही किया कि बौद्धों और जैनियों के अपरिग्रह को अस्वीकार किया और भक्त और भगवान के सम्बन्ध को व्यक्तिगत बताया और कहा कि मुक्ति का यही एक मार्ग है। इनके साथ निम्न जाति के भी संतों की संख्या बहुतायत थी। अन्दाल नामक महिला संत का जिक्र भी यहाँ उल्लेखनीय है। कुल मिलाकर भक्ति के रास्ते सबके लिए खुले थे। यही वह समय था जब दक्षिण भारत में बौद्ध एवं जैन धर्म अधिक प्रभावशाली थे। नायनारों और आलवारों ने इन पर जोरदार आक्रमण किया जिसमें उन्हें सफलता मिली और आम जनमानस उनके साथ आ खड़ा हुआ। उन्होंने आम लोगों की भाषा का सहारा लिया जिससे जनता पर भावनात्मक प्रभाव डालने में वे सफल रहे हैं। स्थानीय शासकों का भी उन्हें खूब सहयोग मिला जिससे यह आन्दोलन पूरे दक्षिण भारत में फैल गया।

बौद्ध धर्म की वैचारिकी से पहली टकराहट शंकराचार्य की हुई। शंकराचार्य ने अद्वैतवाद का सहारा लेते हुए एक तरफ तो बौद्ध धर्म पर जोरदार हमला किया तो दूसरी तरफ ब्राह्मणों की महत्ता स्थापित करने के लिए एड़ी-चोटी का जोर लगा दिया। अद्वैतवाद का आधार है—ब्रह्म सत्य है और जगत मिथ्या है। आत्मा परमात्मा से भिन्न नहीं है पृथक नहीं है बल्कि वह एक ही है। सांसारिक मोह-माया के कारण हम उसे पहचानने में भूल करते हैं। शंकराचार्य ने इस बात पर जोर दिया कि वेदों तथा उपनिषदों में प्रतिपादित सिद्धान्त ही ज्ञान के एकमात्र स्रोत हैं। यह दिलचस्प बात है कि बौद्ध और जैन धर्म के विरोध के साथ-साथ शंकराचार्य का विरोध नायनारों और आलवारों से भी था। इसका कारण है कि शंकराचार्य ने वर्ण-

व्यवस्था का समर्थन किया। ''शंकराचार्य ने कहा कि शूद्र को वेदों का अध्ययन करने और उन्हें समझने के योग्य नहीं माना जाना चाहिए, भले ही वह शारीरिक रूप से पूर्णत: स्वस्थ हो और उसमें पढ़ने व अध्ययन करने की अभिलाषा मौजूद हो।''[4] अपनी बात को न्यायसंगत ठहराने के लिए शंकराचार्य ने शास्त्रो और श्रुतियों का हवाला दिया। उन्होंने 'गौतम धर्मशास्त्र' का जिक्र करते हुए कहा, ''जो शूद्र वेदों को सुने उसके कानों में पिघला हुआ सीसा और लाख भर दिया जाना चाहिए... यदि वह वैदिक शब्दों का उच्चारण करे तो उसकी जिह्वा काट ली जानी चाहिए... केवल द्विज को ही यज्ञ पाठ करने और दान लेने व देने का अधिकार है.. शूद्रों को ज्ञान नहीं दिया जाना चाहिए।'[5] इन सारी बातों के बाद शंकराचार्य निष्कर्ष निकालते हैं कि, 'वेदों का श्रवण वर्जित होने से तात्पर्य यह है कि वेदों का अध्ययन और उनका अर्थ जानना भी वर्जित है, क्योंकि अध्ययन के बिना कोई अर्थ जान ही कैसे सकता है और बिना श्रवण किए कोई अध्ययन कैसे कर सकता है?'[6] कुल मिलाकर शंकराचार्य ने अपनी सारी प्रतिभा ब्राह्मणवादी व्यवस्था को मजबूत करने में लगा दी। जाति-व्यवस्था का समर्थन किया, जो सामन्ती समाज के उच्च वर्गों के लिए जरूरी थी। इसके साथ ही साथ उन्होंने निर्गुण ब्रह्म की उपासना का प्रचार किया। सगुण देवताओं और मूर्तियों की पूजा को न्यायसंगत ठहराया और एकेश्वरवाद का मार्ग भी प्रशस्त किया।

10वीं शताब्दी तक आते-आते दक्षिण भारत में बौद्ध और जैन धर्म शंकराचार्य के हमलों से लगभग मृतप्राय स्थिति में पहुँच गया। इधर ब्राह्मणवाद और मजबूत होता जा रहा था। वर्णाश्रम व्यवस्था को चुनौती देनेवाला कोई न रह गया। मन्दिरों की संख्या में काफी वृद्धि हुई। कर्मकांड और धार्मिक अनुष्ठानों से ब्राह्मणों की स्थिति और मजबूत हुई। ऐसी ही परिस्थितियों में रामानुजाचार्य का आगमन हुआ। उन्होंने इस व्यवस्था को सुधारने का प्रयत्न किया। उन्होंने आलवारों की भक्ति को दार्शनिक आधार दिया। उनके मत को विशिष्टाद्वैतवाद के नाम से जाना गया। उन्होंने अद्वैतवाद को चुनौती दी। शंकराचार्य के विरुद्ध उनकी मुख्य स्थापना थी कि ब्रह्म, जीवात्मा और भौतिक जगत यथार्थ हैं और एक-दूसरे से भिन्न हैं। वे जीवात्मा की परमात्मा से एकाकारता को स्वीकार करते हुए भी जीवात्मा के अलग अस्तित्व को मानते थे। जीवात्मा परमात्मा का ही अंश है, जो सम्पूर्ण (ब्रह्मण) के बराबर नहीं है, बल्कि उसके अधीन है। के. दामोदरन लिखते हैं कि, ''रामानुज ने भी सामन्तवाद की परिधि के भीतर ही अपने सिद्धान्तों का विकास किया। तो भी जाति प्रथा के प्रति उनका दृष्टिकोण उतना अमानवीय और रूढ़ नहीं था, जितना शंकराचार्य का। उन्होंने घोषणा की कि भक्ति सभी जातिभेदों से ऊपर है और वह

ईश्वर की अराधना में सबके लिए समानता के समर्थक हैं। उनके अनुसार विष्णु के सभी भक्त समान हैं, क्योंकि सभी ऊँची जातिवालों और नीच जातिवाले लोग ब्रह्म की ही अभिव्यक्ति हैं।''[7] शंकराचार्य के वर्ण-व्यवस्था के विरोध में रामानुज ने भक्ति के क्षेत्र में सबकी समानता को स्वीकार किया। अछूत जाति से सम्बन्ध रखनेवाले एक भक्त तिरूपन आलवार द्वारा रचित 'तिरूवायमोली' को वैष्णवों का वेद बताया। इसके बावजूद जाति प्रथा को तोड़ने में उन्हें बड़ी कठिनाई का सामना करना पड़ा। उन्होंने एक नियम बनाया कि सभी भक्त भोजन अलग-अलग करेंगे, किन्तु पूजा प्रार्थना एक साथ करेंगे। बाद में अपने धार्मिक आन्दोलनों द्वारा रामानुज के अनुयायियों ने इस अवरोध को भी तोड़ दिया। ''रामानुज ने तो यहाँ तक कहा कि ईश्वर की भक्ति के लिए अन्तिम विश्लेषण में, किसी पुरोहित वर्ग की भी जरूरत नहीं। यही कारण है कि मध्ययुग में रामानुज की शिक्षाएँ इतनी लोकप्रिय हुईं, जबकि शंकराचार्य के सिद्धान्तों के प्रति—जो इतने अमूर्त थे कि लोगों के हृदय को स्पर्श नहीं कर पाते थे और समाज के ऊपरी हिस्सों के कुछ गिने-चुने बौद्धिक भद्रजनों के लिए ही आकर्षण की चीज थे—आम लोगों में उदासीनता थी।''[8] उपर्युक्त बातों से इतना तो स्पष्ट है कि रामानुजाचार्य ने शंकराचार्य के मत को चुनौती देते हुए सामाजिक क्षेत्र में जातीय विषमता को खत्म करने का भरसक प्रयास किया लेकिन उनकी भी कुछ सीमाएँ थीं। फिलहाल भक्ति के क्षेत्र में जाति व्यवस्था को खत्म करने में वे असमर्थ रहे।

आगे चलकर वैष्णव आचार्य मध्वाचार्य ने द्वैतवाद की स्थापना की। उन्होंने शंकराचार्य के अद्वैतवाद और रामानुजाचार्य के विशिष्टाद्वैतवाद दोनों का विरोध किया। मध्वाचार्य ने ब्रह्म, जीवात्मा और जगत तीनों को शाश्वत यथार्थ के रूप में स्वीकार किया और तीनों का अपना अलग-अलग और एक-दूसरे से स्वतन्त्र अस्तित्व माना। ब्रह्मसूत्र और भगवद्गीता के भाष्य के द्वारा उन्होंने परम्परावादी पुराणपन्थियों की दुनिया में अपने क्रान्तिकारी विचारों के द्वारा खलबली मचा दी। के. दामोदरन लिखते हैं कि, ''शंकराचार्य ने जाति-प्रथा और सामाजिक असमानताओं को न्यायसंगत ठहराने में कुछ भी उठा न रखा था। किन्तु मध्व ने किसी हद तक जाति-प्रथा और सामाजिक असमानताओं का विरोध किया और अपने शिष्यों का आह्वान किया कि वे सामाजिक कुरीतियों को दूर करने का प्रयत्न करें, ताकि जाति या सम्प्रदाय को भेदभाव के बिना सभी लोग दर्शन का अध्ययन करने और उसका लाभ उठाने की स्थिति में पहुँच सकें। उनका मत था कि न केवल ब्राह्मणों तथा अन्य उच्च जातियों के लोगों को वरन शूद्रों को भी वेदों का अध्ययन करने की अनुमति होनी चाहिए और अछूतों को भी विष्णु की

भक्ति करने से नहीं रोका जाना चाहिए''[9] उन्होंने जाति-प्रथा, सामाजिक असमानता और अन्याय का खुलकर विरोध किया। शूद्रों के लिए भी विष्णु की भक्ति का मार्ग खोलने के कारण ही बाद में यह सम्भव हो गया कि वल्लभाचार्य के वल्लभ सम्प्रदाय में दीक्षित अष्टछाप के आठ कवियों में से कृष्णदास, कुम्भनदास और चतुर्भुजदास शूद्र जाति के थे। कृष्णभक्ति शाखा के कवि रसखान जो कि मुसलमान थे वे भी वल्लभाचार्य के पुत्र विट्ठलनाथ के अत्यन्त प्रिय शिष्यों में से थे।

रामानन्द का उत्तर भारत के भक्ति आन्दोलन में विशेष योगदान है। वे रामानुजाचार्य की शिष्य-परम्परा में आते थे। उन्होंने पूरे देश का भ्रमण किया। ब्राह्मणवाद को चुनौती दी। छुआछूत और जाति-प्रथा का खंडन किया। उनकी शिष्य-परम्परा में अधिकांश शिष्य नीची जाति से सम्बन्ध रखते थे। कबीर जुलाहा, रैदास हरिजन, नामदेव दर्जी, साधना कसाई, धर्मदास अछूत, धना जाट, दादू धुनिया और तुकराम, पीपा भी नीची जाति से ही सम्बन्ध रखते थे। रामानन्द हों, वल्लभाचार्य हों या फिर मध्व, रामानुज, निम्बार्क हों, सबने धार्मिक कर्मकांडों, बाह्याचारों और ब्राह्मण पुरोहितों के वर्चस्व के साथ जातिगत भेदभाव को भी अस्वीकार किया।

बंगाल के चंडीदास ने तो मनुष्य सत्य को सबसे ऊपर रखा। मनुष्य मात्र की समानता पर जोर देनेवालों में उनकी आवाज सबसे मुखर थी—

''शुनह मानुष भाई,
शबार उपरे मानुष शन्तो
ताहार उपरे नाई।''

हिन्दू तथा मुसलमानों की निम्न जातियों से सम्बन्ध रखनेवाले चैतन्य के शिष्य बने। उन्होंने भक्ति के मंच पर मनुष्य की समानता पर जोर दिया। सनातन, रुज और हरिदास आदि शिष्यों को कृष्ण की शरण में जाने का उन्होंने सन्देश दिया। ज्ञानेश्वर, नामदेव, तुकाराम और रामदास ने महाराष्ट्र में ऊँच-नीच के भेदभाव को खत्म करने में महत्त्वपूर्ण भूमिका निभाई। मुक्तिबोध ने लिखा कि, ''निचली जातियों की आत्म-प्रस्थापना के उस युग में, कट्टर पुराणपन्थियों ने जो-जो तकलीफें इन संतों को दी हैं, उनसे ज्ञानेश्वर जैसे प्रचंड प्रतिभावान संत का जीवन, अत्यन्त करुण, कष्टमय और भयंकर दृढ़ हो गया। उनका प्रसिद्ध ग्रन्थ ज्ञानेश्वर (गीता का मराठी रूपान्तर) तीन सौ वर्षों तक छिपा रहा।''[10] भक्ति आन्दोलन के अन्तर्गत निर्गुण और सगुण का विवाद न तो बंगाल में था और न ही महाराष्ट्र में। ज्ञानेश्वर से लेकर तुकाराम तक नीची कही जानेवाली जनता में सगुण कृष्णभक्ति का निर्बाध प्रसार हुआ।

इस प्रकार हमने देखा कि अपने भीतर सामाजिक-सांस्कृतिक आन्दोलन को समाहित किए हुए यह आन्दोलन परम्परागत एवं स्थापित मूल्यों से टकराता हुआ

और लोक चेतना के दबाव को महसूस करता हुआ उत्पीड़ित एवं पददलित जनसाधारण की आवाज को बुलन्द करता हुआ सामाजिक समरसता पर जोर दे रहा था। इन सबमें सबसे ऊपर था मनुष्य सत्य जिसकी वह आवाज बन रहा था। यह तो हुई अखिल भारतीय भक्ति और जाति-व्यवस्था की ऐतिहासिक पृष्ठभूमि।

अब बात उत्तर भारत के भक्ति और जाति-व्यवस्था के मूल चरित्र पर जिसका स्वरूप भारत के अन्य भागों से थोड़ा भिन्न है। आचार्य रामचन्द्र शुक्ल और आचार्य हजारीप्रसाद द्विवेदी उत्तर भारत के भक्ति आन्दोलन के उद्‌भव को लेकर जिस एक बिन्दु पर सहमत है वह है 'दक्षिण के आलवार भक्तों की भूमिका।' आचार्य शुक्ल अपने इतिहास में लिखते हैं, कि "भक्ति का जो सोता दक्षिण की ओर से धीरे-धीरे उत्तर भारत की ओर पहले से ही आ रहा था उसे राजनीतिक परिवर्तन के कारण शून्य पड़ते हुए जनता के हृदय क्षेत्र में फैलने के लिए पूरा स्थान मिला। रामानुजचार्य ने शास्त्रीय पद्धति से जिस सगुण भक्ति का निरूपण किया था उसकी ओर जनता आकर्षित होती चली आ रही थी।"[11]

यहाँ आचार्य द्विवेदी जी का मत भी विचारणीय है, "स्पष्ट है कि आलवारों का भक्तिवाद भी जनसाधारण की वस्तु था, जो शास्त्र का सहारा पाकर सारे भारतवर्ष में फैल गया। भक्तों के अनुभूतिगम्य सहज सत्य को बाद के आचार्यों ने दर्शन का क्रमबद्ध और सुनिश्चित रूप दिया। यही बात उत्तर भारत के विषय में भी सत्य है। यहाँ भी साधारण जनता के भीतर जो धर्म-भावना वर्तमान थी, उसने शास्त्र की अँगुली पकड़कर अपने शक्तिशाली रूप को प्रकट किया। इन प्रदेशों में पौराणिक धर्म का प्रचार पहले से ही था।... भक्ति के लिए जो बात नितान्त आवश्यक है, वह है भगवान के ऐसे रूप की कल्पना जिसके साथ व्यक्तिगत सम्बन्ध स्थापित किया जा सके।"[12] असल में द्विवेदी जी दक्षिण के वैष्णव मतवाद को ही भक्ति आन्दोलन का मूल प्रेरक मानते थे। इसीलिए उनका यहाँ स्पष्ट मानना भगवान के ऐसे रूप को लेकर है जो अवतारी हो विशेषकर कृष्ण के अवतारी रूप को लेकर। जबकि यह मत वैष्णव धर्म तक ही सीमित रहा।

भक्ति के उद्‌भव और विकास के सम्बन्ध में यह पंक्ति विचारणीय है

"भक्ति द्राविड़ी ऊपजी लाये रामानंद।
परगट किया कबीर ने सप्तदीप नौ खंड।।"

भक्ति आन्दोलन के उद्‌भव और उत्तर भारत में उसके विकास के सन्दर्भ में लोक-प्रचलित यह उक्ति उचित जान पड़ती है। इस बात से यह स्पष्ट होता है कि उत्तर भारत में भक्ति को ले जानेवाले रामानन्द और पूरे देश में उसका प्रचार-प्रसार करनेवाले कबीर थे।

कबीरादि निर्गुण संतों ने जहाँ रामानन्द के प्रति गुरुवत आदर व्यक्त किया है, वहीं संत ज्ञानेश्वर और नामदेव के प्रति अपना पूरा सम्मान भी व्यक्त किया है। रामानन्द आकाशधर्मा गुरु थे। निर्गुण भक्ति के लिए भी उनके यहाँ पूरा अवकाश था। कबीर पर तो रामानन्द के सामाजिक विचारों का बहुत गहरा प्रभाव भी था। स्वाधीनचेता रामानन्द अपने गुरु राघवानन्द के उत्तराधिकारी थे लेकिन उनकी अतिशय अनुशासनप्रियता और मर्यादा-दृष्टि से असन्तुष्ट होकर रामानुजाचार्य के श्री सम्प्रदाय ही नहीं उसकी गद्‌दी के उत्तराधिकार का भी परित्याग कर पुनः उत्तर भारत की ओर चल पड़े थे। वे इतने उदार थे कि उनके शिष्यों में निर्गुण और सगुण दोनों ही प्रकार के शिष्य थे। आचार्य हजारीप्रसाद द्विवेदी आचार्य क्षितिमोहन सेन के हवाले से लिखते हैं कि, ''रामानन्द ने देखा कि भगवान के शरणागत होकर जो भक्ति के पथ में आ गया उसके लिए वर्णाश्रम का बन्धन व्यर्थ है, इसीलिए भगवद्भक्त को खान-पान के झंझट में नहीं पड़ना चाहिए। यदि ऋषियों के नाम पर गोत्र और परिवार बन सकते हैं तो ऋषियों के भी पूजित परमेश्वर के नाम पर सबका परिचय क्यों नहीं दिया जा सकता? इस प्रकार सभी भाई-भाई हैं, सभी एक जाति के हैं। श्रेष्ठता भक्ति से होती है जाति से नहीं।''[13] कबीर रामानन्द के इसी सामाजिक विचारधारा की परम्परा में आते हैं, जिसे उन्होंने अपने जीवनानुभवों से अधिक प्रामाणिक बनाते हैं। उपर्युक्त तथ्यों से यह बात प्रमाणित हो जाती है कि भक्ति का जो सोता दक्षिण भारत से धीरे-धीरे उत्तर भारत की तरफ आ रही थी उस आलवार भक्ति के विरासत के सच्चे उत्तराधिकारी कबीरादि हैं न कि वैष्णव भक्त।

यहाँ यह बता देना भी जरूरी समझता हूँ कि दक्षिण की आलवार भक्ति का उदय एक विशेष युग के आर्थिक-सामाजिक दबावों के तहत सामन्ती शोषण की परिस्थितियों से उपजा था। लेकिन उत्तर भारत का युग और परिस्थितियाँ उससे भिन्न और अलग थीं। यहाँ हिन्दू-मुस्लिम सामन्ती शोषण, ब्राह्मणवाद केन्द्र में था और यहाँ का आन्दोलन एक प्रकार से शास्त्र निरपेक्ष भी था। दक्षिण के आलवार भक्ति के सम्बन्ध में मुक्तिबोध लिखते हैं कि,''भक्ति आन्दोलन दक्षिण भारत से आया। समाज की धर्मशास्त्रवादी, वेद-उपनिषदवादी शक्तियों ने उसे प्रस्तुत नहीं किया, वरन आलवार संतों और उसके प्रभाव में रहनेवाले जनसाधाराण ने उसका प्रसार किया।''[14] उत्तर भारत के निर्गुण भक्ति आन्दोलन के विषय में भी यह बात कही जा सकती है।

तुलसीदास के लगभग समकालीन नाभादास ने कबीरदास के बारे में अपनी परिचयात्मक किताब 'भक्तमाल' में लिखा कि—

"भक्ति विमुख जो धरम, ताहि अधरम करि गायो।
जोग जग्य वरतदान भजन बिनु तुच्छ दिखायो।।
हिन्दू-तुरुक प्रमान रमैनी सबदी साखी।
पच्छपात नहीं बचन सबहिं के हित की भाखी।
आरूढ़ दसा होइ जगत पर मुख देखी नाहिन कहीं।
कबीर कानि राखी नहीं, वर्णाश्रम षटदर्शनी।।

ऐसे थे कबीर शास्त्र निरपेक्ष अन्याय धार्मिक कर्मकांडों से विरहित, हिन्दू-मुसलमान दोनों के लिए मान्य और वर्णाश्रम की मर्यादा को अस्वीकार करनेवाले। लेकिन वह अकेले नहीं थे। इस परम्परा में रैदास, दादू, धर्मदास, सेना, पीपा, नानक, सदना, दरिया आदि अनेक संत कवि थे। ये बुनकर, नाई, धुनिया, मोची, किसान, दर्जी आदि कई पेशे से जुड़े हुए गृहस्थ का जीवन व्यतीत करते थे। इन संतों में शोषित-उत्पीड़ित हिन्दू और मुसलमान दोनों ही सम्प्रदाय के निम्नजाति के लोग सम्मिलित थे। यह बात सूफी संतों के विषय में भी कही जा सकती है।

भक्ति आन्दोलन का मूल मन्त्र ही था—

"जात-पात पूछे नहीं कोई
हरि का भजे सो हरि का होई।"

हिन्दू समाज की जाति-प्रथा, भेदभाव और इसकी आड़ में सामन्ती शोषण के खिलाफ विद्रोह का स्वर था भक्ति आन्दोलन, जिसके अगुआ थे कबीरदास। जिनके इस नारे और विद्रोह ने ब्राह्मण वर्चस्व को चुनौती दी। कबीर एक ऐसे समाज की कल्पना कर रहे थे जहाँ ऊँच-नीच के आधार पर शोषण न होता हो, जहाँ मुगल, पठान, सैय्यद और शेख के नाम पर झगड़े न होते हों, जहाँ बारह माह बसन्त हो—

"जहँवाँ से आयो अमर वह देसवा,
पानी न पौन न धरती अकसवा।
चाँद न सूर न रैन दिवसवा,
बाह्मन क्षत्री न शूद्र बैसवा,
मुगल पठान न सैयद सेखवा।"

कबीर बड़े विजन के कवि हैं, उनके कविस्वप्न में, समाज के एक बड़े विकल्प की तलाश है जिसका मूल स्वर मानवतावादी है और उनका अध्यात्म भी बड़ी चिन्ताओं की उपज है। कबीर ने अपने लिए दूसरा रास्ता तैयार किया लेकिन परम्परा से विमुख होकर नहीं। शास्त्र की बजाय उन्होंने लोक परम्परा को तरजीह दी –

"पंडित मुल्ला जो लिखि दिया
छाड़ि चले हम कछु न लिया।"

इस विद्रोही चेतना का पंडित वर्ग से कोई समझौता भला कैसे हो सकता था। कबीर घर फूँक तमाशा देखनेवालों में से थे। जो पोथी के ज्ञान को सबकुछ मानकर चलता हो उसकी अनुभव के ज्ञानवाले से भला कैसे निभ सकती थी। जो आदमी खुल के कह रहा हो-

पंडित बाद बदंते झूठा' या फिर 'पढ़त-पढ़त' केते दिन बीते,गति एकौ नहीं जानी।' भला उससे संवाद कैसे सम्भव होगा, यदि होगा भी तो समानता और बन्धुत्व के जमीन पर। वे लिखते हैं—

"मेरा तेरा मनुआ कैसे एक होई रे,
मैं कहता हूँ आँखिनी देखी,
तू कहता कागद की लेखी।
मैं कहता सुरझावनहारी,
तू राख्यौ उरझाई रे।"

सच बात तो यह है कि उच्चवर्ग और निम्नवर्ग के बीच के भेदभाव का इतिहास बहुत पुराना है फिर यह संघर्ष उच्च और निम्न जाति के रूप में सामने आया। लेकिन निर्गुण भक्ति आन्दोलन ने विशाल उपेक्षित जनसमुदाय को जितना प्रभावित किया फिर शायद ही कोई आन्दोलन होगा जिसने इतनी भारी मात्रा में उत्पीड़ित एवं पददलित जनसाधारण की आशा-आकांक्षा को अपनी आवाज दी होगी। मुक्तिबोध लिखते हैं कि,"पहली बार शूद्रों ने संत पैदा किए, अपना साहित्य और अपने गीत सृजित किए। कबीर, रैदास, धर्मदास, नाभा, सिम्पी, सेना नाई आदि महापुरुषों ने ईश्वर के नाम पर जातिवाद के विरुद्ध आवाज बुलन्द की। समाज के न्यस्त स्वार्थवादी वर्ग के विरुद्ध नया विचारवाद आवश्यम्भावी हुआ।"[15]

इनमें सबसे ऊँची, प्रखर, बेलौस, निर्भीक और बुलन्द आवाज कबीर की थी।

कबीरदास ने अपने समय की सामाजिक-धार्मिक विसंगतियों पर खुलकर हमला किया। समाज का एक विशाल जनसमुदाय वर्ण एवं जाति के आधार पर सभी मानवीय अधिकारों से वंचित कर दिया गया था। इस विशाल जनसमुदाय का पक्ष लेकर ब्राह्मणवादी वर्णव्यवस्था के खिलाफ कबीर ने उन्हें मुखर होकर ललकारा—

"जो तो बामन बामनि का जाया,
आन बाट है क्यों नहीं आया।"

या फिर—

"जो तुरकहिं तुरकनी जाया,
पेटहिं खतना क्यों न कराया।"

कबीर हिन्दू और मुसलमान दोनों को फटकारते हैं। यदि ब्राह्मण श्रेष्ठ गर्भ (ब्राह्मणी) से पैदा हुआ है तो उसी राह से क्यों पैदा हुआ जिस राह से सभी पैदा होते हैं? उसी तरह गर तुर्क जो है तुर्कानी के गर्भ से पैदा हुआ है तो पेट में ही उसने खतना क्यों न कराया? कहने का आशय यह है कि लोगों में जो भेद दिखाई पड़ रहे हैं, समाज में जो फाँक दिखाई पड़ रहे हैं वह सब मनुष्य कृत हैं। यह सब भेदभाव जन्म के बाद शुरू होता है।

ब्राह्मण श्रेष्ठता को चुनौती देने की विरासत कबीर ने सिद्धों-नाथों से ग्रहण की थी। लेकिन कबीर का स्वर थोड़ा मुखर है, "एकै जनी जना संसार, कौन ज्ञान से भयउ निनारा।"

कबीर संवादी कवि भी हैं। पंडित और मुल्लाओं से कबीर का वाद-विवाद वस्तुत: उनके भटकाव को दूर कर उन्हें सही रास्ते पर लाने का एक प्रयास भर है। सामन्तवाद के प्रति ब्राह्मण की प्रतिबद्धता पर सवाल उठाते हुए कबीर ने पूछा कि—"तूं ब्राह्मण मैं काशी का जुलाहा, चीन्हि न मोर गियाना। तैं सब माँगे भूपति राजा, मोरे राम धियाना।।"

यह ब्राह्मण को एक जुलाहे की तरफ से एक चुनौती है, उसकी आँखों में आँखें डालकर किया हुआ संवाद है। कबीर वर्णवादियों के सामने सवाल खड़ा करते हैं, उनसे पूछते हैं—

"काहे को काजै पांडे छोति बिचारा।
छोतिही ते उपजा संसारा।
हमारे कैसे लोहू, तुम्हारे कैसे दूध।
तुम कैसे बामन पांडे, हम कैसे सूद।।
छेति छोति करता छो। तुम्ह ही जाए।
तो गर्भवास काहे को आए।"

रक्त-गोत्र की शुद्धता का दम्भ भरनेवाले ब्राह्मणवादियों को आईना दिखाते हैं कबीर। इन सब बातों के चलते जनसमुदाय का एक बड़ा हिस्सा आज भी छुआछूत के अभिशाप से ग्रस्त है। यह सवाल आज भी उतने ही प्रासंगिक हैं और समतामूलक समाज के स्वप्न में बाधा की तरह खड़े हैं।

रैदास ने भी कबीर की तरह शताब्दियों से शोषित-पीड़ित, दलित जनता की आवाज को बुलन्द किया। रैदास की आवाज कबीर की तरह मुखर और प्रखर भले ही न रही हो लेकिन दोनों कवि एक ही चिन्ताधारा के स्वाभाविक विकास की उपज

हैं। जिस समतामूलक समाज की कल्पना कबीर कर रहे थे वैसा ही स्वप्न लोक में रैदास भी रचते हैं। 'बे-गम-पूरा' ऐसा ही शहर है जहाँ कोई गम नहीं ऊँच-नीच का भेदभाव नहीं- ऐसा चाहूँ राज मैं, जहाँ मिले सबन को अन्न।

छोट-बड़ो सब सम बसें, रैदास रहे प्रशन्न।''

यहाँ एक ऐसे समाज की कल्पना है जहाँ ईर्ष्या-द्वेष नहीं, दु:ख नहीं, सामन्ती शोषण नहीं।

''क्या यह रैदास के सपनों का आदर्श समाज नहीं है? दूसरे दोहे में रैदास ऐसे राज्य की कल्पना करते हैं जहाँ आपसी भाईचारा हो, कोई छोटा-बड़ा न हो, अन्न के अभाव में कोई भूखा न रह जाए।'' 'छोट-बड़ो सब सम बसें' तथा 'मिले सबन को अन्न' जैसी पंक्तियाँ सामाजिक और आर्थिक मुक्ति की ओर इशारा करनेवाली पंक्तियाँ हैं।''[16]

आप कल्पना कर सकते हैं कि रैदास का उस समय के लिहाज से कितना क्रान्तिकारी कदम रहा होगा जब वे डंके की चोट पर अपने निम्न जाति का होने की घोषणा निर्भीक ढंग से करते हैं—

''जाके कुटुंब ढोर ढोवंत फिरहिं अजहुँ बनारसी आसपास।''

जाति-प्रथा जैसी बुराइयों ने हिन्दू समाज को भीतर से खोखला और जर्जर बनाकर रख दिया था। यह शोषण का जरिया मात्र बनकर रह गया था। अफसोस कि प्रक्रिया आज भी बदस्तूर जारी है। कबीर की तरह रैदास ने भी जन्मना आधारित वर्णव्यवस्था पर बराबर प्रहार किया। चंडीदास की तरह मनुष्यता का प्रश्न उठाते हैं और मानुष-सत्य को सबसे ऊपर रखते हैं—

''जात पाँत के फेर महि, उरिझा रहइ सब लोग
मानुषत को खात हैं, 'रैदास' जात कर रोग।।''[17]

इस तरह से निर्गुण धारा के संतों ने शास्त्र-पुराण-मतवादी ब्राह्मणवाद और उसके छुआछूत, ऊँच-नीच की जातिवादी भावधारा पर निर्मम आघात किया। कबीर और रैदास ने तो गिन-गिनकर चोटें की हैं। रूढ़ शास्त्रमतवादियों को भी गम्भीर चुनौती दी। 'ढाई आखर प्रेम का पढ़ै सो पंडित होई' के लिए यह शर्त थी कि, 'सीस उतारै भुइँ धरे तब घर पैठे माहि।' 'कागद की लेखी' को ही सबकुछ माननेवालों के लिए यह रास्ता आसान तो बिलकुल नहीं था और ऊपर से यह कि निम्न जाति के समुदायों के लिए निर्गुण पन्थ ही एकमात्र सुगम मार्ग था। फिर भला धर्म के ठेकेदारों और समाज के सत्ताधारी कुलीन वर्ग के लिए यह स्थिति कैसे प्रिय हो सकती थी? अत: इसकी प्रतिक्रिया तो स्वाभाविक थी जो उत्तर भारत में सगुणोपासना के रूप में प्रकट हुई।

इस सम्बन्ध में मुक्तिबोध लिखते हैं—"निर्गुण-मत के विरुद्ध सगुण-मतों का संघर्ष निम्नवर्गों के विरुद्ध उच्चवंशीय संस्कारशील अभिरुचिवालों का संघर्ष था, जिसका आरम्भिक विकास कृष्ण-भक्ति के रूप में हुआ।"

दक्षिण की तुलना में उत्तर भारत के कृष्ण काव्य का जो स्वरूप हमारे सामने उभरकर आता है उस पर 'भागवत पुराण' का असर ज्यादा दिखाई पड़ता है। जैसा मैनेजर पांडेय की किताब 'भक्ति आन्दोलन और सूरदास का काव्य' से यह बात ज्यादा स्पष्ट हो जाती है कि कृष्ण के इस रूप में उच्चवंशीय अभिजात तत्त्वों की अपेक्षा किसान एवं चरवाहा संस्कृति की चेतना अधिक थी। लेकिन यह बात भी उतनी ही सच है कि निर्गुण पन्थ की तरह इसने सामाजिक क्षेत्र में व्याप्त जातीय संकीर्णता की निरर्थकता और उससे उपजे शोषण तन्त्र के खिलाफ कोई कारगर अभियान नहीं चलाया और न ही इसके खिलाफ अपनी आवाज को मुखर किया। मैं यह तब कह रहा हूँ जब ऊपर मैं यह बात भी कह चुका हूँ कि वल्लभाचार्य और विट्ठलनाथ के आठ प्रधान शिष्यों में से कम-से-कम तीन निम्न जाति के थे। सूरदास, नन्ददास जैसे महत्त्वपूर्ण कवियों ने भ्रमरगीत का सहारा लेकर न सिर्फ निर्गुण का खंडन किया बल्कि उसका उपहास भी उड़ाया। "आयो घोष बड़ो व्यापारी/लादि खेप गुन ज्ञान-जोग की ब्रज में आन उतारी" तथा "आए जोग सिखावन पाँड़े" या फिर "निर्गुण कौन देस को बासी"?। आदि अनेक पंक्तियाँ हैं जिससे यह पता चलता है कि सूरदास निर्गुण धारा के वैचारिकी के प्रति कितने हमलावर हैं। इसमें उन्हें जोरदार सफलता भी मिली। अब इतना तो कहा ही जा सकता है कि अवतारवाद की स्थापना-वर्णाश्रम धर्मी जातिवाद के लिए एक ठोस आधार बना। इसी का सहारा तुलसीदास लेते हैं जिसके चलते वर्णाश्रम की पुन: स्थापना की घोषणा में उन्हें किसी दिक्कत का सामना नहीं करना पड़ता।

भला इस बात से किसे इनकार हो सकता है कि वर्णाश्रम धर्म के समर्थक काशी के पंडे-पुरोहितों ने तुलसीदास को कितनी पीड़ा पहुँचाई थी, उन्हें कितना सताया था। उनकी दारुण दशा ऐसी भी, "मांगी कै खैबों मसीत को सोइबें।" उनका व्यक्तिगत जीवन कितना दुख और तकलीफ में गुजरा यह किसी से छुपा हुआ नहीं है। जिस कवि ने अपने जन्म को याद करते हुए यह लिखा हो—

"जायो कुल मंगन, बधावनो बजायो सुनि
भयो परितापु पापु जननी-जनकको।
बारेते ललात-बिललात द्वार- द्वार दीन,
जानत हो चारि फल चारि ही चनकको।।"[18]

यह है तुलसी का जीवन यथार्थ। बचपन की गरीबी ऐसी की भिक्षा में मिले चने का चार दाना ही उनके लिए धर्म, अर्थ, काम और मोक्ष था। ऐसी मार्मिक उक्तियाँ वही लिख सकता है जिसने जीवन में कदम-कदम पर समाज का अपमान और तिरस्कार झेला हो। जिसने जीवनभर अभाव का कड़वा घूँट पिया हो। हाय! जनमते ही जिस बालक के सर से माँ-बाप का साया उठ गया हो और भाग्य भी जिसका साथ देने से इनकार कर दे इस समाज में उसकी क्या गति होती होगी आप सहज ही अन्दाज लगा सकते हैं। तुलसी कराह उठते हैं—

'मातु-पिताँ जग जाइ तज्यो
बिधिहुँ न लिखी कछु भाल भलाई।''[19]

नि:सन्देह तुलसी का समूचा जीवन संघर्ष, दु:ख, तकलीफ और मर्मान्तक पीड़ा का महासागर है। लेकिन सवाल यहाँ यह है कि क्या तुलसीदास वर्णाश्रम व्यवस्था और ब्राह्मण श्रेष्ठता के आड़ में शोषण का जो चक्र बदस्तूर जारी था उसके लिए चुनौती पेश की या फिर इस व्यवस्था का पोषण कर उनके रास्ते का काँटा हटा रहे थे? सवाल आगे और भी है।

चूँकि तुलसी का साहित्य बहुत विराट है उसमें आपको ऐसी बहुतेरी पंक्तियाँ मिल जाएँगी जिसमें वे वर्ण और जाति की व्यवस्था को चुनौती देते हुए मिल जाएँगे। कवितावली में तो उन्होंने बहुत स्पष्ट लिखा है की मेरी को कोई जाति-पाँति नहीं है और न मैं किसी की जाति-पाँति जानना चाहता हूँ—

''मेरे जाति-पाँति न चहौं काहूकी जाति-पाँति'[20]

जातिवादियों का चुनौती देते हुए वह कहते हैं—

''धूत कहौ अवधूत कहौ, रजपूतु कहौ, जोलहा कहौ कोऊ।
काहूकी बेटी सों बेटा न ब्याहब, काहूकी जाति बिगार न सोऊ।।'[21]

यहाँ ध्यान देनेवाली बात यह है कि यह सब बातें कवितावली के तुलसीदास कह रहे हैं। रमेश कुन्तल मेघ लिखते हैं, ''वे समाज के पूरे रंगमंच को देखते-देखते तथा भोगते-भोगते यथार्थवादी एवं व्यावहारिक भी हो जाते हैं (दोहावली, कवितावली, हनुमानबाहुक) तब वे कलिकाल की गर्दन मरोड देते हैं। अपने जीवन के परवर्ती चरण में तुलसी आध्यात्मिक और स्वप्नद्रष्टा के बजाय क्रमश: धार्मिक और यथार्थद्रष्टा हुए हैं।''[22]

रामविलास शर्मा का यह कहना कि,''क्या हम वर्णाश्रम के समर्थन को तुलसीदास के विचारों की ऐतिहासिक सीमा मानें जिससे उनकी मूल विचारधारा पर आँच नहीं आती?''[23] रामविलास शर्मा ने तुलसीदास को सामन्त-विरोधी सिद्ध करने में कोई कोर-कसर नहीं छोड़ी है यहाँ तक कि जो बातें इसके विरोध में होतीं

उन्हें वह प्रक्षिप्त अंश कहकर साजिश करार देते हैं। तुलसी साहित्य में गर कहीं इसी बात को लेकर अन्तर्विरोध है जैसा कि मैं मानता हूँ कि इन बातों को लेकर कवि का नजरिया अगर द्वन्द्वात्मक रहा है तो उस पर खुलकर बातें भी होनी चाहिए। तुलसीदास का नजरिया सुधारवादी है। वे कबीर की तरह उग्र और विद्रोही नहीं हैं। रमेश कुन्तल मेघ लिखते हैं, "तुलसी ने इस ह्रासोन्मुख समाज के वर्ण तथा आश्रम के ढाँचे में जो परिवर्तन देखे हैं उनमें से अच्छे-बुरे के बीच भेद करने में पूर्णत: असमर्थ रहे हैं। उनके सामने वर्ण-आश्रम-श्रुति-सम्मत एक समाज का चित्र था जिसकी कसौटी पर उन्होंने अपने समाज को कसा। इसलिए उनमें इन सामाजिक परिवर्तनों के प्रति शोक और रोष है। इधर ब्राह्मणों की उपेक्षा और उनके कार्यों तथा पदों के प्रति अनास्था पर वे शोक-विलाप करते हैं तथा उधर शूद्रों की सामाजिक क्रान्ति के प्रति रोष प्रकट करते हैं।"[24] ब्राह्मण श्रेष्ठता को लेकर कही गई तुलसी की यह उक्ति देखिए—

> *"पूजिअ बिप्र सील गुन हीना।*
> *सूद्र न गुन गन ग्यान प्रबीना।"*

तुलसीदास ने रामचरितमानस में एक जगह उन शूद्रों को फटकार लगाई है जो ब्राह्मणों का अपमान करते हैं, बहुत बोलनेवाले होते हैं, मान-बड़ाई चाहनेवाले होते हैं, ज्ञान का घमंड करते हैं, "सोचिअ सूद्रु बिप्र अवमानी। मुखर मानप्रिय ग्यान गुमानी।।"[25] तुलसीदास कई मौकों पर सामाजिक और अनैतिक अन्याय का समर्थन करते हुए दिखाई पड़ते हैं। 'जाति न पूछो साधू की पूछ लीजियो ज्ञान'[26] की बात से तुलसी सहमत नहीं थे। यही कारण है कि एक जगह उन्हें कहना पड़ा कि शूद्रों में नीच तेली, कुम्हार, चंडाल, भील, कोल और कलवार अर्थात् निर्गुण-मार्गी संत सम्पत्ति नष्ट हो जाने पर (खेतों से ब्राह्मण- ठाकुरों द्वारा बेदखल कर दिये जाने पर) संन्यासी हो जाते हैं और अपने को ब्राह्मणों से पुजवाते हैं—

> *"जे बरनाधम तेलि कुम्हारा। स्वपच किरात कोल कलवारा।।*
> *नारि मुई गृह संपति नासी। मूड मुड़ाइ होहिं संन्यासी।।"*[27]

निर्गुणियों की तरफ से जब ब्राह्मण श्रेष्ठता को चुनौती मिली तो तुलसी की तरफ से यह जवाब था। अपने विरोधियों के प्रति जितने कठोर तुलसी हैं उतना शायद ही मध्यकाल का कोई कवि होगा। प्रतिरोध का स्तर भी यह कि गरीब और साधारण तुलसी भी प्रचंड ब्राह्मणवादी हो गए हैं।

सारा मामला ब्राह्मण श्रेष्ठता को लेकर है। तुलसी को यह किसी भी कीमत पर बर्दाश्त न था कि कोई वर्णाश्रम व्यवस्था में सेंध डाले। एक जगह वे लिखते

हैं कि शूद्र ब्राह्मणों से विवाद करते हैं हम किसी तरह से तुमसे कम नहीं हैं, उन्हें डाँटकर आँखें दिखाते हैं—"बादहि सूद्र द्विजन्ह सन हम तुम्ह ते कछु घाटि। जानइ ब्रह्म सो बिप्रवर आँखि देखावहिं डाटि।।"[28]

जो ब्रह्म को जानता है वही श्रेष्ठ ब्राह्मण है। तुलसी को यही बात सबसे ज्यादा अखरती है। तुलसीदास में यही अन्तर्विरोध है। एक तरफ तो वे कलिकाल का वर्णन करते हुए जनता की पीड़ा और यातना पर बहुत मर्मस्पर्शी ढंग से लिखते हैं तो दूसरी तरफ उसी कलिकाल वर्णन में वर्णाश्रम व्यवस्था को बनाए रखने के लिए सामाजिक समता की धज्जियाँ भी उड़ाते हैं। वे लिखते हैं कि कलियुग में ब्राह्मणों को शूद्र ज्ञानोपदेश देंगे और गले में जनेऊ डालकर कुत्सित दान लेंगे—

"सूद्र द्विजन्ह उपदेसहिं ग्याना। मेलि जनेऊ लेहिं कुदाना।।"[29]

इसकी व्यंजना कितनी दूर तक है इसका आप सहज अन्दाजा लगा सकते हैं। "तुलसी ने तत्कालीन सामाजिक द्वन्द्व को ब्राह्मण-शूद्र प्रतिद्वन्द्विता में विस्थापित-सा किया है। तत्कालीन समाज में आश्रम-व्यवस्था को प्रबल धक्के लग रहे थे—नाथों, सिद्धों, सूफियों, निर्गुण संतों, शास्त्रविमुक्त भक्तों, मुसलमानों के द्वारा। तुलसी को वर्णाश्रम व्यवस्था के टूटने पर गहरी यन्त्रणा थी जो कलिकालनिरूपण में अभिव्यक्त हुई है।"

तुलसीदास वर्णाश्रम व्यवस्था के अनुशासन में रहकर ही सामाजिक मुक्ति का उपाय ढूँढ़ते हैं। वह ऐसे रामराज्य की कल्पना करते हैं जो यथास्थितिवाद को बनाए रखने में मददगार साबित हो। वे बदलाव के हिमायती हैं, वे शोषण के खिलाफ हैं, वे पाप और पाखंड के खिलाफ हैं, वे भुखमरी के खिलाफ हैं, वे सभी मूल्यों के खिलाफ हैं जो मनुष्यता के खिलाफ लेकिन वर्णाश्रम व्यवस्था के भीतर।

बेहतर समाज के निर्माण के लिए, समतामूलक समाज की स्थापना के लिए आज हमारे सामने दो मॉडल हो सकते हैं। एक तो तुलसी के रामराज्य का मॉडल और दूसरा कबीर (अमर देसवा) और रैदास (बे-गम-पूरा) का मॉडल। भारतीय राष्ट्रीय आन्दोलन के दौरान इसकी झलक गाँधी-अम्बेडकर की बहस में देखी जा सकती है। अब हमें यह तय करना होगा कि हम किस मॉडल के साथ आगे बढ़ना चाहते हैं या फिर इन दोनों से अलग कोई तीसरा रास्ता भी हो सकता है जो स्वतन्त्रता, समानता और बन्धुत्व के स्वप्न पर खरा उतरे। इतिहास से सबक लेते हुए अपने विवेक से हमें यह निर्णय करना होगा। आखिर में बीसवीं शताब्दी के क्रान्तिकारी कवि फैज हमें याद आ रहे हैं—

"यूँ ही हमेशा उलझती रही है जुल्म से खल्क
न उनकी रस्म नई है, न अपनी रीत नई

यूँ ही हमेशा खिलाए हैं हमने आग में फूल
न उनकी हार नई है न अपनी जीत नई।''

—असि. प्रोफेसर हिन्दी

राजकीय स्नातकोत्तर, महाविद्यालय, मुहम्मदाबाद,

गाहना, मऊ, उ.प्र.

सन्दर्भ ग्रन्थ

1. नई कविता का आत्मसंघर्ष, मुक्तिबोध, पृ. 103.
2. चिन्तामणि, रामचन्द्र शुक्ल, पृ. 128.
3. भारत की चिन्तन परम्परा — के.दामोदरन, पृ. 240.
4. वही, पृ. 261.
5. वही, पृ. 262.
6. वही, पृ. 262.
7. वही, पृ. 269.
8. वही, पृ. 269.
9. वही, पृ. 273.
10. निबन्धों की दुनिया, मुक्तिबोध, पृ. 44.
11. हिन्दी साहित्य का इतिहास, रामचन्द्र शुक्ल, पृ. 62.
12. हिन्दी साहित्य : उद्भव और विकास—हजारीप्रसाद द्विवेदी, पृ. 59-60.
13. वही, पृ. 71
14. निबन्धों की दुनिया, मुक्तिबोध, पृ. 45.
15. वही, पृ,-45
16. लोक और वेद आमने-सामने, चौथीराम यादव, पृ. 102.
17. निबन्धों की दुनिया, मुक्तिबोध, पृ. 46-47.
18. कवितावली, दोहा-73.
19. वही, दोहा-57.
20. वही, दोहा-107.
21. वही, दोहा-106.
22. तुलसी आधुनिक वातायन से, रमेश कुन्तल मेघ, पृ. 116.
23. परम्परा का मूल्यांकन, रामविलास शर्मा, पृ. 76.
24. तुलसी आधुनिक वातायन से, रमेश कुन्तल मेघ, पृ. 113.
25. रामचरितमानस-3/33/1.
26. रामचरितमानस-2/171/3.
27. वही-7/99/3.
28. वही 7/99/ख
29. वही-7/98/2.
30. तुलसी आधुनिक वातायन से, रमेश कुन्तल मेघ, पृ. 122.

भक्ति-काव्य मूल्य और प्रासंगिकता

अमितेश कुमार

भक्ति आन्दोलन के गर्भ से निकला भक्तिकाव्य हिन्दी साहित्य ही नहीं भारतीय साहित्य की सर्वोपरि उपलब्धि है। मध्यकाल के सामन्तवादी अन्धकार को चीरनेवाली मानवतावाद की प्रथम अभिव्यक्ति है। यह लोक जागरण का काव्य है, जनता के हृदय की वाणी है। भक्तिकाव्य ऐहिक और लौकिक का सन्धि-स्थल है। ऐहिक रूप में ईश्वर की भक्ति का लक्ष्य ब्रह्म का साक्षात्कार है तो लौकिक रूप में जनसामान्य की पीड़ा की अभिव्यक्ति है। भक्तिकाव्य की दो मुख्य धाराएँ हैं निर्गुण और सगुण। दोनों धाराओं की दो उपधाराएँ हैं। निर्गुण की ज्ञानमार्गी और प्रेममार्गी और सगुण की रामभक्ति और कृष्णभक्ति। काव्य के विभाजन का आधार ईश्वर भक्ति का प्रकार है। इस अध्याय में हम भक्तिकाव्य के मूल्य और उसकी प्रासंगिकता को इन चारों धाराओं के साथ समग्रता में समझने का प्रयास करेंगे।

काव्यमूल्य

काव्यमूल्य कविता में निहित वे मूल्य हैं जो उसे सम्बन्धित काल में और उसके परे भी प्रासंगिक बनाते हैं और साहित्य का दर्जा प्रदान करते हैं। प्रासंगिकता का तात्पर्य है कि किसी निश्चित कालखंड में उस काव्य को क्यूँ पढ़ा जाना चाहिए? प्रासंगिकता उपयोगिता नहीं है कि कविता को हम अपने हितों के अनुकूल इस्तेमाल कर सकें। प्रासंगिकता का एक कोण ऐतिहासिकता से निकलता है तो दूसरा कोण उसे पढ़े जाने के तरीके से। प्रत्येक साहित्य कुछ शाश्वत अर्थ स्वयं धारण किए रहता है तो कुछ उसके पाठ से गढ़े जाते हैं। इस तरह से किसी साहित्य की प्रासंगिकता पाठ के पढ़े जाने से निर्मित होती है। पढ़ने के तरीके के कारण काव्य के स्थायी शाश्वत मूल्यों को पहचाना जाता है और कुछ नए मूल्यों की खोज उस काल-विशेष में पाठ के दौरान की जाती है जिस काल-विशेष में साहित्य पढ़ा जा रहा है। इससे काव्य की प्रासंगिकता की शाश्वतता बरकरार रहती है। श्रेष्ठ साहित्य में कुछ निहित मूल्य होते हैं जिससे हर युग में उसकी प्रासंगिकता परिभाषित होती रहती है। आगे इस पाठ में हम इस प्रक्रिया को विस्तारपूर्वक देखेंगे।

भक्तिकाव्य का कैनवस बहुत बड़ा है। लगभग तीन सौ वर्षों में फैले इस कालखंड में हिन्दी के कतिपय महत्त्वपूर्ण कवियों की कविताएँ हैं। कबीर,

जायसी, तुलसी, सूरदास और मीराँबाई का नाम जिनमें अग्रणी है। मूलत: यह भक्त हैं और भक्ति का साधन कविता है। इनकी भक्ति भी अनूठी है और इनकी कविता भी। भक्ति साहित्य के सन्दर्भ में प्रसिद्ध आलोचक मैनेजर पांडेय ने लिखा है कि, ''भक्तिकाल के साहित्य में अभिव्यक्त अनुभूति, विचारधारा और सांस्कृतिक चेतना का जितना सम्बन्ध भारतीय संस्कृति और साहित्य की प्राचीन परम्पराओं से है, उससे अधिक अपने युग के समाज और जनसंस्कृति से है। उसमें सामाजिक जीवन की तरह-तरह की विसंगतियों की पहचान है। यही नहीं, उसमें सामन्ती समाज व्यवस्था और उसकी विचारधारा के मानव-विरोधी रूपों तथा परिणतियों का बोध है उनका चित्रण है और उनके विरुद्ध विद्रोह भावना और जनसंस्कृति की सृजनशीलता की जैसी अभिव्यक्ति भक्तिकाव्य में हुई है, वैसी भक्तिकाल के पहले की भारतीय कविता में कम ही मिलता है।'' इस कथन से हम भक्तिकाव्य के मूल्यों के सन्दर्भ में अनुमान आसानी से लगा सकते हैं। भक्तिकाव्य है ईश्वर विषयक लेकिन उसकी चिन्ता के केन्द्र में मनुष्य है। वह ईश्वर के रूप, स्वरूप, भक्त के सम्बन्ध, भक्ति के रूप के बारे में कहते हुए सामाजिक विसंगतियों पर भी टिप्पणी करता है। जनजीवन का चित्रण करता है, गहन दार्शनिक चिन्ताओं से जूझता है, शोषण का प्रतिकार करता है और अन्तत: मानव के पक्ष में खड़ा होता है। भक्तिकाव्य के मूल्य की बिन्दुवार चर्चा अपेक्षित है।

भक्तिकाव्य का सर्वोपरि मूल्य भक्ति है

भक्ति आन्दोलन की कविता का सबसे केन्द्रीय मूल्य भक्ति है। इस काल के कवि मूलत: भक्त हैं और भगवद्विषयक भाव की अभिव्यक्ति का साधन कविता है। वे ईश्वर के बारे में जो सोचते हैं, महसूस करते हैं, जिस तरीके से उसके निकट जाना चाहते हैं, उसको अपने निकट लाना चाहते हैं इत्यादि विविध भावों की अभिव्यक्ति भक्तिकाव्य में है। भक्ति को परिभाषित करते हुए हजारीप्रसाद द्विवेदी ने लिखा है, ''सर्ववादि सम्मत मत यह है कि भगवद्विषयक प्रेम को भक्ति कहते हैं। 'भक्तिरसामृतसिन्धु' में इस बात को इस प्रकार कहा गया है कि अनुकूल भाव से भगवान के विषय में अनुशीलन करना ही भक्ति है। यह अनुशीलन ज्ञान और कर्म से ढँका नहीं होना चाहिए और न अनुशीलन करनेवाले के हृदय में भगवान की भक्ति के सिवा कोई अभिलाषा होनी चाहिए। स्पष्ट है कि भक्ति का सम्बन्ध प्रेम से है और इस प्रेम का सम्बन्ध अनुकूलता से है। इसमें कोई स्वार्थ नहीं है अभिलाषा नहीं है मनुष्य अपने हृदय और भाव के अनुसार ईश्वर की भक्ति कर सकता है। इस

अनुकूलता के कारण ही भक्तिकाव्य की अलग-अलग धाराएँ निकलती हैं। जैसा कि हम जानते हैं कि भक्तिकाव्य की चार मुख्य धाराएँ हैं। इसलिए इन चारों मुख्य धाराओं की कविता में भक्ति का स्वरूप अलग-अलग है। निर्गुण भक्तिकाव्य में ईश्वर की निर्गुण स्वरूप की विवेचना है। यह धर्म के बाह्याचारों का विरोध करता है और ईश्वर के साथ अलग-अलग भावों से अपना तादात्म्य जोड़ता है। रैदास 'तुम चंदन और पानी' कहकर ईश्वर और भक्त की अनन्यता सिद्ध करते हैं तो कबीर के ईश्वर उनके बालम हैं, कबीर उनकी दुल्हन भी हैं और उनका कुत्ता भी हैं। निर्गुण भक्ति के अनुसार 'भक्ति के लिए केवल एक ही बात आवश्यक है–अनन्य भाव से भगवान की शरणागति, अहैतुक प्रेम बिना शर्त आत्मसमर्पण। कबीरदास में इन बातों की चरम परिणति हुई है।' प्रेममार्गी कवियों ने प्रेमाख्यानक काव्य में भक्ति के दार्शनिक स्वरूप की विवेचना की है। प्रेममार्गी कवियों की भक्ति सूफियों के रहस्यवादी अद्वैत भावना पर आश्रित है। जिसमें भक्त परमात्मा को अपने प्रिय के रूप में देखता है और उससे मिलने के लिए व्याकुल रहता है। सूफी कवियों ने अपने प्रेम कथानकों की प्रेमिका को भगवान का प्रतीक माना है। इस भक्ति भावना के अनुसार काव्य में परमात्मा को प्रिया के रूप में देखा जाता है और जगत के समस्त रूपों को उसकी छाया से उद्भासित बताया जाता है। इन काव्यों में प्रकृति उसी परमप्रिय के समागम के लिए उत्कंठित और व्याकुल पाई जाती है। सगुण भक्तिकाव्य के मूल में अवतारवाद है जिसमें विष्णु के दो प्रमुख अवतारों राम और कृष्ण की भक्ति विषयक रचना की गई है। तुलसी और सूर क्रमश: दोनों ही धाराओं के प्रतिनिधि कवि हैं। तुलसी ने 'सगुण और निर्गुण में कोई भेद नहीं मानते हुए सगुण भक्ति को महत्त्व दिया है। सूर ने भी भ्रमरगीत में गोपियों के माध्यम से उद्धव के निर्गुण के उपदेश को खारिज करते हुए सगुणोपासना को ही प्राथमिकता दी। जैसा कि अनुमान किया जाता है कि मध्ययुग में धर्म और भक्ति के नाम पर अतिचारों का माहौल बन गया था इससे त्रस्त जनता के मन-प्राणों को शीतल करने, उनकी धार्मिक-आध्यात्मिक भूख को शान्त करने हेतु सगुण भक्त कवियों ने जब ईश्वर के सगुण–साकार, लोकरंजक तथा लोकरक्षक रूप को उनके क्रियाकलापों के साथ जनता के सामने रखा, तो साधारण जनता का सगुण भक्तिधारा की ओर उन्मुख हो जाना स्वाभाविक हो गया।

यहाँ हमें यह विचार करना चाहिए कि सगुण और निर्गुण भक्ति कवियों की कविता में ईश्वर भक्ति का यह प्रकार भिन्न क्यों था। इसके क्या सामाजिक कारण थे? क्या यह सहज था? निर्गुण भक्त कवि अधिकांश निम्न जाति के थे। स्वाभाविक है ईश्वर को पूजने का सामाजिक अधिकार उनका नहीं था। क्योंकि मन्दिरों में प्रवेश

की मनाही थी। ईश्वर से वंचित किए गए इन जातियों ने तब अपने ईश्वर गढ़े। इस ईश्वर को उन्होंने अपनी कल्पना में गढ़ा जिसमें दार्शनिक विचारधारा का प्रभाव तो था ही साथ ही ईश्वर के प्रचलित रूप के विरोध की भी भावना थी। कबीर अपने राम को दशरथ के पुत्र राम से अलग बताते हैं। इस ईश्वर की उपासना के लिए किसी बाह्याचरण की आवश्यकता नहीं थी। भक्त के लिए नाम स्मरण ही पर्याप्त था। कर्म और पेशे का निर्वाह करते हुए भी ईश्वर के उस निराकार रूप में आस्था रखी जा सकती थी। गुरु की विशेष महिमा थी। इन कवियों ने कर्मकांडों की निरर्थकता बताई और उस पर सवाल किए। इन सवालों के घेरे में हिन्दू और मुसलमान दोनों थे। उपासना के स्तर पर एक होने के बाद भी इस्लाम में सामाजिक समानता नहीं थी।

कालान्तर में निर्गुण ईश्वर के नाम पर जो ढोंगियों की भरमार हुई होगी उससे साधारण जनता सगुणोपासना की ओर गई होगी। सगुणोपासना में एक साक्षात ईश्वर है जो लीला करता है। जो शिशु, सखा, भाई और रक्षक के रूप में है उसमें जनता का मन क्यों नहीं रमता! तुलसी ने 'जब जब होंहि धर्म की हानी' कहकर अवतारवाद की प्रतिष्ठा जिस शक्ति से की उसने सगुण भक्तिकाव्य को व्यापक रूप से प्रसारित किया। रामचरितमानस का अवगाहन आम जन धार्मिक भाव से ही करते हैं। सूर और मीराँ के पद लोक में रचे-बसे हुए हैं।

ईश्वर के अलग-अलग रूप को व्यक्त करने के बावजूद सगुण भक्तिकाव्य की भक्ति की महत्त्वपूर्ण विशेषता है कि इसमें ईश्वर मनुष्य के रूप में हैं तो निर्गुण ईश्वर की कल्पना अनेक रूपों में कवि कर लेते हैं। कभी वह सखा है, कभी मालिक है कभी अगम अगोचर ब्रह्म है तो कभी प्रिय है कभी बालम। तात्पर्य यह कि भक्तिकाव्य का मत है कि ईश्वर की भक्ति किसी तरह से किसी रूप में हो सकती है।

'हरि अनन्त हरि कथा अनन्ता।
बहु प्रकार गावहिं श्रुति सन्ता।'

लोकधर्म की प्रतिष्ठा

भक्तिकाल की सभी धाराओं की कविता का लक्ष्य 'लोकधर्म' की प्रतिष्ठा है। सामान्यतया लोक को शास्त्र का विरोधी माना गया है। आचार्य हजारीप्रसाद द्विवेदी भक्तिकाव्य का मुख्य अन्तर्विरोध लोक और शास्त्र का द्वन्द्व मानते हैं। आचार्य शुक्ल भी तुलसी को इस बात का श्रेय देते हैं कि वे शास्त्रानुमोदित धर्म को लोक में

लाए जिसे निर्गुण कवियों ने शास्त्र विमुख कर दिया था। भक्तिकाल में लोक शास्त्र के ऊपर प्रबल हो उठा है तभी रामविलास शर्मा भक्तिकाव्य को 'लोकजागरण का काव्य' कहते हैं।

लोकधर्म क्या है? इस शब्द का विग्रह करने से पता चलता है कि यह दो शब्दों लोक और धर्म से मिलकर बना है। लोक का एक व्यापक आशय है। सामान्यतया इसका अर्थ साधारण जन-जीवन से लिया जा सकता है। धर्म का अर्थ भारतीय शास्त्रों में सम्प्रदाय के अर्थ में नहीं, धारण करने के अर्थ में लिया गया है। कर्तव्य के रूप में भी इसकी व्याख्या की गई है। भक्तिकाव्य में निर्गुण संत कवि पहले से प्रचलित धर्म के बाह्याचार की आलोचना करते हैं परम्परागत वेद, शास्त्र आदि को चुनौती देते हुए उनकी बुनियाद का ही विरोध करते हैं। वहीं सगुण मत विशेषत: तुलसीदास तमाम लचीलेपन के बावजूद बुनियादी तौर पर शास्त्रानुमोदित धर्म तथा समाज व्यवस्था का समर्थन करते हैं। आचार्य रामचन्द्र शुक्ल के अनुसार, "संसार, जैसा है वैसा मानकर उसके बीच से एक-एक कोने को स्पर्श करता हुआ, जो धर्म निकलेगा, वही लोकधर्म होगा। जीवन के किसी एक अंग मात्र को स्पर्श करनेवाला लोकधर्म नहीं होगा।...जनता की प्रवृत्तियों का औसत निकालने पर धर्म का जो मान निर्धारित होता है, वही लोकधर्म होता है।" समाज में औसतन प्रचलित इस धर्म का स्वरूप समाज के प्रभुत्वशाली वर्ग ने निश्चित किया है। इस बात को समझिए क्योंकि आमतौर पर समाज में जिस वर्ग का वर्चस्व होता है सामाजिक निर्मितियाँ उसी की मान्य होती हैं। इसलिए यह लोकधर्म प्रभुत्वशाली वर्ग का लोकधर्म था।

समाज के एक बड़े तबके की समाई इस लोकधर्म में नहीं थी। यह वह वर्ग था जो निचले पायदान पर था। कबीर इस सामान्य लोकधर्म का विरोध करते हैं और लोक में प्रचलित मिथ्या लोकाचारों की तर्कहीनता को उजागर करते हैं। वह समान रूप से वेद, शास्त्र, कुरान, सुन्नत, पंडित, मुल्ला और क़ाज़ी ही नहीं लोक को भी समान आक्रोश के साथ फटकारते हैं। उनकी कविताओं में ऐसे स्वरों को पहचानना कठिन नहीं है। कबीर समाज के विरोधी नहीं हैं वे अपनी कविताओं के जरिये एक ऐसे धर्म की कल्पना करते हैं जिसके केन्द्र में मनुष्य है जहाँ मनुष्य का मनुष्य से किसी भी तरह का भेद नहीं हो। इस रूप में वे नए प्रकार के लोकधर्म की प्रतिष्ठा करते हैं जो अपने युगीन सीमा का अतिक्रमण करती है। युगीन सीमा का अतिक्रमण इस अर्थ में क्योंकि हम आज के समाज में ऐसे लोकधर्म की आवश्यकता देखते हैं। 'कबीर' का सामाजिक न्याय की लड़ाई के नायक के तौर पर केन्द्र में आना अनायास नहीं है।

मलिक मुहम्मद जायसी के यहाँ लोकधर्म का स्वरूप उस प्रेम में है जिससे वे मनुष्यता को बाँधने की बात अपनी कविता में करते हैं। 'मानुष प्रेम भयेउ वैकुंठी' उनकी प्रसिद्ध उक्ति है। सूर के लिए भी लोकधर्म प्रेम में ही है 'और जब वे इस प्रेम का चित्रण करते हैं, लीलाओं में डूबते हैं तो जिसे शुक्ल ने लोकधर्म कहा है, सामाजिक मर्यादा कहा है, वे सब इस प्रेम और इन लीलाओं के प्रवाह में तिनके के समान ऊब-डूब करते दिखाई पड़ते हैं।' मीराँ इस लोक प्रचलित धर्म का प्रतिवाद करती हैं। पति के रहते 'लोक लाज खोई' मीराँ प्रेम दीवानी होकर कृष्ण की हो जाती हैं।

लोकधर्म का एक व्यापक दायरा तुलसी का है। तुलसी की कविता रामराज्य की विराट परिकल्पना कर एक ऐसे लोकधर्म की प्रतिष्ठा करती है जिसमें समाज में औसतन प्रचलित लोकधर्म का अधिक स्वीकार है। वे सामाजिक स्थिति से विक्षुब्ध भी हैं लेकिन शास्त्र और वेद के प्रति निष्ठावान भी हैं। तुलसीदास समन्वयकर्त्ता लोक संग्रही हैं लेकिन उन्हें व्यापक उपेक्षा भी झेलनी पड़ी है। वह लोकधर्म के अनाचार को देख रहे हैं। इस व्यवस्था को वे और अधिक उदार बनाना चाहते हैं। वे वर्ण-व्यवस्था में सुधार चाहते हैं। तुलसी के अपने जीवन के कई आयाम हैं और इन सबकी परणति है कि उनके द्वारा स्थापित लोकधर्म में भी द्वन्द्व है। कबीर की तरह वह इसे आग नहीं लगाना चाहते हैं, समाज की व्यवस्था को बनाए रखने का बेहतर विकल्प उन्हें वर्णाश्रम व्यवस्था में ही दिखता है।

इस तरह भक्तिकाव्य में लोकधर्म एक नहीं है। यह काव्य एक तरफ पहले के लोकधर्म को अस्वीकार करता है, उसको तोड़ता है और एक नई लोकधर्म की प्रतिष्ठा चाहता है। वहीं इसी लोकधर्म के अच्छे स्वरूप को लेकर इसमें विस्तार और सुधार के साथ स्थापित भी करना चाहता है। इन सभी विविधताओं का लक्ष्य समान है, ऐसे लोकधर्म की प्रतिष्ठा जिसमें व्यापक मनुष्य का हित सम्भव हो सके और इसके लिए सबसे आवश्यक तत्त्व है प्रेम।

प्रेम भावना और प्रेम का स्वरूप

प्रेम सम्पूर्ण भक्तिकाव्य का केन्द्रीय भाव है। आचार्य शुक्ल ने लिखा है कि, 'भक्तिमार्ग शुद्ध भावमार्ग या प्रेममार्ग है।' भक्तिकाव्य के प्रेम के मूल में लौकिक अनुभव है। इसका तात्पर्य है कि भक्तिकाव्य में प्रेम का जो मार्ग है उसकी जो बाधाएँ, अनुभूति का स्वरूप है, प्रेम की जो तीव्रता है उसका स्रोत लोक में है, इसलिए एकदम प्रामाणिक है। भक्तिकाव्य में अभिव्यक्त प्रेम, शास्त्र और सामाजिक बन्धनों का निषेध करने के लिए भी तत्पर है। जायसी, मीराँ और सूर

के काव्य में प्रेम की इस उन्मुक्त छवि का बेलौस चित्रण हुआ है। कबीर के यहाँ प्रेम का एक सामाजिक पक्ष भी है। लेकिन उनकी कविताओं में वे स्थल अनुपम हैं जहाँ प्रियतम से मिलने की आकांक्षा, सम्भावना का सुख, और विरह की व्याकुलता व्यंजित हुई है। कबीरदास की भक्ति साधना का केन्द्र बिन्दु प्रेमलीला है। यह ऐसा प्रेम है जिसमें ढाई अक्षर पढ़ लेने से ही पंडित हुआ जा सकता है। यह प्रेम समर्पण का है जिसमें वही जा सकता है जो अपने को विगलित कर सकता है। प्रेम गली सँकरी है जिसमें अहम का त्याग करना आवश्यक है। सीस उतारकर जमीन पर रखकर उसे मिलने जाया जा सकता है। प्रिय के लिए व्याकुल मन दिन-रात तड़पता है लेकिन उसे पता है कि उसका प्रिय उसके अंदर ही है;

जो बिछुड़ै हैं पियारे से भटकते दर-बदर फिरते।
हमारा यार है हम में हमन को इंतजारी क्या।।

जायसी के लिए प्रेम ही सब कुछ है जिसे पाकर मनुष्य वैकुंठ को पा लेता है अन्यथा सब व्यर्थ है। विजयदेव नारायण साही ने लिखा है कि जायसी ऐसे कवि हैं जिसे वैकुंठी प्रेम की तलाश नहीं है, जो ऐसा प्रेम चाहता है कि प्रेम करनेवाले मनुष्य को ही वैकुंठी बना दे। जायसी के यहाँ प्रेम के यह चित्र लोकजीवन से आते हैं जिसमें विरह भी है और मिलन भी। इस प्रेम के वशीभूत होकर ही मनुष्य किसी भी सत्ता से टकरा जाता है। सूर के यहाँ प्रेम का अक्षय स्रोत लोकजीवन ही है। ऐसा प्रेम है जो लोक और वेद दोनों की मर्यादाओं से परे है। यह समाज की रूढ़ियों को तोड़नेवाला, निर्द्वन्द्व, निर्भीक और एकनिष्ठ है। जिसमें एक कृष्ण से मन लगाने के बाद गोपियाँ विरहाकुल हो जाती हैं और हरे-भरे मधुबन से भी सवाल करने लगती हैं। उनको यकीन नहीं होता कि प्रियतम से बिछुड़ने के बाद कोई कैसे इस तरह रह सकता है। 'प्रेम ही परम पुरुषार्थ है।' सूरदास कहते हैं कि, ''प्रेम, प्रेम से ही होता है, प्रेम से ही भवसागर पार किया जा सकता है; प्रेम के बन्धन में ही सारा संसार बँधा है, एक प्रेम का निश्चय ही रसीली जीवन्मुक्ति है, प्रेम का निश्चय ही सत्य है जिससे गोपाल मिलते हैं'' दादू कहते हैं, ''प्रेम ही भगवान की जाति है, प्रेम ही भगवान की देह है। प्रेम ही भगवान की सत्त है, प्रेम ही भगवान का रंग है। विरह का मार्ग खोजकर प्रेम का रास्ता पकड़ो, लौ के रास्ते जाओ, दूसरे रास्ते पैर भी न रखना।'' मीराँ के यहाँ प्रेम का विद्रोही स्वरूप है जो पति के होते हुए भी लोकलाज त्यागकर कृष्ण को समर्पित हो जाती है। मीराँ को इस प्रेम के लिए भौतिक जगत की कठिनाइयों से भी जूझना पड़ा, उनकी विशेषता है कि वह अन्य के प्रेम के बारे में नहीं बल्कि अपने प्रेम के बारे में लिखती हैं जिसमें न कोइ रूपक है न दर्शन। इसका आधार आत्मसाक्षात्कार है। अनुभूति की प्रामाणिकता जो बाद

में चलकर साहित्य की एक कसौटी बना उसका आरम्भिक रूप मीराँ की कविता में देखा जा सकता है।

तुलसी के यहाँ भक्त का प्रेम ऐसा है जिसके वश में आकर भगवान भी भक्त के हो जाते हैं। तुलसीदास ने प्रेम के चित्रण में भी मर्यादा और सामाजिक व्यवहार का ध्यान रखा है। इसलिए उनके प्रेम चित्रण के बिम्ब बड़े ही मनोहारी बन पड़े हैं। कवितावली में एक प्रसंग है जिसमें सीता राम को सीधे नहीं देखकर कंगन के नग में बननेवाले प्रतिबिम्ब में देख रही है। तुलसी के काव्य में प्रेम का प्रकटीकरण भी प्रकारान्तर से होता है। इन वर्णनों में तुलसी सामाजिक स्थिति की झलक भी दिखा देते हैं। वन के रास्ते में स्त्रियों के पूछने पर सीता बहुत संकोच से अपने पति और देवर राम का परिचय देती हैं। तुलसी के यहाँ प्रेम में धैर्य है, चौदह साल का वियोग है, क्रोध है जिसके वशीभूत समुद्र को भी सुखा देने की शक्ति है तो लोक मर्यादा की रक्षा के लिए प्रेम की अग्निपरीक्षा है उसका त्याग भी है।

इस तरह भक्तिकाव्य में प्रेम के भी विविध पक्ष सामने आते हैं। इसका एक विषय भक्त और भगवान का प्रेम है तो दूसरा मनुष्यों का प्रेम। प्रेम के चित्रण में विवरण के बिम्ब अधिकांशत: लोक से उठाए गए हैं।

मनुष्यता की समानता की पहल, सामाजिक भेदभाव की आलोचना और सामाजिक एकीकरण

भक्तिकाव्य के कवि 'तुम चंदन हम पानी' कहते हुए भक्त और भगवान की अनन्यता को स्थापित करते ही हैं साथ ही यह भी घोषणा करते हैं कि 'राम ते अधिक रामकर दासा' यानी भक्त की महत्ता भगवान से कम नहीं है। यहाँ भक्त कौन है? मनुष्य। मध्यकाल के कवियों ने गुरु को गोविन्द से पहले आसन प्रदान किया है। भक्तिकाव्य में गुरु की महत्ता का प्रसंग बहुधा आता है। इस रूप में भी भक्तिकाव्य मनुष्य को केन्द्र में लाता है। मनुष्य की पीड़ा से मुक्ति के लिए ही कवि ईश्वर की गुहार लगाता है। क्योंकि तत्कालीन सामाजिक और राजनैतिक स्थितियों में उसे सत्ता का भरोसा नहीं है।

मनुष्यता के प्रति प्रतिबद्ध होने के कारण ही भक्तिकाव्य साहित्य में पहली बार मनुष्य की समानता का उद्घोष मिलता है। भक्तिकाव्य प्रश्न करता है कि सभी मनुष्यों का उद्गम स्थल एक ही है तो उनके बीच जाति, धर्म, अमीर, गरीब, ऊँच, नीच का भेद कैसा? भक्तिकाव्य के द्वारा पहली बार वर्ग, वर्ण, जाति, नस्ल, धर्म और सम्प्रदाय के भेदों, बन्धनों को अमान्य घोषित करते हुए मानवमात्र की समानता को रेखांकित किया गया। भेदभाव के कारक संरचनाओं की आलोचना की

गई और उस पर प्रहार किया गया। इन सवालों ने निम्न जाति जनता में आत्मगौरव का भाव भर दिया। आचार्य शुक्ल भी इस बात को स्वीकार करते हैं कि कबीर ने नाजुक मौके पर जनता के एक बड़े भाग को सम्हाला और नीची कही जानेवाली जातियों के मन में आत्म गौरव का भाव भरा। जो सदियों से भेदभाव के कारण सामाजिक अमानवीयता का दंश झेलने को बाध्य थी।

भक्तिकाव्य में समानता की स्थापना का मार्ग था उपासना का ऐसा मार्ग तलाशना जिस पर सभी लोग चल सकें। इसलिए धार्मिक रूढ़ियों, कर्मकांडों, मिथ्याचारों की जमकर आलोचना की गई, उनका मखौल उड़ाया गया ताकि आम जनता को उसकी निरर्थकता का पता लगे।

मानवमात्र की इस असमानता का सबसे बड़ा विभेद स्त्री पुरुष असमानता में है। भक्तिकाव्य में इस असमानता को भी सम्बोधित किया है। मीराँ का काव्य उदाहरण है जिसमें स्त्री होने के बावजूद वह साधुओं की संगति में लोक लाज का भय किए बिना आती हैं और पति के रहते हुए भी 'मेरो ते गिरिधर गोपाल दूसरो न कोई' का उद्घोष करती हैं। ''उनकी कविता में एक ओर सामन्ती समाज में स्त्री की पराधीनता की अभिव्यक्ति है तो दूसरी ओर उस व्यवस्था के बन्धनों का पूरी तरह निषेध और उससे स्वतन्त्रता के लिए एक हद तक संघर्ष भी है।'' सूरदास रचित भ्रमरगीत में स्त्रियाँ कृष्ण को तरह-तरह की उलाहना देती हैं। यह मनुष्य का ईश्वर के लिए उलाहना भी है साथ ही स्त्रियों की वाग्विदग्धता का संकेत भी हैं जिसमें वे अपने तर्कों से उद्धव को चुप करा देती हैं। स्त्रियों की पराधीनता का संकेत तुलसी अपनी कविता में देते हैं;

'कत विधि सृजत नारि जग माहीं, पराधीन सपनेहुं सुख नाहीं।'

स्त्रियों के वास्तविक दशा के चित्रण के साथ स्त्रियों के प्रति एक नकारात्मक दृष्टि भी इस काल के कवियों में है जिसमें कबीर अग्रणी हैं। जिनके काव्य में स्त्रियों के प्रति प्रचलित सामाजिक या कहिए पुरुष मान्यताओं की झलक भी मिलती है। जैसे;

नारी कुंड नरक का, बिरला थामे बाग।
कोई साधुजन उबरे, सब जग मुआ लाग।।

इसी तरह तुलसीदास भी स्त्रियों को अवगुण का खान समझते हैं

सहज अपावन नार, पति सेवत सुभगति लहै।
जस गावत श्रुति चार, अजहुँ तुलसी हरिहै पिये।।

स्त्रियों के प्रति इस स्थिर दृष्टिकोण में हम पुरुष अवचेतन में बसे ग्रन्थियों को जिम्मेदार मान सकते हैं। उस काल में इन कवियों से राजनीतिक रूप से सही

रहने की अपेक्षा भी ज्यादती होगी। इन कविताओं में हम सामाजिक मान्यताओं के इतिहास को पढ़ सकते हैं। लेकिन अन्ततः भक्तिकाव्य अपनी समग्रता में "धर्म और भक्ति के आवरण में सामाजिक अन्याय के विरोध में और मानवीय न्याय के पक्ष में एक उन्नत मानवीय समाज और एक उन्नत मूल्य व्यवस्था के पक्ष में खड़ा होनेवाला और उसके लिए संघर्ष करनेवाला काव्य है।" यह स्वर सगुण कविता की अपेक्षा निर्गुण कविता में और सगुण कविता में मीराँ की कविता में मौजूद है। चूँकि ये कवि सामाजिक उत्पीड़न और उपेक्षा के शिकार हैं। इसलिए सामाजिक समानता की चाह इनकी कविताओं में तीव्र रूप में अभिव्यक्त हुई है।

भक्तिकाव्य में सामाजिक एकीकरण की चाह भी मौजूद है। कबीर ऊँची जातियों के अहम को तोड़कर उन्हें निम्न जातियों के बराबर बिठाना चाहते हैं। गोपियाँ कृष्ण को राजा के रूप में नहीं अपने उसी ग्वाले के रूप में देखना चाहती हैं। तुलसी का सम्पूर्ण काव्य समन्वय की चेष्टा है जहाँ वे विभिन्न धाराओं के बीच साम्यता का चित्रण कर सामाजिक एकीकरण का प्रयास करते हैं। वर्ण-व्यवस्था के समर्थक होने के बावजूद वे इस व्यवस्था के शिकार हैं और खीझकर कह उठते हैं;

धूत कहौ अवधूत कहौ, रजपूत कहौ, जुलहा कहौ कोऊ,
काहू की बेटी सों बेटा न ब्याहब, काहू की जाति बिगारी जो न सोऊ।
तुलसी सरनाम गुलाम है राम को, जाको रुचै सो कहौ कछु कोऊ।
मांगि कै खइबो मसीत को सोइबो, लेबे को एक न देबे को दोऊ।।

जनभाषा में कविता

पूरे भक्तिकाव्य की चिन्ता नया मनुष्य तथा नया समाज बनाने की है। यह चिन्ता भाषा से भी जुड़ी हुई है। आधुनिक अध्ययन से यह सिद्ध हो चुका है कि भाषा शक्ति संरचना का अहम हिस्सा है। अभिजात वर्ग की अलग भाषा होती है और जनसामान्य की अलग। जनसामान्य पर अपना वर्चस्व बनाने के लिए भाषा एक माध्यम के रूप में काम करती है। इस रूप में अभिजात वर्ग भाषा का इस्तेमाल करता है। जैसा कि आधुनिक काल में हम देख रहे हैं कि 'भाषा' के अजनबी प्रदेश से एक बहुत बड़ा तबका बाहर हो चुका या बाहर कर दिया जा चुका है। आधुनिकता में भाषा की एकरूपता के लिए एक ही भाषा के विचार ने कई भाषाओं पर संकट ला दिया है। भाषा की विविधता का मतलब है समाज की विविधता और उनके अलग-अलग विचार। भाषा जब एक होती है तो शासन को उन पर हुकूमत करने में सुविधा होती है। इस रूप में सत्ता की इच्छा के विरुद्ध भाषा का चयन एक प्रतिकार है। इसलिए जब कोई कविता ऐसी भाषा को चुनता है जो जनसामान्य की

है तो वह सिर्फ़ भाषा का चयन नहीं है सामाजिक प्रचलन के प्रति विद्रोह का निर्णय भी है। भक्तिकाव्य के विद्रोही तेवर को जनभाषा में हुई कविता में देखा जा सकता है। कबीर घोषित करते हैं 'संसकीरत है कूप जल भाखा बहता नीर।' तुलसी संस्कृत के विद्वान होने के बाद भी कविता के लिए अवधी भाषा को चुनते हैं। जायसी ठेठ अवधी में 'पद्मावत' जैसा महाकाव्य लिखते हैं। सूरदास ने ब्रज के लालित्य को और प्रगाढ़ किया और उसकी सारी सम्भावनाएँ निचोड़ ली हैं, मीराँ ने राजस्थानी में कविता की है तो कबीर और निर्गुण संत कवियों में भाषा का मिश्रण है जो विभिन्न जनपदीय भाषाओं से बना है।

कविता जब जनता की भाषा में जनता जो सम्बोधित करती है, उसकी आकांक्षाओं व पीड़ा को स्वर और हृदय को विश्रान्ति देती है तब जनता भी इस कविता को अपने कंठ में धारण करती है। भक्तिकाव्य की लोकप्रियता का यह एक मुख्य कारण है। भक्तिकाव्य भारतीय समाज में मौखिक परम्परा में विद्यमान रही है जिसका पीढ़ी-दर-पीढ़ी हस्तान्तरण हुआ है। कबीर, तुलसी, सूरदास, मीराँ, रैदास, दादू, मलूकदास जैसे कवियों कि कविता आज भी सामान्य जन को मर्म सहित स्मरण है। यह आगे कि कविता के लिए भी मिसाल बनती है कि जनता की भाषा में रची गई कविता को जनता हृदयंगम करेगी।

आइए विचार करें कि इन कवियों की भाषा कैसी है?

कबीर वाणी के डिक्टेटर हैं। जन में रमे पगे होने के कारण भाषा से उनका गहरा जुड़ाव है। डिक्टेटर कहने का अर्थ है कि वह जिस रूप में चाहते हैं उसी रूप में भाषा से अपनी बात कहलवा देते हैं। 'बन गया तो सीधे-सीधे नहीं तो दरेरा देकर।' कबीर ने प्रेम की सरल अभिव्यक्तियों से लेकर गहन दार्शनिक प्रक्रियाओं को भी जन भाषा में रच दिया है। सूरदास ने ब्रजभाषा में कविता को सम्भव किया और उसकी सम्भावनाओं का विस्तार किया। आचार्य शुक्ल कहते हैं कि 'आगे होनेवाली कवियों की शृंगार और वात्सल्य की उक्तियाँ सूर की जूठी जान पड़ती हैं।' ऐसा तब है जब ब्रजभाषा में काव्य-परम्परा का सूत्रपात ही सूरदास कर रहे हैं। उनके द्वारा निर्मित काव्य-परम्परा लगभग चार सौ वर्षों तक चलती रही। 'सूर को समाज और साहित्य से जो ब्रजभाषा मिली थी उसे पहले से अधिक विकसित, परिष्कृत और अभिव्यंजक बनाकर उसके बाद कवियों को सौंपा।'

मीराँ की भाषा राजस्थानी है। उनके पदों में ब्रज, गुजराती के साथ पंजाब, मध्यप्रदेश और पूर्वी प्रदेशों के प्रचलित भाषा के शब्द भी मिल जाते हैं। मीराँ के पद मौखिक परम्परा में भी प्रचलित रहे हैं इसके कारण उनके पदों में विविध भाषाओं का मिश्रण बाद में भी हुआ होगा। अब बहुत सम्भव है कि मीराँ स्वयं विभिन्न

भाषा-भाषी साधुओं की संगत में थीं तो उनकी भाषा सहज ही उनके पदों में आ गई हो। इन मिश्रणों को राजस्थानी के मुहावरे में मीराँ साधती हैं और इस भाषा की लोकोक्तियों और बिम्ब निर्माण की क्षमता का समर्थता से उपयोग करती हैं।

जायसी और तुलसी की भाषा अवधी है लेकिन दोनों की अवधी में भिन्नता है। जायसी की अवधी ठेठ लोक के निकट की अवधी है जबकि तुलसी ने अवधी के परिष्कृत रूप का उपयोग किया है। जायसी ही नहीं प्रेमाख्यानक काव्य के सभी कवियों ने ठेठ अवधी का ही उपयोग किया है। जायसी ने लोकसंस्कार के अनुसार भाषा का ऐसा रूप गढ़ा है जो उनके लोकानुराग को व्यक्त करता है। तुलसी ने अवधी का परिष्कार करते हुए इसमें संस्कृत के अलावा ब्रज, बुन्देलखंडी, भोजपुरी तथा कुछ नितान्त स्थानीय शब्दों के साथ अरबी और फारसी के शब्दों का भी प्रयोग किया है। तुलसी परम्परागत काव्यभाषा में अपनी प्रतिभा से हस्तक्षेप करते हैं और साहित्य के अनुकूल अपनी भाषा-शैली गढ़ते हैं। वे अवधी और ब्रज दोनों भाषाओं में कविता करते हैं।

जनभाषा की कविता लोकमानस में सहज उतरती है। इस भाषा में गहन और सरल दोनों बातों की अभिव्यक्ति हुई है। दार्शनिक व्याख्याओं से लेकर प्रेम और वात्सल्य की मार्मिक अभिव्यक्तियाँ भी इस भाषा में हुई हैं। भाषा के अनेक रूपों और शैलियों का जैसा उपयोग भक्तिकाव्य में हुआ है, वैसा दुर्लभ है। जनभाषा में कविता करने के कारण ही कवि समुदाय का विस्तार होता है और कविता निम्न जातियों तक पहुँचती है। यह भाषा इस तथ्य का भी प्रमाण है कि लोकजीवन से भक्तिकाव्य कितना गहरा जुड़ा हुआ है।

लोकजीवन और लोकसंस्कृति का उद्घाटन

भक्तिकाल के कवि लोक में रमे हुए हैं। लोक का उनका अनुभव भी समृद्ध है और उसका गहरा अवलोकन भी इन्होंने किया है। भक्तिकाव्य की कविताओं में लोकजीवन और लोकसंस्कृति का उद्घाटन हुआ है। इस रूप में लोककथा, रीति-रिवाज, पर्व, लोकाचार इत्यादि लोक की विविध छवियाँ इस काल की कविता में है। इन कविताओं से हम तात्कालिक समाज की झलक भी देख सकते हैं।

अवधी की लोकसंस्कृति जहाँ जायसी और तुलसी की कविता में व्यक्त है। वहीं ब्रज की लोक संस्कृति का उद्घाटन सूरदास की कविता में हुआ है। मीराँ की कविता में राजस्थान की संस्कृति का उद्घाटन है। इसी तरह निर्गुण संतों की कविता में समाज के निम्न वर्ण की संस्कृति और उच्च वर्णों की संस्कृति के द्वन्द्व का उद्घाटन हुआ है।

पद्मावत में लोककथाओं के तत्त्व भरे पड़े हैं और साथ ही लोकजीवन के कई प्रसंगों का काव्य में सुन्दर निर्वाह हुआ है। जायसी को भारतीय लोकजीवन का अच्छा परिचय था। उन्होंने 'पद्मावत' की ऐतिहासिक कथा नहीं चुनकर लोकप्रचलित कथा चुनी। इस काव्य में राजन्य वर्ग का सामान्यीकरण होता है। पद्मावती की चिन्ता एक सामान्य स्त्री की चिन्ता बन जाती है। मानवीय भावों की अभिव्यक्ति के क्षण में वह भारतीय समाज की एक साधारण नारी है। जायसी कथा के आन्तरिक सूत्र को लोकजीवन से जोड़ते हैं, जिसमें भाषा की भूमिका भी महत्त्वपूर्ण है। जायसी के सन्दर्भ सूत्र लोकजीवन और लोकव्यवहार से निकलते हैं। "लोकजीवन का एक विशिष्ट पहलू लोक की अपनी संस्कृति होती है जिसमें लोक का व्यवहार, उसके आचार मूर्त होते हैं। जन्म से लेकर मृत्यु तक के संस्कार और उनसे जुड़ा लोकसंस्कार और उनसे जुड़ा लोकमन का हर्ष उल्लास और दुख दाह, उसका अंग है।...जन्म, नामकरण, लग्न, विवाह, सुहागरात, भोजन, जेवनार आदि तथा मृत्यु तक के सारे विधान पद्मावत में हैं, अपने पूरे ब्योरे के साथ। अवध प्रदेश के सारे व्यंजन वहाँ वर्णित हैं। लोकमन में रूढ़िबद्ध तन्त्र-मन्त्र, भूत-प्रेत बाधा, शकुन-अपशकुन, मुहूर्त विचार सबकी चर्चा वहाँ है। दान-पुण्य, देशाटन, तीर्थाटन आदि का उल्लेख प्रसंग के अनुरूप है। अन्ध आस्थाएँ और अन्धविश्वास जो लोकमन में गहरे विद्यमान है उनकी भी चर्चा है। कहने का मतलब यह है कि लोकजीवन के सकारात्मक-नकारात्मक कोई भी पहलू जायसी की निगाह से छूटा नहीं है।" जायसी ने इसे विशद रूप में अपनाया है और अपनी कविता में अंकित किया है।

सूर की कविता में कृष्णलीला के वर्णन में लोकजीवन के प्रसंग आते हैं। एक पशुचारण संस्कृति का उल्लास, उसके पर्व, त्योहार, प्रकृति का रागात्मक चित्रण है। सूर के 'यहाँ ऐसी ग्रामीण संस्कृति है जो अपनी जीवन्तता में अनुपम है। ब्रज की जीवन्त क्रियाशील जिन्दगी को अन्धे सूरदास ने हम सबको उसके सारे वैविध्य के साथ दिखाया है। ब्रज के लोकपर्व, तिथि-त्योहार, उत्सव समारोह, बाजार-मेले आदि ही नहीं जैसा कि हमने कहा ब्रज के निवासियों की दैनन्दिन जीवन की एक-एक रेखा सूर ने उकेरी हैं।' तुलसी ने समाज में फैली गरीबी, भुखमरी, अकाल और महामारी के त्रासद यथार्थ का जो चित्रण किया है उसमें उनकी जनजीवन से गहरी आत्मीयता और व्यापक करुणा व्यक्त हुई है। लोकव्यवहार पर उनकी पकड़ का पता उन प्रसंगों में चलता है जब सीता मार्ग की स्त्रियों को सकुचाते हुए राम और लक्ष्मण का परिचय देती है। सूरदास के वात्सल्य, लीला और श्रृंगार वर्णन के प्रसंगों के अतिरिक्त होली, गोचारण, मधुबन, माखन चोरी इत्यादि के विविध

प्रसंग हैं जिनमें लोकजीवन से गहरी सम्पृक्ति का पता चलता है। कबीरदास और निर्गुण संतों की कविता में लोकजीवन के अन्तर्विरोधों का चित्रण है। सतह से शान्त दिखनेवाले समाज के तल में जो उथल-पुथल चल रहा है, शोषण और उत्पीड़न की जो इबारत लिखी है संत कवि उसे व्यापक जनता के सामने उन्हीं की भाषा में सामने लाते हैं। उनके मुहावरे, प्रतिमान, बिम्ब, फटकारनेवाले स्वर में लोक की चेतना ही शामिल है।

जीवन का उसकी सम्पूर्णता में चित्रण भक्तिकाव्य का एक प्रमुख मूल्य है और यह जीवन, व्यवहार किसका है? अभिजात का नहीं बल्कि साधारण जन का। जिसमें जन्म के उल्लास से लेकर मृत्यु तक का शोक है। बालसुलभ लीला भी है और प्रश्न भी। संयोग का सुख है तो विरह का दु:ख भी है। इस लोकजीवन के चित्रण में प्रकृति भी अपनी आभा में मौजूद है जो मनुष्य के भाव के साथ ही अपना भाव बदल लेती है। बारहमासा और ऋतु वर्णन में प्रकृति के मोहक चित्रण को देखा जा सकता है। मनुष्य के जीवन से घिरा हुआ कोई भी ऐसा पक्ष नहीं है जो भक्तिकाव्य में नहीं है। अलग-अलग कवि मिलकर समग्र रूप से इसे सम्पूर्णता प्रदान करते हैं। इसमें एक ओर फक्कड़ता भी है तो मेहनतकशों का चित्रण भी है। गृहस्थ जीवन है तो वैराग्य भी है।

राज्यसत्ता की आलोचना

भक्तिकाव्य जनता के पक्ष और सत्ता के विपक्ष की कविता है। भक्तिकाव्य के कवियों ने न सिर्फ़ 'संतन को कहाँ सीकरी सो काम' और 'तुलसी अब क्या होंहिगे नर के मनसबदार' कहकर राज्यसत्ता से दूरी बनाई बल्कि अपनी कविताओं में भी राज्यसत्ता और सामन्तवाद का विरोध करते हुए तत्कालीन विपन्नता को चित्रित किया जो राज्य के निरंकुश शासन प्रणाली की उपज था। तुलसी लिखते हैं;

खेती न किसान को, भिखारी को न भीख,
बलि, बनिक को बनिज न, चाकर को चाकरी
जीविका विहीन लोग सीद्यमान, सोच बस
कहैं एक–एकन सों, कहाँ जाइ का करी?

इस स्थिति में ही जनता को मानसिक विश्रान्ति भक्तिकाव्य ने प्रदान की। जब व्यवस्था ऐसी बना दी जाती है जिसमें मनुष्य निरन्तर शोषित हो और संघर्ष का विकल्प नहीं हो तो जन सामान्य अपने कष्टों का साझेदार भगवान को ही बनाते हैं। मीराँ की कविता में ईश्वर के प्रति उनका प्रेम ही उन्हें सत्ता के विरोध में ला देता है।

वे राज्यसत्ता और उसकी शक्ति की सीमा को बताने के लिए उसके सामने ईश्वर की सत्ता और शक्ति को रख देती हैं;

राजा रूठे नगरी राखे, हरि रूठ्या कहँ जाणा

राजा रूठ गया तो नगर से ही अपने अधिकार क्षेत्र से निकाल देगा लेकिन भगवान रूठ गया तो यह पूरी दुनिया उसी की है तो मनुष्य कहाँ जाएगा?

मनुष्य की अन्यायपूर्ण सत्ता के सामने झुकने की जगह मीराँ अमूर्त सत्ता के सामने झुकने के विकल्प का चयन करती हैं और उन मर्यादाओं का प्रतिकार करती है जो व्यक्ति स्वातन्त्र्य विशेषकर स्त्री स्वातन्त्र्य का विरोध करते हैं। जायसी ने 'पद्मावत' के जरिये एक सुलतान की महत्त्वाकांक्षा को राख में बदलते हुए चित्रित किया है। 'पद्मावत' में राजा रत्नसेन प्रेम के जरिये पद्मिनी को पाना चाहता है और सफल होता है। जबकि अलाउद्दीन पद्मिनी को बलपूर्वक सत्ता के जोर से हासिल करना चाहता है लेकिन विफल होता है। इस युद्ध में कवि अलाउद्दीन की सत्ता के विपक्ष में है इसलिए कहता है;

जौहर भई सब इस्तरी, पुरुष भये संग्राम।
बादशाह गढ़ चूरा, चितउर भा इस्लाम।।

अलाउद्दीन का चितौड़ पर आधिपत्य हो गया है लेकिन राज करने के लिए वहाँ कुछ शेष नहीं है। प्रेम की सत्ता के आगे राज्य और शक्ति की सत्ता पराजित हुई है।

कबीर सत्ता तन्त्र की शक्ति सरंचना की आलोचना करते हैं और राज्यसत्ता के साथ-साथ पदक्रम की सामाजिक सरंचना पर भी हमला बोलते हैं। इसलिए उन्हें सिकन्दर लोदी की राज्यसत्ता के साथ बनारस के पंडितों और मौलवियों की धर्मसत्ता का हमला झेलना पड़ता है लेकिन वह तो लुकाठी हाथ में लेकर समाज को बदलने पर निकले हैं और समाज की रूढ़ियों को अस्वीकार करते हैं।

तुलसी के काव्य में सामाजिक जनजीवन के यथार्थ का चित्रण है और इस चित्रण में उनकी सहानुभूति हमेशा पीड़ितों के साथ है। उनके राम न्याय के पक्षधर हैं। वे जानते हैं कि जिस राजा की प्रजा दुखी है वह राजा नरक का अधिकारी है। इसीलिए तुलसी के रामराज्य की परिकल्पना का मूल ही एक ऐसा समाज है जिसमें वर्णव्यवस्था के अन्दर सभी वर्ण सुखपूर्वक रह सकें। जिसमें किसी को दैहिक, दैविक और भौतिक ताप सहन नहीं करना पड़े। जिसमें कोई दरिद्र और दुखी नहीं रहे।

प्रासंगिकता

वैसे भक्तिकाव्य के मूल्यों में ही इसकी प्रासंगिकता के सूत्र छिपे हैं लेकिन हम विस्तार से इसे विश्लेषित करेंगे। विद्यार्थियों को चाहिए भक्तिकाव्य के उपर्युक्त मूल्यों के अतिरिक्त कुछ मूल्यों की खोज वह भक्तिकाव्य के अपने पाठ के दौरान करें। इसी प्रकार प्रासंगिकता के कारणों की भी खोज उन्हें करनी चाहिए। इसके सूत्र आज की सामाजिक व्यवस्था में उन्हें मिलेंगे जिससे भक्तिकाव्य की तुलना करनी पड़ेगी।

जैसा कि पहले भी कहा गया कि किसी भी कृति की प्रासंगिकता उस कृति के पाठ के तरीके में है। हम जैसे ही अपने समकालीन युगीन सन्दर्भों में भक्तिकाव्य को पढ़ेंगे हमारे सामने उसकी प्रासंगिकता स्पष्ट हो जाएगी। इसके लिए आवश्यक है कि हम आज के समय की उथल-पुथल को भी देखें। वर्तमान की परिस्थितियों से भक्तिकाव्य में वर्णित परिस्थितियों की तुलना करें। प्रसिद्ध आलोचक टेरी इगलटन लिखते हैं 'विभिन्न ऐतिहासिक समय अपनी जरूरतों के लिए एक अलग समकालीन होमर और शेक्सपियर गढ़ते हैं। और इन पाठ में मूल्यवान और मूल्यहीनता के तत्त्व खोजती है। जो जरूरी नहीं कि पहले की तरह ही हो। दूसरे शब्दों में सभी साहित्यिक कृतियों का पुनर्लेखन होता है यद्यपि अचेत रूप से जब समाज उनको पढ़ता है।' टेरी इगलटन के इस कथन की व्याख्या करें। उनका साफ कहना है कि किसी भी कृति का जब किसी विशेष स्थान और समय में अध्ययन होता है तो वह कृति वही नहीं रहती जो पहले लिखी गई थी। बल्कि अचेत रूप से पाठक उस कृति को वर्तमान सन्दर्भों में लिखते चलता है। इसलिए भक्तिकाव्य को जब हम आज पढ़ेंगे तो वह केवल वहीं भक्तिकाव्य नहीं होगा जो भक्तिकाल में लिखा गया था। यह वह भक्तिकाव्य होगा जिसे हम आज के समय और सन्दर्भ के हिसाब से पढ़ेंगे और उससे अपना अर्थ निर्मित करेंगे। इसी बात को बढ़ाते हुए मैनेजर पांडेय ने लिखा है, "अतीत के अनुभव के रूप में उसका मूल्यांकन करना अपर्याप्त है, वर्तमान के अनुभव के रूप में उसका विश्लेषण और मूल्यांकन आवश्यक है। भक्तिकालीन कविता भारतीय जनता के बीच आज भी सर्वाधिक लोकप्रिय है, वह आज भी जनता की सांस्कृतिक आकांक्षाओं और आवश्यकताओं को एक सीमा तक पूरा करती है, इसलिए जनता के सामाजिक सांस्कृतिक उत्थान की चिन्ता करनेवाले भक्तिकाव्य की उपेक्षा कर ही नहीं सकते। यह केवल परम्परा के प्रति जनवादियों के दृष्टिकोण का ही प्रश्न नहीं है, बल्कि जनसंस्कृति के विकास के प्रसंग में उनके वर्तमान दायित्व से भी जुड़ा हुआ है।"

गजानन माधव मुक्तिबोध 'मध्यकालीन भक्ति आन्दोलन का एक पहलू' में लिखते हैं कि किसी भी साहित्य को हमें तीन दृष्टियों से देखना चाहिए। एक तो यह कि वह किन सामाजिक और मनोवैज्ञानिक शक्तियों से उत्पन्न है, अर्थात वह किन शक्तियों के कार्यों का परिणाम है, किन सामाजिक-सांस्कृतिक प्रक्रियाओं का अंग है? दूसरे यह कि उसका अन्त:स्वरूप क्या है, किन प्रेरणाओं और भावनाओं ने उसके आन्तरिक तत्त्व रूपायित किए हैं? तीसरे, उसके प्रभाव क्या हैं, किन सामाजिक शक्तियों ने उसका दुरुपयोग किया है और क्यों? साधारण जन के किन मानसिक तत्त्वों को उसने विकसित या नष्ट किया है?'' भक्तिकाव्य ने शोषण मुक्त समाज का स्वप्न देखा, जनसाधारण पर विश्वास करते हुए उसकी पीड़ा को अपने काव्य का विषय बनाया, राज्य और समाज की शक्ति सरंचना की इसने आलोचना की और जनभाषा से जुड़कर लोकजीवन से सम्पृक्त कविता की। ये भक्तिकाव्य के केन्द्रीय मूल्य हैं। इन्हीं मूल्यों के आधार पर भक्तिकाव्य की प्रासंगिकता स्वत: सिद्ध है। हमारे समाज की यह विडम्बना है कि भक्तिकाल में भक्तिकाव्य जिन सवालों से जूझ रहा था, जिन शोषण सरंचनाओं से जूझ रहा था उनमें से अधिकांश आज भी मौजूद हैं। आज एक अलग तरह की 'संस्कृत' भाषा का निर्माण हुआ है जिस भाषा में बनी हुई शासन की सभी नीतियाँ जनसाधारण पर थोपी जा रही हैं। सामाजिक पदक्रम और वर्णव्यवस्था का स्वरूप आज भी बहुत-सी जगहों पर बरकरार है। कविता और साहित्य की दूरी आम जनता से बढ़ी है, वह नकली मूल्यों और अभिजात सौन्दर्याभिरुचि की ओर अधिक उन्मुख है। सत्ता और जनता के बीच आज भी कवियों का एक बड़ा अवसरवादी समुदाय सत्ता का पक्ष लेता है। स्त्रियों का उत्पीड़न कम होने के बजाय बढ़ गया है। 'खेती न किसान को, भिखारी को न भीख, बली' की उक्ति अधिक प्रासंगिक रूप में हमारे सामने आ गई है। इसलिए भक्तिकाव्य की प्रासंगिकता बरकरार है क्योंकि यह हमारी आज की बहुत-सी चिन्ताओं को स्वर देता है, सवाल पूछने की शक्ति देता है और सत्ता के विरोध की प्रेरणा देता है। आज जब हम देख रहे हैं कि धर्म और समाज की विनाशक शक्तियाँ सामाजिक सौहार्द को क्षति पहुँचाने पर आतुर हैं। सत्ता पहले से कुटिल है जो विरोध का गला घोंट देती है। उसकी योजनाओं से समाज का अन्तिम आदमी और पीछे धकेला जा रहा है। ऐसे समय में भक्तिकाव्य हमारा मार्गदर्शन कर सकता है कि हम इन परिस्थितियों से कैसे जूझें?

ऊपर कहा गया कि किसी भी कविता को किसी खास स्थिति में और खास समय में पढ़ा जाता है तो उसके अर्थ और भी निकलते हैं। 'पाठ' के इस तरीके से

हम आज देखते हैं कि कबीर की कविता अधिक प्रासंगिक हुई है जिसने शोषित जातियों को एक मानसिक सम्बल दिया है। कबीर उनके 'आईकन' बन के उभरे हैं या यूँ कहा जाए कि उन्होंने अपने लिये आज का एक कबीर गढ़ा है। इस प्रक्रिया में हम यह भी देखते हैं कि तुलसी की कविता की विचारधारा पर हमला बढ़ गया है क्योंकि वे वर्णाश्रम व्यवस्था को वैधता प्रदान करते हुए दिखाई पड़ते हैं। सामाजिक न्याय के इस संघर्ष में तुलसी बहुत-सी अस्मिताओं को प्रतिक्रियावादी मालूम पड़ते हैं जिन्होंने सामाजिक क्रान्ति की प्रक्रियाओं को विपरीत दिशा में धकेल दिया। इन हमलों के बावजूद तुलसी के काव्य की प्रासंगिकता भी अपनी जगह बरकरार है क्योंकि उसमें एक ऐसे राज्य का स्वप्न देखा गया है जिसमें समाज शोषण व्यवस्था से मुक्त है। जिसको चलाने के लिए सभी वर्ण के लोगों को शामिल किया गया है। और जिसमें 'राम' जैसा एक आदर्श चरित्र गढ़ा गया है।

इसी प्रसंग में यह जानना जरूरी है कि कबीर की कविता को हम जब स्त्री के दृष्टिकोण से पढ़ते हैं तो कबीर बहुत ही स्त्री विरोधी मालूम पड़ते हैं जिन्होंने स्त्री को नरक का कुंड माना है। तुलसी की भी आलोचना होती है कि उन्होंने नारी को 'ताड़न का अधिकारी' बनाया, उसकी अग्निपरीक्षा भी ली और जंगल में निर्वासित भी कर दिया। लेकिन यह तुलसी नारी की पराधीनता के बारे में भी कहते हैं कि उन्हें सपने में भी सुख नहीं मिलता। नारीवादी दृष्टि से देखने पर मीराँ और सूर की कविता बहुत ही क्रान्तिकारी सिद्ध होती है। सूर की गोपियाँ जहाँ प्रेम में किसी भी सामाजिक मर्यादा के बाहर जाने को तैयार हैं वहीं मीराँ सामाजिक मर्यादाओं के बाहर चली जाती है। सूर की गोपियों का विद्रोह कविता के भीतर का विद्रोह है लेकिन मीराँ का विद्रोह भौतिक है जो उन्होंने स्वयं किया है और स्वयं सहा है। जायसी की कविता को भी इस दृष्टि से पढ़ा जाए तो उसके दिलचस्प निष्कर्ष निकलेंगे। जायसी का विशेष उल्लेख इसलिए भी होना चाहिए कि उन्होंने मध्यकाल में एक ऐसी लोककथा को चुना जो सत्ता के विरोध में थी और ऐसा करते हुए उनकी अपनी धार्मिक निष्ठा कहीं आड़े नहीं आई। प्रेम के मूल्य को उनके द्वारा दी गई महत्ता हमें प्रेरित करती है कि हम समाज में प्रेम को स्थापित करें। सामाजिक विद्वेष को दूर करने में जायसी की कविता सहायक हो सकती है जो प्रेम के पक्ष में खड़े होते हैं।

आज अस्मिता विमर्श के युग में जब भक्तिकाव्य को पढ़ा जाएगा तब हर अस्मिता उसकी अपने प्रश्नों और प्रतिनिधित्व के चित्रण में अलग व्याख्या करेगी और इसका परिणाम यह होगा कि इसकी प्रासंगिकता के अलग-अलग रूप सामने आते जाएँगे। समग्र रूप में मानव जाति के लिए भक्तिकाव्य की प्रासंगिकता हमेशा

से रहेगी क्योंकि यह 'लोकमंगल का काव्य' है और लोकमंगल की कामना हर युग और हर समय का अभीष्ट है।

निष्कर्ष

भक्तिकाव्य की बड़ी विशेषता है कि वह 'आँखिन देखी' सत्य का काव्य है, जिसमें 'कागद लेखी' का सत्य गौण हो जाता है। भक्तिकाव्य में उसके कवियों का अनुभव संसार बोलता है जो बहुत ही गहन है। भक्तिकाव्य के मूल्य और प्रासंगिकता के इस पाठ में हमने देखा कि भक्तिकाव्य के मूल्यों में विविधता है परस्पर अन्तर्विरोध है और उनके बीच द्वन्द्वात्मक सम्बन्ध है। भक्तिकाव्य जबरन किसी को सहमति के दायरे में नहीं लाता यह असहमति को स्पेस देनेवाला काव्य है। यह समरूपीकरण की बजाय बहुलता को महत्त्व देता है। इसकी प्रासंगिकता के भी सूत्र विविध और बहुमुखी हैं जिसका कारण पाठ की पद्धति और विमर्श की बहुलता में है। भक्तिकाव्य के विभिन्न कवि अलग-अलग मूल्यों का निर्माण करते हैं जो पूरक भी हैं और विरोधी भी। भक्तिकाव्य सही मायने में 'विरुद्धों के सामंजस्य' का काव्य है।

सहायक आचार्य, हिन्दी विभाग, इलाहाबाद विश्वविद्यालय, प्रयागराज

सन्दर्भ

1. मैनेजर पांडेय (2003) 'भक्ति आन्दोलन और सूरदास का काव्य'—वाणी प्रकाशन, नई दिल्ली, 3-4.
2. हजारीप्रसाद द्विवेदी (2006) कबीर,—राजकमल प्रकाशन, नई दिल्ली, 116.
3. हजारीप्रसाद द्विवेदी (2006) (क) 119.
4. हजारीप्रसाद द्विवेदी (2006) (ख): हिन्दी साहित्य: उद्‌भव और विकास—राजकमल प्रकाशन, नई दिल्ली : 150
5. शिवकुमार मिश्र (2001) भक्ति आन्दोलन और भक्तिकाव्य अभिव्यक्ति प्रकाशन इलाहाबाद, 149
6. उद्धृत शिवकुमार मिश्र (2001) : 167.
7. शिवकुमार मिश्र (2001), 171.
8. हजारीप्रसाद द्विवेदी (2006) हिन्दी साहित्यि की भूमिका—राजकमल प्रकशन : 89.
9. मीराँ के सन्दर्भ में भक्तिकाव्य के प्रेम को अलग से देखना चाहिए। क्योंकि एक स्त्री होने के नाते उन्हें बहुत सी कठिनाइयाँ झेलनी पड़ीं। इसकी विशद अभिव्यक्ति उनके काव्य में है। विद्यार्थियों को ऐसे सन्दर्भ उनकी कविताओं में देखने चाहिए।
10. मैनेजर पांडेय (2003) : 27
11. शिवकुमार मिश्र (2001) : 175.

12. देखे मैंनेजर पांडेय (2003)
13. शिवकुमार मिश्र (2001) : 101
14. टेरी इगलटन (1996) लिट्रेरी थियरी; एन इंट्रोडक्शन ब्लैकवेल पब्लिशिंग : 11.
15. मैंनेजर पांडेय (2004) : भूमिका

सन्दर्भ ग्रन्थ

- टेरी इगलटन (1996) लिट्रेरी थियरी: एन इंट्रोडक्शन—ब्लैकवेल पब्लिशिंग
- नगेन्द्र (सं) (1991) हिन्दी साहित्य का इतिहास—मयूर पेपरबैक्स, नई दिल्ली
- मैनेजर पांडे (2003) भक्ति आन्दोलन और सूरदास का काव्य-वाणी प्रकाशन, नई दिल्ली
- रामचन्द्र शुक्ल (2010) हिन्दी साहित्य का इतिहास, लोकभारती प्रकाशन, इलाहाबाद
- रामविलास शर्मा (2009) परम्परा का मूल्यांकन—राजकमल प्रकाशन, नई दिल्ली
- रामस्वरूप चतुर्वेदी (2005) हिन्दी साहित्य और संवेदना का विकास,—लोकभारती प्रकाशन, इलाहाबाद
- शिवकुमार मिश्र (2001) भक्ति आन्दोलन और भक्ति काव्य,—अभिव्यक्ति प्रकाशन, इलाहाबाद
- हजारीप्रसाद द्विवेदी (2006) कबीर राजकमल प्रकाशन, नई दिल्ली
- हजारीप्रसाद द्विवेदी (2006) हिन्दी साहित्य : उद्‌भव और विकास—राजकमल प्रकाशन, नई दिल्ली
- हजारीप्रसाद द्विवेदी (2006) हिन्दी साहित्य की भूमिका,—राजकमल प्रकाशन

गोरखनाथ और योग

शिवप्रसाद शुक्ल

गोरखनाथ के जन्म वगैरह को लेकर मत-मतान्तर हैं। पौराणिक ग्रन्थों के आधार पर गोरखनाथ ने सतयुग में पंजाब के पेशावर में, त्रेता में गोरखपुर, द्वापर एवं कलियुग में काठियावाड़ की गोरखमढ़ी में अवतार लिया था, यानी गोरखनाथ की चारों युगों में उपस्थिति बहुत कुछ कह जाती है। फिलहाल 'योगिसम्प्रदायाविष्कृति' की कथा के आधार पर गोरखनाथ का जन्म पाँचवीं सदी एवं नेपाल जाना वगैरह सन्दिग्ध है। प्राय: वाद-विवादों के बाद विद्वान उनका जन्म 9वीं शताब्दी का मध्य मानते हैं। शैवों की अनेक शाखाएँ प्रचलित थीं। उन्होंने वैदिक एवं अवैदिक साधनाओं के बीच समन्वय का कार्य किया। गोरखनाथ के पहले ही वर्णव्यवस्था जन्मगत एवं वंशानुगत बन गई थी। इसका पूरा लाभ बौद्धों एवं जैनों ने उठाया, बाद में मुसलमानों ने भी उसी के तहत लोगों का धर्मान्तरण करवाया। यानी गोरखनाथ ने सामाजिक, धार्मिक मत-मतान्तरों के बीच सेतु का कार्य किया। प्राचीनतम एवं अधुनातन साहित्य को खँगालने से गोरख के नामों में विशेष अन्तर नहीं है। गोरक्ष नाम हठयोग प्रदीपिका, विभिन्न तन्त्र एवं श्याम रहस्य में मिलता है जबकि गोरक्षनाथ महार्णवतन्त्र, योगिसम्प्रदायाविष्कृति, सिद्धसिद्धान्तपद्धति, अमरौघ प्रबोध एवं योगमार्तंड में है। गोरक्षनाथ का उल्लेख वर्णरत्नाकर में है जबकि गोरक्षपा स-स्क्य बिहार की सूची में है। डॉ. नागेन्द्रनाथ उपाध्याय के अनुसार "गोरक्षसिद्धान्त संग्रह गोरख को ईश्वर संतान मानता है।[1] गोरखनाथ ने संस्कृत एवं हिन्दी में रचनाएँ लिखी हैं। उनके संस्कृत ग्रन्थों में 'सिद्धसिद्धान्तपद्धति', अमरौघशासनम्, महार्थमंजरी, अमनस्क, अवधूतगीता, गोरक्षकल्प, गोरक्षकौमुदी, गोरक्षगीता, गोरक्षचिकित्सा, गोरक्षपंजक, गोरक्षपद्धति, गोरक्षशतक, गोरक्षशास्त्र, गोरक्षसंहिता, योग चिन्तामणि, योग मार्तंड, योग बीज, योगशास्त्र, योगसिद्धासनपद्धति, विवेकमार्तंड, श्रीनाथ सूत्र, हठयोग, हठसंहिता आदि बताई जाती हैं। गोरखनाथ की हिन्दी रचनाओं में सबदी, पद (राग सामग्री), सिष्या दरसन, प्राणसंकली, नरवैबोध, आत्मबोध, अभैयात्रा जोग, पन्द्रह तिथि, सप्तवार, मछीन्द्र गोरखबोध, रोमावली, ग्यान तिलक एवं पंचमात्रा आदि हैं। सामान्यतया इन ग्रन्थों का सम्पादन गोरखबानी के नाम से डॉ. पीताम्बरदत्त बड़थ्वाल ने किया है।

यों, देखा जाए तो गोरख एवं योग की परम्परा काफी पुरानी है। योगी याज्ञवल्क्य ने हिरण्यगर्भ को ही योगशास्त्र का आदि उपदेष्टा माना है।[2] योग या पातंजल—दर्शन की टीकाएँ व्यास का भाष्य, विज्ञानुभिक्षुक का वार्तिक, वाचस्पति मिश्र की टीका, भोजदेव की वृत्ति और रामानन्द यति की मणिप्रभा आदि पढ़ने पर पातंजल दर्शन के चारों पाद समाधिपाद, साधनपाद, विभूतिपाद, कैवल्यपाद एवं कुल सूत्रों की संख्या 115 का पता चलता है। पतंजलि मुनि ने चित्तवृत्ति के निरोध को ही योग कहा है।[3] गीता में भी कहा गया 'योग: कर्मसु कौशलम्' यानी कार्य की कुशलता ही योग है। गोरखनाथ ने शैव साधनाओं के विविध सम्प्रदायों को संगठित करते हुए 'हठयोग' को व्यापक तौर पर व्यावहारिक स्वरूप प्रदान किया। यानी 'हठयोग' परम्परागत योग अवधारणा से इड़ा, पिंगला के मार्फत सुषुम्ना से प्राण वायु के संचार का नाम है। ''इस हठयोग को हठसिद्धि देनेवाला कहा गया है।''[4] हठयोग का प्राचीनतम उल्लेख गुह्य समाज के मार्फत बोधि की प्राप्ति न हो तो हठयोग का आश्रय लेना चाहिए—

''दर्शने तु कृतेऽप्येयं साधकस्य न जायते।
यदा न सिद्धयते बोधिर्हठयोगेन साधयेत्।।''

गोरखनाथ के पूर्ववर्ती प्रथम मृकंडुपुत्र (मार्कंडेय) आदि एवं दूसरी गोरखनाथ द्वारा निर्मित हठयोग की विधियों में पहली पातंजलि योग के अष्टांगिक मार्ग को तथा दूसरी अन्तिम छह अंगों को ही मानती है। गोरक्ष शतक में मात्र षडंग योग की बात एवं सिद्धसिद्धान्त संग्रह में अष्टांग योग की बात की गई है।[5] यानी मेरुदंड वायु एवं उपस्थ के मध्यभाग में जहाँ स्पर्श करता है वहीं स्वयंभूलिंग त्रिकोणाकार स्थित होने से उसे अग्निचक्र कहा जाता है। कुंडलिनी स्वयंभूलिंग को साढ़े तीन वलयों में लपेटकर सर्पिणी की भाँति है। कुंजी से जिस प्रकार ताला खुलता है उसी प्रकार कुंडलिनी जागरण से हठयोग की प्राप्ति होती है—

''उद्घाटयेत् कपाटं तु यथा कुंचिकया हठात्।
कुंडलिन्या ततो योगी मोक्षाद्वारं प्रभेदयेत्।।[6]

वृहत्तर भारतवर्ष में योग की अलग-अलग विधियाँ दिखाई देती हैं परन्तु गोरख-पन्थी योग साधना में नाड़ी शुद्धि पर विशेष ध्यान दिया गया। इस प्रकार दक्षिणांग नाड़ी सूर्य एवं वामांग नाड़ी चन्द्रमा के मध्य सुषुम्ना नाड़ी अवस्थित है। इसीलिए प्राणायाम से कुंडलिनी का सरल एवं सहज हो जाता है। कुंडलिनी जागरण होने से प्राण की स्थिरता के कारण अनहद नाद अविरत सुनाई पड़ता है। इसीलिए कुंडलिनी छह चक्रों को पार करके सातवें सहस्रार चक्र में शिव से मिलती है। उपर्युक्त त्रिकोण चक्र के ऊपर चार दलोंवाला चक्र मूलाधार चक्र, उसके ऊपर

नाभि के पास स्वाधिष्ठान चक्र, जो छह दलों के कमल का है उसके ऊपर कंठ के पास विशुद्धाख्य चक्र के ऊपर भ्रूमध्य में आज्ञा चक्र के दो दल ही षट्चक्र हैं। यहाँ पर सब दलों की संख्या 50 स्वर एवं व्यंजनों की मिलित संख्या है। इन षट्चक्रों को भेदने के बाद शून्य चक्र मिलता है:

> *"अत ऊर्ध्वं दिव्यरूपं सहस्रारं सरोरुहम्!*
> *ब्रह्मांड व्यस्तदेहस्थं वाह्ये तिष्ठति सर्वदा*
> *कैलाशानाम् तस्यैव महेशो यत्र तिष्ठति।"*[7]

सहस्रदलों के कमल के आकार के कारण सहस्रार कहा जाता है। यों, देखा जाए तो यही पिंड का कैलाश है और शिव का निवास-स्थान है गोरखनाथ के नाम पर जितने भी ग्रन्थ उपलब्ध हैं। सभी साधन ग्रथ हैं। 'गोरक्ष सिद्धान्त संग्रह' सरस्वती भवन टेक्स्ट सीरीज से प्रकाशित 50 पोथियों के संग्रह में अनेक अप्राप्य हैं। इसलिए गोरखनाथ द्वारा लिखित कौन सी है, कह पाना मुश्किल है। आचार्य हजारीप्रसाद द्विवेदी का अभिमत है कि, "यदि यह मान लिया जाय कि षडंग योग गोरखनाथ आदि का प्रवर्तित है, आसनों की संख्या अधिक मानना हठयोगियों का प्रभाव है और नादानुसन्धान इन लोगों की ही विशिष्ट साधना है, तो निश्चयपूर्वक कहा जा सकता है कि इनमें कई उपनिषद् गोरक्ष परवर्ती हैं।[8] कोई भी विचारक, योगी या साधु गुरु महिमा और चयन पर बारीकी से विचार करते हैं। इसीलिए गोरखनाथ एकमात्र अवधूत को गुरु मानते हैं जिसके प्रत्येक वाक्य में वेद का वास है पग-पग पर तीर्थ प्रत्येक दृष्टि में कैवल्य, एक हाथ में त्याग, दूसरे में भोग और जो दोनों से अलिप्त है। इस प्रकार पक्षापक्ष विनिर्मुक्त मुनि को ही अवधूत कहा जाता है। इसीलिए जालन्धरनाथ ने नाथ द्वैत और अद्वैत दोनों से परे द्वैताद्वैतविलक्षण कहकर प्रार्थना की है। शंकराचार्य के 'सिद्धान्त बिन्दु' नाथमत का ग्रन्थ है तो 'वज्र सूचिकोपनिषद्' भी कहीं-न-कहीं उससे आगे का ग्रन्थ है। इसीलिए गोरक्ष उपनिषद में अद्वैतभाव से ऊपर सदानन्दवाली अवस्था है। यों, देखा जाय तो शक्ति सृजन, शिव पालन, काल संहार और नाथ मुक्ति देते हैं। यानी नाथ ही शुद्ध जीव बाकी शिव, विष्णु एवं ब्रह्मा भी बद्ध जीव हैं। कैलाश एवं वैकुंठ आदि द्वैतवासियों के स्थान हैं तो अद्वैतवादियों का माया सबल ब्रह्म स्थान और योगियों का निर्गुण, पर बन्धन मुक्ति रहित परम सिद्धान्तवादी अवधूत लोग निर्गुण एवं सगुण, से परे उभयातीत में विश्वास रखते हैं क्योंकि नाथ सगुण एवं निर्गुण दोनों से अतीत परात्पर हैं। प्राय: कपिल मुनि का विशुद्ध तत्त्वचिन्तनमूलक दर्शन ही सांख्य के नाम से जाना जाता है। यों, देखा जाय तो सांख्य एवं योग का तत्त्वदर्शन एक ही है। प्राकृतिक तीन गुणों सत्त्व, रजस एवं तमस की साम्यावस्था अपेक्षित है। पुरुष

का विनियोग होते ही साम्यावस्था विक्षुब्ध होकर जगत का निर्माण करती है। बुद्धि, मन, इन्द्रिय एवं भूतमात्र प्रकृति की ही विकृति मानी जाती है। पुरुष को ज्ञान होते ही वह गुणमयी प्रकृति से अलग होकर केवल शुद्ध चेतन के रूप में आने की अवस्था ही कैवल्य या मोक्ष है।

संसार द्रष्टा, दृश्य एवं दर्शन से गृहीता, ग्राह्य एवं ग्रहण से त्रिपुटीकृत है। योगशास्त्र में गृहीता एवं द्रष्टा में अन्तर बताया जाता है। कहीं द्रष्टा को अधिकारी तो गृहीता को विकारी बताया गया, कहीं गृहीता को बद्ध या अज्ञानी एवं द्रष्टा ज्ञानी जीव है। उपनिषदों में भी कहा गया है कि, 'विज्ञातारमरे केन विजानीयात्' नहि वि ज्ञातुर्विज्ञानेर्विपरिलोपोवर्तते।"[9] आगे चलकर परवर्ती नाथपन्थियों ने अपने ग्रन्थों में 'सूक्ष्मवेद' शब्द का प्रयोग किया। संसार में ज्ञाता, ज्ञेय एवं ज्ञान के पृथकत्व को समझना चाहिए। जिस परम तत्त्व को वेदान्त एवं शैवागम में ब्रह्म कहा गया, उसे स्वयं नाम दिया गया—

"कार्य-कारण-कर्तृत्वं यदा नास्ति कुलाकुलं।
अव्यक्तं परमं तत्त्वं स्वयं नाम तदा भवेत्।।"

तमाम साधनाओं के बाद चित्तवृत्तियों का निरोध होने से ज्ञाता, ज्ञेय एवं ज्ञान का भेद समाप्त होते ही महानन्दावस्था की प्राप्ति से सवितमात्र, स्वसंवेद्य, स्वप्रकाश, स्वप्रबोध आत्म तत्त्व साक्षात्कार होता है—

"सच्चिदानन्दविभवात् संकलांत् परमात्मनः।
आसीच्छक्तिस्ततो नादस्तमाद्बिन्दु समुद्भवः।।"[10]

सम्पूर्ण परमात्मा की इस शक्ति को ज्ञान शक्ति, इच्छाशक्ति को नाद, क्रियाशक्ति को बिन्दु का त्रिकोण कहते हैं। यानी नाद ही गति एवं बिन्दु स्थिति का विलास जगत है। योग साधना जितनी कठिन बताई जाती है उससे कहीं आगे सरल, बोधगम्य एवं सम्प्रेषणीय बनाने का उपक्रम गोरख ने किया। फिलहाल गोरख के परवर्ती तुलसी जैसे जनकवियों को भी पढ़ना चाहिए—

"बरन धरम गयो, आश्रम निवास तज्यो
चकित सो परावनो परोसो है।
करमु उपासना कुबासनाँ बिनास्यो ग्यानु।
बचन बिराग बेस जतन हरोसो है।
गोरख जगायो जोग भगति भगायो लोग।
निगम नियोगते सो केलि ही छरीसो है।
कायँ मन, बचन सुभायँ तुलसी है जाहि।
रामनाम को भरोसो ताहिको भरोसो है।"[11]

तुलसीदास का मानना है कि गोरखनाथ ने योग जगाकर भक्ति को दूर कर दिया। रामचरितमानस में भी शिववन्दना के मार्फत वे यही कहना चाहते थे—

"भवानीशंकरौ वन्दे श्रद्धाविश्वासरूपिणौ।
याभ्यां विना न पश्यन्ति सिद्धा: स्वान्त:स्थमीश्वरम्।।"[12]

योग साधना को अपनी-अपनी तरह से कवियों ने देखने की कोशिश की, परन्तु तुलसी जिस सस्ती लोकप्रियता के चलते लिख रहे हैं इन्हीं सब के चलते स्वामी दयानन्द ने रामचरितमानस न पढ़ने की नसीहत दी थी। फिलहाल भारत में चाटुकारिता एवं सस्ती लोकप्रियता के चलते तमाम साधनाएँ गायब हो गईं। आदिनाथ के शिष्य मत्स्येन्द्रनाथ-जालन्धरनाथ, मत्स्येन्द्रनाथ के शिष्य गोरखनाथ और उनके पाँच शिष्य गाहनीनाथ, नागनाथ, भर्तृनाथ, माणिकनाथ और बिलशेयनाथ के बारे में विशेष जानकारी नहीं मिलती है। योग को एक सहज गरिमा गोरखनाथ ने दिलवाई। आज की योग परम्परा भारतीय समाज एवं साहित्य के लिए उपयोगी है या नहीं कह पाना मुश्किल है। कबीर योगी के चिह्नों से युक्त योगी के बजाय मन में धारण करनेवाले चिह्नों को सच्चा योगी मानते हैं—

सो जागी जाके मन में मुद्रा।
रात दिवस न करई निद्रा।टेक।।
मन में आसण मन में रहणां। मन का तप मन सूँ कहंणां।।
मन षपरा मन में सीगी। अनहदनाद बजावै रंगी।।
पंच प्रजारि भसम करि भूका। कहै कबीर सो लहसै लंका।।"[13]

गोरखनाथी शाखा में शिव द्वारा प्रवर्तित 1. भुज (कच्छ) के कंठरनाथ, 2. पेशावर और रोहतक के पागलनाथ, 3. अफगानिस्तान के रावल, 4. पंख या पंक, 5. मारवाड़ के बन, 6. गोपाल या राम के तथा गोरख के शिष्य 1. हेठनाथ, 2. आईपथ के चोलीनाथ, 3. चाँदनाथ के कपिलानी, 4. रतटोंडा, मारवाड़ का बैरागपन्थ और रतननाथ, 5. जयपुर के पावनाथ, 6. धजनाथ महावीर आदि को मिलाकर बारहपन्थ एवं उनके भी अनेकानेक पन्थों का जिक्र मिलता है। ब्रह्म, जीव एवं जगत की सत्ता रहस्यमय होते हुए भी समग्र साधनाओं का केन्द्र बिन्दु है। इसलिए परम शिव अपने अस्तित्व का सातत्य बनाने के लिए सृष्टि की इच्छा रखते हैं तभी उन्हें सगुण शिव कहा जाता है। यानी परम शिव से शिव एवं शक्ति उत्पन्न होते हैं। यह बात अलग है कि हमारी समग्र साधनाएँ ब्रह्मचर्य एवं निवृत्ति पर आधारित हैं। आचार्य हजारीप्रसाद द्विवेदी के अनुसार, "यह शक्ति पाँच अवस्थाओं से गुजरती हुई स्फुटित होती है। 1. परम शिव की अवस्थामात्र धर्म से युक्त, स्फुरित होने की पूर्ववर्ती और प्राय: स्फुरित होने की उपक्रान्त अवस्था का नाम 'निजा'

है। इस अवस्था में शिव अपने अव्यक्त रूप में रहते हुए भी स्फुरणोन्मुखी शक्ति से विशिष्ट होकर रहा करते हैं। शिव की इस अवस्था का नाम 'अपरंपदम्' है। धीरे-धीरे शक्ति क्रमश: 2. स्फुरण की ओर उन्मुख होती है, फिर 3. स्पन्दित होती है, फिर 4. सूक्ष्म अहन्ता (त्रमैं पन अर्थात् अलगाव का भाव) से युक्त होती है और अन्त में 5. चेतनशीला होकर अपने अलगाव के बारे में पूर्ण सचेत हो जाती हैं।[14] इन अवस्थाओं को क्रमश: निजा, परा, अपरा, सूक्ष्मा और कुंडली कहा जाता है—

"निजा पराऽपरा सूक्ष्मा कुंडली तासु पंचधा।
शक्तिचक्रक्रमेणैव जात: पिंड: शिवे।।"[15]

शिव एवं शक्ति के स्फुरण का विकास काफी रोचक है, जो इस प्रकार है—

स्वयं (पर)	शिव
अपर	निजा
पर	परा
शून्य	अपरा
निरंजन	सूक्ष्मा
परमात्मन्	कुंडली

इस प्रकार शब्द सब समय समान रूप से अर्थाभिव्यक्ति नहीं करते हैं। इसीलिए परशिव का अपरशिव में परिणत होने के अनेक उपक्रम हैं। यों, परब्रह्म के दूसरे स्वरूप सहज, तीसरे अंकुर तक आते-आते इच्छा होते ही अत्यन्त सूक्ष्म रूप प्रारम्भिक इदन्ता एवं अहन्ता के योगसूत्र 'सोऽहं' वृत्ति की अभिव्यक्ति से इदं एवं अहं का अचिन्त्य ऐक्य अपने आप प्रकट होता है—

"सहजानन्द विभवं यतत्त्व परत: परम्।
सकलत्वम् गम्यमानं सहजं भावमास्थितम्।
अंकुरत्वं व्रजत्यस्मात् परेच्छा सम्प्रवर्तने।
इदताऽहन्तयोर्योग परं सोऽहमुदीर्यते।
अचिन्त्यरूपतां याति अक्षरं च ततोभवेत्।
तस्मात् सृष्ट्यै यतन् देवो निरंजन इहोच्यते।"[16]

यही क्रम कबीर मनसूर में भी देखने को मिलता है। योगसूत्र में वर्णित प्रणव अर्थात् ओंकार ही ईश्वर है। घट शब्द घड़ा रूप पदार्थ का द्योतक भी है उससे अलग करके कल्पना नहीं की जा सकती। इसलिए योग एवं ओंकार आदि की महत्ता सृजनात्मक अदृश्य कारणों से है। इसीलिए श्रुति में भी कहा गया : 'एतदालम्बनं श्रेष्ठं एतदालम्बनम् परम्।' इसी से मिलता-जुलता योगी याज्ञवल्क्य का भी अभिमत द्रष्टव्य है—

"अदृष्टविग्रहो देवो भावग्राह्यो मनोमय:।
तथ्योंकार स्मृतोनाम तेनाहत: प्रसीदति।"[17]

यानी ओंकार जड़ एवं चेतन में व्याप्त है। यों, योगशास्त्र के आधार पर कहा जा सकता है कि ईश्वर शुद्ध यानी धर्माधर्म विनिर्मुक्त, सदैव क्लेशों से रहित, केवल अर्थात मन, बुद्धि आदि से हीन यानी अनुपसर्ग जाति, आयु तथा भोग से शून्य पुरुष विशेष है। आगमों द्वारा निर्धारित परमात्मतत्त्व पातंजल योग द्वारा प्रथित ईश्वरतत्त्व से स्वरूपत: भिन्न है। यानी किसी भी वस्तु को चिह्नित करने के लिए पर, सूक्ष्म, स्थूल द्वारा प्रभावित होते हैं। प्राय: अ, उ, म इन तीन अक्षरों को कभी बीज, नाद और बिन्दु से भिन्न केवल भाव रूप में वर्तमान होने के कारण सूक्ष्म हैं। आगमों में यज्ञ याग का विधान करनेवाले ध्वन्यात्मक वेद को स्थूल वेद, साधनभूत सामग्रियों को रूप देनेवाले भावरूप में वर्तमान ओंकार रूप समष्टिगत स्पन्द को सूक्ष्मवेद कहा गया है। गोरख बार-बार सहज योग को समझाने की कोशिश कर रहे हैं—

"नाथ कहै सुनहु रे अवधू दिढ करि राषहु चीया।
काम क्रोध अहंकार निबारौ तो सबै दिसंतर कीया।।"[18]

यों देखा जाय तो योगियों का कोई घर-बार नहीं होता, वे समग्र दुनिया को घर मानते हैं। इसलिए यत्र-तत्र सर्वत्र घूमते हैं। निवृत्तिमार्गी होना अच्छा परन्तु योग के नाम पर देशाटन की आदत पड़ जाने से प्रवृत्त होना आवश्यक नहीं है। इसीलिए गोरखनाथ ने अवधूतों के सामने बात रखी कि देश देशान्तर में जाना स्वयं देशान्तर के उद्देश्य से आवश्यक नहीं है। यदि चित्त स्थिर है और काम, क्रोध, अहंकार का निवारण हो गया है तो सब देशान्तर हो गए क्योंकि निवृत्ति के ही अर्थ देशान्तर किया जाता है, जो चित्त की स्थिरता से निष्पन्न होता है। गोरख की योग साधना का विहंगावलोकन करते हुए आज के बौद्धिक राजनीतिक, धार्मिक एवं धन पशुओं की याद सहज ही आ रही है। हालाँकि पशु तमाम सीमाओं के बावजूद प्राकृतिक जीवन यापन करते हैं जबकि मनुष्य धर्म, संस्कृति एवं सभ्यता के नाम नाना प्रकार का कौभांड कर रहा है। योग या धर्म के नाम भावात्मक शोषण पर नियन्त्रण नहीं लाया गया तो लोकतन्त्र पर खतरे के बादल मँडराते रहेंगे। इसीलिए गोरखनाथ उस समय भी मछन्दर नाथ का नाम लेकर लोगों को समझा रहे थे—

"बदंत गोरषनाथ सुनहु मछन्दर तुम्हें ईश्वर के पूता,
ब्रह्म झरंता ते नर राषै, सो बोलौ अवधूता।।"[19]

हे मछन्दरनाथ, गोरखनाथ की बातों पर ध्यान दो, तुम तो ईश्वर आदिनाथ के पुत्र शिष्य हो, क्यों अपने आपको भूल गए हो। नहीं जानते हो कि झड़ते हुए बिन्दु ब्रह्म की जो नर रक्षा करते हैं, वही अवधूत योगी हैं। आज कोई भी योगी

निवृत्तिमार्गी होगा तभी अपने शिष्यों को रास्ता दिखाएगा। यहाँ रामचन्द्र टंडन का वक्तव्य ध्यातव्य है: 'आत्मा की खोज में कहीं बाहर जाने की आवश्यकता नहीं, वह अपने भीतर काठ के भीतर अग्नि, बीज के भीतर वृक्ष एवं पुष्प के भीतर गन्ध की भाँति व्याप्त एवं अन्तर्निहित है। उन्होंने प्राचीन हठयोग पद्धति की अनेक बातों को स्वीकार करते हुए भी उसकी बहुत-सी क्रियाओं का अधिकतर लाक्षणिक अर्थ ही लगाया है और स्पष्ट शब्दों में कह दिया केवल बाह्य बातों में न पड़कर हमें आत्मचिन्तन की ओर ही विशेष ध्यान देना चाहिए।''[20] आत्मचिन्तन के परिप्रेक्ष्य में वैश्वीकरण के युग में गोरख का योग लोगों को राह दिखाएगा या योग गुरु की तरह बाजार स्थापित एवं विस्तृत करेगा। यानी भारतीय परम्परा में योग साधना के माहात्म्य को हम बंदरिया के मरे बच्चे की तरह हृदय से चिपकाए पड़े हैं। इस बाह्याडम्बर से भारतीय साधनाओं में योग साधना का भला होगा या नहीं, कह पाना मुश्किल है। फिलहाल गोरखनाथ की योग साधना के नाम भावात्मक शोषण करके मठ एवं अड्डे बनाए जा सकते हैं परन्तु सच्चे योग की तलाश एवं जतन गोरख जैसे ही कर सकते हैं। गोरख का मन्तव्य है—

'उतपति हिन्दू जरणां जोगी अकलि परि मुसलमानी।
ते राह चीन्हो हो काजी मुलां ब्रह्मा बिस्न, महादेव मांनी।।'[21]

यानी उत्पत्ति से हम हिन्दू हैं जरणा के कारण जोगी और अक्ल से मुसलमानी पीर हैं। हे मुल्लाओ और काजियो! उस मार्ग को पहचानो जिसे ब्रह्मा, विष्णु और महादेव तक ने स्वीकार किया है। भारतीय साधनाओं में मुस्लिम एवं ईसाई मत के आगमन से नाना प्रकार के विक्षेप आए हैं। इसीलिए गोरख योग के मार्फत ब्रह्मा, विष्णु एवं शंकर के मार्ग पर चलने का आह्वान करते हैं। अब हम सब पर निर्भर है कि योग साधना का बाजारीकरण करना है या भारतीय सांस्कृतिक परिप्रेक्ष्य में अख्तियार करना है।

सन्दर्भ

1. गोरखनाथ : नागेन्द्रनाथ उपाध्याय, पृष्ठ 26
2. परतत्त्व वैशारदी : याज्ञवल्क्य, 1.1.16
3. पातंजल दर्शन, 1.1.2
4. प्राणतोषिणी : पृष्ठ 835
5. गोरक्ष शतक 1/7, सिद्धसिद्धान्त संग्रह 2/49
6. गोरक्ष शतक 1/51
7. शिव पुराण 5-151-152
8. नाथ सम्प्रदाय : हजारीप्रसाद द्विवेदी, पृष्ठ 133

9. वृहद्-उपनिषद
10. शारदा तिलक 1.7
11. कवितावली—उत्तरकांड- 84
12. रामचरितमानस
13. कबीर ग्रन्थावली, पद 206, पृष्ठ 106
14. नाथ सम्प्रदाय: हजारीप्रसाद द्विवेदी, पृष्ठ 143
15. सिद्धसिद्धान्त संग्रह : 1/131
16. योगसूत्र : 1-27
17. याज्ञवल्क्य
18. गोरखबानी : सं. पीताम्बरदत्त बड़थ्वाल : पद 29, पृष्ठ 11
19. वही वही पद 49, पृष्ठ 145
20. वही वही प्रकाशकीय वक्तव्य पृष्ठ 7
21. वही वही पद 14, पृष्ठ 6

सहायक ग्रन्थ

सां. डॉ. पीताम्बरदत्त बड़थ्वाल: गोरख-बानी, हिन्दी साहित्य सम्मेलन प्रयाग, द्वितीय संस्करण-2003 संवत्

डॉ. हजारीप्रसाद द्विवेदी : नाथ सम्प्रदाय, हिन्दुस्तानी एकेडेमी उ.प्र. इलाहाबाद 1950

डॉ. नागेन्द्रनाथ उपाध्याय : गोरखनाथ : नाथ सम्प्रदाय के परिप्रेक्ष्य में, ना.प्र.सभा काशी संवत् 2003

डॉ. रांगेय राघव : गोरखनाथ और उनका युग, आत्माराम एंड सन्स, दिल्ली-110006, सन् 1963

हिन्दी एवं आधुनिक भारतीय भाषा विभाग

इलाहाबाद विश्वविद्यालय, प्रयागराज-211002

वैष्णव भक्ति प्रवाह और वल्लभाचार्य

विनम्र सेन सिंह

वैष्णव भक्ति का प्रवाह तमिल प्रदेश से हुआ। तमिल प्रदेश में दो प्रकार के भक्तों का उल्लेख मिलता है। आलवार और नायनार। नायनार को अडियार भी कहा जाता है। तमिल प्रदेश में आलवार भक्त बहुत सरल जीवन व्यतीत करते थे। गीतों और भजनों के गायन द्वारा अपनी भक्ति-भावना को प्रकट करते थे। आलवार का अभिप्राय कदाचित ऐसे महात्मा से समझा जाता था, जिसने ईश्वरीय ज्ञान और भक्ति के समुद्र में भलीभाँति अवगाहन कर लिया हो। ऐसे भक्तों की संख्या बारह थी। सभी भक्ति-भावना से प्रेरित होकर भगवताराधन और विश्व-प्रेम के प्रचारक थे। इनके अनुभवों के पद 'प्रबन्धम्' नाम से प्रसिद्ध हैं। इन्हें तमिल वेद की संज्ञा दी जाती है। 12 आलवार भक्तों में सबसे प्रसिद्ध नाम शठकोप का है, जो एक शूद्र परिवार में उत्पन्न हुए थे। इनके अतिरिक्त दो अन्य प्रसिद्ध आलवारों में कुलशेखर तथा अंडाल के नाम आते हैं। अंडाल नामक महिला माधुर्य भाव की भक्ति से भरी भक्ति में तल्लीन रहती थी और आगे चलकर गोदा नाम से विख्यात हुई। इसे तमिल प्रदेश की मीराँबाई कहा जा सकता है। अंडाल भक्तों की रचनाओं का संग्रह 'प्रबन्धम्' विक्रम की 12वीं शताब्दी में वैष्णव आचार्यों द्वारा सम्पादित हुआ। इस संग्रह को 'दिव्य-प्रबन्धम्' नाम से प्रो. राम सिंह तोमर ने शान्तिनिकेतन से हिन्दी अनुवाद सहित प्रकाशित कराया।

इस सम्प्रदाय की विशेषता यह थी कि यह वर्ण-जाति से परे सभी के लिए स्वीकृत था। इसकी भक्ति के स्वरूप को तिरुमल सई अथवा भक्ति सार नामक चौथे आलवार ने प्रकट करते हुए कहा है, "हे नारायण, मेरे ऊपर आज दया करो, कल भी करो और सदा कृपा बनाए रहो। मुझे विश्वास है कि न मैं तुम्हारे बिना हूँ और न तू ही मेरे बिना है।"[1] इसी प्रकार शठकोप ने भी कहा, "हे भगवन्, चाहे जो कुछ भी कष्ट मुझे झेलने पड़ें, मैं तुम्हारे चरणों के अतिरिक्त शरण के लिए अन्य कोई स्थान नहीं जानता। यदि बालक को उसकी माता उसे फेंक भी दे तो भी वह बच्चा माँ को छोड़कर किसी दूसरे को ध्यान में नहीं ला सकता है। मेरी भी दशा वैसी ही है।"[2] इन भक्तों ने साख्य, वात्सल्य और माधुर्य तीनों भावों में भजन लिखा जिसमें अंडाल में माधुर्य भाव प्रधान था। अंडाल की तुलना सूफी साधिका 'राबिया अल अदाबिया' से की जा सकती है।

नायनार शिव भक्तों में भी भक्ति की तन्मयता पर्याप्त मात्रा में है। किन्तु उनकी परम्परा उत्तरी भारत में नहीं चली। कतिपय शैव भक्तों का आविर्भाव, कश्मीर प्रदेश में हुआ, जिसे कश्मीरी शैव सम्प्रदाय कहते हैं। इसके प्रवर्तक गुप्त माने जाते हैं, जो विक्रम की 9वीं शताब्दी के उत्तरार्ध में विद्यमान थे। उन्होंने 'शिव-सूत्र' की रचना की। इनके शिष्य सोमानन्द ने 'प्रत्यभिज्ञा' मत का प्रचार किया। इनके दर्शन को 'प्रत्यभिज्ञा' दर्शन कहते हैं। इनका दार्शनिक मत 'ईश्वराद्वै 'वाद' है। इनका मत है कि ईश्वर ब्रह्म की भाँति निष्क्रिय नहीं, अपितु स्वतन्त्रकर्त्ता स्वरूप है। माया उसकी स्वतन्त्र शक्ति मात्र है, जिसे वह अपनी इच्छानुसार लीला करने के प्रयोग में लाया करता है। ज्ञान और क्रिया में वहाँ कोई अन्तर नहीं है। इन दोनों उन्मुखता को ही उसकी 'इच्छा' कहते हैं।

प्रत्यभिज्ञा दर्शन से जयशंकर प्रसाद की 'कमायनी' प्रभावित मानी जाती है। उन्होंने लिखा है—

''ज्ञान दूर कुछ क्रिया भिन्न है, इच्छा क्यों पूरी हो मन की।
एक दूसरे से न मिल सके, यह विडम्बना है जीवन की।।''

''इससे इस दर्शन की विशेषता, जिसमें ज्ञान और क्रिया में कोई अन्तर नहीं है, और दोनों की उन्मुखता को ही इच्छा कहते हैं''—की पुष्टि होती है। प्रस्तुत प्रसंग में वैष्णव भक्ति परम्परा का ही विस्तार दिया जाता है। अत: शैव भक्ति के मूल सूत्र का उल्लेख मात्र करके इसे छोड़ा जा रहा है।

इस प्रकार भक्ति का प्रवाह दक्षिण भारत से उत्तरी भारत में आया। ''धार्मिक दृष्टिकोण से हम कह सकते हैं कि आठवीं शताब्दी से लेकर पन्द्रहवीं शताब्दी तक दक्षिण ही सुधार का केन्द्र रहा है। वैष्णव और शैव सभी भक्तों ने भक्ति पर बल दिया तथा आचार्यों ने अपने-अपने दार्शनिक सिद्धान्तों का प्रतिपादन किया। उत्तरी भारत से राजनीतिक और सामाजिक परिवर्तनों के कारण धर्म की जो धारा दक्षिण में पहुँच गई थी, वह फिर अवसर पाकर उत्तरी भारत में पहुँची और अनुकूल वातावरण पाकर एक अत्यन्त विशाल और विस्तृत प्रवाह में परिणत हो गई। इसी तथ्य की ओर भागवतकार ने भी संकेत किया है—

''उत्पन्ना द्रविडे साहं वृद्धिं कर्णाटके गता।।
क्वचित्क्वचिन्महाराष्ट्रे गुजरे जीर्णतां गता।।
तत्र घोरकलेर्योगात्पाखण्डैः खण्डिताङ्गका।
दुर्बलाहं चिरं याता पुत्राभ्यां सह मन्दताम्।।
वृन्दावनं पुनः प्राप्य नवीनेव सुरूपिणी।
जाताहं युवती सम्यक्प्रेष्ठरूपा तु साम्प्रतम्।।''[3]

विभिन्न वैष्णव सम्प्रदाय

वैष्णवों में आचार्य शंकर का प्रमुख स्थान है। किन्तु शंकराचार्य के अद्वैतवादी होने के कारण और मायावाद के समर्थक होने के कारण उनमें भक्ति की सम्भावना कम थी। जब जीव मिथ्या है और ब्रह्म ही सत्य है तो यह मिथ्या जीव किस प्रकार ब्रह्म अथवा उसके ईश्वर रूप की भक्ति या उपासना कर सकता है। 'ब्रह्म सत्यं जगन्मिथ्या' यह उनका सिद्धान्त वाक्य है। शंकराचार्य ने प्राचीन वैष्णव धर्म जो अपनी शक्ति खो चुका था, उसे बचाने के लिए एक व्यावहारिक उपाय के रूप में इस सिद्धान्त का प्रयोग किया। परन्तु वैदिक कर्मकांड, पशुबलि, छुआछूत, पाखंड आदि के जिस विरोध में बौद्ध धर्म ने जड़ जमायी थी, उसी बौद्ध धर्म के नागार्जुन आदि शून्यवादियों के अनुसार शंकराचार्य ने भी अपना तर्कशास्त्र निर्मित किया। किन्तु कर्मकांडी पंडितों ने उन्हें प्रच्छन्न बौद्ध कहा। पद्मपुराण के कुछ श्लोक सांख्य प्रवचन भाष्य में उद्धृत हैं, जिनमें शिव जी पार्वती से कहते हैं—

मायावादसच्छास्त्रं प्रच्छन्नं बौद्धमेव च।
मयेव कथितं देवि कलौ ब्राह्मण रुपिणा।

आगे चलकर विभिन्न वैष्णव सम्प्रदाय के लोगों ने भी उनके इस मायावाद का खंडन किया। उसमें रामानुजाचार्य के अतिरिक्त मध्वाचार्य, वल्लभाचार्य, स्वामी रामानन्द और चैतन्य महाप्रभु आदि आचार्यों ने उनके मत का खंडन किया। इन विभिन्न आचार्यों के निम्नलिखित सम्प्रदाय बने :

श्री सम्प्रदाय

दक्षिण भारत के श्रीरंगम् में दसवीं शताब्दी में नाथमुनि हुए थे। उनके उत्तराधिकारी यामुनाचार्य रामानुज के गुरु थे। उन्होंने रामानुज को शंकराचार्य के मिथ्यावाद को खंडन करने का उपदेश दिया। रामानुजाचार्य ने इस कार्य को सम्पादित करते हुए शंकराचार्य के वेदान्त पर व्यंग्य किया जिसे रामानुज के वेदान्त भाष्य की श्रुति प्रकाशिका टीका में परांकुरदास लिखते हैं—

वेदाऽनृत बुद्धकृतागिमोऽनृतः।
प्रमाण मे तस्य च तस्य चानृतम्।
बोद्धाऽनृतो बुद्धिफले तथाऽनृते,
यूयं च बौद्धाश्च समान संसद।।

शंकरानुयायियो! तुम्हारे लिए वेद असत्य है, बौद्ध आगम भी असत्य है। वेद और बौद्धागमों का प्रमाण भी असत्य है। तुम दोनों (शंकर और बौद्ध) के लिए

बौद्ध (यानी ज्ञाता-जीव) असत्य है। बुद्धि और उसका फल भी असत्य है। अत: तुम और बौद्ध दोनों भाई-भाई हो।

रामानुजाचार्य का जन्म मद्रास के समीप त्रिपुरी नामक स्थान पर सन् 1016 ई. में हुआ। उनकी मृत्यु श्रीरंगम में सन् 1137 ई. में हुई। उनके पिता का नाम केशव और माता का नाम कान्तिमती था। यामुनाचार्य के शिष्य होने के पश्चात उन्होंने श्रीरंगम में अपने श्री सम्प्रदाय की स्थापना की। रामानुजाचार्य के लिखे हुए प्रसिद्ध ग्रन्थ हैं—वेदान्त सार, वेदान्त संग्रह, वेदान्त दीप तथा ब्रह्मसूत्र और भगवद्गीता के भाष्य। अपने मत को शास्त्रसम्मत सिद्ध करने के लिए उन्होंने 'प्रस्थानत्रयी' (उपनिषद्, ब्रह्मसूत्र तथा गीता) पर भाष्य लिखे। उन्होंने शंकराचार्य के मत का खंडन करते हुए यह बताया कि यद्यपि जीव, जगत और ईश्वर ये तीनों भिन्न-भिन्न हैं तथापि जीव चित् है और जगत अचित् है। दोनों ईश्वर के अंश हैं। अत: 'चिदचिद्विशिष्ट' ईश्वर एक ही है। तत्त्वज्ञान की दृष्टि से इसे विशिष्टाद्वैत कहते हैं और आचरण की दृष्टि से इसमें भक्ति की प्रधानता है। इस प्रकार उन्होंने शंकराचार्य के मत का खंडन किया और भक्ति की प्रतिष्ठा स्थापित की।

ईश्वर को इन्होंने सर्वोपरि माना। वह सर्वगुण सम्पन्न, अनुपम, अद्वितीय और महान है। वही सबका स्वामी है। उसे पुरुषोत्तम कहा गया है। संसार की उत्पत्ति, पालन और संहार करने की शक्ति उसी में है। उसी से प्रकृति और जीव की उत्पत्ति होती है। उपासना और ध्यान के लिए उसके पाँच रूप माने जाते हैं—

1. परब्रह्म—यह परब्रह्म स्वरूप वैकुंठ में रहता है। वैकुंठ जो उनके प्रकार की विलास की सामग्रियों से भरा हुआ है। 'श्री', 'भू' और 'लीला' नाम की स्वर्गीय स्त्रियाँ उसकी सेवा करती हैं। यह शंख, चक्र, गदा और पद्म से सुशोभित हैं। अनन्त, गरुड़, विश्वक्सेन आदि मुक्त आत्माएँ उसके साथ विहार करती हैं।

(2) व्यूह—इस स्वरूप में परब्रह्म के चार स्वरूप हो जाते हैं—वासुदेव, संकर्षण, प्रद्युम्न और अनिरुद्ध।

(3) विभव—यह स्वरूप भगवान के मत्स्य, कच्छप आदि दस अन्त:तारों से सम्बन्ध रखता है।

(4) अन्तर्यामी—इस स्वरूप से यह योगिनी के हृदय में प्रवेश करता है और घट-घट में वास करनेवाला है।

(5) अर्चा—इस स्वरूप में उपासकों द्वारा इसकी अनेक मूर्तियों की कल्पना की जाती है। कुछ आचार्यों ने 'व्यूह' में 'वासुदेव' के अतिरिक्त शेष तीन रूपों की कल्पना की है। शंकर ने तो आत्मा की पृथक सत्ता स्वीकार नहीं की है परन्तु रामानुजाचार्य ने आत्मा का अनेकत्व स्वीकार करके उनको तीन कोटियों

में विभाजित किया है—1. बद्ध, 2. मुक्त. 3. नित्य। बद्ध आत्माओं की अनेक कोटियाँ हैं, जो ब्रह्मदेव से लेकर कृमि-कीटों और वनस्पतियों तक फैली है।[4]

भक्ति के लिए यज्ञ, तपस्या, तीर्थयात्रा आदि सभी कर्म आते हैं, जिससे आत्मा शुद्ध होकर ज्ञान योग की प्राप्ति करती है। यही ज्ञानयोग भक्ति का हेतु है। ज्ञान के लिए अष्टांगयोग भी विहित बताया गया है। रामानन्द ने अपने 'वैष्णवमताब्जभाष्कर' में यम-नियम आदि अष्ट साधनों द्वारा मन और बुद्धि की शुद्धि का निर्देश दिया है। ऐसी ही शुद्ध बुद्धि से भक्ति सम्भव होती है। गोस्वामी तुलसीदास ने भी—भक्ति के लिए ज्ञान आवश्यक बताया है—

''जाने बिनु न होइ परतीती। बिनु परतीति होइ नहिं प्रीती।।
प्रीती बिना हरिभगति दृढ़ाई। जिमि खगेस जल की चिकनाई।।''

इन्होंने भक्ति का मार्ग शूद्रों के लिए भी उन्मुक्त कर दिया। स्वामी रामानन्द आदि ने इस पर विशेष बल दिया। रामानन्द के द्वादश प्रधान शिष्यों में कई निम्न कही जानेवाली जातियों के हैं।

इस सम्प्रदाय में भगवान की दासता प्राप्त कर लेना ही मुक्ति है। मुक्त जीव वैकुंठ में भगवान की सेवा में रत रहता है। मुक्त होने पर उसका प्राकृत शरीर छूट जाता है और वह दिव्य रूप प्राप्त कर नारायण के समान भोग भोगता है। अत: मुक्ति का साधन भक्ति है। भक्ति के लिए प्रपत्ति आवश्यक है। प्रपत्ति का अर्थ है सब प्रकार से प्रभु के चरणों में आत्मसमर्पण। आत्मसमर्पण का अर्थ भगवत अनुग्रह प्राप्त करना है।

इसी सम्प्रदाय को स्वामी रामानन्द ने उत्तरी भारत में रामावत सम्प्रदाय के रूप में लाया। रामानुज की विष्णु भक्ति को स्वामी रामानन्द ने उनके अवतारी रूप राम की भक्ति में परिवर्तित करके प्रचारित किया। इसीलिए कहा गया है कि, 'भक्ति द्रावड़ी, ऊपजी लाये रामानन्द।'

माध्व सम्प्रदाय

इस सम्प्रदाय के प्रवर्तक मध्वाचार्य जी थे। इनके जन्मस्थान के सम्बन्ध में विद्वानों में मतान्तरण है। दीनदयालु गुप्त ने इनका जन्मस्थान मद्रास प्रान्त के उडुपी जिले में 'बिल्व' नामक स्थान पर माना है। नाभादास के 'भक्तमाल' (वृन्दावन) में मंगलूर जिले के 'बेललि' ग्राम में संवत् 1225 की माघ शुक्ल सप्तमी को इनका जन्म माना है। हरिवंशलाल शर्मा ने अपनी पुस्तक 'सूर और उनका साहित्य' में इनका जन्म 'राजपीठ' नामक नगर में मध्यगेम भट्ट के यहाँ माना है। उनके अनुसार साम्प्रदायिक आधार पर इनका समय सं. 1040 से 1119 तक

माना जाता है। किन्तु आर.जी. भंडारकर ने सं.1254 से 1333 तक इनका समय माना है। इनकी माता का नाम वेदवती और पिता का नाम नारायण भट्ट बताया जाता है। ये अच्युत प्रकाश नामक आचार्य के शिष्य थे। उनसे दीक्षित होने के पश्चात इनका नाम 'पूर्ण प्रज्ञ' हुआ। तदनन्तर इन्होंने वेदान्त का अध्ययन किया। उन्होंने बदरिकाश्रम की यात्रा की। बाद में संन्यास ग्रहण करने के बाद इनका नाम 'आनन्दतीर्थ' हुआ। कहा जाता है कि बदरीनारायण की यात्रा में भगवान व्यास के दर्शन इन्हें प्राप्त हुए। वेदव्यास ने इन्हें लोककल्याण के लिए उपदेश देने की आज्ञा दी। इनके सम्बन्ध में कई अलौकिक किंवदन्तियाँ भी प्रचलित हैं।

उन्होंने उडुपी में आठ प्रतिमाओं की स्थापना की, जिनका दर्शन लोक कल्याणकारी माना जाता है।

मध्वाचार्य ने भी शंकर के अद्वैत का खंडन किया और विष्णु की प्रधानता मानते हुए, द्वैत सिद्धान्त की स्थापना की। द्वैत से तात्पर्य यह है कि ब्रह्म और जीव जगत दोनों अलग-अलग हैं तथा दोनों में भेद है। महामहोपाध्याय पं. गोपीनाथ 'कविराज' ने उत्तरा नामक पत्रिका में पौष 1332 तथा वैशाख 1333 के बँगला संस्करण में गौणीय वैष्णव दर्शन नामक लेख द्वारा जो मत व्यक्त किया है उसे डॉ. दीनदयालु गुप्त ने इस प्रकार व्यक्त किया है—

"माध्वमत में भेद स्वाभाविक तथा नित्य है। यह पाँच प्रकार का है। पहला, ईश्वर और जीव भेद—जीव, ईश्वर से तथा ईश्वर, जीव से नित्य भिन्न है।

दूसरा, ईश्वर और जड़ भेद—जड़, ईश्वर से तथा ईश्वर, जड़ से नित्य भिन्न है।

तीसरा, जीव और जड़ भेद—जीव, जड़ से तथा जड़ ,जीव से नित्य भिन्न है।

चौथा, जीव-जीव भेद—एकजीव, अपर जीव से भिन्न है।

पाँचवाँ, जड़-जड़ भेद—एक जड़, दूसरे जड़ से भिन्न है।

भगवान जैसे सर्वगुण सत्य है, वैसे ही जीव और ईश्वर आदि में भेद भी सत्य है। यह जगत सत्य है और उसमें पंच भेद युक्त जगत का प्रवाह भी सत्य है। उक्त पाँचों भेदों के कारण इस जगत को पंच-प्रपंच कहते हैं। जीव को जब तक इन पंच भेदों का ज्ञान नहीं होता तब तक उसकी मुक्ति नहीं होती है।"[5]

परमात्मा—दृष्टि की रचना उन्होंने वैशेषिक शास्त्र के आधार पर माना है। असंख्य गुणों से सम्पन्न ईश्वर के कार्यविधान को उन्होंने आठ श्रेणियों में बाँधा है—उत्पत्ति, पालन, लय, नियन्त्रण, आवरण, बोन्धन, बन्धत और मोक्ष। ब्रह्म पूर्णतया स्वतन्त्र और जीवात्मा और प्रकृति से भिन्न है। वह विभिन्न अवतार ग्रहण करता है। लक्ष्मी उससे भिन्न है, जिसके विविध रूप श्री, भू, ह्री, दक्षिणा, सीता, सत्या, रुक्मिणी आदि हैं। माध्वमत में पदार्थ 10 प्रकार के माने गए हैं—दृश्य, गुण, कर्म, सामान्य, विशेष, विशिष्ट, अंशी, शक्ति, सादृश्य और अभाव। दृश्य

पदार्थ 20 माने गए हैं—परमात्मा, लक्ष्मी, जीव, आत्मा, प्रकृति, गुणत्रय, महत्तत्त्व, अहंकार, बुद्धि, मन, इन्द्रिय, तन्मात्रा, भूत, ब्रह्माणु, अविद्या, वर्ण, अहंकार, वासना, काल और प्रतिबिम्ब।

मुक्ति को उन्होंने वर्गों में विभाजित किया है। पहला मुक्ति योग्य नित्य संसारी तथा तमोयोग्य (1) मुक्ति योग्य जीव उत्तम प्रकृति के मनुष्य ही हो सकते हैं। उत्तम मनुष्य के उदाहरण में उन्होंने ब्रह्मा, अग्नि, वायु आदि देवों, नारद आदि ऋषियों, विश्वामित्र, रघु, अम्बरीष आदि चक्रवर्ती लोगों को मुक्ति योग्य माना गया है। (2) नित्य संसारी जीव, मध्यम कोटि के मनुष्य नित्य संसारी जीव कहे गए हैं। ऐसे जीव निरन्तर पृथ्वी, स्वर्ग, नरक आदि लोकों में आते-जाते रहते हैं और सुख-दुख को सहन करते हैं। (3) तमोयोग्य जीव, इसमें राक्षस, दैत्य, पिशाच आदि निकृष्ट कोटि के जीव आते हैं। जीव और ईश्वर, जीव और जीव तथा जीव और जड़ प्रकृति में भेद होता है, जिसकी ऊपरी चर्चा हो चुकी है और यह माध्व मत की विशेषता है।

जड़ प्रकृति

जड़ प्रकृति ही काल, सत्त्व, रज, तम तीनों और महत आदि तत्त्वों का उपादान कारण है। प्रकृति की अधिष्ठात्री लक्ष्मी है। भगवान जब सृष्टि की इच्छा करते हैं—(एकोऽहं बहुस्याम) तब लक्ष्मी द्वारा सत्त्व, रज तथा तम गुणों से युक्त सृष्टि की रचना होती है। इन्हीं त्रिगुणों से मन, बुद्धि, चित और अहंकार की उत्पत्ति होती है। जड़ प्रकृति के अन्दर ही इन्द्रियाँ होती हैं। दसो इन्द्रियाँ रूप, रस, गन्ध आदि पंच पदार्थों को ग्रहण करती हैं। ये जीव की इन्द्रियाँ अलग-अलग अपने स्वभावानुसार पदार्थ गुण को ग्रहण करती हैं। इन्द्रियाँ दो प्रकार की होती हैं—1. अविधा—पंच भूतों (पृथ्वी, आकाश आदि) की सृष्टि के बाद अविधा की सृष्टि होती है। अविधा ब्रह्मा के शरीर से होकर आती है। इसी से इसे ब्राह्मी सृष्टि कहते हैं और इससे ब्रह्मा तथा नारद आदि भी प्रभावित हुए हैं। अविधा चार प्रकार की मानी गई है—

1. जीव—आच्छादिता 2. परम परमाच्छादित आदिका 3. शैवला 4. माया।

सांसारिक दु:ख का कारण अविद्या ही है। अविद्या से मुक्ति होने को ही मोक्ष कहते हैं।

मोक्ष और उसका उपाय

मुक्ति का तात्पर्य है, माया आदि अविधा से सृष्टि जीव जब अपने नित्य स्वरूप अर्थात् परमात्म रूप में स्थित हो जाता है, तो उसे मुक्त जीप कहते हैं।

मुक्ति चार प्रकार की होती है। 1. सालोक्य मुक्ति, अर्थात् जब जीव भगवान के लोक में पहुँचता है तो उसे इच्छानुकूल भोग की प्राप्ति होती है। 2. सामीप्य मुक्ति, इस मुक्ति की अवस्था में जीव भगवान के निकट रहकर आनन्द का भोग करता है। 3. सारूप्य मुक्ति, इस अवस्था में मुक्ति जीव ईश्वर के समान रूप का लाभ करता है। 4. सायुज्य मुक्ति, इस मत के अनुसार भगवान में प्रविष्ट होकर वह भगवत देह द्वारा भोग साधन करता है अर्थात् परमात्मा से एकरूप हो जाता है। इसे सायोज्य मुक्ति कहते हैं।

मुक्ति लाभ का अधिकार भगवान के अनुग्रह से ही जीव को मिलता है। भगवान के अनुग्रह से ही जीव परमात्मा के लोक में और अपने नित्य स्वरूप में पहुँचता है। अधम और मध्यम जीव अनुग्रह से स्वर्ग और अन्य ऊपरी लोकों में पहुँचकर सुख भोग करता है। प्रकृति तथा अविद्या के बन्धन से मुक्त होना भगवान की कृपा और उनके प्रेम से प्राप्त होता है। मुक्ति चार प्रकार से होती है—कर्मक्षय, उत्क्रान्तिलय, अर्चिरादिमार्ग तथा भोग।

कर्मक्षय

उपरोक्त ज्ञान से संचित पाप और पुण्य का क्षय होता है। परन्तु प्रारब्ध कर्मों का क्षय नहीं होता; वे भोग से ही कटते हैं। प्रारब्ध-कर्मक्षय के बाद जीव ब्रह्मनाड़ी का अवलम्बन लेकर उत्क्रमण करता है। ब्रह्मनाड़ी को सुषुम्ना भी कहते हैं।

उत्क्रमणलय

जो सुषुम्ना पद को पार करते हैं, उनको जीवत्व का बोध नहीं रहता। उस समय विष्णु-तेल से उस जीव के हृदय का द्वार खुल जाता है। इसी को ब्रह्म-द्वार कहते हैं। फिर हृदयस्थ भगवान ब्रह्म-द्वार से बाहर आकर जीव को ऊँचे की ओर ले जाते हैं। वैकुंठ लोक में पहुँचकर जीव को भगवान के तुर्य-रूप का साक्षात्कार होता है। यही उत्क्रमणलय की अवस्था है।

अर्चिरादिमार्ग

जो देहादि के प्रतीक का सहारा लेकर ज्ञान-लाभ करते हैं, उनकी भी अन्तकाल में भगवत-स्मृति जागृत हो जाती है। अज्ञानी की भगवत-स्मृति जागृत नहीं होती। जिन ज्ञानियों के प्रारब्ध-कर्म का क्षय नहीं हुआ उनकी भी भगवत-स्मृति जागृत नहीं होती। ऐसे ज्ञानी सुषुम्ना की पार्श्ववर्ती नाड़ी से ऊर्ध्व गमन करते हैं और उनको अर्चिरादि लोकों की प्राप्ति होती है। फिर वे वायु लोक होते

हुए ब्रह्मा के लोक में जाते हैं। ये जीव ब्रह्मा के भोगावसन के बाद ही ब्रह्मा के साथ परम पद का लाभ करते हैं।

भोग

एक गुणोपासक ज्ञानी प्रारब्ध के अवसान के बाद देह त्यागकर पृथ्वी आदि स्थानों में ही परमानन्द का भोग करते हैं। यह भोग मुक्ति की अवस्था है। उनको श्वेत-दीप में नारायण का दर्शन होता है और वे श्वेत-दीपस्थनारायण की आज्ञा से पृथ्वी पर विचरण करते हैं।[6]

इस मत का प्रसार अधिकतर दक्षिण भारत में ही है। कनाड़ी जिलों, महाराष्ट्र, मैसूर और पश्चिम के घाटों की ओर इसका अधिक प्रसार है। उत्तर भारत में इस मत को माननवालों की संख्या बहुत कम है। पूरे भारत में इस मत के कुल ग्यारह मठ हैं, जिसमें से 8 दक्षिण भारत में हैं और शेष 3 भारत के अन्य क्षेत्रों में हैं।

मध्वाचार्य जो आनन्दतीर्थ नाम से भी प्रसिद्ध हैं, जिन्हें तत्त्ववाद के प्रवर्तक के रूप में हम जानते हैं, उन्होंने कुल 37 ग्रन्थों का प्रणयन किया। उन्होंने अपने मत द्वैतवाद की पुष्टि के लिए 'पंचरात्र-संहिताओं' को आधार बनाया। अपने सम्प्रदाय में मध्वाचार्य ने ब्यूह और वासुदेव के स्थान पर परमात्मा के लिए 'विष्णु' नाम का प्रयोग किया। उन्होंने राम और कृष्ण दोनों की ही उपासना का जिक्र किया परन्तु राधा, गोप आदि का उल्लेख नहीं किया। इसलिए हम यह कह सकते हैं कि मध्वाचार्य ने अपने पूर्व के वासुदेव धर्म और भागवत धर्म के स्थान पर एक नर वैष्णव-धर्म की स्थापना की। इनके उपदेशों से इनके मत का प्रसार उत्तर भारत में भी तेजी से हुआ। अब तक जो भक्ति-भावना दक्षिणी भारत में जमी हुई थी उत्तर भारत में उसका प्रसार तेजी से होने लगा। इसमें मध्वाचार्य और उनके परवर्ती आचार्यों का विशेष योगदान देखा जा सकता है।

निम्बार्क सम्प्रदाय

निम्बार्काचार्य निम्बादित्य निम्बभास्कर नियमानन्दाचार्य आदि कई नामों से जाने जाते हैं। यह भी विख्यात है कि भेदाभेदवादी श्री भास्कराचार्य तथा निम्बार्काचार्य दोनों एक ही व्यक्ति थे। किन्तु दार्शनिकों एवं इतिहासज्ञों ने दोनों को अलग-अलग माना। आर. जी. भंडारकर ने इनका समय 1162 ई. माना है। कुछ विद्वानों ने इन्हें रामानुजाचार्य के पश्चात मध्वाचार्य का समकालीन माना। इससे भी डॉ. भंडारकर के मत की पुष्टि होती है। क्योंकि रामानुज का समय 1037 ई. से 1133 ई. होने का अनुमान प्रकट किया गया है।

इनका जन्म बिलारी अथवा बेल्लरी जिले के निम्बपुर गाँव में हुआ था। वैशाख शुक्ल तृतीया इनकी जन्मतिथि मानी जाती है। पिता का नाम जगन्नाथ और माता का नाम सरस्वती था। इस मत को माननेवाले इन्हें विष्णु के सुदर्शन चक्र का अवतार मानते हैं। कहा जाता है कि पहले इनका नाम नियमानन्द था। एक दिन कुछ साधु शाम को उनके पास आए जो सूर्यास्त के पश्चात भोजन नहीं करते थे और उधर सूर्य ढल रहा था। नियमानन्द ने भगवान विष्णु के सुदर्शन चक्र का आह्वान अपने आश्रम के निम्ब वृक्ष पर किया। जिसका प्रकाश सूर्य के समान चमक रहा था। साधुओं ने भोजन किया। भोजनोपरान्त सुदर्शन चक्र के चले जाने पर अन्धकार हो गया। इस चमत्कारिक घटना के बाद ही इनका नाम निम्बार्क अथवा निम्बादित्य पड़ गया। जिसका अर्थ हुआ—निम्बार्क=निम्ब + अर्क (सूर्य) और निम्बादित्य=निम्ब + आदित्य। इस घटना के पश्चात इन्होंने जिस मत का प्रवर्तन किया उसे निम्बार्क सम्प्रदाय के नाम से जाना गया। विद्याध्ययन के बाद इन्होंने संन्यास धारण किया। वह संन्यास धारण कर भारत की यात्रा पर निकल पड़े। उत्तरी भारत में इन्होंने ही राधा-कृष्ण की भक्ति का महत्त्व स्थापित किया। इनके दर्शन को भेदाभेदवादी दर्शन कहते हैं। इसी को भेदाभेद अथवा द्वैताद्वैत भी कहते हैं। इनके अनुयायियों की संख्या बंगाल और ब्रज में अधिक है। वह दो श्रेणियों के हैं—संन्यासी और गृहस्थ। इनके दो ग्रन्थ अत्यन्त प्रसिद्ध हैं—'वेदान्त पारिजात सौरभ' तथा 'दशश्लोकी', 'वेदान्त पारिजात सौरभ', ब्रह्म सूत्रों पर भाष्य ग्रन्थ है। 'दशश्लोकी ग्रन्थ' में संक्षिप्त रीति से गेय पंचविधि पदार्थ का निरूपण है। यह एक स्रोत ग्रन्थ है। निम्बार्क के उत्तराधिकारी श्रीनिवास ने इसके 'वेदान्त पारिजात सौरभ' पर भाष्य लिखा और इनके 32वें आचार्य हरिव्यास देव ने 'दशश्लोकी' पर भाष्य लिखा, जिसका तात्पर्य निम्नलिखित है—

1. जीवात्मा ज्ञानस्वरूप है, परन्तु हरि पर आश्रित है। वह अणुरूप है, विभिन्न शरीरों में पृथक-पृथक है, अनन्यविशिष्ट और ज्ञानी है।

2. यह जीवात्मा अनादि माया से बद्ध रहता है और तीनों गुणों से संयुक्त रहता है। ईश्वर की कृपा से ही उसे अपनी प्रकृति का ज्ञान होता है।

3. अचेतन पदार्थ तीन प्रकार के माने गए हैं—अप्राकृत, प्राकृत तथा काल। प्रकृति से उत्पन्न पदार्थों के प्राय: तीन रंग—रक्त, श्वेत तथा कृष्ण होते हैं।

4. मैं कृष्ण का ध्यान करता हूँ, जो व्यूह अवयवोंवाला है और सर्वश्रेष्ठ है। सब दोषों से रहित कल्याणकारी और सर्वगुणसम्पन्न है।

5. मैं वृषभानु की कन्या राधिका का ध्यान करता हूँ, जो कृष्ण के वामांग में

सुशोभित हैं। हजारों सखियों से परिसेवित हैं और सब कामनाओं को पूर्ण करनेवाली हैं।

6. अज्ञानान्धकार से मुक्ति पाने के लिए प्राणियों को निरन्तर परब्रह्म की उपासना करनी चाहिए, नारद सच्चे ज्ञानी और सत्य के अन्वेषक थे। उन्हें यह ज्ञान सदानन्द आदि ने दिया था।

7. श्रुति-स्मृतियों के अनुसार सब आत्माओं का मूल स्रोत ब्रह्म है, अतएव ब्रह्म सत्य है। जो वेदों को जानते हैं, उनका भी यही सिद्धान्त है। स्मृति और सूत्रों के अनुकूल जो उसके तीन रूप बताए गए हैं, वे भी सत्य हैं।

8. कृष्ण के चरणारविन्दों को छोड़कर और कोई गति नहीं है। ब्रह्म, शिव आदि भी उनकी वन्दना करते हैं। भक्तों की इच्छा से वे कृष्णभक्तों के ध्यान के योग्य स्वरूप धारण करते हैं। इनकी शक्ति अचिन्त्य और अप्रमेय है।

9. उसकी कृपा का बड़ा महत्त्व है। दैन्य आदि भाव उसकी कृपा से ही उत्पन्न होते हैं और उसी से प्रेम रूप भक्ति की प्राप्ति होती है। भक्त द्वारा की गई अनन्य भक्ति द्वारा ही उसकी कृपा प्राप्त हो सकती है। यह दो प्रकार की होती है—

(1) परा, जो श्रेष्ठ है: (2) साधनारूपा।

10. भक्तों के लिए पाँच पदार्थ जानने आवश्यक हैं। उपास्य का रूप, उपासक रूप, कृपाफल, भक्ति-फल तथा फल-प्राप्ति के विरोधी।[7]

उपर्युक्त दस सिद्धान्तों में निम्बार्क सम्प्रदाय का सम्पूर्ण दर्शन उपस्थित हो गया है। इसके विश्लेषण के लिए निम्नलिखित बिन्दुओं पर विचार आवश्यक है—

सिद्धान्त सार— इस सम्प्रदाय में पाँच गेय पदार्थ माने गए हैं। पहला-उपास्य का स्वरूप, दूसरा-उपासक का स्वरूप, तीसरा-कृपाफल, चौथा-भक्ति-फल तथा पाँचवाँ फल-प्राप्ति के विरोधी। इन्हीं के पीछे निम्बार्क का ब्रह्म, जीव जगत तथा मोक्ष साधन सम्बन्धी सिद्धान्त निहित हैं। 'दशश्लोकी' के भाष्य में हरिव्यास देव ने लिखा है, ''वस्तुत: विज्ञानस्वरूप एक ही ब्रह्म सर्व जीव जगत का नियन्ता है। जीव और ब्रह्म में अभेद रहते हुए भी जीव और ब्रह्म का विलक्षण व्यवहार है। जैसे अवतार और अवतारी, गुण और गुणी में अभेद है। परन्तु दृष्टि मात्र से यह भेद दिखाई देता है। वस्तुत: भेद नहीं है।'' इसी मत से भेदाभेद का समर्थन किया गया है।

ब्रह्म— निम्बार्क के मतानुसार ब्रह्म सर्वशक्तिमान, सर्वज्ञ तथा अच्युत विभव से पूर्ण है। ब्रह्म ही जगत का उपादान कारण और निमित्त कारण दोनों है। ब्रह्म ही का प्रक्षेप शक्ति के रूप में होता है, जिससे सृष्टि का निर्माण होता है। इसकी तुलना मकड़ी के जाले की तरह की गई है। अर्थात जैसे मकड़ी अपने मुँह से ही अपने

जाले को निकालती है और जब चाहती है उसे अपने मुँह में समेट लेती है। ऐसी ही स्थिति ब्रह्म और सृष्टि की है।

निम्बार्क मत में श्रीकृष्ण ही परब्रह्म है। ब्रह्म अद्वैत होते हुए भी कृष्ण की शक्ति व्यक्त और अव्यक्त तथा अंश और अंशी में समान रूप से व्याप्त है। इसलिए उसमें द्वैत नहीं है। उनकी 'रमा', 'लक्ष्मी' या 'भू' शान्ति उनके ऐश्वर्य की अधिष्ठात्री है तथा गोपी और राधा उनके प्रेम और माधुर्य की अधिष्ठात्री हैं। वे व्रज में क्रित्य स्थिति हैं। यही ब्रज में प्रेम और माधुर्य की अधिष्ठात्री शक्ति राधा तथा अन्य आह्लादिनी गोपीस्वरूप शक्तियों से परिवेष्टित रहते हैं। यही निम्बार्क सम्प्रदाय के उपास्य देव हैं।[8]

जीव—चित तत्त्व जीवात्मा देहादि अचित् पदार्थों से भिन्न है। फिर भी वह नित्य ज्ञाता और ज्ञान का आश्रय है। प्रत्येक शरीर में जीव भिन्न-भिन्न है। प्रत्येक जीवन, बन्धन और मोक्ष की योग्यता से युक्त है। वह भगवान का व्याप्य है और भगवताधीन है। जीव दो प्रकार के कहे गए हैं। मुक्त जीव और बद्ध जीव।

बद्ध जीव—देव, मनुष्य आदि देह में तथा उससे सम्बन्धित वस्तु में अविधा से बद्ध होने के कारण वह आत्मा और आत्मीय वस्तु का अभिमान करता है। ऐसे जीवों को बद्ध जीव कहते हैं।

मुक्त जीव—मुक्ति दो प्रकार की होती है। क्रम मुक्ति और सघो मुक्ति। इस प्रकार की दो मुक्तियाँ वल्लभाचार्य ने भी बताई हैं। निष्काम कर्म और विधिपूर्वक अर्चन आदि करके स्वर्ग आदि लोकों के अनुभव के पश्चात ऐसे जीव सत्य लोक में स्थित होते हैं और प्रलय होने पर ब्रह्म का सायुज्य लाभ करते हैं। इसे क्रम मुक्ति कहते हैं। अर्थात् क्रमश: चरणबद्ध मुक्ति। निम्बार्क सम्प्रदाय में भगवान की सेवा और भक्ति तथा कृपा से ही ईष्ट फल प्राप्त होता है। उन्हें भगवान की निकटता प्राप्त होती है। भगवान के ऐश्वर्य आदि का लाभ भी पाते हैं। इन्हें भगवत सामीप्य मुक्ति प्राप्त होती है।

नित्य सिद्ध जी—यह संसार के दुख से मुक्त भगवत्स्वरूप गुण आदि का सदैव अनुभव करता है। गरुड़, सनक, सनन्दन आदि उक्त प्रकार के नित्य मुक्त जीव हैं। समाधिनिष्ठ योगियों को भी उक्त प्रकार के अनुभवों का आनन्द मिलता है। किन्तु यह अनुभव सार्वकालिक और स्वाभाविक नहीं होता।

तत्त्व तीन प्रकार के होते हैं। अचित् तत्त्व के ये तीन रूप हैं—प्राकृत, अप्राकृत और काल। प्राकृत रूप माया प्रधान और अव्यक्त भी कहलाता है। महत्त्व से लेकर ब्रह्मांड तक जगत का रूप प्राकृत का कार्य रूप है, उसकी स्वतन्त्र सत्ता नहीं है। अप्राकृत तत्त्व प्रकृति और काल से अलग तथा प्रकृत राज्य से बाहर स्थित है। यह

तत्त्व सूर्य के समान उज्ज्वल, नित्य विभूति आदि विभिन्न नामों से जाना जाता है। भगवान और उनके आश्रित जीव भोग का उपकरण तथा उनके निवास स्थान के रूप में अनेक रूप इस शुद्ध तत्त्व के होते हैं।

काल—काल जड़ तत्त्व तब सृष्टि का सहकारी और जगत के सम्पूर्ण पदार्थों का नियामक होता है। काल भगवदाधीन, नित्य और विभु है। भूत, वर्तमान, भविष्य अपने तीन रूपों में व्यवहार हेतु होता है।[9]

मुक्ति और मुक्ति लाभ का साधन : बताया जा चुका है कि मुक्ति सायुज्य आदि चार प्रकार की होती है।

निम्बार्क के अनुसार ब्रह्मा, शिव आदि से वन्दित कृष्ण के चरणारविन्द के अतिरिक्त मनुष्य का कोई अवलम्ब नहीं है। अन्य देवों को छोड़कर केवल कृष्ण ही उपास्य हैं। निम्बार्क मत में भगवान कृष्ण को उसी प्रकार महत्त्व दिया गया है जैसा वल्लभाचार्य आदि कई आचार्यों ने दिया है। उन्हीं की कृपा से प्रेमरूपा भक्ति मिलती है। प्रभु की कृपा का फल प्रभु की शरण की प्राप्ति ही इस मत की मान्यता है।

निम्बार्क के मत से नवधा भक्ति के अभ्यास से प्रभु की भक्ति और प्रेम की प्राप्ति होती है। प्रेमा भक्ति दशधा भक्ति है। इसके पाँच प्रकार हैं शान्त, दास्य संख्य वात्सल्य और उज्ज्वल। 'उज्ज्वल' रस भक्तिरस का वाचक है। 'उज्ज्वल नीलमणि' ग्रन्थ में इसका प्रतिपादन है। दशश्लोकी में कहा गया है कि सम्पूर्ण कामनाओं को पूर्ण करनेवाली राधा थीं। स्तुति भी कृष्ण के साथ ही की जाती है। राधाकृष्ण की युगल रूप उपासना माधुर्य तथा प्रेमस्वरूपा राधा की उपासना पर भी उन्होंने बल दिया है। वही सभी कामनाओं की पूर्ति करती है।[10]

विष्णु सम्प्रदाय

इस सम्प्रदाय को रुद्र सम्प्रदाय भी कहते हैं और इसका दार्शनिक सिद्धान्त है 'शुद्धाद्वैतवाद'। विष्णुस्वामी नाम के कई आचार्य हुए। पद्मपुराण और भविष्य पुराण में रुद्र सम्प्रदाय के समर्थक विष्णुस्वामी का उल्लेख है। वल्लभाचार्य के पहले विष्णुस्वामी के 700 शिष्य आचार्य हो चुके थे। ऐसे में उनका समय बहुत प्राचीन ठहरता है। किन्तु यह कथन अतिरंजित लगता है। 'गौड़ीय दशम खंड' में उल्लेख है "एकतल विष्णुस्वामी ई. सन् से 300 वर्ष पहले हुए जो मथुरा में रहते थे। इन विष्णुस्वामी के 700 वैष्णव त्रिदंडी संन्यासी इनके मत के प्रचारक थे। अन्तिम संन्यासी का नाम व्याश्वेश्वर था।" डॉ. दीनदयाल गुप्त ने एक लेख के आधार पर लिखा है कि, "राय बहादुर श्री अमरनाथ राय जी का इस विषय पर भंडारकर रिसर्च इन्स्टीट्यूट एनल्स में एक लेख है जिसमें लिखा है कि माध्वाचार्य

और सायणाचार्य के गुरु भी विद्याशंकर थे और विद्याशंकर का ही दूसरा नाम विष्णुस्वामी था। (अष्टछाप और वल्लभसम्प्रदाय भाग 2, पृ. 42)

इन विभिन्न सन्दर्भों को देखते हुए यह कहना कठिन है कि विष्णुस्वामी नाम के कितने आचार्य हुए और किस विष्णुस्वामी से वल्लभाचार्य जी से सम्बन्ध था। परन्तु इतना निश्चित है कि वल्लभाचार्य विष्णुस्वामी की ही परम्परा में थे। स्वामी जी ने जिस शुद्धाद्वैत मत का प्रचार किया उसी का अनुसरण और प्रतिपादन वल्लभाचार्य ने भी किया। इस सम्प्रदाय के सम्बन्ध में आर. जी. भंडारकर ने अपनी पुस्तक 'वैष्णविज़्म और शैवविज़्म' के पृष्ण 110 पर जो मत व्यक्त किया है उसका सारांश निम्नलिखित है—"सर्वप्रथम एक ही ब्रह्म था, उसकी इच्छा हुई 'एकोऽहं बहुस्याम्' और वह अचेतन जगत में परिवर्तित हो गया; जिसका नियन्ता वह स्वयं था। जगत के सब जीव उससे इस प्रकार उत्पन्न हुए, जिस प्रकार प्रज्वलित अग्नि से स्फुलिग। अपनी अनन्त शक्ति के द्वारा उसने अदृश्य बुद्धि और आनन्द को उत्पन्न किया और फिर केवल आनन्द को और अन्त में उसके सब गुण प्रकट हुए। ब्रह्म के शुद्ध स्वरूप में दृश्य आनन्द व्याप्त है।"

वल्लभाचार्य जी ने किसी विष्णुस्वामी के सिद्धान्तों से ही प्रेरणा लेकर अपने सिद्धान्त का प्रतिपादन और प्रचार किया।

वल्लभ सम्प्रदाय

इस सम्प्रदाय के प्रवर्तक आचार्य वल्लभ हैं। वल्लभाचार्य ने जिस मत का प्रचार किया था वह पुष्टिमार्ग कहलाता है। तात्त्विक दृष्टि से इस सम्प्रदाय को शुद्धाद्वैत सिद्धान्तवादी (यानी माया के सम्बन्ध से रहित ब्रह्म ही जगत का कारण और कार्य है) ब्रह्मवादी यानी सब कुछ ब्रह्म ही है। जगत भी ब्रह्म का ही रूप है और इसी कारण ये दोनों सत्य हैं, अधिकृत परिणामवादी (यानी जगत ब्रह्म का विकाररहित परिणाम है) कहते हैं। दूसरी तरफ साधना की दृष्टि यह मार्ग 'पुष्टि-मार्ग' कहलाता है। 'पुष्टि-प्रवाह-मर्यादा भेद' नामक ग्रन्थ में स्वयं वल्लभाचार्य ने तीन मार्ग बताए हैं—1. मर्यादा मार्ग 2. प्रवाह मार्ग 3. पुष्टि मार्ग। मर्यादा मार्ग से चलनेवाले को मर्यादा पुष्ट तथा प्रवाह मार्ग से चलनेवाले को प्रवाह पुष्ट और पुष्टि मार्ग से चलनेवाले को पुष्टि पुष्ट कहते हैं। इन तीनों मार्गों से भगवान की पुष्टि अथवा अनुग्रह प्राप्त होता है तभी भक्ति सम्भव हो पाती है।

मर्यादा मार्ग वह जो वेद शास्त्रों के द्वारा बताया गया कर्तव्य मार्ग हो। प्रवाह मार्ग यानी संसार के साथ चलना और पुष्टि मार्ग भगवान का अनुग्रह का मार्ग। इस मार्ग पर चलनेवालों का मुख्य साध्य भगवान की कृपा द्वारा भगवत्प्रेम प्राप्त करना

होता है; तथा इसका साधन भक्ति है। इसी को वल्लभाचार्य ने अपने ग्रन्थ 'अणु भाष्य' में कहा कि, 'पुष्टिमार्गोऽनुग्रहैकसाध्य:।' वल्लभाचार्य ने भक्ति के लक्षण पर चर्चा करते हुए कहा कि, 'भगवान् में माहात्म्य ज्ञानपूर्वक सुदृढ़ और सतत स्नेह ही भक्ति है। मुक्ति का इससे सरल उपाय नहीं है।' (अष्टछाप और वल्लभ सम्प्रदाय, द्वितीय भाग, दी. द. गुप्त) वल्लभ सम्प्रदाय में ईश्वर के सगुण और निर्गुण दोनों रूप मान्य हैं। सगुण और निर्गुण दोनों को मानते हुए भी इस सम्प्रदाय के अनुयायियों ने सगुण ब्रह्म की उपासना को ही श्रेयस्कर माना। कर्म, भक्ति और ज्ञान इन तीनों में से भक्ति को चुना।

भक्ति के क्षेत्र में जो 'पुष्टि मार्ग' है, दर्शन के क्षेत्र में वही 'शुद्धाद्वैत' कहा गया। शुद्धाद्वैत का अभिप्राय है—'शुद्धं च तदद्वैतं च' अर्थात् अद्वैत माया के सम्बन्ध से रहित है। शंकराचार्य के अद्वैतवाद का महावाक्य 'सर्वं खाल्विदं ब्रह्म' है। जिस सिद्धान्त के अनुसार समस्त संसार, जो मनुष्य को चर्मचक्षुओं द्वारा दीख पड़ता है, असत्य है, सब में एक ही शुद्ध और परमब्रह्म का अस्तित्व है और उसी की माया से भेद दिखाई पड़ता है। वही दूसरी तरफ वल्लभ सम्प्रदाय के शुद्धाद्वैतवादियों ने शंकर के मायावाद का खंडन करते हुए "आत्मैव तदिदं सर्वं ब्रह्मैव तदिदं तथा' को स्वीकार करते हुए—'एकमेवाद्वितीयं ब्रह्म' वाली श्रुति को लेकर ब्रह्म का निरूपण किया।

ब्रह्म—ब्रह्म को परिभाषित करते हुए आचार्य वल्लभ कहते हैं कि, 'ब्रह्म हजारों नित्य गुणों से युक्त है, वह सजातीय, विजातीय और स्वगत द्वैतरहित है, वह अद्वैत है, अर्थात सजातीय चेतना सृष्टि उससे अलग नहीं, विजातीय जड़ सृष्टि उससे भिन्न नहीं और स्वगत अन्तर्यामी रूप भी उससे भिन्न नहीं।

"सजातीयविजातीयस्वगतद्वैतवर्जितम्।
सत्यादि गुणसाहस्त्रैर्युक्तमोत्पत्ति कै: सदा।"

यहाँ सजातीय भेद यानी मनुष्य-मनुष्य में भेद, विजातीय भेद अर्थात् मनुष्य और पशु में भेद तथा स्वगत भेद अर्थात् अपने ही शरीर के अवयवों में भेद। इन सभी भेदों से परे सृष्टि के प्रत्येक तत्त्व में ब्रह्म का तत्त्व ही है। वल्लभाचार्य के अनुसार "वही ब्रह्म जगत का समवायि-कारण है और वही निमित्त कारण है तथा वह अपने स्वरूप में और अपनी रचित लीला में नित्य मग्न रहता है। जिस प्रकार सुदीप्त अग्नि से विस्फुलिंग, अर्थात्—चिनगारियाँ उत्पन्न होती हैं, उसी प्रकार ब्रह्म की असंख्य-स्वरूप जीव उत्पन्न होते हैं।" (तत्त्वदीप-निबन्ध, पृ. 223)

जीव— वल्लभाचार्य के अनुसार ईश्वर अंशी है और जीव उसी का अंश है। सृष्टि उत्पत्ति की क्रिया ब्रह्म की इच्छा और उसकी आविर्भाव और तिरोभाव की शक्तियों से होती है। शंकराचार्य ने अपने अद्वैत सिद्धान्त में कहा कि, ''ब्रह्म सत्य जगन्मिथ्या, जीवो ब्रह्मैव नापर:।'' अर्थात ब्रह्म सत्य है, जगत मिथ्या है और जीव ब्रह्म से भिन्न नहीं है। शंकराचार्य के इस मायावादी जीव और वल्लभाचार्य के ब्रह्मवादी जीव में अन्तर है। मायावाद में जीव की अनेकता तथा सत्ता भ्रम से, अविद्या से प्रतिभासित है, वास्तव में न तो जीव है और न ही जगत है। सभी जीव भ्रम हटने पर, एक ब्रह्म ही हैं। लेकिन वल्लभाचार्य के ब्रह्मवाद में जीवों की अनेकता तथा उसकी अंश रूप में स्थिति सत्य है। जहाँ शंकर के मत में जीव विभु है वहीं वल्लभ के मत में जीव अणु है। इसी के आधार पर वल्लभाचार्य और उनके अनुयायी भक्त साधकों ने शंकराचार्य के मत का खंडन किया।

जगत— अपने 'तत्त्वदीप निबन्ध' एवं 'अणुभाष्य' नामक ग्रन्थों में वल्लभाचार्य ने जगत की उत्पत्ति सम्बन्धी विचार भी प्रस्तुत किए हैं। इस सम्बन्ध में वल्लभाचार्य कहते हैं कि, ''विस्फुलिंगा इवाग्नेस्तु सदशेन जड़ा अपि।'' (त. दी. नि. शास्त्रार्थ, प्रकरण, श्लोक 32) अर्थात सच्चिद गणितानन्द, अक्षर ब्रह्म से पूर्ण पुरुषोत्तम की इच्छानुसार अग्नि की चिनगारी के समान उसके चिद अंश से जीव और सत अंश से जड़ जगत की उत्पत्ति हुई। उनका मानना है कि जगत ब्रह्म रूपी ही है। परमब्रह्म तो श्री कृष्ण ही है और कृष्ण का वृहद अक्षर सच्चिदानन्द-स्वरूप है। उसी ब्रह्म का एक रूप सर्वजगत है और दूसरा उससे भिन्न हैं।

वल्लभ सम्प्रदाय के मतानुसार जैसे मकड़ी अपनी इच्छा से तन्तु निकालती है, उसमें रमण करती है और फिर उसे अपने मुख में प्रविष्ट कर लेती है। उसी तरह शुद्ध ब्रह्म भी जगत रूप में अविकृत परिणाम को प्राप्त होता है। जैसे इस जगत की उत्पत्ति ब्रह्म की इच्छा से हुई है वैसे ही इसका क्षय भी उसी की इच्छा के अधीन होता है।

माया— वल्लभाचार्य के मतानुसार इस अविद्या माया के नाश के लिए साधक को भगवान के अनुग्रह से प्राप्त भगवत् प्रेम करना चाहिए। अविद्या माया को हटाने के और मार्ग भी हैं, परन्तु वे मार्ग कठिन हैं। वल्लभाचार्य ने सरल मार्ग भगवान के अनुग्रह (पुष्टि या कृपा) द्वारा प्राप्त भगवदभक्ति को ही बताया है।

सांसारिक दुखों से छुटकारा पाकर परमानन्द की प्राप्ति के लिए लगभग सभी दर्शनों में मुक्ति के मार्ग यानी मोक्ष की कामना की गई है। अलग-अलग मतों में इस परमानन्द की प्राप्ति के अलग-अलग मार्ग बताए गए हैं। वल्लभाचार्य ने भी दुखाभावपूर्वक नित्यानन्द की प्राप्ति को मोक्ष माना है। वल्लभाचार्य का मानना है

कि मुक्त जीव के अधिकार और साधन के अनुसार मोक्ष की अनेक अवस्थाएँ हैं। भक्त जीव को ही मुक्ति का आनन्द मिलता है। वल्लभाचार्य कहते हैं कि, ''विद्यायाऽविद्यानाशे तु जीवो मुक्तो भविष्यति'' (त दी नि, शास्त्रार्थ प्रकरण, ज्ञान सागर, बम्बई, पृ. 106) अर्थात विद्या से अविद्या का नाश होता है और तब जाकर जीव की मुक्ति होती है। इस समय देह, इन्द्रिय, अन्त:करण आदि का आभास मिट जाता है। संसार दुख से छूटा हुआ जीव जीवन्मुक्त कहलाता है। अहंकार से मुक्त जीव का संसार तो छूट जाता है, परन्तु उसकी देह का क्षय नहीं होता है।

मुक्ति की चार अवस्थाएँ मानी गई हैं। सालोक्य, सामीप्य, सारूप्य और सायुज्य। इन चारों अवस्थाओं को स्वीकार करते हुए वल्लभ सम्प्रदाय में एक और अवस्था मानी गई है—स्नायुज्य-अनुरूपा-मुक्ति अवस्था। इस अवस्था को अन्य चारों से श्रेष्ठ माना। यह मुक्ति पूर्ण पुरुषोत्तम की लीला में प्रविष्ट होकर उस लीला का आनन्द लाभ करना है। जीवन्मुक्तावस्था में भी जीव भजनानन्द में लीन रहता है। प्रभु की कृपा के सहारे ही वह भगवान की लीला का अनुभव करता है। इस मुक्ति को वल्लभ सम्प्रदाय में 'स्वरूपानन्द' कहा गया है।

अपने इन दार्शनिक सिद्धान्तों की आधारभूमि पर वल्लभाचार्य ने अपने 'पुष्टिमार्गी' भक्ति को स्थापित किया। इस पुष्टिमार्गी भक्तिधारा की प्रबलता में अष्टछाप के कवियों का भी विशेष योगदान है।

विष्णु सम्प्रदाय

इस सम्प्रदाय को रुद्र सम्प्रदाय भी कहते हैं और इसका दार्शनिक सिद्धान्त है 'शुद्धाद्वैतवाद।' विष्णु स्वामी नाम के कई आचार्य हुए। पद्मपुराण और भविष्यपुराण में रुद्र सम्प्रदाय के समर्थक विष्णुस्वामी का उल्लेख है। वल्लभाचार्य के पहले विष्णुस्वामी के 700 शिष्य आचार्य हो चुके थे ऐसे में उनका समय बहुत प्राचीन ठहरता है। किन्तु यह कथन अतिरंजित लगता है। 'गौड़ीय दशम खंड' में उल्लेख है ''एकतल विष्णुस्वामी ई. सन् से 300 वर्ष पहले हुए जो मथुरा में रहते थे। इन विष्णुस्वामी के 700 वैष्णव त्रिदंडी संन्यासी इनके मत के प्रचारक थे। अन्तिम संन्यासी का नाम व्यास्वेश्वर था।'' डॉ. दीनदयाल गुप्त ने एक लेख के आधार पर लिखा है कि, ''राय बहादुर श्री अमरनाथ राय जी का इस विषय पर भंडारकर रिसर्च इन्स्टीट्यूट एनल्स में एक लेख है। जिसमें लिखा है कि मध्वाचार्य और शायणाचार्य के गुरु भी विद्याशंकर थे और विद्याशंकर का ही दूसरा नाम विष्णु स्वामी था। (अष्टछाप और वल्लभसम्प्रदाय, भाग 2 पृ. 42)

इन विभिन्न सन्दर्भों को देखते हुए यह कहना कठिन है कि विष्णुस्वामी नाम के कितने आचार्य हुए और किस विष्णु स्वामी से वल्लभाचार्य जी से सम्बन्ध था। परन्तु इतना निश्चित है कि वल्लभाचार्य विष्णु स्वामी की ही परम्परा में थे। स्वामी जी ने जिस शुद्धाद्वैत मत का प्रचार किया उसी का अनुसरण और प्रतिपादन वल्लाभाचार्य ने थी किया। इस सम्प्रदाय के सम्बन्ध में आए जी भंडारकर ने अपनी पुस्तक 'वैष्णविड़म और शैवविज्म' के पृष्ठ 110 पर जोश मत व्यक्त किया है उसका सारांश निम्नलिखति है—''सर्वप्रथम एक ही ब्रह्म था, उसकी इच्छा हुई 'एकोऽहं बहुस्याम्' और वह अचेतन जगत में परिवर्तित हो गया; जिसका नियन्ता वह स्वयं था। जगत के सब जीव उससे इस प्रकार उत्पन्न हुए, जिस प्रकार प्रज्वलित अग्नि से स्फुलिंग। अपनी अनन्त शक्ति के द्वारा उसने अदृश्य बुद्धि और आनन्द को उत्पन्न किया और फिर केवल आनन्द को और अन्त में उसके सब गुण प्रकट हुए। ब्रह्म के शुद्ध स्वरूप में दृश्य आनन्द व्याप्त है।''

वल्लभाचार्य जी ने किसी विष्णुस्वामी के सिद्धान्तों से ही प्रेरणा लेकर अपने सिद्धान्त का प्रतिपादन और प्रचार किया।

वल्लभाचार्य

वल्लभाचार्य ने राधा-कृष्ण का आधार लेकर आगे बढ़ने का संकल्प लिया। वल्लभाचार्य ने उत्तरी भारत में उसी प्रकार राधा और कृष्ण जो विष्णु के अवतारी रूप माने जाते हैं, का प्रचार और प्रसार किया, जिस प्रकार रामानन्द ने विष्णु के अवतारी रूप राम को उत्तरी भारत में प्रचारित और प्रसारित किया था। राधा और कृष्णभक्ति के प्रचारक जो उत्तरी भारत में प्रतिष्ठित हुए, उनमें महाप्रभु वल्लभाचार्य और चैतन्य महाप्रभु का नाम उल्लेखनीय है। इनसे ही राधा-कृष्णभक्ति को उत्तरी भारत में विशेष बल मिला। इन दोनों में अन्तर इतना ही है कि वल्लभाचार्य जहाँ राधा-कृष्ण की जुगल मूर्ति के शास्त्रीय पक्ष का प्रतिपादन करते थे वहीं चैतन्य महाप्रभु राधा-कृष्ण के रागात्मक रूप पर लुब्ध थे। तन्मय होकर उनकी भक्ति में नृत्य करते-करते अचेतन अवस्था को प्राप्त हो जाते थे। वल्लभाचार्य का जीवनवृत्त, उनके दार्शनिक सिद्धान्तों, भक्ति सिद्धान्तों और उनकी शिष्य-परम्परा का विवरण आगे के अध्यायों में दिया जाएगा।

चैतन्य सम्प्रदाय

चैतन्य महाप्रभु राधा-कृष्ण की जुगल मूर्ति के अत्यन्त भावुक भक्त थे। बंगाल प्रदेश में उनका अत्यन्त व्यापक प्रभाव था। ये वल्लभाचार्य जी के समकालीन

थे। इनका जन्म बंगाल में ही 'नवदीप' स्थान पर फाल्गुन शुक्ल पूर्णिमा को सन् 1585 में हुआ था। इनके पिता जगन्नाथ मिश्र और माता सची देवी थीं। इनका जन्म नाम विश्वम्भर था। जगन्नाथ मिश्र के दो पुत्र थे। विश्वम्भर के अतिरिक्त दूसरे पुत्र का नाम नित्यानन्द था। विश्वम्भर को ही बाद में लोग कृष्ण चैतन्य कहने लगे। आर. जी. भंडारकर ने अपनी पुस्तक 'वैष्णविज़्म और शैविज़्म' में इनका जीवनवृत्त दिया है। 22 वर्ष की अवस्था में इन्होंने लक्ष्मीदेवी से विवाह किया और गृहस्थ जीवन व्यतीत करने लगे। वे बंगाल में भ्रमण करते हुए माँगते-खाते पर्याप्त धन संग्रह किए। उनकी प्रथम पत्नी का देहान्त हो गया तथा उन्होंने दूसरा विवाह किया। इन्होंने धार्मिक रीति-रिवाजों और कर्मकांडों के आडम्बर का विरोध, हरि के प्रति प्रेम और विश्वास का उपदेश देते हुए जाति-पाँति का खंडन किया। प्रारम्भ में बंगाल में 'शाक्त' लोगों का प्राबल्य था। लोग काली और मंशा देवी की उपासना करते थे। इन लोगों ने चैतन्य का बहुत विरोध किया परन्तु धीरे-धीरे उनके कीर्तन का प्रचार बढ़ता गया। वह सन् 1510 ई. में संन्यासी हो गए। संन्यासी होने के अनन्तर वे जगन्नाथ जी गए और 6 वर्षों तक उन्होंने देश का भ्रमण किया। इसी यात्रा में उन्होंने कुछ शास्त्रार्थ भी किए और पुरी जाकर रहने लगे। वहीं 1533 ई. में उनकी मृत्यु हुई। भगवान के प्रेम में निमग्न अन्य आचार्यों की भाँति चैतन्य ने प्रस्थानत्रयी पर कोई भाष्य नहीं लिखा। प्रभुदत्त ब्रह्मचारी ने 'चैतन्य चरितावली' पाँच खंडों में लिखी जो गीता प्रेस से प्रकाशित हुई। यह भगवत्प्रेम में इतना निबद्ध रहते थे कि पूर्ण तन्मयता से कृष्ण के कीर्तन किया करते थे। इसी कारण उन्हें किसी शास्त्रीय ग्रन्थ लिखने का अवकाश ही न मिल सका। कृष्ण की भक्ति के और कीर्तन के महत्त्व के प्रतिपादन में उन्होंने 8 श्लोक लिखे, जिसमें प्रथम श्लोक है—

चेतोदर्पणमार्जनं भवमहादावाग्निनिर्वापणम्,
श्रेय: कैरनचन्द्रिकावितरणं विद्या-वधू-जीवनम्।
आनन्दाम्बुधि-वर्द्धनं प्रतिपदं पूर्णमृतास्वादनं,
सर्वात्मस्नपनं परं विजयते श्रीकृष्ण संकीर्तनम्।।

इसी प्रकार से भावुक भक्ति के अन्य सात श्लोक चैतन्य महाप्रभु ने लिखे।

इनके सिद्धान्तों के बंगाल में प्रचार के बाद इनके छह शिष्यों ने वृन्दावन में इनके सिद्धान्तों की धूम मचा दी। इनमें प्रमुख शिष्य थे रूप गोस्वामी, सनातन गोस्वामी और जीव गोस्वामी। भक्तमाल में इन गोस्वामियों के बारे में नाभादास ने लिखा है—

बेला भजन सुपक्व कषायन कबहूँ लागी।
वृन्दावन द्रढ़ वास जुगल चरननि अनुरागी।।
पोथी लेखन पान अघट अक्षर चित्त दीनौ।।

सद्ग्रन्थन की सार सबै हस्तामलक कीनौ।।
सन्देह-ग्रन्थ छेदन समर्थ, रस-रास-उपासक पद्म-धीर।
श्री रूप सनातन भक्ति-जल श्रीजीव गुसाईं सर गंभीर।।

महाप्रभु चैतन्य के भक्ति रस में डूबने का सुन्दर वर्णन एक पद में इस प्रकार दिया गया है—

राम-मंडल बने नृत्य नीकी बनी।।
गौर गोविन्द के नयन अरबिन्द सो छूटत आलन्द मकरन्द चहुँ दिसि घनी।
ताल बस मृदु चल धरत धरनी हुलसि बिलस हस्तक भेद चलत लोयन अनी।
पुलक सब देह घन कंप भरि भरहरनि परसत प्रस्वेद सुरभेद भारी बनी।
निपट अवसन्न जब तबहिं छिति झुकि परत अंग निंह हलत गत स्वास की निगमनी।
ता समै जगत में जीव जेतिक बसत प्रेम आनन्द के होत सब ही धनी।
चहत सब पारषद सब्द सुख में मिलत लगी टकटकी यह सुख मनोहर भनी।।

चैतन्य और वल्लभाचार्य में समानता यह भी है कि दोनों ने ही सभी जातियों को भक्ति का अधिकार दिया था। यहाँ तक कि मुसलमानों तक को दोनों आचार्यों ने दीक्षा दी थी।[11]

परवर्ती सम्प्रदाय

हरिदासी या सखी सम्प्रदाय

स्वामी हरिदास जी ने राधा-कृष्ण की जुगल उपासना का प्रचार किया। उनके सम्बन्ध में भक्तमाल में लिखा है—

अमित महागुन गोप्य, सारवित सोई जानें।
देखते को तुलाधार आशय उनमानय।
देय दमामौ पेज विदित वृन्दावन पायौ।
राधा वल्लभ भजन प्रगट परताप दिखायौ।
परम धरम साधन सुदृढ़ कलयुग कामधेनु में गन्यौ।
हरिदास भक्तिन हित धनि जननी एकै जन्यौ।।[12]

भक्तमाल, भक्तिसुधा स्वाद, पृ. 607 पर भी उनका उल्लेख इस प्रकार हुआ है—

आशाधीर उद्योत कर रसिक छाप हरिदास की।
जुगल नाम सो नेम जपत निज कुंज बिहारी।।

* * *

गान कला गंधर्व स्याम स्यामा को तोपैं।
उत्तम भोग लगाय मरकट तिमि पोषैं।।

स्वामी हरिदास जी वृन्दावन के निधिवन में रहते थे, जहाँ कृष्ण के केलि निकुंज बने हुए हैं और वे राधाभाव से कृष्ण की उपासना करते थे। उनके द्वारा रसिक उपासना का सखी भाव से प्रचार हुआ। हरिदास जी ने रसिक नाम की छाप से जुगल उपासना की तथा गायन कला में निपुण होने के कारण अपने गायन द्वारा स्यामा-स्याम की श्रृंगारी जुगल केलि के रस में निमग्न हो जाते थे। हरिदास जी के सम्प्रदाय में आगे चलकर बहुत से लोगों ने स्त्री वेश धारण करके राधा रूप में उनकी उपसना करते थे। इससे गोप्य भक्ति के साथ-ही-साथ कुछ आचरणहीनता की बात भी कुछ विद्वानों ने व्यक्त की है। सैद्धान्तिक रूप से इस मत को निम्बार्क मत के अन्तर्गत माना जाता है। हरिदास जी ने सहचरी शरण जी की सरस भजनावली और ललित प्रकाश नामक दो पुस्तकों का अध्ययन किया। 1. हरिदास जी की बानी 2. साधारण सिद्धान्त 3. रास आदि इनके पद हैं।

राधा-वल्लभी सम्प्रदाय

इस सम्प्रदाय के प्रवर्तक वृन्दावन के गोस्वामी हित हरिवंश जी थे। भक्तमाल में इनके सम्बन्ध में लिखा गया है—

''श्री हरिवंश गुसाईं भजन की रीति सकृत को जानि है?
श्री राधाचरण प्रधान हृदय अति सुदृढ़ उपासी।
कुंज केलि दम्पति तहाँ की करत खवासी।
सर्वसु महाप्रसाद प्रसिद्धता के अधिकारी।
विधि-निषेध नहि दास अनन्य उत्कट-ब्रतधारी।
श्री 'व्यास' सुवन पथ अनुसरै सोई भलै पहिचानि है।
श्री हरिवंश-गुसाईं भजन की रीति सकृत को जानि है?''

तथा श्री प्रियदास जी लिखते हैं—

''श्री हितु जू की रति कोऊ लाखनि में एक जाने।
राधाई प्रधान माने पाछे कृष्ण ध्याइये।
निपट विकट भाव, होतन स्वभाव ऐसो।
उनकी ही कृपा दृष्टि नैकु क्यों हूँ पाइये।
विधि औ निषेध छेद और, प्रान-प्यारे हिये।
जिये निजदास निस-दिन वहै गाइये।

सुखद चरित सब रसिक विचित्र नीके।
जानत प्रसिद्ध कहा कहि कें सुनाइये।''[13]

इन पदों से हित हरिवंश की विचारधारा का पता चलता है। उन्होंने कृष्ण की अपेक्षा राधा की उपासना पर बल दिया। हित हरिवंश जी सहारनपुर जिले के रहनेवाले थे। वहाँ से आकर वृन्दावन में इन्होंने राधा-वल्लभ की मूर्ति की स्थापना की और एक मन्दिर बनवाया। इनका मार्ग प्रेम भक्ति मार्ग है। राधा-कृष्ण की जुगल उपासना ही इसमें विधेय है। इस सम्प्रदाय का साधन केवल भक्ति है। इसका कोई दार्शनिक मतवाद से सम्बन्ध नहीं है। इन्होंने दूषित मानसिक वृत्तियों के परिष्कार को ही योग बताया। इनकी भी उपासना चैतन्य महाप्रभु की माधुर्यभाव की भक्ति के समान ही है। नाभादास जी ने अपने पद में स्पष्ट किया है कि उनकी राधाकृष्ण की कुंजकेलि का महत्त्व साधारण व्यक्ति की समझ से परे है। इसे वही हृदयंगम कर सकता है जो लौकिक वासनाओं से ऊपर उठा हुआ है। युगल मूर्ति की लीलाओं को परम रस माधुरी भाव कहा गया है। श्री कृष्ण इस सम्प्रदाय के इष्ट देव नहीं केवल राधा के सम्बन्ध के कारण उपास्य हैं। इसीलिए इस सम्प्रदाय को राधा वल्लभी कहा गया है। कविवर बिहारीलाल जी ने कृष्ण की अपेक्षा राधा भाव को महत्त्व देते हुए लिखा था—

''मेरी भव बाधा हरौ, राधा नागरि सोइ।
जा तन की झाँई पड़ै, श्याम हरित-दुति होइ।।''

सहायक आचार्य, हिन्दी विभाग, इलाहाबाद विश्वविद्यालय, प्रयागराज

सन्दर्भ

1. जे.एस. कूपर : हिम्स आफ दि आडवार्स, पृ. 12.
2. जी. ए. नटेसन—नम्म आलवार, पृ. 1.
3. हरिवंशलाल शर्मा, सूर और उनका साहित्य, पृ. 81
4. हरिवंशलाल शर्मा, सूर और उनका साहित्य, पृ. 88
5. दीनदयाल गुप्त, अष्टछाप और वल्लभ सम्प्रदाय, पृ. 49-50 (तृतीय संस्करण)
6. दी. द. गुप्त, अष्टछाप और वल्लभ सम्प्रदाय, पृ. 53-54
7. हरिवंशलाल शर्मा सूरदास और उनका साहित्य, पृ. 92.
8. एकमेव ब्रह्म विज्ञानरूपं वस्तुत: सर्वाकम्। जीवब्रह्मणोरभेदेऽपि वैलक्षण्य-व्यवहारोऽव।
9. तारारिणोरिव नित्यस्तेन न क्वापि वाक्यव्याकोपो भक्तिसिद्धिश्च न च धर्मसाङ्र्यम्।
10. थटकपालयोर्गुणगुणिनोश्च सत्यप्यभेदे तद्दर्शनात्।
11. हरिव्यासदेव, निम्बादित्य दशश्लोकी, पृ. 28
12. हरिव्यासदेव, दशश्लोकी, पृ. 32.

13. अंगेतु वामें वृषभानुजा मुदा, विराजकाना मनुरूप सौभागाम्।
14. दशश्लोकी (हरिव्यास), गोपीसहस्त्रे परिसेविताम सदा स्मरेम, देवी सकल चेष्टका मदाम्। पृ. 39.
15. दी. द गुप्त, अष्टछाप और वल्लभ सम्प्रदाय; पृ. 398.
16. भक्तमाल, भक्ति-सुधा-स्वाद तिलक, रूपकला छन्द, 93 पृ. 616.
17. भक्तमाल (वृन्दावन) पृ. 487.
18. नाभादास, भक्तमाल, पृ. 853.
19. भक्तमाल-भक्ति सुधा-स्वाद तिलक, रूपकला, पृ. 6051.

सिर साटै रुख रहे, तो भी सस्तो जाण

जांभाणी भक्ति साहित्य में पर्यावरण-चेतना और सामाजिक समरसता

प्रभाकर सिंह

भक्ति आन्दोलन को रामविलास शर्मा लोक जागरण का काव्य कहते हैं और आधुनिकता का पहला चरण। भक्ति आन्दोलन अखिल भारतीय जन आन्दोलन था। संत, सूफी, कृष्णभक्त, रामभक्त और अन्य सम्प्रदाय के भक्त कवि इस दौर में अपनी जन चेतना के साथ जनपदीय भाषा में मनुष्यता, प्रेम और लोक जागरण की बातें करते हैं। उसी दौर का एक महत्त्वपूर्ण सम्प्रदाय विश्नोई सम्प्रदाय है जिसके संस्थापक गुरु जंभेश्वर थे। इस सम्प्रदाय की साहित्यिक रचनाओं को जांभाणी साहित्य कहा जाता है। भक्ति आन्दोलन के दौर में यह साहित्य यह मत भक्ति के अन्य मतों से विरल और विशिष्ट है। आज के समय में इस सम्प्रदाय की प्रासंगिकता और अधिक बढ़ गई है। धर्म के पाखंड, ऊँच-नीच की भावना, पशु हिंसा, वन विनाश का मुखर विरोध इस मत की विशेषता है। इस सम्प्रदाय के संस्थापक गुरु जंभेश्वर ने जो बातें अपने 16वीं सदी के दौर में कहीं वह आज भी प्रासंगिक हैं। जांभाणी साहित्य में निर्गुण ज्ञान परम्परा, सूफी मत की प्रेम परम्परा, कृष्णभक्ति शाखा की पशुपालन संस्कृति और रामभक्ति शाखा की मर्यादा और नैतिकता का अद्‌भुत समन्वय है। सृष्टि में रहनेवाले जीव-जन्तु, पशु-पक्षी, पेड़-पौधे सभी मनुष्य के सहचर हैं। इनसे प्रेम करना और इनकी संवेदना का ख्याल रखना इस सम्प्रदाय में भक्ति कहलाता है। आज के उपभोक्तावादी दौर में जांभाणी साहित्य में निहित प्रेम, पर्यावरण शिक्षा और भक्ति की सामाजिक-सांस्कृतिक चेतना को नए सिरे से पढ़ना और विश्लेषित करना होगा।

पर्यावरण संकट कोई स्वायत्त या विशिष्ट प्रश्न नहीं है। यह हमारी रोजमर्रा की जिन्दगी से जुड़ा है। उत्पादन की घोर लालसा, संसाधनों का बेतरतीब दोहन और वितरण इस संकट का कारक है। वैश्विक स्तर पर पर्यावरण संकट पर कई नीतियाँ बनाई गईं लेकिन वह सब कागजी साबित हुईं। विकसित और विकासशील राष्ट्रों

में अन्ध विकासवाद की दौड़ और उपभोक्तावाद की उद्दाम लालसा ही पर्यावरण के लिए सबसे बड़ा संकट है। आज हम सभ्यता के जिस संकट के दौर से गुजर रहे हैं वह इसी उभोक्तावादी संस्कृति का परिणाम है। बड़े-बड़े विशाल वन नष्ट हो चुके हैं, नदियाँ सूख चुकी हैं। पीने योग्य पानी नहीं रह गया है। धरती हाँफ रही है। आए दिन भयावह संकट आ रहे हैं। फिलहाल पूरा विश्व कोरोना जैसी महामारी से ग्रसित है। यह भी पर्यावरण का संकट ही है। भारत विश्व का ऐसा विरल राष्ट्र है जिसके इतिहास, पुराण, दर्शन, कला, साहित्य और संगीत में प्रकृति और मनुष्य के सह-अस्तित्व और साहचर्य के साथ जीवन जीने की संस्कृति का ताना-बाना बुना गया। हम नदी, तालाब, वृक्ष, पशु, पक्षी सभी को अपने परिवार का हिस्सा मानते हैं। नदियों और वृक्षों की तो पूजा भी करते हैं। वृक्षों की रक्षा के लिए और पशु-पक्षियों की रक्षा के लिए अपने प्राणों को न्योछावर करने की तमाम दास्तान भारतीय साहित्य में भरी पड़ी है। मध्यकाल में विश्नोई सम्प्रदाय की स्त्रियों द्वारा खेजड़ी वृक्षों की रक्षा के लिए अपने प्राणों की आहुति देने का उदाहरण विरल है। इस अभियान में इस सम्प्रदाय की अमृता देवी ने 1730 में अपनी दो पुत्रियों सहित कुल 363 साथियों के साथ जोधपुर राजा की सेनाओं से खेजड़ी वृक्षों की रक्षा के लिए अपने प्राणों की बलि दे दी। राजा ने वृक्षों की कटाई रुकवाई और अपनी सेना के इस कुकृत्य के लिए माफी भी माँगी। इसे चिपको आन्दोलन का पहला वैश्विक उदाहरण भी कहा जा सकता है। पूरे विश्व में वृक्ष को सुरक्षित करने का ऐसा उदाहरण नहीं मिलेगा। इसी विश्नोई सम्प्रदाय के प्रवर्तक गुरु जंभेश्वर जिनको जाम्भोजी भी कहा जाता है। इनका समय 16वीं शताब्दी है। भक्ति आन्दोलन के दौर में जाम्भोजी अपनी पर्यावरणीय शिक्षा प्रकृति और मनुष्य के सहजीवन, शुद्ध विचार, जातिविहीन समाज और उच्च आदर्श के लिए जाने जाते हैं। वैसे भक्ति आन्दोलन अपने लोक जागरण और मानवीय प्रेम के लिए जाना जाता है लेकिन उस दौर में कुछ ऐसे भी संत हुए जो लोकजागरण की ऐसी छवि के साथ आए जो आज 21वीं सदी के संकट में हमें बेहद प्रासंगिक नजर आते हैं। उनकी शिक्षा, उपदेश और जीवन-दर्शन आज भी हमारे काम का है। गुरु जंभेश्वर ऐसे ही महान और उदात्त चेतना से युक्त संत हैं। 16वीं शताब्दी में जांभोजी एक नई वैचारिक क्रान्ति के साथ आते हैं। बिश्नोई समाज में गुरु जी की वाणी को पंचम वेद कहा जाता है। उन्होंने भारतीय परम्परा के वैदिक वाङ्मय, उपनिषद्, दर्शन और धर्म के अलौकिक रूप के वैज्ञानिक बातों को ग्रहण किया। वह धार्मिक रूप से विष्णु का भजन करते थे लेकिन निर्गुण विष्णु के उपासक थे। उनके द्वारा स्थापित विश्नोई सम्प्रदाय आज भी उनके उपदेशों को ग्रहण करके चलता है। शाकाहार को महत्त्व

देनेवाले, वन्य जीवन, प्रकृति और पर्यावरण की रक्षा करनेवाले इस सम्प्रदाय ने मरु प्रदेश के कृषक और जनसाधारण समाज में एक नई क्रान्ति पैदा की। गुरु जंभेश्वर ने अपने उद्देश्य में जिन 29 बातों का जिक्र किया उनमें 8 नियम पर्यावरण पारिस्थितिकी और जानवरों की रक्षा के लिए हैं। 20 और 9 मिलाकर 29 इस सम्प्रदाय का नाम ही विश्नोई सम्प्रदाय रखा गया। यह 29 नियम इस प्रकार हैं—

1. बच्चे के जन्म के बाद 30 दिन तक माँ और बच्चे का विशेष ध्यान रखें
2. मासिक धर्म के दौरान स्त्री को घर के कामों से दूर रखना
3. सूर्योदय पूर्व स्नान कर लेना
4. धैर्य और संतुष्टि का पालन करना
5. बार प्रार्थना करना
6. शाम को आरती करना

7 भक्तों में हवन कल्याण करना

8. दूध पानी को छानकर प्रयोग करना और साफ लकड़ी का जलावन के लिए प्रयोग करना
9. शुद्ध शब्द बोलना
10. दिल से क्षमा और दया का आभास करना

11 ईमानदारी से दयालु मन से काम करना

12. चोरी न करना
13. निन्दा आलोचना से बचना

14 . झूठ न बोलना

15. विवाद में शामिल न होना
16. अमावस्या का व्रत रखना
17. आराधना में भगवान विष्णु की पूजा करना
18. सभी जीवों पर दया और प्रेम करना
19. हरे पेड़ न काटना और उनसे प्रेम करना
20. काम क्रोध मोह से दूर रहना
21. अपना भोजन स्वयं पकाना
22. पर्यटक पशुओं को आश्रय देना
23. सालों की नसबन्दी न करना
24. अफीम का प्रयोग न करना और इसका व्यापार भी न करना
25. धूम्रपान न करना
26. भाँग का सेवन न करना

27. शराब न पीना

28. मांस न खाएँ, शुद्ध शाकाहारी भोजन करें

29. नील के पौधों से निकले बैंगनी रंग का प्रयोग न करना।

विश्नोई सम्प्रदाय में इन 29 जीवनचर्या से जुड़े सूत्रों में अधिकांश सूत्र स्वस्थ सामाजिक और लोकतान्त्रिक जीवन के लिए उपयोगी हैं। विशेष रूप से पर्यावरण, जीव-जन्तुओं, पशु-पक्षियों, पेड़-पौधों से प्रेम करना और इनकी देखभाल करना और इसे अपने रोजमर्रा के जीवन में शामिल करना। यह सम्प्रदाय भक्ति साहित्य के दौर के अन्य सम्प्रदायों से विशिष्ट है कि इसमें जीवन-जगत से जुड़े हुए सामान्य किन्तु जरूरी बातों पर अधिक ध्यान दिया गया। खासियत यह कि उन क्षेत्रों में दर्ज संवेदनशीलता का एक विशेष वैज्ञानिक महत्त्व भी है। नई सदी में हम सृष्टि पर छाए हुए संकट से मुकाबला करने के लिए लगभग इन सूत्रों का पालन करके अपने जीवन और परिवेश की सुरक्षा कर सकते हैं।

...इस सम्प्रदाय के लोग खेजड़ी वृक्ष को अपना पवित्र पेड़ मानते हैं। विश्नोई सम्प्रदाय के लोगों द्वारा खेजड़ी वृक्ष की रक्षा के लिए दिया गया बलिदान प्रकृति और पर्यावरण की रक्षा के लिए वैश्विक स्तर पर की गई पहली जनक्रान्ति है। विशिष्ट बात यह कि इसकी अगुआई उस सम्प्रदाय की स्त्री अमृता देवी ने की। वन्य संस्कृति की रक्षा का यह अभियान बाद में गौरा देवी जो उत्तरांचल में चिपको आन्दोलन की नेता बनीं उनमें और वर्तमान समय में मेधा पाटेकर जैसी यशस्वी महिला में देखा जा सकता है जो पर्यावरण की रक्षा के लिए अपना संघर्ष जारी किए हुए हैं। विश्नोई सम्प्रदाय की प्रकृति और वन्य संस्कृति की रक्षा का यह उदाहरण वर्तमान आदिवासी संस्कृति और विमर्श में भी देखा जा सकता है जहाँ जल, जंगल, जमीन की रक्षा करना ही उनका केन्द्रीय उद्‌देश्य है। गुरु जंभेश्वर की वाणी में निर्गुण संतों और सगुण भक्त कवियों दोनों की खूबसूरत संवेदना का मिश्रण दिखाई देता है। निर्गुण संतों से वह साम्प्रदायिक और जातीय संकीर्णता के खिलाफ उदात्त प्रेम को ग्रहण करते हैं तो कृष्णभक्ति शाखा में पशुपालन संस्कृति का उनके यहाँ बहुत महत्त्व है। गाय और हिरण इन पशुओं से विश्नोई सम्प्रदाय का विशेष लगाव है। पर्यावरण संरक्षण के लिए आज कितने सारे अधिनियम और आन्दोलन चल रहे हैं लेकिन धरातल पर वह सफल नहीं हो पा रहे हैं। कहना न होगा कि पाँच शताब्दी पूर्व पर्यावरण के बारे में गुरु जंभेश्वर के उपदेश आज भी हमारे बड़े काम के हैं। उनके सिद्धान्तों से सामाजिक समरसता, पर्यावरण संस्कृति की सुरक्षा और प्रकृति के साथ मनुष्य के साहचर्य का उपदेश सीखा जा सकता है। गुरु जंभेश्वर को विश्व का प्रथम पर्यावरणविद कहा जाए तो गलत न होगा। उन्होंने न केवल मनुष्य और

प्रकृति के साहचर्य की बात की बल्कि पेड़-पौधे, पशु-पक्षी और मनुष्य एक-दूसरे के साथ कैसे रहे, इसकी वैज्ञानिक जीवन पद्धति भी बताई। उनके उपदेश और दर्शन की प्रमुख पंक्तियाँ—राख दया घट माहीं/ वृक्ष धावे नाहीं// यही गुरु जंभेश्वर के धर्म और संवेदना का मूल मन्त्र है। विश्नोई सम्प्रदाय मध्यकाल में विकसित भक्ति साहित्य की वह प्रगतिशील धारा है जिसमें अनगिनत संत कवि हुए इस पूरी काव्यधारा के साहित्य को जांभाणी साहित्य अथवा विश्नोई पंथ का साहित्य कहा जाता है। इस धारा में मध्यकाल से लेकर आधुनिक काल तक जो कवि हुए उन्होंने अपनी वाणी से इस साहित्य को समृद्ध किया, प्रमुख कवियों में तेजोजी, सुरजन जी, कान हूं जी, विलो हो जी, कालू जी, माखन जी, गंगाराम और बीसवी सदी के संतों में हिम्मत राय, माधवानन्द, जगमल दास, कुम्भा जी और साधु जगदीश राम का नाम लिया जा सकता है। 21वीं सदी में जब उपभोक्तावादी संस्कृति का चारों तरफ बोलबाला है, वन्य जीवन, पशु-पक्षियों पर घनघोर संकट छाया हुआ है ऐसे में इस साहित्य में व्याप्त दर्शन, चिन्तन, पर्यावरण और पशु-पक्षियों के प्रति साहचर्य उनकी सुरक्षा और उनके अस्तित्व की रक्षा के लिए जो नियम बताए गए हैं उसका अनुगमन करके हम सदी में सभ्यता के आसन्न संकट से मुकाबला कर सकते हैं।...

जांभाणी साहित्य का भक्तिकालीन अन्य जनपदीय भाषाओं में लिखे जा रहे साहित्य का तुलनात्मक अध्ययन करना दिलचस्प होगा। विशेष रूप से हिन्दी की संत कविता और कृष्ण भक्त कविता का इस साहित्य से विशेष सम्बन्ध बनता है। संत कवियों में कबीर जातिविहीन समाज की बात करते हैं, धर्म की संकीर्ण संस्कृति पर प्रहार करते हैं, प्रेम की बात करते हैं और सच कहने के साहस की बात करते हैं। यह बातें विश्नोई सम्प्रदाय के जांभाणी साहित्य में भी हमें दिखाई देती हैं। कृष्णभक्ति शाखा के प्रमुख कवि सूरदास की कविता का विवेचन करते हुए भक्तिकाल के मर्मी आलोचक प्रोफ़ेसर मैनेजर पांडेय ने सूरदास की कविता को पशुपालन संस्कृति के साथ जोड़कर विशेष रूप से विवेचित किया है। इस कविता में मनुष्य और पशु-पक्षियों के साथ जो सहजीवन है उसका विशेष महत्त्व है। इसके लिए वह पशुपालन संस्कृति का प्रयोग करते हैं। ठीक इसी के आलोक में जांभाणी साहित्य में पशु-पक्षियों के साथ मनुष्य के लगाव और प्रकृति के साथ जुड़ाव का विशेष महत्त्व है। इन्हीं दृष्टि से जांभाणी साहित्य कृष्णभक्ति शाखा के साहित्य से विशेष रूप से जुड़ता है। दिलचस्प बात यह है कि लोकजीवन और कृषक समाज की कविताएँ घाघ, भड्डरी और गिरधर राय के कविता में जो कि रीतिकाल के कवि हैं विशेष रूप से दिखाई देती हैं। कवियों के यहाँ जीवन और नीति व्यापार

के विशेष सन्दर्भ आते हैं, जिसका अध्ययन करते समय हमें जांभाणी साहित्य में इसके सूत्र दिखाई देते हैं।... जीवन में आन्तरिक पवित्रता के साथ बाह्य शुचिता और सादगी का होना उतना ही जरूरी है। इस बात को इस सम्प्रदाय में बार-बार बताया गया है। पर्यावरण सन्तुलन और जैव विविधता के आलोक में इस साहित्य का एक वैज्ञानिक अध्ययन भी किया जा सकता है। प्रकृति को जीवन का सहभागी माननेवाले जांभोजी के सम्प्रदाय में अनेक ऐसी कथाएँ प्रचलित हैं जिसमें प्रकृति के साथ मनुष्य के गहरे जुड़ाव का संकेत मिलता है। पर्यावरण और प्रकृति के साथ जुड़ाव वैसे भारतीय साहित्य में कई जगह दिखाई देता है लेकिन इस सम्प्रदाय में पर्यावरण और मनुष्य के सम्बन्ध का वैज्ञानिक और संवेदनशील चित्रण है। अहिंसा के सिद्धान्त को लेकर भारतीय चेतना में पहली बार इस सम्प्रदाय ने इतने व्यापक दर्शन और दृष्टिकोण के साथ एक सिद्धान्त को प्रतिपादित किया। वैज्ञानिक और धार्मिक दृष्टि से पारिस्थितिकी सन्तुलन की अनूठी मिसाल के रूप में इस साहित्य का विशेष महत्त्व है।

गुरु जांभोजी की वाणी का प्रभाव लगभग 5वीं शताब्दी बीत जाने के बाद भी आज इसलिए है क्योंकि पर्यावरण और वन्य जीवन के सुरक्षा और उसके साथ उनके बताए गए सूत्रों में मानव जीवन के सामाजिक ताने-बाने का एक लोकतान्त्रिक दर्शन छिपा हुआ है। मानवता और अहिंसा, बन्धुत्व यह मूल्य एक ओर इस साहित्य को बौद्ध दर्शन की परम्परा से जोड़ता है तो दूसरी ओर आधुनिक चिन्तन परम्परा में गाँधी के दर्शन और चिन्तन में अहिंसा व पर्यावरण की जो चिन्ताएँ प्रकट होती हैं उसके बहुत से रूप इस साहित्य में दिखाई देते हैं। आज सृष्टि पर संकट छाया हुआ है। सभ्यता खतरे में है। उपभोक्तावाद चरम पर है। मानवतावाद का लोप हो गया है तो जांभाणी साहित्य का अध्ययन और चिन्तन करते हुए उसे जीवन में उतारना हमें बचाएगा, सभ्यता के संकट से भी हमे सुरक्षित करेगा। आज विकास के नाम पर जब लाखों हरे पेड़ों की बलि दी जा रही हो, कांक्रीट के जंगल बन रहे हों, ऐसे में उस साहित्य को याद करना जिसमें हरे पेड़ को बचाने के लिए अपने प्राणों की आहुति दे देना हमारी सोई हुई संवेदना को जाग्रत ही नहीं करता झकझोरता भी है।

हिन्दी विभाग, काशी हिन्दू विश्वविद्यालय, वाराणसी

मध्ययुगीन भक्ति आन्दोलन और गुजरात के वैष्णव सम्प्रदाय

नयना डेलीवाला

भारतीय संस्कृति और जीवन-साधना की मूल प्रेरणा धर्म एवं अध्यात्म है। प्रचलित और प्रवर्तमान व्याख्या के अनुसार 'धारणात् धर्ममित्याहुः धर्मो धारयते प्रजा।' अर्थात् जिसने मनुष्य जाति को धारण कर रखा है वही धर्म है। धर्म के स्वरूप को स्पष्ट करते हुए कहा गया है—'यतोअभ्युदयनिः श्रेयससिद्धिः सः धर्मः।' अर्थात् ब्राह्मणों ने ऐहिक कर्मकांड और मायाजाल के अभ्युदय को ही केवल ध्यान में लिया। उसका विरोधी आन्दोलन चला और बुद्ध तथा महावीर की शून्य में विलीन होनेवाली श्रमण अध्यात्म परम्परा का उदय हुआ। भगवान श्रीकृष्ण ने कर्म, भक्ति और ज्ञान के महान् समन्वय द्वारा सर्वांगपूर्ण नया दर्शन प्रदान किया।

भक्ति मार्ग के प्रवर्तक वैष्णव आचार्यों में प्रथम नाथमुनि (ई. 824—924) हुए। नाथमुनि को भक्ति भाव की सुदृढ़ परम्परा दक्षिण के आलवार भक्तों से प्राप्त हुई थी।

दक्षिण के आलवार भक्तों की परम्परा—आलवार का अर्थ होता है आत्मज्ञान रूपी महासागर में गोता लगानेवाला व्यक्ति। ऐसे विशिष्ट आलवार भक्तों की संख्या 12 बताई जाती है। इन भक्तों ने चार हजार से अधिक तमिल पदों के द्वारा वैष्णव भक्ति का प्रवर्तन किया था। इन भक्तों में निम्न जाति के संत और स्त्री परिचारिकाओं का भी समावेश होता है। इन भक्तों के द्वारा रचे गए भक्तिपूर्ण तमिल पदों के विषय में डॉ. दीनदयाल गुप्त जी का कहना है, "इनके द्वारा लिखे गए तमिल गीतों का संग्रह तथा सम्पादन प्रबन्धम रूप में एक भागवत धर्मावलम्बी नाथमुनि नामक विद्वान ने ईसा की दसवीं शताब्दी में किया था।"[1]

इनके सिद्धान्तों में भक्ति-भावना की ही प्रधानता थी। इन भक्तों की अपने इष्टदेव विष्णु के प्रति अनन्य श्रद्धा थी। वे लोग उन्हीं की ऐकान्तिक प्रेमोपासना करते थे। अनन्य भक्ति-श्रद्धा और प्रपत्ति भाव से आत्मसमर्पण इनके सिद्धान्त का मूलाधार थे। भक्ति और शरणागति के साथ ही भगवान विष्णु की कृपा से जीव को मुक्ति मिलती है और प्रभु का मिलन होता है। इन लोगों के मतानुसार भगवान विष्णु नित्य-अनन्त और सत-चित-आनन्दस्वरूप हैं और जीवों पर कृपा करने के लिए ही अवतरित होते हैं। इस प्रकार आलवार भक्तों ने सातवीं शती से ही शरणागति-

आत्मसमर्पण-एकनिष्ठभक्ति द्वारा ईश्वर तक पहुँचने का मार्ग सभी जाति के मनुष्यों के लिए खोल दिया था। आलवार भक्तों के महत्त्वपूर्ण योगदान के सम्बन्ध में डॉ. दीनदयाल गुप्त कहते हैं, "आलवार भक्तों के सिद्धान्त उनके बाद में प्रचार पानेवाली भिन्न-भिन्न सम्प्रदायों की पृष्ठभूमि है।"[2] आलवार भक्तों से प्रभावित प्रथम आचार्य नाथमुनि थे। उनके पौत्र यमुनाचार्य ने आलवारों की ऐकान्तिक भक्ति में कर्म और ज्ञान के सामंजस्य द्वारा रामानुजाचार्य के विशिष्टाद्वैत मत की पृष्ठभूमि स्थापित की। विशिष्टाद्वैत मत के प्रवर्तक रामानुजाचार्य ने आलवारों के भक्ति सिद्धान्त और यमुनाचार्य के प्रपत्तिभाव का वेदान्त, उपनिषद और गीता के प्रमाणों द्वारा प्रतिपादन किया। वैष्णव भक्ति के आचार्यों ने कर्मकांड की अर्थहीन प्रवृत्ति और संन्यासमूलक निवृत्ति दोनों अतिवादों के बीच से ज्ञान और कर्म के समुचित समन्वय द्वारा कृष्णभक्ति की परम्परा का शास्त्रीय प्रवर्तन किया। वैष्णव भक्ति की परम्परा के आचार्यों के सिद्धान्तों से प्रभावित होकर मध्यकालीन वैष्णव सम्प्रदाय के आचार्यों ने अपने भक्ति मत की स्थापना की और निम्नांकित प्रवृत्तियों पर बल दिया—

(1) उपनिषद, ब्रह्मसूत्र तथा गीता पर व्याख्यान—टीकाओं के द्वारा अपने विशिष्ट तत्त्वज्ञान को स्थापित करने का प्रयत्न किया।

(2) भक्ति के लक्षण, स्वरूप और विविध प्रकारों का विस्तृत वर्णन किया।

(3) भगवान श्रीकृष्ण के विशिष्ट नाम और रूप की पूजा-उपासना का मार्ग प्रशस्त किया।

भक्ति आन्दोलन में कृष्णभक्ति का प्रदान—मध्ययुगीन भक्ति आन्दोलन में कृष्णभक्ति की परम्परा का स्थान अति महत्त्वपूर्ण है ब्रह्म सत्यं के साथ जगत सत्यं की भी प्रतिष्ठा होने लगी। ब्रह्म का अर्थ है सर्व व्याप्त, तो उसमें जगत का भी समावेश हो ही जाता है और जगत के मिथ्यात्व का प्रश्न ही नहीं रहता। ब्रह्म की सत्ता से जगत भी सत्य हो जाता है। अत: लीला पुरुषोत्तम श्रीकृष्ण की माधुर्यपूर्ण लीलाओं ने परलोक पर टिकी हुई थोथी आध्यात्मिकता के स्थान पर वर्तमान जीवन के हरेक पल को आनन्द से भर दिया और भक्त का रोम-रोम प्रेम से नाच उठा। यहाँ तो जादू है कृष्णभक्ति का, न हीं केवल गोप-गोपांगनाओं को अपनी ओर आकर्षित किया अपितु सारे जन-समुदाय पर मोहिनी डाल दी। अगम, अगोचर, अतीन्द्रिय एवं अनिर्वचनीय ब्रह्म के साक्षात्कार की अनुभूति मानवीय सम्बन्धों के परिप्रेक्ष्य में होने लगी।

मध्ययुगीन कृष्णभक्ति आन्दोलन ने जगत को सत्य मानकर जीवन को ज्यों-का-त्यों स्वीकार नहीं किया परन्तु असत्य, अज्ञान और अन्धकारग्रस्त जीवन को

सत्य. शिव और सौन्दर्य से मंडित करने का भी प्रयास किया है। भगवान श्रीकृष्ण स्वयं ही एक महान युगान्तकारी महापुरुष थे। क्रान्ति उनके जीवन का मूल मन्त्र था। इन्होंने अपने युग में जीवन के विभिन्न क्षेत्रों में क्रान्तिकारी परिवर्तन किए थे। मध्ययुगीन कृष्णभक्ति आन्दोलन ने भी इससे प्रेरित होकर जन-मानस को संकुचितताओं से बाहर निकालने के लिए भरसक प्रयास किया हैं। परिणामस्वरूप भक्ति आन्दोलन का प्रवर्तन हुआ। भक्त हृदय के मन, बुद्धि और प्राण व्यापक कृष्ण चेतना से जुड़कर असीम और अनन्त बन गए और उसने सर्वं खलु इदं ब्रह्म की तरह सर्वं खलु इदं कृष्णः बना दिया। इस प्रकार भक्ति आन्दोलन में कृष्णभक्ति शाखा का सर्वाधिक महत्त्वपूर्ण योगदान रहा है।

गुजरात में वैष्णव धर्म के प्रचार के ऐतिहासिक प्रमाण—पाँचवीं शताब्दी से गुजरात में वैष्णव धर्म के प्रमाण उपलब्ध होते हैं। तत्कालीन गुप्तवंश के राजा परम भागवत थे। जूनागढ़ के गिरनार ई. 456 के शिलालेख में सुदर्शन सरोवर का इतिहास है। उस लेख के अन्तिम भाग में लिखा है, "तब स्कन्दगुप्त के सुराष्ट्र के प्रशास्ता पर्णदत्त के पुत्र और गिरनार के प्रशास्ता चक्रपालित ने गुप्त संवत् 135 की ग्रीष्मऋतु में सुदर्शन सरोवर को ठीक करवाया और उस सरोवर के किनारे पर गुप्त सवंत् 138 में चक्रपालित ने स्वयं इच्छा से मनुष्यावतार धारण करनेवाले चक्रधर कृष्ण का गृह (मन्दिर) बँधवाया।" [3] गुजरात में विष्णु का कदाचित प्रथम मन्दिर ही होगा।

पाटण के ग्रन्थ भंडार से विक्रम संवत् 1469 में रचित ग्रन्थ विष्णुभक्तिचन्द्रोदय, जिसमें वैष्णवभक्ति का प्रतिपादन उपलब्ध होता है। इसके कर्त्ता का नाम नृसिंहारण्य मुनि है। इसमें सामान्य पौराणिक विष्णुभक्ति का वर्णन मिलता है।

गिरनार के रेवती कुंड पर लिखे 1417 के लेख का आरम्भ नवनीत चोर दामोदर की स्तुति से किया है। महुवा के लक्ष्मीनारायण मन्दिर के 1444 के लेख के आरम्भ में पुराण पुरुष नारायण की स्थापना का उल्लेख मिलता है।

लाठी के पास विष्णु की चतुर्भुज मूर्ति एवं ई. 1499 का एक लेख मिलता है। अडालज की वाव (गाँधीनगर) वर्तमान राजधानी गुजरात के ई.1499 के लेख में वाघेला राजा द्वारा भागवतों के समूह की रक्षा का उल्लेख मिलता है।

इस प्रकार ई. की 5वीं शती से लेकर 15वीं शती तक गुजरात में व्यापक रूप से प्रचलित वैष्णव धर्म के अनेकानेक ऐतिहासिक एवं पुरातत्त्व के प्रमाण मिलते हैं।

गुजरात के दो महत्त्वपूर्ण वैष्णवधाम : द्वारिका और डाकोर। यह पौराणिक वैष्णव धर्म की परम्परा के प्रतिनिधि-रूप हैं। डॉ. हरवंशलाल शर्मा इन्हें अपने भागवत दर्शन में गुजरात के वैष्णवपीठ से अभिहित करते हैं।[4]

द्वारिका—इसका प्राचीन नाम है द्वारवती या कुशस्थली। प्राचीन काल में द्वारिका पूर्वीय प्रदेशों के लिए सिंहद्वार थी। द्वारिका के सांस्कृतिक महत्त्व के साथ उसकी पौराणिकता, ऐतिहासिकता, भौगोलिकता आदि दृष्टि से अनेक पुरातत्त्व-विद्वानों ने अनुसन्धान भी किए हैं। यादवों के साथ कृष्ण मथुरा से महाभिनिष्क्रमण करके द्वारिका में बसे थे। इस महत्त्वपूर्ण घटना का उल्लेख महाभारत में भी है—मथुरां समपरित्यज्य गता द्वारवतीपुरम्।[5] बाद में कृष्ण ने राजधानी द्वारिका में ही स्थापित की। एक मान्यता के मुताबिक कृष्ण कालयवन के डर से रणक्षेत्र छोड़कर द्वारिका गए थे अतः इनका नाम रणछोड़ भी पड़ा है। भौगोलिक दृष्टि से द्वारिका भारत के पश्चिमी समुद्र तट पर है। दक्षिणी भाग में गोमती तालाब है जो समुद्र के ज्वार के पानी से भरा रहता है। आद्य गुरु शंकराचार्य ने पश्चिमांचल की इस द्वारिकापुरी में शारदामठ की स्थापना करके उसके पुराणकालीन गौरव को बढ़ाया है। वैष्णव तीर्थ के रूप में द्वारिका को 15वीं शती के बाद महत्त्वपूर्ण स्थान प्राप्त होता है।

वैष्णव धर्म के रूप में द्वारिका का महत्त्व इतना अधिक हो गया कि भारतवर्ष के महत्त्वपूर्ण चार धामों में द्वारिका को भी एक धाम माना गया है। नई द्वारिका में रणछोडराय जी का निज मन्दिर प्रधान और सबसे बड़ा है। सात मंजिला और शिखरबंध है। चालीस फीट चौड़ा और लम्बा तथा करीब 125 फीट ऊँचा है। मन्दिर की दीवारें दोहरी हैं तथा उसमें दोनों दीवारों के बीच परिक्रमा करने की जगह भी है। मन्दिर के गर्भद्वार में चाँदी के सिंहासन पर रणछोड़राय जी, जिसे द्वारिकाधीश भी कहते हैं की तीन फीट ऊँची मूर्ति विराजित है। वस्त्रालंकारों तथा स्वर्ण-मुकुट से सुशोभित है।

पुराणकालीन द्वारिका आज पुरातत्त्व विद्या एवं संस्कृत विद्या का एक धाम बन गई है। भारत के हजारों यात्री रणछोड़राय जी के दर्शन के लिए आते हैं और अपनी श्रद्धा-भक्ति के पुष्प द्वारिकाधीश के चरणों में समर्पित करते हैं। द्वारिकाधीश की जय-जयकार करते हुए कवि दयाराम अपने 'मीराँ चरित्र' में लिखते हैं—

"श्री कृष्ण स्वरूप माँ समाई गयाँ रे मीराँ,
जै-जै श्री द्वारिकानाथ।"[6]

डाकोर—यह तीर्थ किसी सम्प्रदाय-विशेष का तीर्थधाम नहीं है। वैष्णव मात्र के लिए पवित्र तीर्थस्थान है। इसमें भी रणछोड़राय जी का ही मन्दिर है। प्रसिद्ध किंवदन्ती के अनुसार भक्त बोड़ाणा अपनी अनन्य भक्ति के बल पर रणछोड़राय जी की मूर्ति द्वारिका से डाकोर ले आए थे। रणछोडराय जी में श्रद्धा-भक्ति रखनेवाले यहाँ दर्शन के लिए आते हैं। पदयात्रा करके चलते-चलते आनेवालों की संख्या

असंख्य है। वैष्णव भक्तों में इस तीर्थ और रणछोड़राय जी का अति महत्त्वपूर्ण स्थान है। एक मान्यता प्रवर्तमान है कि भारत के तीर्थस्थानों की यात्रा करने का सुफल तब तक नहीं मिलता जब तक कि रणछोड़राय जी के दर्शन नहीं कर लिये जाते। प्रति वर्ष बीस लाख से अधिक यात्री यहाँ दर्शन के लिए आते हैं।

गुजरात के प्रमुख वैष्णव सम्प्रदाय—गुजरात में वैष्णव भक्ति की प्राचीन परम्परा के ऐतिहासिक प्रमाण उपलब्ध है। कृष्णभक्ति की इस अटूट शृंखला ने गुजरात को भक्तियुगीन आन्दोलन से सम्पृक्त कर दिया। परिणामस्वरूप 15वीं शतीं के उपरान्त गुजरात में विभिन्न वैष्णव सम्प्रदायों का प्रादुर्भाव हुआ। इनमें से जिन सम्प्रदायों का विशेष प्रभाव एवं प्रसार हुआ तथा जिन्होंने गुजरात के जन-जीवन, साहित्य, संस्कृति आदि को प्रभावित किया है वे निम्नांकित हैं—

1. रामानुज सम्प्रदाय
2. निम्बार्क सम्प्रदाय
3. वल्लभ सम्प्रदाय
4. स्वामीनारायण सम्प्रदाय
5. प्रणामी सम्प्रदाय
6. महानुभाव या जयकृष्णी सम्प्रदाय

(1) रामानुज सम्प्रदाय—इस सम्प्रदाय का गुजरात में व्यापक प्रचार नहीं हुआ है। इसके बहुत कम अनुयायी गुजरात में हुए हैं। श्री दुर्गाशंकर शास्त्री के मतानुसार, "गुजरात में रामानुज सम्प्रदाय के लिखे हुए ग्रन्थ लगभग चार-पाँच सौ वर्ष से समुपलब्ध होते हैं।"[7] अहमदाबाद, बड़ौदा, डभोई, सूरत आदि स्थानों पर इस सम्प्रदाय के मन्दिरों की स्थापना की गई है। सौराष्ट्र में विक्रम की 20वीं शती के प्रारम्भ में रामानुज सम्प्रदाय के एक आचार्य ने अपने सम्प्रदाय का यत्किंचित प्रचार किया था। सौराष्ट्र में जूनागढ़, बिलखा आदि स्थानों पर इस सम्प्रदाय के अवशेष मिलते हैं। इस सम्प्रदाय में दीक्षित बहुत से कृष्ण भक्त कवियों ने अपनी स्वभाषा एवं ब्रजभाषा में पद-रचनाएँ की हैं, जो अद्यावधि अप्रकाशित हैं।

(2) निम्बार्क सम्प्रदाय—गुजरात में निम्बार्क सम्प्रदाय का भी बहुत कम प्रचार हुआ है। इस सम्प्रदाय विषयक कुछ ग्रन्थ गुजरात के ग्रन्थ भंडारों से उपलब्ध हुए हैं। गुजरात के बारडोली गाँव में निम्बार्कानुयायी भक्ति मंडल आज भी प्रसिद्ध है। इस सम्प्रदाय के कवियों ने प्राय: गुजराती भाषा में रचनाएँ की हैं। बारडोली के निम्बार्कानुयायी मंडल के रामचरकणी पुजारी ने संवत 1967 में वेदान्त कामधेनि की गुजराती टीका प्रकाशित की है।

(3) वल्लभ सम्प्रदाय—गुजरात के सभी वैष्णव सम्प्रदायों में वल्लभ सम्प्रदाय का सर्वाधिक प्रचार-प्रसार हुआ है। महाप्रभु वल्लभाचार्य जी के द्वारा प्रमाणित पुष्टि-मार्ग के अनेक अनुयायी गुजरात में हुए हैं। गुजरात एवं सौराष्ट्र में इस सम्प्रदाय के अनेक मन्दिर और बैठकें विद्यमान हैं। वल्लभाचार्य ने पुष्टि सम्प्रदाय के प्रचार-प्रसारार्थ गुजरात की अनेक बार यात्राएँ की थीं। उनके पुत्र विट्ठलनाथ जी के लिए गुजरात मुख्य प्रभाव-क्षेत्र रहा था। वे पुष्टिमार्ग के प्रचार के लिए भी गुजरात के नगरों-उपनगरों एवं गाँवों में भी घूमे थे। उन्होंने बड़ी संख्या में लोगों को पुष्टिमार्ग की ओर आकर्षित किया था। व्यापारी प्रजा को पुष्टिमार्ग सरल और सुविधाजनक प्रतीत हुआ। परिणामस्वरूप वल्लभाचार्य जी के जीवनकाल में ही इस सम्प्रदाय के कारण तीव्र गति से वल्लभ सम्प्रदाय गुजरात में परिव्याप्त हो गया।

श्रीमद्वल्लभाचार्य जी प्रणीत ग्रन्थ—

1. 'ब्रह्मसूत्र' पर भक्ति रस पोषक 'अणुभाष्य' लिखा।
2. 'श्रीमद्भागवत' पर 'सुबोधिनी' नामक टीका लिखी।
3. 'तत्त्वार्थ दीप निबन्ध' लिखी।

अन्तिम ग्रन्थ में तीन भाग हैं। प्रथम भाग में 'शास्त्रार्थ' है, जिसमें 'गीताशास्त्र' पर विवेचन है। द्वितीय भाग 'सर्व निर्णय' है। इसमें सभी दार्शनिक तत्त्वों का सूक्ष्म विवेचन है और तीसरा भाग 'भागवतार्थ' में 'श्रीमद्भागवत' के चार अर्थो---- शास्त्रार्थ, स्कन्धार्थ, प्रकरणार्थ, अध्यायार्थ का विस्तृत विवेचन किया गया है।

षोडश ग्रन्थः—1. यमुनाष्टक 2. बालबोध 3. सिद्धान्त मुक्तावली 4. पुष्टि-प्रवाह-मर्यादा-भेद 5. सिद्धान्त रहस्य 6.नवरत्न 7. अन्तःकरण प्रबोध 8. विवेक धैर्याश्रय 9. पंचपद्य 10. संन्यास निर्णय 11. कृष्णाश्रय 12.. चतुःलोकी 13. भक्तिवर्धिनी 14. जल-भेद सेवाफल 15. निरोध लक्षण 16. सेवाफल.

पुष्टि सम्प्रदाय के अष्टछाप के सारे कवि महाप्रभु वल्लभाचार्य जी और उनके पुत्र वैकुंठनाथ जी के द्वारा दीक्षित हुए थे। वल्लभाचार्य जी के प्रमुख चार शिष्यों के साथ विट्ठलनाथ जी ने अपने चार शिष्यों को जोड़कर अष्टछाप के कवियों की स्थापना की। इन अष्ट सखाओं ने पुष्टिमार्गीय सेवाभक्ति के साथ-साथ मध्यकालीन कृष्णभक्ति आन्दोलन में भी महत्त्वपूर्ण योगदान दिया।

अष्टसखाओं में से 1. सूरदास 2. परमानन्ददास 3. कृष्णदास 4. कुम्भनदास श्रीमद्वल्लभाचार्य जी के शिष्य थे। 1.नन्ददास 2. चतुर्भुजदास 3.छीतस्वामी 4. गोविन्दस्वामी आदि चार विट्ठलनाथ के शिष्य थे। नीचे इनके जन्म एवं आराध्य का ब्योरा—

अष्टसखाओं के नाम वि.सं जन्म-मृत्यु आराध्य रूप

नाम जन्म मृत्यु आराध्य रूप

1. सूरदास 1535 1640 श्री मधुरेश जी.
2. परमानन्ददास 1550 1641 श्री नवनीतप्रिया जी.
3. कृष्णदास 1563 1636 श्री मदनमोहन जी.
4. कुम्भनदास 1525 1640 श्रीनाथ जी.
5. नन्ददास 1530 1640 श्री गोकुलचन्द्रमा जी.
6. चतुर्भुजदास 1589 1642 श्री गोकुलनाथ जी.
7. छीतस्वामी 1572 1642 श्री विट्ठलनाथ जी.
8. गोविन्दस्वामी 1562 1642 श्री द्वारिकानाथ जी.

गुजरात के अन्तर्गत वैष्णव भक्ति के प्रचार-प्रसार में वल्लभ सम्प्रदाय के महत्त्वपूर्ण प्रदान की बात करते हुए डॉ. अम्बाशंकर नागर ने लिखा है कि, "गुजरात में वैष्णव भक्ति के प्रचार का श्रेय वल्लभाचार्य और उनके पुत्र विट्ठलनाथ जी को जाता है। उन्होंने 16वीं शतीं में वैष्णव धर्म के प्रचार हेतु गुजरात की कई यात्राएँ की थीं। वल्लभीय विचारधारा से प्रभावित होकर गुजरात के अनेक कवियों ने ब्रजभाषा में भावभक्ति की कविताएँ की हैं। गुजरात में वल्लभ सम्प्रदाय का इतना अधिक प्रभाव रहा है कि यहाँ वैष्णव धर्म का अर्थ ही प्राय:, वल्लभ सम्प्रदाय समझा जाता है।"[8]

पं. दुर्गाशंकर शास्त्री ने गुजरात में पुष्टि सम्प्रदाय की सम्पुष्टि एवं परिपुष्टि के विषय में समुचित ही कहा है—एकाध शताब्दी में ही वल्लभ सम्प्रदाय का गुजरात में इतना अधिक प्रचार हो गया कि पुष्टिमार्ग (वल्लभ सम्प्रदाय) वैष्णव सम्प्रदाय का पर्याय माना जाने लगा। नगर-नगर में पुष्टिमार्ग के मन्दिर, गाँव-गाँव में महाप्रभूजी की बैठकें दिखाई देने लगीं। इस प्रकार गुजरात वल्लभ मत और पुष्टि सम्प्रदाय का प्रमुख धाम बन गया।"[9]

गुजरात में पुष्टिमार्ग का विशेष प्रभाव रहा जिसने गुजरात के जन-जीवन, साहित्य-कला-संस्कृति को भी प्रभावित किया। पुष्टि सम्प्रदाय में दक्षिण गुजरात के अनेक कृष्ण भक्त कवियों में कृष्णदास अधिकारी अष्टछाप के कवियों में स्थान प्राप्त किया था। गुजरात के लिए यह गौरव का विषय है। गुजरात की ब्रजभषा काव्य-परम्परा में वल्लभ सम्प्रदाय का विशेष प्रभाव परिलक्षित होता है।

आज भी गुजरात में पुष्टि सम्प्रदाय के वैभवशाली मन्दिरों एवं हवेलियों की परम्परा विद्यमान है। सूरत, भरूच, मोरबी, द्वारिका, जूनागढ़, गोधरा, सिद्धपुर एवं नरोडा (अहमदाबाद) में महाप्रभु जी की बैठकों की व्यवस्था की गई है। समस्त

गुजरात को वैष्णव भक्ति से रस-प्लावित कर देनेवाले पुष्टि सम्प्रदाय के गुजरात में व्यापक प्रचार के सन्दर्भ में डॉ. हरवंशलाल शर्मा ने अपने ग्रन्थ 'भागवत दर्शन' में लिखा है, "जब से पुष्टिमार्ग का प्रचार गुजरात में हुआ तब से मानो गुजरात भक्ति की पीठ ही बन गया और समस्त गुजरात में श्रीकृष्ण की प्रेमाभक्ति फैल गई।"[10]

(4) **स्वामीनारायण सम्प्रदायः**—गुजरात में स्वामीनारायण सम्प्रदाय का विशेष रूप से प्रचार-प्रसार रहा। जिसे हम एक क्रान्तिकारी सम्प्रदाय भी कह सकते हैं। इस सम्प्रदाय के प्रवर्तक सहजानन्द स्वामी का जन्म छपैया गाँव में हुआ था। उनका मूल नाम घनश्याम था। 1849 में नीलकंठ नाम से सात वर्ष तक तपश्चर्या की, वह भी गृह त्याग करके। 1856 में सौराष्ट्र में लोंगगाँव में मुक्तानन्द स्वामी से मिले और 1857 में रामानन्द स्वामी से भागवती दीक्षा ग्रहण की।

सहजानन्द स्वामी ने धर्म-प्रचार के साथ समाज-सुधार का कार्यारम्भ किया। वे मानते थे कि अन्त्यज का सबसे पहले उद्धार ही धर्म का उत्तरदायित्व है। स्वामी सहजानन्द महाराज ने इसे प्रथम स्थान दिया। गुजरात में अछूतोद्धार का श्रीगणेश सहजानन्द स्वामी ने किया। डॉ. अम्बाशंकर नागर लिखते हैं, "इस सम्प्रदाय ने सभी धार्मिक और सामाजिक कुरीतियों से मोर्चा लिया और व्यसनों में फँसे अछूतों और शूद्रों का उद्धार किया।"[11] सहजानन्द स्वामी ने संस्कृत, गुजराती, ब्रजभाषा में साम्प्रदायिक साहित्यसृजन हेतु लेखक-मंडल बनाए और संकीर्तन के लिए भजन-मंडली तैयार की थी। "करीब तीस वर्ष तक वे गुजरात-सौराष्ट्र के गाँवों में धर्म के प्रचारार्थ घूमते रहे तथा निम्न जातियों को हिंसा, मद्यपान, चोरी, व्यभिचार एवं अन्य दूषणों से मुक्त करके धर्म के सन्मार्ग पर ले आए।"[12]

स्वामीनारायण सम्प्रदाय के सिद्धान्तों की तरफ दृष्टि डालें तो कह सकते हैं कि सहजानन्द स्वामी के मुताबिक रामानुजाचार्य का विशिष्टाद्वैत सिद्धान्त ही इस सम्प्रदाय का मान्य सिद्धान्त है। परमात्मा का साकार द्विभुज घनश्याम स्वरूप ही इस सम्प्रदाय का उपास्य स्वरूप है। मुक्ति के लिए भक्ति का सरल मार्ग ही इस सम्प्रदाय ने प्रशस्त किया है। प्रकट रूप परमेश्वर में महात्म्य ज्ञान के साथ स्नेह को भी भक्ति कहा गया है। इस सम्प्रदाय में सत्संग की विशेष महिमा होने के कारण अनुयायियों को 'सत्संगी' भी कहा जाता है। सम्प्रदाय की दार्शनिक भूमिका के लिए मतम्विशिष्टाद्वैतम् की स्थापना करके सेवा-पूजा-विधि तथा व्रत उत्सव आदि का निर्णय पुष्टिमार्ग के अनुसार करने का आदेश सहजानन्द स्वामी ने अपनी 'शिक्षापत्री' में दिया है। स्वामीनारायण सम्प्रदाय के दो मुख्य ग्रन्थ है—1. शिक्षापत्री 2. वचनामृत। इस सम्प्रदाय के अहमदाबाद, वडताल और डाढडो में विशाल भव्य मन्दिर हैं। स्वामीनारायण सम्प्रदाय को प्रेम, आध्यात्मिक जागृति

तथा साधना का राजमार्ग कहा गया है। सहजानन्द स्वामी ब्रजभाषा के अनन्य प्रेमी थे. अतः कुछ अनुयायियों को संस्कृत, ब्रज, संगीत सीखने के लिए बनारस भेजा था। गुजरात के भक्तों में से आठ कृष्णभक्त कवियों ने ब्रजभाषा में अति भावपूर्ण, प्रभावशाली संगीतात्मक पदों की रचना की है, जिनके नाम हैं—मुक्तानन्द स्वामी, निष्कुलानन्द स्वामी, ब्रह्मानन्द, प्रेमानन्द, नित्यानन्द, देवानन्द, भूमानन्द और मंजूकेशानन्द आदि।

भगवान स्वामीनारायण ने अपने सम्प्रदाय में प्रकट-पुरुषोत्तम की उपासना को प्राधान्य दिया, जिसका अर्थ है—स्वयं अपने अक्षय रूप में स्थित होकर पुरुषोत्तम की भक्ति करना। इस तरह ब्रह्मरूप होकर परब्रह्म की उपासना करना। इस सम्प्रदाय का यह मौलिक तत्त्वान्वेषण है। परब्रह्म तो सर्वव्यापी 'अणोरणीयान् महतो महीयान्' है। प्रकट परब्रह्म स्वरूप की महिमा गाते हुए कवि ब्रह्मानन्द की प्रकट भक्ति के कुछ अंश देखिए—

प्रगट स्वरूप उपासी हम तो, प्रगट स्वरूप उपासी।
सब तीरथ हरि चरने समझे, कोटि गया अरु काशी।।

(5) **प्रणामी सम्प्रदायः**—गुजरात में यह सम्प्रदाय विशिष्ट रूप में आविर्भूत हुआ है। स्वामी प्राणनाथ जी के गुरु देवनन्द जी के द्वारा प्रवर्तित प्रणामी सम्प्रदाय ने कृष्णभक्ति धारा में विशेष योगदान दिया है।

देवानन्द जी एक दिन जामनगर के लक्ष्मी-नारायण मन्दिर में भागवत-कथा का श्रवण कर रहे थे, कि अचानक ही मूर्च्छित त हो गये। मूर्च्छितावस्था में ही अक्षरातीत परब्रह्म श्रीकृष्ण ने उन्हें अपने स्वरूप-दर्शन के साथ कृष्ण प्रणामी सम्प्रदाय के रहस्य को उद्घाटित किया और तारतम्य मन्त्र के द्वारा दीक्षा दी।

प्रारम्भ में प्रणामी सम्प्रदाय को चाकला पन्थ या श्री राजपन्थ नाम मिला। जामनगर के दीवान केशव जी ठाकुर के चतुर्थ पुत्र मेहराज गुरु देवानन्द जी की कृपा से चाकला पन्थ की ओर आकृष्ट हुए। अपनी श्रद्धा एवं भक्ति के कारण मेहराज ने गुरु कृपा और निकटता पाई। गुरु की अन्तिम अवस्था के समय मेहराज जी को यह आदेश मिला कि वे कृष्ण की नित्य लीला में समाविष्ट सखी इन्द्रमती के रूप में भूली-भटकी आत्माओं को साम्प्रदायिक सिद्धान्तानुसार जगाने का महत्त्वपूर्ण कार्य अपने कन्धों पर ले लें। कहा जाता है कि तभी से मेहराज स्वामी प्राणनाथ तथा इन्द्रमती के नाम से पहचाने जाने लगे। बाद में गुरु-पुत्र बिहारी के साथ मतभेद के कारण चाकला पन्थ से अलग होकर मन्दिर की गद्दी बिहारी जी को सौंप दी। जागनी का महत् कार्य करने के लिए भारतवर्ष के विभिन्न क्षेत्रों में भ्रमण किया। स्वामी प्राणनाथ ने गुरु के आदेशानुसार सम्प्रदाय के प्रचार के साथ कृष्णभक्ति को

एक नया व्यापक स्वरूप दिया। एक समन्वयवादी संत के रूप में स्वामी प्राणनाथ ने धर्म जागृति का महत्त्वपूर्ण कार्य किया। अपने समन्वयवादी सिद्धान्तों से प्राणनाथ शीघ्र ही लोकप्रिय हो गए, अनेक अनुयायी हुए। उन्होंने सूरत में प्रणामी सम्प्रदाय की गद्दी स्थापित की। हिन्दू-मुस्लिम एकता के अनेक प्रयत्न किए। कुम्भ के मेले में सर्व धर्म सम्मेलन में गए और प्रणामी सम्प्रदाय के सिद्धान्तों को सभी धर्मावलम्बियों के सामने स्पष्ट एवं घोषित किया कि कृष्णप्रणामी सम्प्रदाय ही सर्वश्रेष्ठ है। कृष्णप्रणामी सम्प्रदाय की यह विशेषता थी कि कृष्णभक्ति के साथ-साथ हिन्दू-मुस्लिम जैसे समन्वयवादी तत्त्वों पर भी बल दिया गया था। गुजरात में जामनगर, राजकोट, पोरबन्दर, जूनागढ़, अहमदाबाद, सूरत, खम्भात, वलसाड आदि अनेक स्थान पर कृष्णप्रणामी मन्दिर की स्थापना की गई। गुजरात के बाहर राजस्थान, उत्तर प्रदेश, मध्य प्रदेश, पंजाब, हरियाणा, बिहार, बंगाल, आसाम, नेपाल तक प्रणामी सम्प्रदाय की परिव्याप्ति के प्रमाण मिलते हैं।

इस सम्प्रदाय की दार्शनिकता थी कि श्रीमद्भागवत के अनुसार अक्षरातीत परब्रह्म कृष्ण की प्राप्ति हो, जिनका स्वरूप सगुण-निर्गुण द्विविध प्रकार का है। इस सम्प्रदाय की सेवा विधि में गुरु प्राणनाथ जी के द्वारा प्रणीत कुजलम स्वरूप ग्रन्थ की नित्य पूजा की जाती है। इस ग्रन्थ को स्वरूप साहब, श्रीमुख वाणी, तारतम्य सागर जैसे अनेक नामों से पुकारते हैं। सेवा-पूजा के लिए कृष्ण का मुकुट और वेणु को प्रतीक रूप में स्थान दिया गया है। इस प्रकार हम देख पाते हैं कि प्रणामी सम्प्रदाय कृष्णभक्ति से आकंठ भरा हुआ है।

(6) **महानुभाव या जयकृष्णी सम्प्रदाय**—श्रीकृष्णभक्तिमूलक महानुभाव सम्प्रदाय के संस्थापक चक्रधर स्वामी का जन्म गुजरात के भरूच में वि. सं. 1285 में हुआ था। इनके गुरु का नाम गोविन्द प्रभु था। गुरु ने ही उसे उपदेश एवं दीक्षा के बाद उनका नाम चक्रधर रखा। बारह वर्ष तक उग्र तपश्चर्या के बाद चक्रधर ने संन्यास ग्रहण किया और संसार का परिभ्रमण किया।

श्री चक्रधर जी द्वारा स्थापित महानुभाव सम्प्रदाय में महानुभाव शब्द का अर्थ होता है—महान् अनुभावः तेजः बलं यस्य सः महानुभाव। आर्थात् जिसका तेज या बल महान है, ऐसे महानुभात पूर्णपुरुषोत्तम श्रीकृष्ण हैं। महानुभाव सम्प्रदाय में श्रीकृष्णभक्ति एवं उपासना का ही विशेष महत्त्व होने के कारण इसे जयकृष्णी सम्प्रदाय या अच्युत पन्थ भी कहा जाता है। इस सम्प्रदाय के अनुयायी अन्यान्य के लिए महात्मा शब्द का प्रयोग करते थे। अतः इस सम्प्रदाय को महात्मा सम्प्रदाय से अभिहित किया गया है। वैष्णव सम्प्रदाय के प्रवर्तक गुजरात के थे, किन्तु इसका प्रचार-प्रसार आधिकांश महाराष्ट्र में हुआ।

चक्रधर स्वामी के महान् शिष्य नागदेवाचार्य हुए जिन्होंने गुरु चक्रधर के दार्शनिक मत का व्यापक प्रचार किया। इसे सुव्यवस्थित रूप प्रदान करके उन्होंने मराठी में अनेक ग्रन्थों का प्रणयन किया। महानुभाव सम्प्रदाय में अच्युत पद की प्राप्ति एवं ईश्वर के सच्चिदानन्दमय स्वरूप की अनुभूति को ही सर्वोत्कृष्ट माना गया। चक्रधर स्वामी ने शंकर के कैवलाद्वैत और रामानुज के विशिष्टाद्वैत मतों का अस्वीकार कर द्वैतवाद का समर्थन किया। जीव, प्रपंच, देवता और ईश्वर—इनके स्वतन्त्र अस्तित्व इस सम्प्रदाय में स्वीकार किया जाता है। यहाँ ईश्वर को ब्रह्म जैसा सर्वव्यापक, अनादि, नित्य, सर्वकर्त्ता, साक्षी एवं सच्चिदानन्दमय माना गया है। ईश्वर का ही निर्गुण एवं अव्यक्त अंग ब्रह्म कहलाता है। परमेश्वर के अनन्त गुणों का वर्णन करते हुए कृपा, करुणा, औदार्य, लावण्य, सौभाग्य एवं सौन्दर्य आदि का रसमय आलेखन इस सम्प्रदाय के ग्रन्थों में किया गया है।

महानुभाव सम्प्रदाय के साधना-पक्ष में ज्ञानमार्ग एवं प्रेममार्ग दोनों को स्वीकार किया गया है। ज्ञानमार्ग क्षुरस्य धारवत् होने के कारण अत्यन्त ही कठिन मार्ग है। इसके विपरीत प्रेम-भक्ति का मार्ग सरल और सहज तो है ही, साथ में उसकी विशेषता यह है कि भक्ति मार्ग में स्वयं परमात्मा जीव में प्रेम रूपा शक्ति का संचार करता है। इस प्रकार महानुभाव सम्प्रदाय में भी अन्य सम्प्रदायों की भाँति श्रीकृष्ण की प्रेमभक्ति की श्रेष्ठता प्रतिपादित की गई है। महानुभाव सम्प्रदाय में श्रीकृष्ण को परब्रह्म का साक्षात् अवतार माना गया है, चक्रधर और चक्रपाणि दोनों श्रीकृष्ण के ही नाम है। वैष्णवों की कृष्णभक्ति और महानुभावों की कृष्णोपासना लगभग एक समान ही है। वैष्णव सम्प्रदाय में कृष्णभक्ति का मूलाधार सेवा-विधि होने के कारण उसकी प्रवृत्ति की ओर गति है जबकि चक्रधर स्वामी के महानुभाव सम्प्रदाय में भक्ति निवृत्तिपरक है। महाराष्ट्र में इसका विशेष परिमाण में प्रचार-प्रसार रहा है।

कुल मिलाकर हम देखते हैं कि भक्ति एवं उसके स्वरूप का, भारतव्यापी आन्दोलन, जो दक्षिण के आलवार भक्तों के प्रभाव से प्रारम्भ हुआ, उसने गुजरात को व्यापक रूप से प्रभावित किया था। वैष्णव आचार्यों में से महाप्रभु वल्लभाचार्य और उनके पुष्टिमार्ग ने गुजरात को भक्तिभावना से आप्लावित कर दिया। परिणामस्वरूप 16वीं शती के बाद गुजरात वल्लभीय तल्लीनता में निमग्न हो गया और स्वामीनारायण सम्प्रदाय के उदय तक एकमात्र वैष्णव सम्प्रदाय के रूप में लोकप्रिय रहा। 19वीं शती में स्वामीनारायण सम्प्रदाय नामक क्रान्तिकारी वैष्णव सम्प्रदाय का उदय हुआ। सहजानन्द स्वामी निचले तबके के अधमोद्धारक एवं सद्धर्म संस्थापक के रूप में अवतरित हुए। उन्होंने धार्मिक जीवन के लिए ज्ञान, वैराग्य, नीति और भक्ति युक्त चतुरंगी साधना को अनिवार्य माना और अहिंसा,

ब्रह्मचर्य, मैत्री, करुणा, प्रेम, क्षमा आदि सद्गुणों को गुजरात में लोकप्रिय बनाया।

अन्ततः इस तथ्य की पुष्टि हुई है कि कृष्णभक्ति की प्रशस्त परम्परा में हिन्दीतर प्रदेशों ने जो योगदान दिया है, उनमें गुजरात का स्थान सबसे ऊपर है, सर्वोपरि है।

अस्तु....

सन्दर्भ

1. अष्टछाप और वल्लभ सम्प्रदाय—लेखक. डॉ. दीनदयाल गुप्त. पृ. 37.
2. अष्टछाप और वल्लभ सम्प्रदाय—लेखक. डॉ. दीनदयाल गुप्त. पृ. 39.
3. वैष्णव धर्म नो संक्षिप्त इतिहास—लेखक दुर्गाशंकर शास्त्री. पृ. 350.
4. भागवत दर्शन : ले-डॉ. हरवंशलाल शर्मा.
5. महाभारत का वनपर्व—86/20..
6. मीराँ चरित्र—महाकवि दयाराम 1/35.
7. वैष्णव धर्म नो संक्षिप्त इतिहास लेखक दुर्गाशंकर शास्त्री, पृ. 389.
8. गुजरात की हिन्दी सेवा—डॉ.अम्बाशंकर नागर, 'नागरी प्रचारिणी पत्रिका'.
9. वैष्णव धर्मनो इतिहास—पं. दुर्गाशंकर शास्त्री, पृ. 12.
10. भागवत दर्शन—डॉ. हरवंशलाल शर्मा, पृ. 57.
11. गुजरात की हिन्दी सेवा—डॉ.अम्बाशंकर नागर, 'नागरी प्रचारिणी पत्रिका' अंक-21, पृ. 132.
12. वैष्णव धर्म नो इतिहास—लेखक दुर्गाशंकर शास्त्री. पृ. 420.

15, नीलगगन टॉवर, नेहरू पार्क, बोडकदेव रोड़, वस्त्रापुर, अहमदाबाद—380015

तेलुगु के महान समाज सुधारक कवि संत वेमना

गाजुला राजू

साहित्य सामाजिक सरोकारों का प्रतिबिम्ब है। साहित्य के दायरे में वे सभी विषय, घटनाएँ और भाषा, संस्कृति आदि आते हैं। आज साहित्यिक दुनिया में भारतीय साहित्य का महत्त्वपूर्ण योगदान है, जिसके कारण साहित्य का क्षेत्र-विस्तार के साथ-साथ सम्पन्न भी होने लगा है। वास्तव में भारतीय मानस की दृष्टि से देखा जाए तो यह प्रतीत होता है कि हिन्दी साहित्य को ही महत्त्व दिया जा रहा है। इसके पीछे अनेक कारण हैं जैसे वर्चस्व का, श्रेष्ठता का और व्यापकता का। अधिकांश हिन्दी साहित्यकार, आलोचक यह मानते हैं कि हिन्दी साहित्य से ज्यादा समृद्ध अन्य भाषा साहित्य का विकास नहीं हुआ है। लेकिन हमें यह जानने की आवश्यकता है कि भारतीय संविधान द्वारा अनुमोदित भाषाएँ कुल 22 हैं। और उन सभी भाषाओं में साहित्य सृजन बहुत पहले से हो रहा है। कुछ भाषाओं में साहित्य सृजन का इतिहास हिन्दी से भी पहले का है। जब तक हम भारतीय साहित्य की अवधारणा को सही अर्थों में आत्मसात नहीं कर पाएँगे तब तक भारतीय साहित्य की संकल्पना को अधूरा ही माना जाएगा। बहरहाल यहाँ हम तेलुगु साहित्य के सन्दर्भ में बात करने जा रहे हैं। तेलुगु साहित्य की तुलना हिन्दी साहित्य से करने पर हमें कई साम्य और वैषम्य दिखाई पड़ते हैं। तेलुगु साहित्य के इतिहास क्रम को देखे जाने पर हम पाते हैं कि सन् 1000 ई. का समय जिसे भाषान्तरीकरण का युग या कवित्रय युग भी कहा जाता है, का महत्त्वपूर्ण स्थान है।

आदिकालीन साहित्य बहुत ही भव्य साहित्य के रूप में उभरकर आया है। इसे कवित्रय युग के रूप में अभिहित किया गया है, जिसमें पोतन्ना, तिक्कना और एर्रा प्रेगडा के साहित्य ने तेलुगु साहित्य को समृद्ध ही नहीं बल्कि विशिष्टता भी प्रदान की है।

महाभारत का अनुकरण कर इन तीनों ने तेलुगु में महाभारत की रचना की, जो आज भी पूरे तेलुगु प्रान्त में लोकप्रिय है। यह अनुवाद नहीं है मूल महाभारत का अनुकरण मात्र है। तेलुगु साहित्य में भागवत की चर्चा जितनी होती है शायद ही किसी अन्य रचना की होती हो। एक कहावत है कि 'तिंटेगारेलुतिनाली, विंटेभागवतमविनाली' यानी खाना हो तो बड़े खाइए, सुनना हो तो भागवत सुनिए। इसी तरह तेलुगु साहित्य में समय-समय पर कालजयी रचनाओं का सृजन होता रहा है। तेलुगु भाषा को शहद सी मीठी भाषा के रूप में देखते हुए उसकी विशेषता

को उजागर किया गया है। प्रत्येक युग में महान-से-महान विद्वानों का उद्‌भव और नई-नई प्रवृत्तियों का जन्म भी हुआ है। कविता, कहानी, उपन्यास, नाटक, एकांकी और आत्मकथा आदि जैसी साहित्यिक विधाओं का उद्‌भव और विकास के कारण तेलुगु साहित्य ने भारतीय साहित्य में अपना विशिष्ट स्थान बनाया है। भारतीय साहित्य में भक्ति साहित्य का स्थान सर्वोपरि रहा है, जिसका प्रमाण भारतीय भाषा साहित्य को देखने से मिलता है। वैसे हिन्दी साहित्य के अन्तर्गत 'भक्तिकाल','स्वर्णकाल' के रूप में अभिहित किया गया है। तुलसी, सूर, कबीर, रैदास और जायसी जैसे भक्त कवियों एवं संत कवियों के अनुपम, अप्रतिम योगदान के चलते भक्तिकाल का समय उत्कृष्ट दीख पड़ता है। 'भक्ति द्राविड़ी ऊपजी लाये रामानन्द' से स्पष्ट होता है कि भक्ति का उदय द्राविड़ से हुआ है और इसे आलवार और नायनारों ने आन्दोलन के रूप में समस्त दक्षिण भारत में भक्ति का प्रसार किया था।

तेलुगु साहित्य के अन्तर्गत अनेक कवि, संत, लेखक और आलोचक हुए हैं जिनमें से एक संत कवि है योगी वेमना। योगी वेमना तेलुगु साहित्य के मध्यकाल के बहुत बड़े संत रह चुके हैं। उनकी वाणी ने समकालीन समय के जन मानस को अत्यधिक प्रभावित किया। उन्होंने सामाजिक रूढ़ियों, मान्यताओं एवं परम्पराओं का तर्कसंगत विरोध किया। वह सामाजिक क्रान्ति के पुरोधा भी माने जाते हैं। कई विद्वानों ने संत कबीर से उनकी तुलना की है। संत कबीर की वाणी जिस तर्कशीलता से गूँजती है उसी तरह संत वेमना की वाणी भी गूँजती है। संत वेमना के पदों की संख्या लगभग 5000 मानी जाती है। वेमना के व्यक्तित्व और उनकी रचनाओं पर अनेक शोध हुए हैं, आज भी हो रहे हैं। संत वेमना को भक्तिकाल के अन्तर्गत महत्त्वपूर्ण स्थान प्राप्त है। कबीर जैसे फक्कड़पन और बेबाक वाणी के द्वारा उन्होंने भक्तिकाल के संतों में अपनी अलग पहचान बनाई है। वह अलौकिकता में विश्वास न रखकर लौकिक जीवन की घटनाओं को अपनी कविता की विषयवस्तु बनाई है। पाल्कुरिकि सोमनाथ, अन्नमाचर्युलु आदि ने तेलुगु साहित्य के भक्तिकालीन कवियों में अपनी एक अलग पहचान बनाई है, जिससे तेलुगु का भक्तिकालीन साहित्य और समृद्ध हुआ।

संत वेमना के जन्म के सम्बन्ध में विद्वानों में मतभेद है। उनके जन्म स्थान या समय के सम्बन्ध में विभिन्न मत होने के बावजूद उनकी रचनाओं से यह सिद्ध होता है कि वे मूग चिंतलपल्ले के निवासी थे। इनका जन्म ई. सन् 1412 में हुआ है। उनकी भाषा और सामाजिक चित्रण से पता चलता है कि वह रायलसीमा प्रान्त के चिंतलपल्ले गाँव के निवासी थे। उनका जन्म एक सम्पन्न परिवार में हुआ था। इनके आय का स्रोत खेती-बाड़ी थी। शैव धर्मावलम्बी होने का प्रमाण उनकी

कविताओं से चलता है। इनकी शिक्षा-दीक्षा स्वाध्याय के द्वारा हुई। स्वयं संस्कृत और अन्य भाषाओं के ग्रन्थों का अध्ययन करते रहे और श्रवण द्वारा विषयों को ग्रहण करते रहे।

यौवनावस्था में वह बहुत ही ऐयाश किस्म के थे। वह गणिकाओं के साथ यौवन सुख प्राप्त करने में व्यस्त रहते थे। उस समय के सामाजिक परिवेश में यह सब गलत नहीं माना जाता था बल्कि वह गौरवसूचक ही समझा जाता था। इस श्रृंगार लोलुपता के कारण वह अपने परिवार एवं कामकाज में कोई गम्भीरता नहीं दिखाया करते थे। जिस वेश्या के साथ रहते थे उसका नाम विश्वदा था, उसके लिए बहुत खर्च किया करते थे। एक किंवदन्ती यह भी है कि एक दिन वेश्या को भेंट करने के लिए अपनी भाभी से आभूषण व नाक का नथ लेने जाते हैं। वेमना को सही रास्ता दिखाने के लिए उनकी भाभी निर्वस्त्र होकर वेमना के सामने झुककर खड़ी हो जाती है और अपने दोनों पैरों के बीच से वेमना को देखते हुए कहती है कि आओ और नथ ले लो। इस घटना से वेमना का स्त्री के शरीर से मोहभंग हो जाता है और वह अपने आप से घृणा करने लगते हैं। इसके बाद वेमना घर-परिवार छोड़कर देशाटन पर निकल जाते हैं।

वेमना तेलुगु के बहुत ही लोकप्रिय कवि हैं। तेलुगु साहित्य के वे प्रथम कवि हैं जिनका नाम यूनेस्को ने विश्व के प्रसिद्ध कवियों की सूची में रखा है। उनकी कविताओं के छन्द आम जनता की जुबान से अनायास ही निकलने लगते हैं। यहाँ तक कि उनकी कविताओं को आज भी अनेक विद्वान साहित्यिक सम्मेलनों में सुनाते हैं। वह लोकभाषा में लिखनेवाले निराले कवि थे। इसीलिए वह अपनी कविताओं के माध्यम से उस समय की सामाजिक परिस्थितियों का उल्लेख करते नज़र आते हैं, जिससे पता चलता है कि वह पांडित्यपूर्ण भाषा का उपयोग न कर देशी भाषा का प्रयोग करते थे। "वास्तव में तेलुगु साहित्य के शिष्ट कवि वर्ग ने वेमना के साहित्य को इसलिए नकार दिया था क्योंकि उन्होंने हिन्दू धर्म में व्याप्त वर्ण-व्यवस्था, रूढ़िवादिता, अन्धविश्वास और वेद पुराण आदि का साहित्य के माध्यम से तिरस्कार कर दिया था। फलस्वरूप ब्राह्मण समाज ने उनके साहित्य को मिटाने की कोशिश की थी। पाश्चात्य विद्वान सी.पी. ब्राउन, जी.एस. पोप और आर.एस. मैकडोनाल्ड आदि ने वेमना के साहित्य पर शोध कर उसकी विशिष्टता और महत्त्व को उजागर किया।" (वेमनावैशिष्ट्यम्-स्त्रीदृक्पदम्, आचार्य एम. जयदेव, कर्षक प्रिंटर्स, हैदराबाद, 2006, पृ. 1,2)

सी.पी. ब्राउन ही थे जिन्होंने वेमना के साहित्य पर शोध कर उनके पदों का संकलन किया था जिसके कारण आन्ध्रप्रदेश की जनता ने संत वेमना के साहित्य को जाना और उसकी विशिष्टता को सर्व सम्मति से स्वीकारा है। संत वेमना जैसे

दूसरे कवि तेलुगु साहित्य के अन्तर्गत नहीं हो पाए और शायद ही कोई हो पाएगा। वेमना के पदों में जो व्यंग्य है वह बेहद रोचक और उसमें लोगों को जागृत करने की कला विद्यमान है। इस सन्दर्भ में राल्लपल्लि कहते हैं कि, ''समाज के आडम्बरों और कुरीतियों पर इस तरह से व्यंग्य करते हैं जैसे घाव का उपचार छुरी पर दवाई लगा करते हैं।'' (वेमना, राल्लपल्लि अनन्त कृष्ण शर्मा, पृ. 1)

इनकी और एक विशेषता यह है कि उनकी भाषा सरल और सुबोध होती है। वह कहीं पर भी संस्कृतनिष्ठ कठिन भाषा का प्रयोग नहीं करते हैं। तेलुगु की सर्वसामान्य भाषा का प्रयोग कर लोक में अपना स्थान प्रतिष्ठित किया है। हिन्दी में जिस मानिन्द संत कबीर ने लोकभाषा का प्रयोग कर हिन्दी के जनमानस में अपनी छाप छोड़ी है उसी तरह तेलुगु में संत वेमना ने भी अपनी छाप छोड़ी है। कबीर की ही तरह वेमना ने वर्ण-व्यवस्था पर प्रहार करते हुए उसे समाज-विरोधी घोषित करते हैं। समाज में ऊँच-नीच की भावना जब तक विद्यमान है तब तक जाति एवं धर्म आधारित भेदभाव बने रहेंगे। इस सम्बन्ध में वेमना कहते हैं कि -

'बापडनग नेमि ? भवतुडनग नेमि ?
जोगी यनग नेमि? सोंपु लेक
येन्नि पेरुलैन इनजुड्ड पनितीर्चु'

चाहे समाज में जाति आधारित ब्राह्मण, भक्त, जोगी और शूद्र जैसे नाम रखकर भेदभाव करते रहें लेकिन यमराज के यहाँ कोई जाति के नाम से छूट नहीं सकता, वह सभी को अपने साथ लेकर ही जाएँगे। यहाँ वेमना का आशय है कि मृत्यु के आगे सभी समान हैं तो क्यों न जीवन में समानता हो ?

वेमना देवताओं के द्वारा निर्मित इस सृष्टि में सब कुछ अस्त-व्यस्त होने की बात करते हुए ब्रह्मा की निन्दा करते हैं -

उदधिलोनि नील्लु उप्पुलुगा चेसे,
पसिडि कलुगुवानि पिसिनि चेसे
ब्राह्म चेतलन्नि पाडैन चेतलु
विश्वदाभिराम विनुर वेमा।।

वेमना कहते हैं कि ब्रह्मा ने जो सृष्टि की है वह ठीक नहीं है। उनके सारे काम गलत ही होते हैं। समुद्र में पर्याप्त पानी होने के बावजूद उसका उपयोग पीने के लिए नहीं रखा है। जिसके पास पर्याप्त धन है उसे कंजूस बनाया है। ऐसे गलत काम करनेवाला परमात्मा कैसे हो सकता है, कहकर व्यंग्य करते हैं।

भारत में जिन वेद पुराणों की बात करते हुए आस्थावान लोग गद्गद हो जाते हैं और हर बात पर रामायण और भागवत से उदाहरण देते नहीं थकते, उसी रामायण

और भागवत में निक्षिप्त अनुचित वाक्यों की निन्दा करते हुए उस पर प्रश्नचिह्न लगाते हैं—

कनक मृगमु भुविनि कद्दु लेदनकनु
तरुणि विडिचिपोये दाशरथियु
तेलिवि लेनिवाडु देवु डेट्लय्येरा
विश्वदाभिराम विनुर वेमा।।

वेमना कहते हैं कि सोने की हिरण है या नहीं जाने-बूझे बिना अपनी पत्नी को अकेला छोड़कर मायावी हिरण के पीछे भागे चले गए राम, और अपनी पत्नी को रावण के हाथ लगने दिया। इतनी बुद्धि भी न रखनेवाला भगवान का रूप कैसे हो सकता है। और वह उस रामायण पर आक्षेप लगाते है जिसमें राम को अवतार पुरुष कहा गया।

वेमना के पदों में जाति, धर्म आधारित भेदभाव के साथ वर्तमान समय में खान-पान की संस्कृति को लेकर जो उपद्रव मचा हुआ है उसके बारे में तथा ऐसे लोगों के बारे में भी उसी समय वे कहे थे—

कवुसु नेरि तिनेडु पसरमु तुनुवानि
माला यंड्डू गानि महिनि जनुलु
पंदि कोडि दिन्न प्रग्नुलटंदुरा
विश्वदाभिराम विनुर वेमा।।

उनका मानना है कि अस्पृश्य समाज के लोग जिस गाय का मांस खाते हैं वह गाय सिर्फ घास चरती है, लेकिन जो सवर्ण समाज के लोग सुअर, मुर्गा खाते हैं वह तो अशुद्ध ही खाते हैं। अब बताओ कि कौन पवित्र है ? इसीलिए वेमना कहते हैं कि पेट की भूख मिटाना ही अनिवार्य है। वेमना की हर बात आज के सन्दर्भ में प्रामाणिक लगती है। उन्होंने कबीर और रैदास जैसे संत कवियों की तरह जाति एवं धर्म की कट्टरता पर प्रहार किया है। वह रैदास की तरह समतामूलक समाज की कल्पना करते हैं।

वेमना का मानना है कि चाहे भक्ति किसी भी रूप में क्यों न हो उसमें निष्ठा एवं लगन का होना अनिवार्य है। आज की भक्ति भावना को तो हम भलीभाँति जानते हैं कि स्वार्थ पूर्ति के लिए लोग किस तरह भक्ति का सहारा लेते हैं। भक्ति के मर्म को जाने बिना उसका गलत फायदा उठाते हैं। ऐसे लोगों की भक्ति पर प्रश्नचिह्न लगाते हुए कहते हैं–

चित्तशुद्धि कलिगि चेसिन पुण्यम्बु
कोंचमैन नदियु कोदव कादु

वित्तनंबु मर्रिवृक्षम्बुनकु नेंत
विश्वदाभिराम विनुर वेमा।।

निष्ठा के साथ की जानेवाली भक्ति का फल कितना भी छोटा क्यों न हो बहुत महत्त्वपूर्ण होता है। देखने में बरगद का बीज बहुत छोटा होता है, लेकिन उसे उपजाऊ ज़मीन में बोए जाने पर वह महावृक्ष का रूप ले लेता है। अपनी जटाओं को जमीन में फैलाकर हजारों वर्ष तक छाया देता रहता है। इसीलिए निष्ठा के साथ करनेवाला काम ही सफल होता है।

जाति व्यवस्था को सुस्थिर करने के लिए ब्राह्मणों ने तरह-तरह की कपोल कल्पित कहानियाँ गढ़ी हैं। इनका चातुर्वर्ण्य व्यवस्था का ढाँचा ही अवैज्ञानिक सिद्ध होता है। वह किसी भी आधार पर यह सिद्ध नहीं कर सकते हैं कि ब्रह्मा के शरीर से मनुष्य का जन्म हुआ है। इसका तार्किकतापूर्ण विवेचन एवं विश्लेषण करते हुए ज्योतिबाफुले ने 'गुलामगिरी' नाटक में स्पष्ट किया है कि वेद पुराण और पुरुषसूक्त आदि में जो कुछ लिखा गया है वह सब झूठ है, अवैज्ञानिक है। इसीलिए वह अवतारवाद का खंडन भी करते हैं। वेमना भी इस जाति व्यवस्था का पुरजोर विरोध करते हैं और ऊँच-नीच के भेदभाव को नकारते हैं।

कुलमु हेच्चुतग्गु गोडवलु पनिलेदु
सानुजातमय्ये सकलकुलमु
हेच्चु तग्गु माट लेट्लरंगुगवच्चु।।

उनका मानना है कि सारी जातियाँ मानव सृजित हैं। इनमें ऊँच-नीच की भावना लाना मूर्खता है। जाति के नाम पर एक-दूसरे से वैर करना उचित नहीं है। वह मानते हैं कि जातियों का जन्म श्रम के आधार पर हुआ है। कालान्तर में लोगों ने अपने स्वार्थ के लिए वेद, पुराण आदि संहिता का सहारा लेकर समाज में जाति-व्यवस्था को बनाए रखने की कोशिश की।

वेमना के पद विचार करने पर मजबूर करते हैं। वे इस संसार में उत्पन्न सभी जीवों को एक समान देखने की बात करते हैं। उनका मानना है कि मनुष्य के साथ-साथ पशु-पक्षियों का जीवन भी मूल्यवान है। इसीलिए वह कहते हैं कि किसी ब्राह्मण को खाना खिलाने से पुण्य मिलता है तो कुत्ते को खिलाने पर भी मिलना चाहिए। क्योंकि भूख तो दोनो के लिए एक समान है। फिर इनमें भेदभाव किसलिए।

ब्राह्मणुलकु बेट्ट फलमु गल्दनि यंड्ड
कुक्कलकुनु बेट्ट कोदव येमि
इंदु नन्दु जीवुडोक्कडे यंदुरु
विश्वदाभिराम विनुर वेमा।।

वेमना उस समय की सामाजिक एवं धार्मिक रूढ़ियों, कुरीतियों के विरुद्ध लड़ रहे थे। वह पंडित और शूद्र को एक समान देखना चाहते हैं। सामाजिक असमानता का जिम्मेदार उन्हीं व्यक्तियों को ठहराते हैं जो उसके बलबूते अपने वर्चस्व को बनाए रखना चाहते हैं।

वेमना मूर्तिपूजा का विरोध करते थे। उसे अन्धविश्वास और मूर्खतापूर्ण व्यवहार मानते थे। कबीर की तरह वह भी भगवान को सर्वव्यापी मानते थे न कि किसी एक मूर्ति में स्थित रहनेवाला। इसीलिए वह कहते हैं कि –

शिललु देवतलनि चेलरेगि चेलरेगि
मोनसि पूजसेयु मूर्खुलारा
जीवुलंदे काक शिललंदुनेमुंडु
विश्वदाभिराम विनुर वेमा।।

मूर्तिपूजा एक अन्धविश्वास है। क्योंकि समस्त प्राणियों में वह दैवत्व विद्यमान रहता है। मूर्तिपूजा के नाम पर बाह्याडम्बर का प्रदर्शन करना, उस पर अनावश्यक खर्च करना साथ ही फल, फूल, दूध, दही, घी, शहद आदि का चढ़ावा करने से वह सबकुछ व्यर्थ हो जाता है। वेमना कहते हैं कि इससे अच्छा है कि पत्थरों में भगवान को ढूँढ़ना छोड़कर समस्त जीवों में भगवान को देखना चाहिए। जैसे कबीर ने कहा था–

पाहन पूजे हरि मिलै, तो मैं पूजूँ पहार।
ताते ये चाकी भली, पीस खाय संसार।।

कबीर के इस दोहे में वही भाव दिखाई पड़ता है जो संत वेमना के पदों में दिखाई पड़ता है। कबीर जिन सामाजिक कुरीतियों का विरोध कर एक आदर्श समाज की कल्पना करते हैं, उसी तरह वेमना का आशय स्पष्ट होता है।

वेमना स्पष्ट कहते हैं कि पत्थर को पूजना एक मानसिक गुलामी है जिसके चलते लोग अन्धविश्वास में डूबे रहते हैं और उस पत्थर की महिमा का गान करते हैं।

राळ्ळुदेच्चि नरुलु रम्यमौ गुड़ी गट्टि
राति प्रतिमा चेसि ख्यातिगानु
देवुडनुचुम्रोक्का दीविंचिपल्कुना
विश्वदाभिराम विनुरवेमा।।

उनका मानना है कि मनुष्य द्वारा बनाई गई भगवान की मूर्तियों में महिमा कहाँ है ? इसी अन्धविश्वास में वह अपनी तरक्की के लिए भगवान के नाम पर धन समर्पित करते हैं। लेकिन यह भूल जाते हैं कि वह एक पत्थर है जो पूजने पर भी प्रकट नहीं होता है।

सदियों से लेकर आज तक भूमि के लिए ही युद्ध होते रहे हैं। यह पृथ्वी सभी की है, फिर भी लोग अपना होने का दावा करते हैं। वेमना इसी पर व्यंग्य करते हुए कहते हैं कि—

भूमि नादियन्ना भूमि फक्कुननव्वु
दानहीनु जूसी धनमुनव्वु
कदनभीतुजूचि कलुंडुनव्वुरा
विश्वदाभिराम विनुर वेमा।।

जब कोई पृथ्वी पर हक जमाता है तब पृथ्वी उस व्यक्ति पर हँस पड़ती है। जो दान नहीं करता उसे देखकर धन हँस पड़ता है। जिस समय गरीब जनता में क्रान्ति उत्पन्न होती है तब ये जन विरोधी ताक़तें डरती हैं।

वेमना जाति के आधार पर किसी को श्रेष्ठ कहने के पक्ष में नहीं दिखाई पड़ते। वह गुन और ज्ञान के आधार पर श्रेष्ठ होने का दावा करते हैं। वह कहते हैं कि –

अज्ञानमे शूद्रत्वमु
सुज्ञानमु ब्रह्ममौटा श्रुतुलनुविनरा
सुज्ञानपु ब्रह्ममोंचे जूडरावमा।।

उनका मानना है कि शूद्रत्व का तात्पर्य अज्ञानता है। शूद्र नाम की जाति अलग से नहीं है। अज्ञान व्यक्ति ही शूद्र कहलाएगा चाहे वह किसी भी जाति का हो। ज्ञान ही ब्रह्म का रूप है। इसे देखने पर कबीर और रैदास के पद स्मरण में आते हैं। वे भी जाति से किसी के गुण या ज्ञान को आँका नहीं जा सकने की बात करते हैं।

संत वेमना ने स्त्री के सम्बन्ध में अनेक पद कहे हैं जिसमें स्त्री को आज्ञाकारी और अपने पति की सेवा करते हुए अपने जीवन को सार्थक बनाने की सलाह देते हैं। दूसरी तरफ ऐसी पत्नी के साथ प्रेम से व्यवहार करने की भी सलाह देते हैं। उनके जीवनानुभव के कारण वेमना के स्त्री सम्बन्धी विचारों में विविधता दिखाई पड़ती है। स्त्री एक माँ, पत्नी, पतिव्रता, वेश्या, झगड़लू स्त्री और विधवा के रूप में विभाजित कर उनकी आलोचना करते हैं। माँ को जहाँ ऊँचा स्थान देकर सम्मान करते हैं। वहीं सौतेली माँ की निन्दा करते हैं। उसी तरह स्त्री के प्रति उनके उन्नत विचार हैं तो कहीं पर निम्न कोटि के विचार हैं।

इन सब के बावजूद संत वेमना को मध्यकाल के महान समाज सुधारक एवं क्रान्तदर्शी के रूप में जाना जाता है। तेलुगु साहित्य के अन्तर्गत जितने कवि हुए हैं उनमें संत वेमना का स्थान सर्वोपरि इसलिए भी है कि वे दीन-हीन, असहाय और शूद्र आदि समाज के प्रति भावात्मक रूप से जुड़े हुए थे। जिसके कारण उस समय की सामाजिक असमानताओं का पुरजोर विरोध करते हुए समतामूलक

समाज की स्थापना की कल्पना किए थे। भाषा के स्तर पर उन्होंने देशी भाषा का प्रयोग किया है जिसका मूल उद्देश्य था सामान्य जनता तक उनकी वाणी पहुँच सके। वह तत्कालीन समाज की परिस्थितियों का वास्तविक चित्रण कर रूढ़िवादी विचारों का खंडन करते हैं। उनकी समाज सुधारक वाणी ने आधुनिक कवियों को प्रेरित किया, जिसका प्रमाण 1900 के बाद की रचनाओं में मिलता है। संत वेमना के इन्हीं विचारों के कारण वे आज भी सबके जुबान पर ही नहीं वरन आचरण में भी दिखाई देते हैं। उनकी दार्शनिक विचारधारा को आगे बढ़ाने की आवश्यकता है।

सन्दर्भ

1. तेलुगु साहित्य समीक्षा, द्वितीय भाग, आचार्य नागय्य, जी, नवम सं. 2009, नव्या परिशोधक प्रचुरणलु, हैदराबाद।
2. तेलुगु साहित्य का इतिहास, रेड्डी बालशौरि, द्वि. सं. 1972, हिन्दी समिति, उत्तर प्रदेश शासन, लखनऊ।
3. योगी वेमना कविताविलसनम्, संकलन. सुन्दररामरेड्डी सड्डा, द्वि. सं. 2010, श्रीवेन ऑफसेट प्रिंटर्स, नेल्लूरु।
4. क्रान्तिदर्शक महाकवि संत वेमना, डॉ. सुब्बाराव चलसानि, सं. 2008, चन्द्रकला प्रेस, मचलीपट्टनम।
5. वेमना, तेलुगु मूल. डॉ. भानु मूर्ति, जी. तेलुगु अनुवाद. डॉ. अन्नपूर्ण सी, प्र. सं. 2016, तिरुमल तिरुपति देवस्थानम् प्रेस, तिरुपति।
6. वेमन्न वेदम्, आरुद्र, चतुर्थ सं. 2010, युव भारती साहिती सांस्कृतिक संस्था, हैदराबाद।
7. वेमना वैशिष्ट्यम्-स्त्री दृक्पथम्, आचार्य जयदेव एम., प्रथम सं. 2006, केंडा लक्ष्मीकान्त रेड्डी, विज्ञान सरोवर प्रचुरणलु, हैदाराबाद।
8. वेमना येमन्नडु, वेंकटप्पय्या येलमंचिलि, सं. 1986, गाँधी साम्यवाद पुस्तकमाला, विजयवाड़ा।

सहायक आचार्य

हिन्दी एवं आधुनिक भारतीय भाषा विभाग इलाहाबाद विश्वविद्यालय इलाहाबाद

मराठी संत साहित्य एक अलौकिक धरोहर

डॉ. संतोष तांदळे

भारत को संत-महन्तों की भूमि कहा जाता है। यहाँ के भक्ति साहित्य में दर्शन और अध्यात्म का अपूर्व संगम देखने को मिलता है। जितना यह साहित्य आध्यात्मिक दृष्टि से महान है उतना ही गुणात्मक दृष्टि से। हिन्दी का भक्ति साहित्य हो या दक्षिण में आलवार संत का भक्ति साहित्य या, महाराष्ट्र का संत साहित्य, यह एक ऐसी अलौकिक धरोहर है जिस पर हम गर्व कर सकते हैं। विश्व के किसी भी श्रेष्ठ साहित्य के सामने हम इसे रखकर अपने आप को गौरवान्वित महसूस कर सकते हैं। विश्व साहित्य पटल पर इस साहित्य ने अपनी अलग छाप छोड़ी है।

भारत में संत साहित्य आरम्भ कब और कहाँ शुरू हुआ यह विवाद का विषय है और विद्वानों में इस सन्दर्भ में मतभेद है। पर इतना निश्चित है कि ग्यारहवी-बारहवीं सदी में भारत में संत साहित्य की अलौकिक ध्वनि सुनाई देने लगी थी। हिन्दी साहित्य में कबीर के समय से संत सहित्य का आरम्भ माना जाता है। कबीर का जन्म 1398 माना जाता है। पर दक्षिण में आलवार संतों और महाराष्ट्र में संत ज्ञानेश्वर भक्ति से ओत-प्रोत साहित्य लिख जनमानस को प्रज्वलित कर रहे थे।

पं. परशुराम चतुर्वेदी ने संत साहित्य के सूत्रपात के सम्बन्ध में जो लिखा है, वह संत परम्परा के इतिहास को समझने के लिए सटीक है। ''संत परम्परा का प्रथम युग वस्तुत: जयदेव से आरम्भ होता है और उनके पीछे दो सौ वर्षों तक के संत अधिकतर पथ-प्रदर्शकों के ही रूप में आते हुए दीख पड़ते हैं। विक्रम की पन्द्रहवीं शताब्दी में कबीर साहब का आविर्भाव हुआ, जिन्होंने सर्वप्रथम संतमत के निश्चित सिद्धान्तों का प्रचार विस्तार के साथ एवं स्पष्ट शब्दों में आरम्भ किया।"

जहाँ परशुराम चतुर्वेदी ने जयदेव से ही संत काव्य परम्परा का आरम्भ माना है वहाँ दूसरी ओर आचार्य रामचन्द्र शुक्ल ने संत नामदेव से। शुक्ल जी ने लिखा है, 'महाराष्ट्र देश के प्रसिद्ध भक्त नामदेव ने हिन्दू-मुसलमान दोनों के लिए सामान्य भक्ति मार्ग का भी आभास दिया। उसके पीछे कबीरदास ने विशेष तत्परता के साथ एक व्यवस्थित रूप में यह मार्ग 'निर्गुणपन्थ' के नाम से चलाया।'

हिन्दी के जयदेव के साहित्य में भक्ति के पद अवश्य मिलते हैं लेकिन उनमें शृंगार कही अधिक है। इसलिए महाराष्ट्र के संत नामदेव और ज्ञानेश्वर से संत साहित्य का उद्‌गम स्वीकृति पाता है।

मराठी संत साहित्य का इतिहास मराठी भाषा के इतिहास से जुड़ा हुआ है। साधारणत: 11वीं सदी के आसपास मराठी में जो लोकगीत लिखे गए वह साहित्य की अविरल परम्परा में आते हैं। सन् 1188 में मुकुन्द दास द्वारा लिखित विवेक सिन्धू को मराठी का पहला ग्रन्थ माना जाता है। पर इसकी भाषा और स्वरूप को लेकर मत-मतान्तर है। इसलिए 1278 में माहिम भट्ट द्वारा लिखित लीला चरित्र को मराठी का प्रथम ग्रन्थ स्वीकार कर लिया जाता है।

माहिम भट्ट का मानना था कि धर्म को लोकाभिमुख होना चाहिए, और इसी सन्दर्भ में अनेक पद इस ग्रन्थ में मिलते हैं। आचार और व्यवहार के सन्दर्भ में यह ग्रन्थ समाज सुधार की ओर उन्मुख होता दिखाई देता है।

12वीं सदी में महाराष्ट्र में महानुभाव और वारकरी दो महत्त्वपूर्ण सम्प्रदाय प्रचलित थे, नाथ सम्प्रदाय का प्रभाव यहाँ पहले से ही था। नाथ सम्प्रदाय के अनुयायियों द्वारा अधिकतर साहित्य रचना की गई विशेषता महानुभव पन्थ के अनुयायी मराठी भाषा के अग्रही थे। लीला चरित्र मराठी भाषा में लिखा गया है। अपने गुरु चक्रधर स्वामी की यादों को समटते हुए माहिम भट्ट ने देश भ्रमण कर उनके सन्दर्भ कथाओं को एकत्र किया है।

वारकरी सम्प्रदाय महाराष्ट्र में पहले से प्रचलित था। इस सम्प्रदाय के सर्वश्रेष्ठ संत ज्ञानेश्वर जी हैं। उनका समय 1275 से 1296 बताया जाता है। संत ज्ञानेश्वर का व्यक्तित्व जितना अलौकिक है उतना ही अलौकिक उनका साहित्य भी है। भगवद्गीता पर लिखी उनकी टीका ज्ञानेश्वरी वारकरी सम्प्रदाय के लिए बाइबिल के समान है, भावार्थ दीपिका अर्थात ज्ञानेश्वरी में काव्यात्मक आदर्श का चरम उत्कर्ष देखने को मिलता है। काव्य और तत्त्वज्ञान का अनुपम संगम इसकी विशेषता है। ज्ञान, कर्म, भक्ति, संन्यास, योग, वेद, अद्वैत आदि सभी पर ज्ञानेश्वरी में विस्तार से विवेचना है। वह एक आचार संहिता है वारकरी सम्प्रदाय के लिए। संत ज्ञानेश्वर के उदार व्यक्तित्व का परिचय उनके सहित्य में मिलता है। ज्ञानेश्वरी के अन्तिम अध्याय में लिखा गया पसायदान महाराष्ट्र के घर-घर में आज भी गाया जाता है। अपने इस पसायदान में एक वैश्विक समभाव की वे कामना करते हैं।

आता विश्वात्मके देवे
येणे वागयात्म तोषावे
तोषोनी मज दयावे
पसायदान हे
जे खलांची व्यंकटी सांडो
तया सत्कर्म रती वाढो

भुता परष्परे घडो
मैत्री जीवाचे

अर्थात हे विश्वात्मक देव! मेरे इस वाद्य यन्त्र से सन्तोष करें, और सन्तुष्टि से मुझे प्रसाद दान दें, जो खल हैं उनकी वक्रता नष्ट हो, सत्कर्म में उनकी रुचि बढ़ जाए, क्षण-मात्र में पारस्परिक मित्र भाव उत्पन्न हो, संकटों का अँधेरा नष्ट हो, विश्वधर्म रूपी सूर्य की दृष्टि से सबको देखें, सभी प्राणीजात जो चाहने की कुछ इच्छा करेगा वह उसे प्राप्त हो।

इस भूमंडल पर जो कुछ भी है उसके कल्याण की कामना इस पसायदान में व्यक्त करते हैं। वारकरी सम्प्रदाय की भक्ति दार्शनिक और भौतिक दोनों प्रकार की है। यह सगुण निर्गुण के परे है, भेद से अधिक आत्मानन्द में लिप्त है। ये ऐसे भक्त हैं जो अपने विट्ठल को अपना सखा, अपना मित्र, अपना ईश्वर सब कुछ मान उसके चरणों में समर्पित है। संत ज्ञानेश्वर संत नामदेव के साथ यात्रा पर गए थे, देश-भ्रमण कर वह जनता के साथ जुड़े और उनको समझ आ गया यह दुनिया प्रेम और सदाचार से ही जीती जा सकती है। समस्त वारकरी सम्प्रदाय की आधारशिला अलौकिक प्रतिभा और उनके साहित्य पर टिकी है। वारकरी सम्प्रदाय की विशेषता यह है कि वह केवल जाति-धर्म या सगुण-निर्गुण जैसे भेदभाव से परे मनुष्य को मनुष्य के रूप में देखता है, जो ईश्वर को भजता है तो वह वारकरी है। उसमें सभी जाति-धर्म के भक्त कवि हैं संत नामदेव बुनकर थे, संत गोरोबा कुम्हार थे, संत सेना हजाम थे, संत चोखा महार थे, सभी जाति-धर्म के संत एक साथ बैठकर भगवद्-भक्ति में लीन होना यही वारकरी सम्प्रदाय की विशेषता है। इन संतों ने ज्ञान, कर्म जीवन से कविता तक और भौतिक से आध्यात्मिक तक एक अलौकिक आनन्द की अनुभूति की है। ये आध्यात्मिक चुनौतियों से अधिक अपनी भीतरी चुनौतियों से लड़े हैं। लोकजीवन से यह साहित्य ऐसा जुड़ गया है कि ज्ञानोबा तुकाराम का जयघोष होते ही आज भी समस्त महाराष्ट्र आन्दोलित हो जाता है।

तत्कालीन राजनीतिक और धार्मिक परिस्थिति को देखें तो संतों का यह कार्य अलौकिक ही कहा जा सकता है। बाह्य आक्रमण और जाति-धर्म की संकीर्णता ने समाज को दिशाहीन बना दिया था, निराशा से ग्रस्त समाज में एक नई ऊर्जा भरने का कार्य संत साहित्य ने किया है।

नामदेव महाराष्ट्र के पहले ऐसे संत हैं जिन्होंने विट्ठल नामक भक्ति का परचम महाराष्ट्र से बाहर भी फहराया। गुजरात, राजस्थान होते हुए पंजाब तक पहुँचकर संत नामदेव ने जो भी कार्य किया उसे महान राष्ट्रीय कार्य ही कहा जा सकता है। सिक्खों के धर्मग्रन्थ गुरु ग्रन्थ साहब में संत नामदेव द्वारा लिखित 63

अभंगों (भजनों) का समावेश है। यह मराठी जनमानस के लिए तो गौरव की बात है ही, सम्पूर्ण भारत के लिए भी यह कम गौरव का विषय नहीं है।

संत ज्ञानेश्वर जी के बाद मराठी और हिन्दी में समान रूप से रचना करनेवाले संत नामदेव महाराष्ट्र में बहुत अधिक लोकप्रिय संत हैं।

संत नामदेव लगभग 20-22 वर्ष तक पंजाब में रहे और भक्ति मार्ग का प्रचार-प्रसार किया। वहाँ विष्णुस्वामी, बहोरदास, जल्लो, लब्धा, केसों जैसे अनेक शिष्यों ने उनसे दीक्षा ली। यही उनके सफल क्रियाकलापों का साक्ष्य है। बहोरदास द्वारा घुमान में बनाया गया संत नामदेव का मन्दिर-गुरुद्वारा, आज भी संत नामदेव के राष्ट्र-कार्य की ध्वजा गर्व से फहरा रहा है। महाराष्ट्र के एक सपूत का, भगवान पंढरीनाथ के अनन्य भक्त का यह पराक्रम शब्दातीत है। तलवार के बल पर धर्म-परिवर्तन और श्रद्धा-परिवर्तन के कई उदाहरण हम दुनियाभर में देखते हैं। किन्तु, प्रेम, परस्पर विश्वास और सद्भाव से सारा व्यवहार करनेवाले संत नामदेव दुनिया में अद्वितीय हैं।

गुरु ग्रन्थ साहब में उनके द्वारा लिखे गए भजनों का समावेश होना अपने आप में एक अभूतपूर्व घटना है। न प्रान्त का भेदभाव, न भाषा का और न कोई अड़चन संस्कृति की। दूसरे की भावनाओं के प्रति आदर रखकर, उसकी भाषा को स्वीकारते हुए, अपना विचार अपने प्रेम के बलबूते पर उसे स्वीकारने के लिए विवश कर देना, यही संत नामदेव की बहुत बड़ी कला थी। न द्वेष, न संघर्ष। केवल प्रेमभावना के बलबूते पर संत नामदेव ने इतना बड़ा क्रान्तिकार्य किया। ऐसा इतिहास में कोई दूसरा उदाहरण नहीं है।

कोणा ही जीवाचा न घडो मत्सर।
मर्म सर्वेश्वर पूजनांचे।

(अर्थात्—किसी भी जीव के प्रति ईर्ष्या न हो, यही हर पूजा का सार है।)

इस सूक्ति के अनुसार ही उन्होंने काम किया। पंजाब में संत नामदेव के भक्ति सम्प्रदाय से जुड़े लोगों की संख्या बहुत बड़ी है। उन्हें वहाँ बाबा नामदेव जी के नाम से जाना जाता है। घुमान के अलावा पंजाब में संत नामदेव के बहुत से गुरुद्वारे और मन्दिर हैं। घुमान में हर वर्ष माघ शुद्ध द्वितीया के दिन बहुत भव्य यात्रा आयोजित की जाती है।

पंजाब में जाते समय, संत नामदेव गुजरात और राजस्थान में भी काफी समय तक रहे। वहाँ रहते हुए उन्होंने जो भक्ति-कार्य किया उसका प्रभाव हमें नरसी मेहता और संत मीराँबाई के भजनों में भी देखने को मिलता है। इसके अलावा उत्तर भारत के कई महान संत जैसे रामानन्द, कबीर, नानक, रैदास, पीपा आदि ने अपने काव्य

में संत नामदेव का वन्दन किया है। संत कबीरदास जी तो बड़े प्रेम और आदर से संत नामदेव की गणना शुक, उद्धव, अक्रूर, हनुमान आदि श्रेष्ठ भक्तों की श्रेणी में करते हैं। संत नामदेव का स्थान कवि जयदेव के समकक्ष मानते हैं। कहते हैं—

गुरु परसादी जैदेव नामा।
प्रगटिकै प्रेम इन्हे कै जाना।।

संत कबीर के ही समान राजस्थान के महान मुस्लिम संत दादू दयाल ने भी संत नामदेव की महानता का बखान अपने काव्य में किया है।

हिन्दी भाषा के बड़े-बड़े अध्ययनकर्त्ताओं और शोधकर्त्ताओं ने संत नामदेव के कार्यों की मुक्त कंठ से प्रशंसा की है और आदिकालीन हिन्दी साहित्य के योगदान के लिए उनके प्रति कृतज्ञता व्यक्त की है। आचार्य रामचन्द्र शुक्ल, आचार्य हजारी प्रसाद आदि विद्वानों ने अपने-अपने ग्रन्थों में संत नामदेव के कार्यों का विश्लेषण किया है। सबसे आश्चर्य की बात यह है कि मराठी में सगुण-उपासना के काव्य का निर्माण करने में परमोच्च शिखर प्राप्त करनेवाले संत नामदेव हिन्दी में निर्गुणी भक्तिकाव्य के आदिकवि माने गए हैं। डॉ. राजनारायण मौर्य कहते हैं—महात्मा कबीर के पहले, संत नामदेव एक ऐसे मनीषी महापुरुष थे जिन्होंने समन्वय के पथ को प्रशस्त करते हुए हिन्दी संतमत का प्रवर्तन किया। इस मामले में डॉ. मौर्य द्वारा राष्ट्रवाणी में लिखित लेख हिन्दी निर्गुण संत परम्परा में नामदेव का योगदान अवश्य पढ़ा जाना चाहिए। संत नामदेव द्वारा लिखा गया ग्रन्थ अभंगगाथा, पंजाब तक उनके द्वारा की गई भक्ति पदयात्रा, इसके अलावा उनके द्वारा किए गए दो और महत्त्वपूर्ण कार्य हैं, जिन्हें हमें सदा स्मरण रखना चाहिए और उसका अनुकरण-आचरण करना चाहिए। संत नामदेव ने अपनी दासी जनाबाई को भी अपनी शिष्या के रूप में स्वीकार किया था। यही दासी आगे चलकर संत जनी के नाम से प्रसिद्ध हुई। दासी जनाबाई से संत जनी तक उन्होंने उसके व्यक्तित्व को निखारा। स्वयं जनाबाई अपने एक भजन में अपने गुरु के प्रति कृतज्ञता व्यक्त करती है। 'स्त्री जन्म म्हणूनी न व्हावे उदास' (स्त्री जन्म मिलने पर उदास न हों) इस आशय का एक भजन संत जनाबाई ने तेरहवीं शताब्दी में लिखा था। ये भजन आज भी कठिन परिश्रम करनेवाले महिला वर्ग को आत्मविश्वास देते हैं।

हम हमारे घरों में काम करनेवाली महिलाओं के साथ जैसा व्यवहार होता है, उसी से हमें संत नामदेव की महानता का आभास हो जाता है। संत नामदेव द्वारा किया गया एक और बड़ा कार्य यह है कि उन्होंने पंढरपूर के विट्ठल मन्दिर के महाद्वार के सामने स्वयं अपने हाथों से संत चोखामेला की समाधि बनाई। संत चोखामेला एक पिछड़ी जाति के संत थे। संत नामदेव का यह कार्य उस समय की

सामाजिक-धार्मिक स्थिति को देखते हुए, एक बहुत बड़ा क्रान्तिकारी कार्य कहा जाएगा। कई बार यह प्रश्न पूछा जाता है कि संतों ने समाज के लिए कौन-सा सामाजिक कार्य किया है। इस प्रश्न के लिए संत नामदेव का कार्य एक ठोस उत्तर है। पंढरपुर के विट्ठल मन्दिर के महाद्वार के सामने संत चोखामेला की समाधि के आगे, मन्दिर की पहली पायदान पर संत नामदेव की समाधि है। 'नामा म्हणे आम्ही पायरीचे चिरे' (नामा कहते हैं कि हम तो पायदान के पत्थर हैं), इसी भावना के साथ संत नामदेव ने महाद्वार की पहली पायदान पर समाधि ली है। इस पायदान पर विट्ठल भक्तों की संतों के चरणों की धूल पड़ती रहे यही इच्छा संत नामदेव ने अपने अभंग में व्यक्त की है। हर साल पुण्यतिथि के अवसर पर महाद्वार में समाधि के सामने संत नामदेव स्मरण सप्ताह आयोजित किया जाता है। संत ज्ञानेश्वर के पसायदान से सभी परिचित हैं। इसी प्रकार का पसायदान संत नामदेव ने भी अपने अभंग के माध्यम से विश्वात्मक विट्ठल से माँगा है। इसी पसायदानवाले अभंग से ही विश्वकल्याण की कामना करते हैं।

आकल्प आयुष्य व्हावे तया कुळा।
माझिया सकळा हरिच्या दासा।।
कल्पनेची बाधा न हो कोणे काळी।
ही संतमंडळी सुखी असो।।
अहंकाराचा वारा न लागो राजसा।
माझ्या विष्णुदासा भाविकाशी।।
नामा म्हणे तया असावे कल्याण।
ज्या मुखी निधान पांडुरंग।।

नामदेव जी के अभंग आज महाराष्ट्र के जन मन को प्रेरित करते हैं विषाद को मिटाकर उनमें ईश्वर में विश्वास को बढ़ाते हैं। नामदेव जी ने सगुण और निर्गुण ईश्वर का भेद ही मिटा दिया। उनके लिए भगवान साकार भी है और निराकार भी। इसलिए कभी उनका ईश्वर भक्तों के लिए प्रकट भी होता है और उनके हात से दूध भी पीता है। अपने आराध्य को सबकुछ माननेवाले नामदेव कहते हैं—

तीर्थ विट्ठल क्षेत्र विट्ठल
देव विट्ठल देव पूजा विट्ठल
माता विट्ठल पिता विट्ठल
बन्धु विट्ठल गोत्र विट्ठल
गुरु विट्ठल गुरुदेवता विट्ठल
निधान विट्ठल निरन्तर विट्ठल

नामा म्हणे मज विट्ठल सपाडला
म्हणोनि कळीकाळा पाड नाही।

अपना सबकुछ उस विट्ठल पर निछावर कर उसकी भक्ति में लीन नामदेव संत साहित्य में अपना एक अलौकिक स्थान रखते हैं।

संत ज्ञानेश्वर और नामदेव के बाद महत्त्वपूर्ण संत हैं संत एकनाथ महाराज। संत एकनाथ ने भागवत धर्म का एक तरीके से पुनरुत्थान किया। संत ज्ञानेश्वर के लगभग 300 वर्षों के बाद उनका समय आता है भगवद्गीता को वह मराठी में एकनाथी भागवत के रूप में ले आए, रामायण को भी उन्होंने रुक्मिणी स्वयंवर नाम से फिर से लिखा। संत एकनाथ द्वारा लिखे गए भारुड कीर्तन में गाए जाते हैं। कीर्तन महाराष्ट्र की लोक-परम्परा है।

मराठी और हिन्दी में लिखे कई सौ अभंग जनमानस को आन्दोलित करते रहे, हिन्दू-मुस्लिम समन्वय के लिए उन्होंने हिन्दी-तुर्की संवाद लिखे। इन संवाद में धार्मिक विद्वेष नहीं, एक समन्वय की भावना है। जाति-पाँति-धर्म से ऊपर उठकर समाज को जागृत करने का काम इतने बड़े पैमाने पर उन्होंने किया है।

संत ज्ञानेश्वर के बाद मराठी संत साहित्य में संत तुकाराम का स्थान अद्वितीय है। तुकाराम को मराठी साहित्य का कबीर कहा जाए तो अतिशयोक्ति नहीं होगी। कबीर जितने ही अक्खड़ और विद्रोही तुकाराम मराठी साहित्य में प्रचलित है। एक सामान्य परिवार में जन्मे और आजीवन गृहस्थ होकर भी वैराग्य धारण करने का अनुपम उदाहरण तुकाराम में देखने को मिलता है। समाज की हर विद्रूपता, हर ढोंग जाति-पाँति और धर्म के कठमुल्लापन पर उन्होंने गहरी चोट की है। व्यक्तिगत जीवन में तुकाराम को बहुत सारे संघर्षों का सामना करना पड़ा। उच्चवर्गीय ब्राह्मण जाति द्वारा उनको बहुत सताया गया, यहाँ तक कि उनकी समस्त गाथा को पानी में डुबो दिया गया था। पर अपने आचरण की शुद्धता और अपनी वाणी की प्रखरता से वह मराठी का श्रेष्ठ संत साहित्य रच गए। तुकाराम का मानना था कि भक्ति के लिए किसी आडम्बर की जरूरत नहीं, एक सच्चे मन से ईश्वर को पूजना यही सर्वश्रेष्ठ भक्ति है। वे लिखते हैं कि—

अभक्त ब्राह्मण जळो त्याचे तोंड
काय त्याशी रांड प्रसवली
वैष्णव चांभार धन्य त्याची माता
शुद्ध उभयन्ता कुळ पाती।

अर्थात् ब्राह्मण अगर अभक्त है तो उसका मुंह जले। उसकी माँ राँड है जिसने उसे जन्म दिया। चमार अगर वैष्णव है तो उसकी माँ धन्य है, दोनों शुद्ध कुल हैं।

जाति-धर्म और वर्ण-व्यवस्था पर ऐसी गहरी चोट करने का साहस उस समय तुकाराम ने दिखाया था। सामान्य भाषा में तत्त्वज्ञान और अध्यात्म का सामान्य परिचय तुकाराम के साहित्य में मिलता है। महाराष्ट्र के संत साहित्य का विचार करते समय लगता है कि उनके सामने मुसलमानी धर्म के आक्रमण से कहीं अधिक जाति या वर्ण को अमानवीय बनानेवाली वास्तविकता थी। उसका विरोध करते हुए उन्होंने धार्मिक संवेदना को सही और समन्वय बनाने का ही प्रयास किया, मराठी का यह संत साहित्य जगत के लिए एक अनुपम धरोहर है संत ज्ञानेश्वर और तुकाराम के साहित्य का अनुवाद विश्व की अनेक भाषाओं में हो चुका है। इतने वर्षों बाद जन मानस पर उसका प्रभाव कम होने के बजाय बढ़ रहा है। इसलिए इस शाश्वत साहित्य से हमें प्रेरणा और ऊर्जा लेनी है। यही साहित्य हमारे समाज और आनेवाली पीढ़ी के लिए एक दिशा निर्देश देगा।

सहायक अध्यापक
संत ज्ञानेश्वर महाविद्यालय सोयगाव
औरंगाबाद महाराष्ट्र

सन्दर्भ

1. विद्रोही तुकाराम—डॉ. आ ह सालुंके।
2. हिन्दी काव्यधारा को मराठी संतों की देन—डॉ. भारती गोरे
3. महराष्ट्र के प्रिय मराठी संत—डॉ. विनय मोहन शर्मा
4. हिन्दी और मराठी का निर्गुण संत साहित्य—प्रभाकर माचवे

मध्यकालीन कृष्णभक्ति की परम्परा

नितेश उपाध्याय

प्राचीन काल से चली आ रही उपासना की धारा पर बौद्ध एवं जैन धर्म का स्पष्ट छाप परिलक्षित होता है। शंकराचार्य ने अवैदिक धर्मों पर प्रहार करने के साथ-साथ वैदिक धर्म के पुनरुत्थान का कार्य किया। आलवार भक्तों ने भक्ति की धारा को जन-जन तक पहुँचाने एवं लोकप्रिय बनाने का महत्त्वपूर्ण कार्य किया। शंकर के अद्वैतवाद तथा मायावाद का विरोध करने के लिए चार-चार आचार्यों को शक्ति लगानी पड़ी। भारतीय धर्म साधना के क्षेत्र में शंकराचार्य के अद्वैतवाद के सिद्धान्त के परिणामस्वरूप विभिन्न प्रकार के धार्मिक सम्प्रदायों की स्थापना हुई जिनका उद्देश्य शंकर के मायावाद के खंडन के साथ भक्ति का सम्यक ढंग से प्रचार-प्रसार करना था। शंकराचार्य का अद्वैतवाद मूलत: ज्ञानमूलक दर्शन है। इसी सन्दर्भ में आचार्य शुक्ल ने अपने 'हिन्दी साहित्य के इतिहास' में लिखा है कि— "जगतप्रसिद्ध स्वामी शंकराचार्य ने जिस अद्वैतवाद का निरूपण किया था वह भक्ति के सन्निवेश के उपयुक्त न था। यद्यपि उसमें ब्रह्म की व्यावहारिक सगुण सत्ता का भी स्वीकार था, पर भक्ति के सम्यक प्रसार के लिए जिस दृढ़ आधार की आवश्यकता थी वैसा दृढ़ आधार स्वामी रामानुजाचार्य जी (सं. 1073) ने खड़ा किया।"[1]

शंकराचार्य के अद्वैतवाद-मायावाद का खंडन सभी आचार्य कर रहे थे। "रामानुज से लेकर वल्लभाचार्य तक जितने भी आचार्य या भक्त दार्शनिक हुए हैं सबका लक्ष्य शंकराचार्य के मायावाद और विवर्तवाद से पीछा छुड़ाना था जिसके अनुसार भक्ति अविद्या या भ्रान्ति ही ठहरती थी।"[2]

शंकराचार्य द्वारा स्थापित अद्वैतवादी दर्शन के परिणामस्वरूप सगुण भक्ति का उद्भव एवं विकास हुआ। भारतीय पौराणिक साहित्य जैसे-विष्णु पुराण, भागवत पुराण आदि ने सगुण भक्ति धारा को विकसित एवं प्रेरित करने का कार्य किया। मध्ययुग के इस श्रेणी के भक्तों का प्रधान उपजीव्य ग्रन्थ भागवत पुराण रहा। इसके साथ ही अन्यान्य पुराणों को भी उन्होंने प्रमाण रूप में स्वीकार किया। किसी-किसी सम्प्रदाय में तो भागवत को ही एकमात्र प्रमाण ग्रन्थ मान लिया गया है। इस भागवत महापुराण के अनुसार भगवान वैकुंठ आदि धामों में तीन रूप से निवास करते हैं—स्वयं रूप, तदेकात्म रूप और आपेक्ष रूप। श्रीकृष्ण चन्द्र भगवान के स्वयं

रूप हैं, रामचरितमानस के राम भी ऐसे ही है।'[3]

शंकराचार्य ने निर्गुण ब्रह्म को ही असली रूप माना तथा सगुण ब्रह्म को व्यावहारिक अथवा मायाजन्य माना था। इस विचारधारा को वल्लभाचार्य ने उलटकर यह स्थापित किया कि सगुण ब्रह्म ही असली रूप है तथा निर्गुण उसका आंशिक रूप या तिरोहित रूप है। वल्लभाचार्य ने सारी सृष्टि को ब्रह्म की लीला-स्थली माना। हम अंशी हैं और अन्य जीवात्माएँ उसका अंश। अपने को अंश रूप में बिखेरना ही लीला मात्र है। सगुण भक्ति का उद्‌भव भागवत पुराण की उस भावना से हुआ जिसमें राम अथवा कृष्ण का लक्ष्य अवतार लेकर साकार रूप में दुष्टों का संहार करना तथा सज्जनों एवं धर्मप्राण लोगों की रक्षा करना है। दक्षिण के सगुणोपासकों में आलवार भक्तों का नाम विशेष रूप से लिया जा सकता है। दक्षिण के आचार्यों ने भक्ति सम्प्रदायों का प्रवर्तन किया, शंकराचार्य के मायावाद का खंडन किया और आलवारों की भक्ति भावना के लिए दार्शनिक पृष्ठभूमि भी तैयार की। वैष्णव भक्ति के चार प्रबल सम्प्रदाय हैं जिन्होंने सम्पूर्ण भारतीय चिन्ता-धारा को ही बदल दिया। रामानुजाचार्य ने 'श्री सम्प्रदाय' की स्थापना की एवं विशिष्टाद्वैतवाद का प्रचार कर विष्णु के रूप राम की, स्थापना की, सगुण तथा निर्गुण भक्ति की उपासना पर बल दिया। इसी के प्रभाव से उत्तर भारत में रामानन्दी सम्प्रदाय बना और वैष्णव भक्ति लोकप्रिय हुई।

कृष्णभक्ति से सम्बन्धित वल्लभ सम्प्रदाय, राधावल्लभ सम्प्रदाय, हरिदासी या सखी सम्प्रदाय एवं चैतन्य या गौड़ीय सम्प्रदाय हैं। वैष्णव भक्ति की राम और कृष्ण दोनों धाराएँ लोकप्रिय हुईं। "भक्ति आन्दोलन के काल में अखिल भारतीय स्तर पर सभी आधुनिक भाषाओं में सर्वाधिक काव्य रचना कृष्णभक्ति को लेकर हुई।"[4] जबकि तुलसीदास के बाद उत्तरी भारत में राम अवतार को बहुत प्रमुखता प्राप्त हो गई। कृष्णावतार की लीलाओं में विचित्र मानवीय रस है। सख्य, वात्सल्य और माधुर्य की लीलाओं का आश्रय होने के कारण यह चरित्र सार्वभौम आकर्षण का कारण बना। कृष्ण चरित्र तथा कृष्णभक्ति के आकर्षण का कारण वर्णाश्रम से न जुड़ना तो है ही काव्य रचना अधिक होने के कारण 'जीवन की स्थितियों, दशाओं तथा भावनाओं के अनुरूप होना है।'

उत्तर भारत में वल्लभाचार्य, हितहरिवंश तथा चैतन्य महाप्रभु ने कृष्णभक्ति का प्रचार-प्रसार किया। इसी के साथ सम्प्रदाय से मुक्त भक्तों ने भी कृष्णभक्ति के पद रचे। इन सभी के सम्प्रदायों में उपास्य देव कृष्ण के भिन्न रूप स्वीकार किए गए हैं। दक्षिण के आचार्यों के उपास्य कृष्ण के रूपों में भी भेद था। विष्णु स्वामी के यहाँ गोपाल कृष्ण (बाल-रूप) उपास्य था तो निम्बार्काचार्य के यहाँ कृष्ण सर्वेश्वर

थे जो अपनी आह्लादिनी शक्ति से समन्वित थे। वल्लभ सम्प्रदाय में मूलत: कृष्ण के बालरूप श्रीनाथ जी की ही सेवा की जाती थी। बाद में गोसाईं विट्ठलनाथ के साथ राधा की उपासना का भी समावेश हुआ।

चैतन्य या गौड़ीय सम्प्रदाय—चैतन्य मत के प्रवर्तक महाप्रभु चैतन्य (1485-1533 ई.) ने बंगाल प्रान्त पर सर्वाधिक प्रभाव छोड़ा। चैतन्य वल्लभाचार्य के समकालीन थे। चैतन्य महाप्रभु ने कोई ग्रन्थ नहीं रचा। इनके द्वारा रचित आठ श्लोक ही मिलते हैं। चैतन्य के विचारों का पल्लवन कविवर कृष्णदास ने 'चैतन्य चरितामृत' में तथा रूपगोस्वामी ने 'भक्ति रसामृत सिन्धु' एवं 'उज्ज्वल नीलमणि' में किया है।

चैतन्य के मत को 'अचिन्त्य भेदाभेद' कहा जाता है। इसके अनुसार श्रीकृष्ण परम तत्त्व हैं। परम तत्त्व एक ही है जो सच्चिदानन्दस्वरूप, अनन्त शक्तिसम्पन्न तथा अनादि है। उपाधि भेद के द्वारा उसको परमात्मा, ब्रह्म तथा भगवान कहा गया है। श्रीकृष्ण की शक्तियाँ अनन्त हैं। उनकी अनन्त शक्तियाँ प्रकट हों तो भगवान, अप्रकट हो तो ब्रह्म तथा कुछ प्रकट तथा कुछ अप्रकट हो तो परमात्मा भेदों का जन्म होता है। भगवान भक्तिगम्य है जबकि ब्रह्म, परमात्मा ज्ञानगम्य है। परम ब्रह्म के स्वयं रूप, तदेकात्म रूप और आपेक्ष रूप हैं। परम ब्रह्म का स्वयं रूप श्रीकृष्ण है जो अपने पूर्णतम रूप से वृन्दावन में विराजते हैं। भगवान की अन्तरंग, बहिरंग तथा तटस्थ शक्तियाँ हैं। अन्तरंग शक्ति ही उसके स्वरूप की शक्ति है। इसके सत्, चित और आनन्द तीन भेद हैं। भगवान सत से विद्यमान, चित से स्वयं प्रकाशमान तथा जगत् से प्रकाशयिता होते हैं। इसी को 'आह्लादिनी शक्ति' कहा जाता है। बहिरंग शक्ति माया है जिससे जगत् की उत्पत्ति होती है। तटस्थ शक्तिसम्पन्न जीव है। शक्ति और शक्तिमान में न तो परस्पर कोई भेद है न अभेद। दोनों का सम्बन्ध तर्क से अचित्य है।

इस सम्प्रदाय में कृष्ण के साथ राधा को भी उपास्य माना गया है। इसमें रामानुजाभक्ति की महत्ता है। ''कृष्ण की मूल शक्ति प्रेम है जो आनन्द का कारण है। यही प्रेम भक्त के चित्त में स्थिर होकर महाभाव बन जाता है। महाभाव ही राधा है। राधा कृष्ण के सर्वोच्च प्रेम का आलम्बन है, प्रेम की आदर्श प्रतिमा है। गोपी-कृष्ण प्रेम लीला का प्रतिफलन है और यही भक्तों का साध्य है।''[5] चैतन्य सम्प्रदाय के ब्रजभाषी भक्त कवियों में गदाधर भट्ट, मदनमोहन, ध्रुवदास एवं नागरीदास का नाम प्रमुख है।

निम्बार्काचार्य ने 'दसश्लोकी' में अपने सिद्धान्तों का प्रतिपादन किया है। इस सम्प्रदाय के उपास्य राधा-कृष्ण हैं। निम्बार्काचार्य के अनुसार ''शिव ब्रह्मादि

जिनकी वन्दना करते हैं वे कृष्ण चरण ही जीव के एकमात्र शरण स्थल हैं। कृष्ण सर्वोच्च ब्रह्म हैं जो अरविन्दनयन हैं, व्यूह अवयवी हैं, कल्याण राशि, गुणयुक्त और दोष विमुक्त हैं, वृषभानुजा राधिका, सौन्दर्य ज्योतिपुंज हैं, अपनी छविद्युति से आलोक विकीर्ण करती है और हजारों सखियों से सेवित तथा मनोवांछित वस्तु प्रदात्री हैं। कृष्ण के पदारविन्द की अर्चना सेवा ही मुक्ति का एकमात्र उपाय है। इस प्रकार निम्बार्क ने दर्शन के सहारे राधा-कृष्ण को अनुभूति के अतिरिक्त ज्ञान और ध्यान का विषय बनाया।''[6] हितहरिवंश के राधावल्लभ सम्प्रदाय का सीधा सम्बन्ध इसी सम्प्रदाय से है। हितहरिवंश ने 'हित चौरासी' एवं 'राधा सुधा निधि' नामक रचनाएँ की हैं। इस सम्प्रदाय में राधा एवं कृष्ण की युगल उपासना का ही महत्त्व है। क्षणिक वियोग की स्थिति भी यहाँ मान्य नहीं है। प्रेमाभक्ति का प्रेम तत्त्व ही इस सम्प्रदाय का साधन और साध्य है। युगल (राधा-कृष्ण) का नित्य विहार ही परम प्रेम है एवं जीवात्मा (सहचरी) द्वारा इस नित्य विहार का दर्शन ही रस सिद्धि, प्रेम सिद्धि या रसोपासना है। जीवात्मा या साधक की राधावल्लभ की सखी के रूप में स्थिति मानी गई है।

हरिदासी या सखी सम्प्रदाय—इस सम्प्रदाय के प्रवर्तक स्वामी हरिदास हैं। ऐसा माना जाता है कि हरिदास जी पहले निम्बार्क मतानुयायी रहे हैं परन्तु बाद में इन्होंने इसे नहीं माना। सखी सम्प्रदाय के अनुयायी भागवत रसिक की भक्ति है—'

''नहिं विशिष्टाद्वैत हरि, नहिं हरि द्वैताद्वैत।
बँधे नहीं मतवाद में, ईश्वर इच्छा द्वैत।।''

इस सम्प्रदाय में सखी भाव से ही उपासना की जाती है। इसमें कुंज बिहारी रूप की मान्यता है। द्वारिकावासी कृष्ण के रूप को तो वैसे भी भक्तों ने अपनाया नहीं है। ब्रजवासी तथा गोकुलवासी कृष्ण ही सबके प्रिय रहे हैं। इस सम्प्रदाय में बाँके बिहारी कृष्ण की राधा के साथ सखी भाव से उपासना की जाती है।

वल्लभ सम्प्रदाय—ब्रजमंडल में कृष्णभक्ति का प्रचार-प्रसार वल्लभाचार्य ने ही किया। सर्वाधिक प्रसिद्ध कृष्णभक्त सूरदास वल्लभ सम्प्रदाय के पुष्टिमत से सम्बन्ध रखते हैं। वल्लभाचार्य का दार्शनिक सिद्धान्त शुद्धाद्वैत तथा भक्ति सिद्धान्त पुष्टिमार्ग कहलाता है। वल्लभाचार्य के अनुसार ब्रह्म के तीन भेद हैं—परब्रह्म, अक्षर ब्रह्म एवं क्षर ब्रह्म सर्वश्रेष्ठ परब्रह्म या पुरुषोतम रूप है, इसमें सत, चित, आनन्द तीनों वृत्तियाँ विद्यमान रहती हैं। श्रीकृष्ण परब्रह्म या सच्चिदानन्द रूप हैं। जीव ब्रह्म का अंश है। ब्रह्म अपनी अचिन्त्य शक्ति से जगत के रूप में भी परिणत होता है। उससे परे भी रहता है। जड़ में सत एवं जीव में सत और चित दोनों रहते

हैं। वेदान्तियों ने ब्रह्म के मायामूलक दो भेद किए हैं। वल्लभाचार्य के अनुसार सारी सृष्टि लीला के लिए ब्रह्म की अनुकृति है। श्रीकृष्ण वैकुंठ एवं उसके खंड गोलोक में नित्य लीलारत रहते हैं। उसमें प्रवेश करना ही जीव की उत्तम गति और इसके लिए भगवद् अनुग्रह आवश्यक है। पुष्टि का अर्थ है—'भगवान का अनुग्रह'। पुष्टि सिद्धान्तानुसार जीव के तीन प्रकार हैं—प्रवाह जीव, मर्यादा जीव तथा पुष्टि जीव। प्रवाह जीव सांसारिक प्रवाह में ही पड़े रहते हैं, मर्यादा जीव विधि-निषेध का पालन करनेवाले होते हैं तथा पुष्टि जीव भगवत अनुग्रह प्राप्त कर चुके होते हैं। जीव पुष्टि कब और कैसे बनता है? अर्थात् उसे भगवत अनुग्रह कैसे प्राप्त होता है। भगवत अनुग्रह बिना आत्मनिवेदन-समर्पण के प्राप्त नहीं होता। श्रीकृष्ण की शरण में जाने पर ही भक्त का कल्याण होता है। पुष्ट जीव भगवान के अनुग्रह के वशीभूत होकर सर्वस्व समर्पण कर देते हैं। पुष्टिमार्ग में वेद तथा लोक दोनों मर्यादाओं का त्याग हो जाता है। पुष्टि जीव ही ब्रह्म की लीला में प्रवेश कर सकता है। जीव या भक्त के हृदय में प्रेम की सत्ता होती है। भगवत अनुग्रह प्राप्त हो जाने पर भक्त ईश्वर से स्नेह करता हुआ आसक्त हो जाता है एवं जब वह अपना सर्वस्व अर्पण कर देता है तो उसका प्रेम व्यसन की दशा में पहुँच जाता है यहीं उसे भगवान का परम अनुग्रह या महापुष्टि प्राप्त हो जाती है और जीव नित्य लीला का महासुख अनुभव करता है। वल्लभाचार्य के बाद गोसाईं विट्ठलनाथ ने उनकी गद्दी प्राप्त की।

इन सम्प्रदायों के भक्तों के अलावा भी कई कृष्णभक्त प्रसिद्ध हुए जिनमें मीराँ, रसखान, रहीम आदि का नाम प्रमुख है। मीराँ और रसखान दोनों की कृष्णभक्तिकाव्य में विशिष्ट स्थिति है। आलम को तो रसखान की तरह भक्तों में स्थान नहीं दिया गया है। मीराँ राजपूत स्त्री होकर नाच-गाकर अपनी भावनाओं को अभिव्यक्त कर रही थीं तो रसखान मुसलमान होकर भी कृष्ण प्रेम में रँगे हुए थे। सूर आदि भक्तों से अनुपात में कम रचना करने के बावजूद तथा किसी सम्प्रदाय-विशेष से जुड़े बिना भी यह भक्त बहुत प्रसिद्ध हुए हैं। मीराँ निर्भय होकर 'मेरे तो गिरधर गोपाल, दूसरो न कोई' गाती हैं तो रसखान और आलम इस्लाम धर्म से जुड़े होने के बाद भी बिना किसी भय के कृष्ण प्रेम के पद गाते हैं, रचते हैं, अपनी सांस्कृतिक अस्मिता भी बचाए रखते हैं। मीराँ के सन्दर्भ में शुक्ल जी ने एकदम ठीक लिखा है कि—''मीराँबाई का नाम भारत के प्रधान भक्तों में है। मीराँ के काव्य में राजसत्ता, पुरुषसत्ता, लोकरूढ़ि और कुलीनता के विरुद्ध विद्रोह का जैसा प्रखर स्वर है वैसा उस काल के किसी अन्य कवि के यहाँ नहीं।''[7]

मीराँ सामन्तवादी रूढ़ियों को तोड़ती हैं और इसके लिए उन्हें पग-पग पर लांछित और अपमानित भी होना पड़ता है। जो कृष्णभक्ति धारा अपनी विशेषता के कारण शूद्र, नारियों को अपनी ओर आकर्षित कर सकी उसमें भी सम्प्रदायगत संकीर्णता के कारण मीराँ जैसी भक्तिन के प्रति निन्दनीय रवैया अपनाया गया है। वल्लभाचार्य की शिष्या न होने के कारण 'चौरासी वैष्णवन की वार्ता' में मीराँ को बहुत बुरा-भला कहा गया है और गालियाँ तक दी गई हैं। भक्त के रूप में विख्यात मीराँ, रसखान के प्रति वल्लभ सम्प्रदाय उपेक्षणीय-निन्दनीय रवैया अपनाता है। जिस युग में सूरदास ने अपनी रचना की, उस समय नारी की स्थिति पराधीन थी लेकिन लीला-वर्णन के माध्यम से सूर ने उस स्थिति का स्वप्न देखा जिसमें नारी बन्धनों को तोड़कर अपने प्रिय के साथ कुंठारहित तौर पर विचर सकती थी। "रास या महारास का केवल धार्मिक, आध्यात्मिक महत्त्व ही नहीं है उसका सामाजिक महत्त्व भी है।"[8]

मीराँ ने उसी युग में लीला वर्णन के माध्यम से ही नहीं, स्वयं भी बन्धनों को तोड़ने का प्रयास किया। प्रिय उनका कृष्ण ही था और इसी से परिजनों की मान-मर्यादा मिट रही थी। "लोकजनों के मानस में ब्रज का, गोपियों का जो यूरोपीय पौराणिक विश्वास के रूप में पहले से उपस्थित था।"[9] वह स्त्री प्रेम के लिए वहीं तक स्वीकृत था।

कृष्णभक्ति और काव्य बन्धन तोड़ने में सफल हुआ क्योंकि यहाँ भय कमजोर नहीं करता बल्कि निर्भय होकर उसका सामना करने की सीख दी जाती है, चुनौती दी जाती है। गोपियाँ गृहस्थ होकर भी कृष्ण से प्रेम करती हैं और मीराँ, रसखान तथा आलम जैसे भक्त तो साक्षात् ऐसा करते हैं, जान की बाजी लगाकर मीराँ ने तो स्वयं अपने पदों में कहा है— "जहर का प्याला राणा जी ने भेजा।" मीराँ को राणा जहर देते हैं, लोग बावरी कहते हैं, परिवारजन कुलनासी कहते हैं तो रसखान की शिकायत बादशाह से की जाती है। मीराँ, रसखान, आलम उदार प्रवृत्ति के कृष्ण भक्त हैं। रसखान, आलम ने कृष्णभक्ति के साथ शिव, गंगा, देवी आदि की भी स्तुति की है। मीराँ की रचनाओं पर निर्गुण, सगुण, सूफीमत, नाथ पंथ सबका प्रभाव दिखाई देता है। "हिन्दी में शायद ही कोई और रचनाकार मिले जो इस क्षेत्र में मीराँ से अधिक उदार हो।"[10]

कृष्णभक्ति की अपनी विशेषता रही कि यह रामभक्ति शाखा की तरह वर्णाश्रम से नहीं जुड़ती इसीलिए अन्य वर्ण एवं धर्म के स्त्री, पुरुष इसमें जगह पा सके हैं। कृष्णभक्ति सवर्ण के सांस्कृतिक वर्चस्व का विरोध अवर्ण को शामिल करके करती है। वर्णाश्रम से न जुड़ना, प्रेम का रूढ़ि विरोधी स्वरूप ही कृष्णभक्ति की विशेषता एवं शक्ति है।

सन्दर्भ

1. रामचन्द्र शुक्ल, हिन्दी साहित्य का इतिहास, पृ. 114.
2. वही, पृ. 143.
3. हजारीप्रसाद द्विवेदी, हिन्दी साहित्य की भूमिका, पृ. 64.
4. वही, पृ. 79.
6. वही, पृ. 78.
7. वही, पृ. 22.
8. विश्वनाथ त्रिपाठी, मीराँ का काव्य, पृ. 37.
9. विजयदेव नारायण साही, जायसी, पृ. 75.
10. विश्वनाथ त्रिपाठी, मीराँ का काव्य, पृ. 90.

शोधार्थी

भारतीय भाषा केन्द्र

जवाहरलाल नेहरू विश्वविद्यालय

नई दिल्ली

महापुरुष शंकरदेव और उनकी भक्ति का वैशिष्ट्य

अमरेन्द्र त्रिपाठी

शंकरदेव भारतीय भक्ति आन्दोलन के एक ऐसे देदीप्यमान नक्षत्र हैं जिनकी रोशनी में समस्त पूर्वोत्तर भारत आज भी नहाया हुआ है। असमिया समाज को शंकरदेव के बिना नहीं समझा जा सकता। उनके बिना समझा तो भारतीय भक्ति आन्दोलन को भी नहीं जा सकता, लेकिन समझा गया है। यह एक ऐतिहासिक भूल है, जिसको यदि सुधारा जाए तो भक्तिकाल के मूल्यांकन की कुछ बेहद मान्य धारणाओं और स्थापनाओं में बदलाव करना पड़ेगा। वैचारिक उदारता और ओजस्विता में शंकरदेव पूर्वोत्तर भारत के कबीर हैं, सामाजिक मूल्य निर्मिति, प्रभावान्विति और लोकप्रियता में तुलसीदास, कृष्ण के प्रति अनन्य भक्ति में मीराँ, सम्प्रदाय निर्माण में दादू, विनम्रता में रैदास और सत्ता के साथ संघर्ष में नानक। हिन्दी के किसी भी एक रचनाकार और किसी भी एक धारा के खाँचे में शंकरदेव को अटा पाना मुश्किल ही नहीं नामुमकिन है। हिन्दी के निर्गुण संतों ने सगुण ईश्वर से सायास दूरी बनाई तो शंकरदेव ने जमकर और झूमकर उनका लीला गान किया, लेकिन अपने 'नामघरों' में मूर्तियों को प्रवेश की अनुमति नहीं दी। हिन्दी के निर्गुण और सगुण संत-भक्त जिस एक बात पर सहमत थे वह था, 'संतों को कहाँ सीकरी सो काम', जबकि शंकरदेव ने बाकायदा एक भुइयाँ के रूप में कई वर्षों तक न केवल राज्य-संचालन किया बल्कि कई जमींदारों को अपने मत में दीक्षित भी किया। स्त्रियों को लेकर उत्तर भारत के तमाम निर्गुण-सगुण संत बेहद अनुदार और आक्रामक थे जबकि शांकरी-साहित्य में स्त्री-विद्वेष का स्वर न के बराबर है। शंकरदेव ने दो बार शादी की थी और अपने सम्प्रदाय में कई स्त्रियों को दीक्षित भी किया था। संस्कृत का ज्ञान होने के बावजूद उन्होंने जनभाषा असमिया में साहित्य रचना की। उत्तर भारतीय भक्तों-संतों ने वैचारिक प्रसार हेतु जनभाषा को अभिव्यक्ति का माध्यम बनाया जबकि शंकरदेव ने पूर्वोत्तर भारत की जनभाषा असमिया में साहित्य रचना तो की ही, साथ ही अपने विचारों के अखिल भारतीय प्रसार के लिए 'ब्रजावली' नामक एक बिलकुल नवीन भाषा का सहारा भी लिया। 'ब्रजावली' ब्रजभाषा और असमिया के मेल से निर्मित हुई थी जिसे तमाम विद्वानों ने हिन्दी का आरम्भिक रूप माना है। उन्होंने अपनी पहली ही रचना (1488 ई.) ब्रजावली में की, जो 'मन मेरा राम चरणहि लागु' शीर्षक एक बरगीत है। पूर्वोत्तर भारत के किसी संत द्वारा किया

गया यह बिलकुल नया और अनूठा प्रयोग था। शंकरदेव की इस कोशिश ने पूर्वोत्तर भारत और मध्य-भारत के बीच की सांस्कृतिक-सामाजिक खाईं को पाट दिया। यह एक बड़ी विडम्बना है कि जिस संत ने मध्यकाल में पूर्वोत्तर भारत और शेष भारत के मिलन की जमीन तैयार की, उसको आधुनिक काल में साहित्यिक मूल्यांकनों और विश्लेषणों तक से हमने अलग रखा। हम बंगाल से आगे कभी गए ही नहीं, जबकि मध्यकाल में शंकरदेव बारह बर्षों तक समस्त भारत का भ्रमण करते रहे।

यह धारणा आम है कि भक्ति का स्वर सुदूर दक्षिण में जन्मा, कर्नाटक और महाराष्ट्र में तीव्र हुआ और उत्तर भारत में आकर शीर्ष पर पहुँच गया। 'भक्ति द्राविड़ ऊपजी लाये रामानन्द' जैसी उक्तियाँ इसी सन्दर्भ में प्रचलित हुईं। यह विचार भारत के पूर्वी प्रदेश में उठी भक्ति की लहर की उपेक्षा करता है। जबकि मिथिला के विद्यापति, असम के शंकरदेव, बंगाल के चंडीदास और चैतन्य तथा उड़ीसा के पंचसखाओं के बिना भारतीय भक्तिकाल की व्यापकता को तो छोड़िए उसके पूर्ण स्वरूप को भी नहीं समझा जा सकता। भारत के पूर्वी क्षेत्र में भक्ति के प्रवाह को मोड़ना भारत के किसी भी अन्य क्षेत्र की तुलना में ज्यादा चुनौतीपूर्ण था, खासकर पूर्वोत्तर भारत में। अनेकानेक जातियों, नस्लों, भाषाओं, सम्प्रदायों, धर्मों, क्षेत्रीयताओं और शासकों में विभाजित पूर्वोत्तर भारत को एक धार्मिक मान्यता के भीतर एकत्र करना नामुमकिन-सा कार्य था। शंकरदेव ने यह असम्भव सा कार्य सम्पन्न किया।

शंकरदेव का जीवन-काल सन् 1449 (जन्म) से सन् 1568 (मृत्यु) के बीच माना जाता है। ये जाति के कायस्थ थे। असम के नौगांव जिले के बरदोवा नामक गाँव में जन्मे शंकरदेव के पूर्वज गंगा के किनारे स्थित कन्नौजपुरा (सम्भवत: कान्यकुब्ज) से गोरी के आक्रमण के दौरान अपना सर्वस्व लुटाकर असम आए थे। धीरे-धीरे वे असम में भुइयाँ यानी सरदार या जागीरदार बन गए। बारह वर्ष की उम्र में शंकरदेव को महेन्द्र कन्दलि की टोल यानी पाठशाला में अध्ययन के लिए भेजा गया। तीव्र बुद्धि शंकरदेव ने बहुत ही कम समय में वेद-पुराण में महारत हासिल कर ली। एक तपती दुपहरी में टोल के आँगन में सोए, शंकर भुइयाँ को एक काले नाग द्वारा फ़ण फ़ैलाकर धूप से बचाते हुए देखकर गुरु महेन्द्र कन्दलि ने उनका नामकरण शंकरदेव कर दिया। इक्कीस वर्ष की अवस्था में अध्ययन पूरा कर वे सन 1470 में घर वापस आए। पारिवारिक दबाव में सूर्यवती नामक कन्या से विवाह हुआ। इस विवाह से उन्हें मनु नामक एक कन्या-रत्न की प्राप्ति हुई। कन्या को जन्म देने के एक माह बाद ही सूर्यवती का देहान्त हो गया। इस घटना ने उन्हें बेहद आहत किया। गृहस्थ जीवन में धीरे-धीरे प्रवेश कर रहे शंकरदेव के

मन में बाल्यकालीन विरक्ति ने पैर पसारना शुरू कर दिया। यह शंकरदेव के जीवन का प्रथम चरण था।

मनु की जिम्मेवारी के कारण शंकरदेव पारिवारिक जीवन से बँधे रहे। सन 1481 में मनु का विवाह हरि नामक एक युवक से कर बत्तीस वर्ष की अवस्था में वे कुल सत्रह लोगों को साथ लेकर भारत-भ्रमण को निकल पड़े। इन लोगों में उनके गुरु महेन्द्र कन्दलि भी थे। बारह वर्षों के भारत-भ्रमण के दौरान उन्होंने लगभग समस्त भारत का दर्शन किया लेकिन अपना अधिकांश समय जगन्नाथपुरी में बिताया। वे वाराणसी भी गए और कहते हैं कबीर से भी मिले। कबीर के व्यापक प्रभाव से प्रेरित होकर ही उन्होंने लिखा, 'उरेषा वाराणसी ठावे ठावे। कविर गीत शिष्ट सबे गावे।' इस पंक्ति में 'शिष्ट' शब्द पर ध्यान देना रोचक और दिशानिर्देशक होगा। यह कबीर की जनस्वीकृति को दर्शाता है। शंकरदेव बदरिकाश्रम भी गए और मान्यता है कि वहीं पर उन्होंने अपना पहला 'बरगीत' 'मन मेरा राम चरणहि लागु' रचा। वे भारत में घूमे चाहे जहाँ कहीं भी हों लेकिन उन्हें संत-समागम, तत्त्व-चिन्तन और भक्ति-मार्ग के निर्धारण की दिशा जगन्नाथपुरी में ही मिली। यहीं उन्होंने पुरी के जगन्नाथ को अपना इष्टदेव और सिर्फ़ उसकी भक्ति को 'एकशरणिया भक्ति' का आधार बनाया। जीवन के दूसरे चरण को पूरा कर सन् 1493 में शंकरदेव वापस असम लौटे।

प्रथम भारत-भ्रमण के दौरान शंकरदेव भारत के विविधतापूर्ण जीवन-सन्दर्भों से वाकिफ़ हुए। इससे उनके भीतर धर्म-भक्ति-समाज-परिवार सबके प्रति एक व्यावहारिक और यथार्थवादी दृष्टि विकसित हुई। जिस विरक्ति ने उन्हें दुनिया देखने को उकसाया था, दुनिया ने उस विरक्ति से ही उन्हें विरक्त कर दिया। उन्हें पता चल गया कि दुनिया से भागकर दुनिया को नहीं बदला जा सकता और एक बार फ़िर वे सांसारिकता के बन्धन में बन्धने को तैयार हो गए। अड़तालीस वर्ष की अवस्था में सन 1497 में उन्होंने दूसरा विवाह किया, जिससे उन्हें तीन पुत्र और एक कन्या-रत्न की प्राप्ति हुई। उन्होंने राज्य-कार्य का दायित्व भी स्वीकार किया। पड़ोसी राज्यों के निरन्तर हो रहे आक्रमणों और शंकरदेव की अरुचि के कारण उनका राज्य अब बहुत छोटा हो गया था। अत: अब वे शिरोमणि भुइयाँ की जगह महज गुमाश्ता (एक सौ शिल्पी परिवारों का प्रधान आरक्षक) बनकर रह गए। पर यह सब करते हुए भी वे कभी भगवद्-भक्ति से विमुख नहीं हुए। राजकाज का सारा दायित्व अपने जमाता हरि के कन्धों पर डालकर शंकरदेव अपना अधिकांश वक्त भगवद्-भजन में लगाने लगे। सन् 1502 में उन्होंने तत्त्व चिन्तन, सामूहिक भगवद्-भजन और उपदेश देने के उद्‌देश्य से पैतृक निवास बारदोवा में पहली बार अपने

घर में ही एक मंडप बनवाया, जो आगे चलकर 'सत्र' के रूप में प्रसिद्ध हुआ। मित्र जगदीश मिश्र द्वारा पुरी से लाकर दी गई 'श्रीमद्भागवत' की एक प्रति और उसकी श्रीधरी व्याख्या के आधार पर इसी समय शंकरदेव ने 'एकशरण धर्म' का स्वरूप निश्चित किया और अपने पहले नाटक 'चिह्न यात्रा' (अब अनुपलब्ध) का लेखन किया। बड़े पैमाने पर नाटकों की रचना और मंचन के कारण भक्तिकालीन कवियों में शंकरदेव का विशिष्ट स्थान है। उनके जीवन का यह तीसरा चरण है।

शंकरदेव ने अपने जीवन के कुल आठ-नौ वर्ष ही शान्ति से बिताए होंगे कि सन् 1515-16 में कछारियों ने उनके राज्य पर आक्रमण कर दिया। इस आक्रमण ने असम से भुइयाँ राजसत्ता का नामोनिशान हमेशा-हमेशा के लिए मिटा दिया। इसके बाद के लगभग पचास साल शंकरदेव के जीवन के सर्वाधिक उथल-पुथल-वाले काल रहे। वे असम के भिन्न-भिन्न हिस्सों का भ्रमण करते रहे और अपने मत का प्रचार-प्रसार करते रहे। सर्वाधिक योग्य शिष्य माधवदेव से धुवाहाता में इसी दौरान उनकी मुलाकात हुई। 'चांडाल पर्यन्त करि हरि-भक्ति अधिकारी' की घोषणा करनेवाले शंकरदेव ने अस्थिरता के इस दौर में अपने मत का सघन प्रचार किया जिससे उनकी लोकप्रियता में अभूतपूर्व वृद्धि हुई और विरोधियों की उग्रता और विरोध का स्तर भी बढ़ा। विरोधी ब्राह्मणों के प्रचंड विरोध का शमन करने के लिए एक ओर उन्होंने उनको शास्त्रार्थ में पराजित किया और दूसरी ओर मूर्तिपूजा में विश्वास न रखते हुए भी 'मदन मोहन' नामक एक काठ की मूर्ति की स्थापना की। सन् 1515 से लेकर 1535 तक वे अहोम राज्य के अन्तर्गत रहे। अहोम शासकों की ओर से उन्हें कोई विशेष सुविधा तो नहीं मिली लेकिन मुश्किलें भी नहीं खड़ी की गईं। हाथी पकड़ने को लेकर अहोम शासक शुहुंग मूंग (सन 1497-1539) भुइयाँ लोगों से नाराज हो गया और शंकरदेव सहित तमाम भुइयाँ लोगों को गिरफ्तार कर लिया। कैद में मिली यातना से उनके दामाद हरि की मौत हो गई। छह माह की कैद के बाद बड़ी मुश्किल से शंकरदेव अहोम राज्य से मुक्त हुए और कोच राज्य में शरण ली।

सन 1531 में नरनारायण कोच राज्य का राजा बना। वह स्वभाव से धार्मिक और प्रकृति से उदार था। अहोम राज्य से प्रताड़ित होकर शंकरदेव और उनके शिष्यों ने कोच राज्य के पाटबाँउसी नगर में शरण ली। उनके जीवन के अन्तिम अठारह वर्ष इसी नगर में बीते। उनकी अधिकांश रचनाएँ यहीं लिखी गईं और यहीं उन्होंने एक नामघर की स्थापना भी की। पाटबाँउसी से ही सन 1550 में वे दूसरी बार भारत-भ्रमण पर निकले और जल्दी ही वापस लौट आए। इस भ्रमण से लौटने के बाद उन्होंने संगठित तरीके से अपने मत का प्रचार-प्रसार प्रारम्भ किया

और जल्द ही उनकी ख्याति पूरे असम में फैल गई। जैसे-जैसे उनके समर्थकों की संख्या बढ़ने लगी वैसे-वैसे उनके विरोधियों की विरोध-भावना में भी वृद्धि होने लगी। विरोधियों ने नरनारायण को शंकरदेव के खिलाफ़ उकसाया और राजा ने उनकी गिरफ्तारी का आदेश निकाल दिया। शंकरदेव को इसका पता पहले ही चल गया और वे पाटबाँउसी से निकल लिये। बाद में किसी प्रकार की क्षति न पहुँचाए जाने के आश्वासन के बाद वे नरनारायण के दरबार में उपस्थित हुए। शंकरदेव जैसे ही दरबार में पहुँचे उनके दैवीय व्यक्तित्व ने वहाँ उपस्थित सबके हृदय में रोमांच पैदा कर दिया। उन्होंने 'नारायण काहे भक्ति करूँ तोरा' नामक बरगीत का गायन किया जिससे नरनारायण बेहद प्रभावित हुआ। उसने संस्कृत के आठ पदों की व्याख्या करने का आदेश दिया, जिसकी शंकरदेव द्वारा की गई व्याख्या से वह अभिभूत हो गया। अगले कई दिनों तक राज-दरबार में वाद-विवाद का क्रम चलता रहा जिसमें अन्ततः शंकरदेव की विजय हुई और शक्ति-पीठ कामाख्या का निर्माता कट्टर शाक्त नरनारायण उनका प्रशंसक हो गया। यह घटना आगे चलकर 'एकशरण नामधर्म' के प्रचार-प्रसार में निर्णायक मोड़ साबित हुई। इस वक्त की घटी एक घटना शंकरदेव के मत की असम में मजबूत उपस्थिति और उनकी अपने सिद्धान्त के प्रति दृढ़ता दोनों को दर्शाता है। व्यासकलाइ नामक एक ब्राह्मण शिष्य ने एकशरण में दीक्षित होने के बावजूद अपने पुत्र की प्राणरक्षा के लिए चापरा नामक एक देवी की पूजा की, जिससे नाराज होकर शंकरदेव ने उसे अपने मत से बाहर कर दिया। कई लोगों ने इसे शंकरदेव की मतगत संकीर्णता का प्रमाण माना। पर इसे विभिन्न मत-मतान्तरों में फँसे पूर्वोत्तर के समाज को भक्ति-रस में डुबोने की एक कोशिश के रूप में ही देखा जाना चाहिए। अब तक उनकी अवस्था काफ़ी हो चली थी। नरनारायण के सेनापति चिलाराय के निवेदन पर उन्होंने अपनी अन्तिम रचना 'राम-विजय' का लेखन पूरा किया। कहा जाता है कि शारीरिक कमजोरियों के अलावा उन्हें इस वक्त एक मानसिक तनाव ने भी काफ़ी परेशान कर रखा था। राजा नरनारायण उनके मत में दीक्षित होना चाहता था जबकि शंकरदेव को उसकी निष्ठा पर सन्देह था, और वे उसे अपने मत में नहीं आने देना चाहते थे। तभी उन्हें एक बड़ा फोड़ा हो गया। इन्हीं सब हालातों में सन् 1568 में उनका देहान्त हो गया। माधवदेव उनके उत्तराधिकारी बने और उनके मत को नवीन ऊँचाइयों पर पहुँचाया।

शंकरदेव ने संस्कृत, असमिया और ब्रजावली में साहित्य-साधना की। उनकी आरम्भिक रचनाएँ मुख्यतया असमिया में, जबकि अन्तिम ब्रजावली में हैं। उनकी कुल सोलह रचनाओं की जानकारी मिलती है। 'भक्ति-रत्नाकर' और 'तोटय' संस्कृत में लिखी रचनाएँ हैं। सर्वाधिक आठ रचनाएँ असमिया में मिलती हैं, जिनके

नाम हैं—1. उत्तरकांड, 2. महाभागवत, 3. हरिश्चन्द्र उपाख्यान, 4. रुक्मिणी हरण, 5. कीर्तन घोषा, 6. गुणमाला, 7. भक्तिप्रदीप और 8. भटिमा। ब्रजावली के आद्य-रचनाकार शंकरदेव की सर्वाधिक सरस रचनाएँ ब्रजावली में हैं। इस भाषा में उनके कुल छह नाटक हैं—1. पत्नी-प्रसाद, 2. केलिगोपाल, 3. कालिय-दमन, 4. रुक्मिणी-हरण, 5. पारिजात-हरण, और 6. राम-विजय। इनको 'अंकीया नाट' भी कहा जाता है। इसके अलावा ब्रजावली में लिखे 240 बरगीतों का उल्लेख भी मिलता है, जिनमें से अब महज 34 ही उपलब्ध हैं। विषय-वस्तु के आधार पर शंकरदेव की रचनाओं में से कुछ तत्त्व-निरूपक हैं तो कुछ काव्यत्व की प्रतिष्ठा करनेवाले। उनकी अधिकांश रचनाओं का आधार पुराण हैं, और उनमें भी 'भागवत पुराण' का प्रभाव सर्वाधिक है। शैली की नजर से यदि देखें तो शांकरी-साहित्य में जितना वैविध्य है उतना शायद भारत के किसी भी अन्य भक्त-कवि में नहीं है। शंकरदेव भक्तिकाल के सम्भवत: आरम्भिक और अकेले रचनाकार हैं जिन्होंने न केवल नाटक लिखे बल्कि उनके मंचन की भी व्यवस्था कराई। तुलसीदास के विषय में कहा जाता है कि उन्होंने बनारस में रामलीला के मंचन की शुरुआत की थी। अपने छह नाटकों को शंकरदेव ने सर्वभारतीय भाषा ब्रजावली में रचा ताकि उसका राष्ट्रीय स्तर पर प्रचार हो सके। शंकरदेव ने कई प्रबन्धकाव्य लिखे जिनमें से कुछ खंडकाव्य हैं जबकि कुछ एकार्थकाव्य। 'रुक्मिणी-हरण' और 'हरिश्चन्द्र उपाख्यान' उनके प्रसिद्ध प्रबन्धकाव्य हैं। शंकरदेव को जन-जन के हृदय में स्थापित करने में मुक्तकों की बड़ी भूमिका है। उनके बरगीतों में भगवान के प्रति अद्‌भुत रागात्मकता और लगाव का दर्शन होता है। इन गीतों में कविता और संगीत का बेजोड़ समन्वय है। असमिया भक्ति-साहित्य के विद्वान कृष्णनारायण प्रसाद 'मागध' इन बरगीतों को 'मनोविजय की साधना का काव्य' कहते हैं। इसके अलावा अंकिया नाटकों में भी प्रसंगानुकूल गीतों का सृजन किया गया है। 'कीर्तन-घोषा' अलग-अलग समयों पर रचित कीर्तनों का संकलन है। रामचरण ठाकुर ने कुल 29 कीर्तनों का संकलन कर इसे माधवदेव के आदेश पर तैयार किया था। इनमें मुख्य रूप से कृष्ण का लीलागान है। भगवान की भक्ति के अलावा उन्होंने राज-प्रशस्ति भी की है। इस क्रम में उन्होंने भटिमा की रचना की है। ये भटिमाएँ देवताओं के लिए भी लिखी गई हैं। 'राज-भटिमा' के अन्तर्गत उन्होंने मुख्य तौर पर कोच राजा नरनारायण की प्रशस्ति की है।

पन्द्रहवीं सदी के शंकरदेव का असम विभिन्न जातियों-जनजातियों-मान्यताओं-विश्वासों-आस्थाओं-परम्पराओं की जटिल संरचना से निर्मित एक विशिष्ट भूभाग था। पूर्वोत्तर भारत के वर्तमान चरित्र को देखकर उसका थोड़ा बहुत अनुमान

लगाया जा सकता है। वह भयानक राजनैतिक उथल-पुथल का समय था। बारहवीं सदी में स्थापित अहोम राजसत्ता इस क्षेत्र की सर्वाधिक ताकतवर सत्ता थी, लेकिन उसे चुटिया, कछारी, कोच, कामता आदि राजाओं की तरफ़ से निरन्तर चुनौती मिलती रहती थी। इस सत्ता संघर्ष के कारण असम के तमाम इलाकों में सदैव राजनैतिक-सामाजिक अस्थिरता बनी रहती थी, जिसके शिकार स्वयं शंकरदेव भी हुए थे। धार्मिक परिस्थितियाँ और भी अधिक उलझी हुई थीं। असम के सर्वाधिक ताकतवर अहोम शासक काली के पुजारी थे और नरबलि तक देते थे। शांकरी मत के प्रभाव में आकर सत्रहवीं सदी में उन्होंने हिन्दू मत को स्वीकार किया। मध्यकाल में असम में सर्वाधिक प्रभावी शैव और शाक्त थे। शैव कई सम्प्रदायों में विभक्त थे, जिनमें नाथयोगियों का प्रभाव बहुत ही प्रबल था। इनके कारण ही यह इलाका तन्त्र-मन्त्र का गढ़ माना जाता था। कई विद्वान आदिनाथ का जन्मस्थान असम बताते हैं। स्वयं शंकरदेव के पिता शैव थे और इसीलिए उन्होंने अपने पुत्र का नाम शंकर रखा था। शक्तिपीठों में कामाख्या की प्रसिद्धि शाक्त मत के प्रभाव की कहानी स्वयंमेव बयाँ करती है। शंकरदेव के सबसे प्रिय शिष्य माधवदेव कट्टर शाक्त थे। बौद्धों का प्रभाव भी कम नहीं था। कामरूप और सिलहट असम के प्रमुख बौद्ध केन्द्र थे। यहाँ बौद्धधर्म का आगमन बुद्ध के बहुत बाद में हुआ था इसलिए उसमें विकृतियों की मात्रा ज्यादा थी। वैष्णव धर्म की उपस्थिति के प्रमाण भी मिलते हैं लेकिन वह केवल मठों-मन्दिरों तक ही सीमित था। इस्लाम के आक्रमण ने हालात और भी बुरे कर दिये। धार्मिक-साम्प्रदायिक संघर्ष चरम पर पहुँच गया। जनता इन धार्मिक कुरीतियों के बीच पिस रही थी। तभी पूर्वोत्तर भारत के आकाश में शंकरदेव नामक सितारा चमका। हेम बरुआ ने लिखा है कि, ''शंकरदेव ने एक धार्मिक योद्धा की तरह बड़े उत्साह से धार्मिक विद्वेष से जीर्ण देश के सामने दर्पण दिखाया और शीघ्र ही जैसे की सोते से झकझोर दिया गया हो, खुशी से चौंककर जनता ने अपने को पहचाना। उसने उनमें न केवल अपनी बाहरी छवि ही देखी, बल्कि आत्मा के स्वरूप का भी दर्शन किया।'' ('लौहित्य और निलांचल', गुवाहाटी, 1961, पृ. सं. 96)

असम में शंकरदेव की उपस्थिति और उनकी भक्ति कई मामलों में विशिष्ट है। जयदेव (बारहवीं शती) और विद्यापति के बाद ये भारत के पूर्वी अंचल के तीसरे सर्वाधिक प्रसिद्ध भक्त हैं। विद्यापति का प्रभाव क्षेत्र मिथिला और बंगाल था। जयदेव की ख्याति का क्षेत्र भी लगभग यही था। शंकरदेव का प्रभाव-क्षेत्र तन्त्र-मन्त्र का गढ़ असम था। असम में वैष्णव भक्ति की उतनी समृद्ध परम्परा नहीं थी जितनी मिथिला और बंगाल में। इस वजह से असम में वैष्णव भक्ति को स्थापित

करना ज्यादा कठिन काम था। पूर्वोत्तर में वैष्णव भक्ति का सर्वाधिक प्राचीन प्रमाण असमिया शासक महाभूति वर्मन (554 ई.) के बरगंगा शिलालेख में मिलता है। इसके बाद के अलग-अलग कालों की प्राप्त हुई मूर्तियों से भी इस क्षेत्र में वैष्णव अथवा पांचरात्र मत के प्रचलन का पता चलता है। पन्द्रहवीं-सोलहवीं सदी में असम में मन्दिरों के निर्माण का दौर आरम्भ हुआ। शैव और शाक्त मत के मन्दिरों के साथ-साथ बड़े पैमाने पर वैष्णव मन्दिर निर्मित हुए। 'उमानन्द' (सोलहवीं शती), 'अश्वक्रांत' (सोलहवीं शती), 'पाण्डुनाथ' (1583 ई.), 'हयग्रीव-माधव' (1583 ई.) जैसे वैष्णव मन्दिर इसी काल में अस्तित्व में आए। प्रसिद्ध शक्ति पीठ कामाख्या मन्दिर के पश्चिमी द्वार पर वेणु-गोपाल की एक छोटी मूर्ति भी सम्भवत: इसी समय स्थापित हुई। लेकिन इन सबके बावजूद असम में वैष्णव भक्ति का शुद्ध रूप चलन में नहीं था। इस पर तन्त्र-मन्त्र का काफ़ी प्रभाव था। इसी वजह से माहेश्वर नियोग ने शंकरदेव के पहले के वैष्णव मत को 'तन्त्र वैष्णववाद' कहा है। शंकरदेव का सबसे बड़ा प्रदेय यही है कि उन्होंने वैष्णव भक्ति को मठों-मन्दिरों के साथ-साथ तन्त्र-मन्त्र की भयावह जटिलता से भी मुक्त कराया और उसे जन-जन के बीच लोकप्रिय किया।

शंकरदेव ने भक्ति के जिस मार्ग को अपनाया वह असम ही नहीं बल्कि भारतीय भक्ति आन्दोलन के लिए भी एक नए अध्याय का आरम्भ था, इसीलिए विद्वानों ने इसे 'नव-वैष्णव मत' कहा। शंकरदेव के प्रति अगाध श्रद्धा और सम्मान के कारण उन्हें मिली उपाधि 'महापुरुष' की तर्ज पर इसे 'महापुरुषिया' और कृष्ण के प्रति अनन्य समर्पण के उनके आग्रह के कारण इसे 'एकशरणिया नाम धर्म' भी कहा जाता है। शंकरदेव ने पूर्ववर्ती तमाम साधनात्मक मार्गों का खुला विरोध करते हुए घोषणा की कि, 'विष्णुतर परे आन नहिं केव/ अन्य देवी-देव न करिवा सेव।' शंकरदेव द्वारा अपने मत को बहुत ही शुद्धता और कठोरता के साथ लागू करने की मूल वजह तन्त्र-वैष्णववाद की कुरीतियों से अपने साधकों को बचाना भी था। कृष्णनारायण प्रसाद 'मागध' ने इसको नोटिस करते हुए लिखा है, ''शंकर ने जितनी कठोरता, अपराजिता और निर्ममता से शैवों, शाक्तों, तान्त्रिकों और वैसे ही अन्य पथभ्रष्ट उपासकों पर प्रहार किया, उतनी ही कठोरता से तान्त्रिक वैष्णववाद और ब्राह्मण दर्शन के शुष्क बुद्धिवाद के विरुद्ध खुला विद्रोह भी।''

फ़िर भी, उनकी चेतना कबीर की तरह विरोध-भाव में कम तुलसी की तरह समन्वय में ज्यादा सक्रिय हुई। कई विद्वानों का मानना है कि शंकरदेव के पहले कामरूप में भक्ति थी ही नहीं। प्रथम भारत-भ्रमण के दौरान उत्तर भारत में भक्ति के जिस सोते को बहते हुए उन्होंने देखा उसी का प्रवाह पूर्वोत्तर में किया।

महापुरुषिया पन्थ का सैद्धान्तिक जामा शंकराचार्य के अद्वैतवाद और व्यावहारिक पक्ष महाभागवत पुराण के आधार पर निर्मित किया गया है। शंकरदेव के कृष्ण पूर्ण-ब्रह्म हैं लेकिन भक्तों पर कृपा करने के लिए अवतार भी ग्रहण करते हैं। वे कहते हैं, ''नमो यदुपति कृष्ण परि करो सेव, परम पुरुष तुमि बिने नाहि केव/ नित्य निरंजन शुद्ध आनन्द स्वरूप, भक्तर जेन इच्छा लेने धरा रूप।' इस अवतारी कृष्ण की लीला का गान ही शांकरी साहित्य का मुख्य स्वर है। वैसे इस लीलागान में कृष्ण का लोकरक्षक रूप प्रधान है, लोकरंजक रूप नहीं। शांकरी साहित्य में कृष्ण इस कदर भक्तवत्सल ईश्वरीय आभा से आबद्ध हैं कि उसमें राधा का उल्लेख अत्यल्प है। शंकरदेव ने कृष्ण-रुक्मिणी प्रसंग पर एक काव्य और एक नाटक लिखा लेकिन राधा के उल्लेख से सदा बचते रहे। असम में यह मान्यता है कि कृष्ण की पत्नी रुक्मिणी असम की ही थीं। उन्होंने कृष्ण की दूसरी पत्नी सत्यभामा का उल्लेख किया लेकिन राधा का नहीं, वह भी उस पूर्वोत्तर भारत में जहाँ स्त्री-पुरुष सम्बन्ध भारत के अन्य हिस्से की तुलना में ज्यादा लोकतान्त्रिक और उदार थे। असमिया साहित्य में भक्तिकाल के बाद रीतिकाल के न आने की यह एक बहुत बड़ी वजह है।

कृष्णभक्ति में राधा की उपस्थिति एक बड़ा प्रश्न है। 'महाभारत', इसके परिशिष्ट के रूप में विख्यात 'हरिवंश पुराण' और भागवत धर्म के मूल ग्रन्थ 'श्रीमद्भागवत' में राधा का उल्लेख नहीं मिलता। राधा-कृष्ण का पहला प्रामाणिक उल्लेख ई. पू. प्रथम शताब्दी की प्राकृत रचना 'गाथा सप्तसती' में है, जबकि कृष्णभक्ति के प्रमाण उत्तर भारत में काफ़ी पहले से प्राप्त होते हैं। इसके बहुत बाद लिखे गए 'पद्मपुराण' और 'ब्रह्मवैवर्तपुराण' में राधा-कृष्ण के युगल रूप का विशद वर्णन हुआ है। दक्षिण भारत की कृष्णभक्ति में तो आठवीं-नवीं सदी तक राधा की कोई चर्चा नहीं मिलती। उत्तर भारत में राधा का उल्लेख भले ही पहले से मिलता हो लेकिन राधावल्लभ कृष्ण की काव्य और कलाओं में स्वीकृति इसके बाद ही हुई। इस विषय में प्रो. मैनेजर पांडेय लिखते हैं कि ''सातवीं-आठवीं शताब्दी के अनन्तर राधावल्लभ श्रीकृष्ण काव्य और अन्य कलाओं की विषयवस्तु के रूप में स्वीकृत हुए। आठवीं शताब्दी की प्राकृत रचना 'गउडवाहो' में राधावल्लभ श्रीकृष्ण का उल्लेख मिलता है। दसवीं शताब्दी के पुष्पदन्त के 'महापुराण' में श्रीकृष्ण की बाल और किशोर लीलाओं की सरस व्यंजना है। 'प्राकृत पैंगलम' में राधाकृष्ण के लीला विषयक अनेक पद उपलब्ध हैं। बारहवीं शताब्दी में हेमचन्द्र द्वारा संगृहीत अपभ्रंश दोहों में कृष्णलीला वर्णित है। संस्कृत में आठवीं शताब्दी के पूर्व के कवि भट्टनारायण के 'वेणीसंहार' में राधाकृष्ण

का उल्लेख है। बारहवीं शताब्दी तक अनेक काव्य और काव्यशास्त्रों के ग्रन्थों में यत्र-तत्र राधाकृष्ण की चर्चा है। गुजरात के विल्वमंगल, लीला शुक स्वामी ने 'कृष्णकर्णामृत' और 'बालगोपाल स्तुति' नामक रचनाओं में कृष्णलीला का वर्णन किया है। बारहवीं शताब्दी में जयदेव ने 'गीतगोविन्द' द्वारा राधाकृष्ण लीला और कृष्ण के राधावल्लभ स्वरूप को साहित्य और लोकमानस में पूर्णत: प्रतिष्ठित कर दिया। चौदहवीं और पन्द्रहवीं शताब्दी के पश्चात कृष्णलीला का पूरा प्रकाश लोकभाषाओं में दिखाई पड़ता है। इस बीच सम्पूर्ण भारतवर्ष का लोकमानस राधाकृष्ण की मधुर रससिक्त लीलाओं से रसमय हो गया था।'' ('भक्ति आन्दोलन और सूरदास का काव्य', वाणी प्रकाशन, दिल्ली, 1993, पृ. सं.77)

जयदेव के बाद विद्यापति की पदावली ने तो पूरे पूर्वी भारत को राधा-कृष्ण के सम्मोहन में बाँध लिया, लेकिन वह जिसको प्रभावित नहीं कर सका वे थे शंकरदेव। यह विचार का मुद्दा है कि जयदेव और विद्यापति के बाद पूर्वी भारत के सर्वाधिक प्रमुख कृष्णभक्त ने राधा-कृष्ण की जगह रुक्मिणी-राधा के प्रेम को अपनी भक्ति का आधार क्यों बनाया? इससे भी अधिक आश्चर्य की बात यह है कि जिस जगन्नाथपुरी से ज्ञान प्राप्त कर शंकरदेव ने रुक्मिणी-कृष्ण को अपनी भक्ति का अवलम्ब स्वीकार किया, वहीं से प्रेरणा प्राप्त कर उनके कुछ सालों बाद चैतन्य महाप्रभु ने राधावल्लभ कृष्ण की भक्ति को उत्तर भारत में इस कदर स्थापित कर दिया कि भारतीय मानस रुक्मिणी को लगभग भूल ही गया। स्वयं चैतन्य को उनके अनुयायियों ने राधा-कृष्ण का युगल अवतार घोषित किया था। शंकरदेव के समय में और उनके बहुत वर्षों बाद तक भी उन्हें छोड़कर शायद ही किसी भक्त ने रुक्मिणी-कृष्ण के युगल रूप को अपनी भक्ति का आधार बनाया हो। हम सब जानते हैं कि भारत के अन्य हिस्से की तुलना में पूर्वोत्तर भारत का समाज स्त्री-पुरुष सम्बन्धों के मामले में तुलनात्मक रूप से ज्यादा स्वतन्त्र या कहें उन्मुक्त रहा है। ऐसे में स्वाभाविक तो यह था कि वहाँ राधा-कृष्ण की भक्ति को ज्यादा महत्त्व मिले पर शंकरदेव ने उसके विपरीत जाकर कृष्णभक्ति में पति-पत्नी भाव को ज्यादा प्रमुखता दी। तो क्या शंकरदेव पारम्परिक सोच के शिकार थे? क्या वे जनजातीय रीति-रिवाजों में बंधे पूर्वोत्तर के उन्मुक्त समाज को आदर्श भारतीय परिवार व्यवस्था के भीतर लाना चाहते थे? स्त्री के सम्बन्ध में क्या उनकी सोच पिछड़ी थी?

उपर्युक्त प्रश्नों पर विचार करने के क्रम में यह जान लेना आवश्यक है कि शंकरदेव ने अपनी भक्ति में राधा का नामोल्लेख न किया हो ऐसा नहीं है। वे उनके उल्लेख से बचते जरूर रहे हैं। उनकी आरम्भिक रचनाओं में राधा का उल्लेख बिलकुल नहीं है, लेकिन अन्तिम रचनाओं में उनका उल्लेख मिलता है।

'रासक्रीड़ा' में राधा की पूर्ण अस्वीकृति है, 'रासलीला' में अन्य गोपियों के साथ उनका नामोल्लेख मात्र है जबकि 'केलिगोपाल' में एक स्वतन्त्र व्यक्तित्व के रूप में राधा स्थापित हैं। इसकी बड़ी वजह यह है कि शंकरदेव का मन कृष्ण के लोकरक्षक रूप में अधिक रमा, लोकरंजक रूप में कम। शांकरी साहित्य में कृष्ण भक्तवत्सल ईश्वरीय आभा से इस कदर आबद्ध हैं कि उनका प्रेमी रूप इस आभा में छिप गया है। शंकरदेव ने इसी वजह से रुक्मिणी के साथ-साथ कृष्ण की दूसरी पत्नी सत्यभामा तक को अपनी रचनाओं में पर्याप्त स्थान दिया है लेकिन राधा से एक स्पष्ट दूरी बनाए रखी है। पूर्वोत्तर भारत शाक्त मत का गढ़ था। वहाँ पंच मकारों की साधना चरम पर थी, मैथुन जिसका प्रधान अंग था। इस वजह से इस इलाके में स्त्री-पुरुष सम्बन्ध विकृत रूप ग्रहण कर चुका था। कृष्ण के प्रेमी रूप के प्रचलन से शंकरदेव के सम्प्रदाय के भी भ्रष्ट हो जाने की आशंका थी। सम्भवत: इसी कारण शंकरदेव ने धारा के विपरीत जाकर अपने कृष्ण को राधा की गोद से निकालकर रुक्मिणी के आँचल की छाँव में शरण दी। लेकिन जैसा कि ऊपर प्रो. मैनेजर पांडेय ने लिखा है कि चौदहवीं-पन्द्रहवी सदी में कृष्ण का राधावल्लभ रूप पूर्णरूपेण स्थापित हो गया था, जयदेव और विद्यापति की वजह से खासकर पूर्वी भारत में, तो उसके प्रभाव या दबाव में आकर शंकरदेव ने भी अपनी कुछ रचनाओं में राधा का उल्लेख कर दिया होगा।

कृष्ण के प्रेमी रूप की जगह उनके पति रूप को प्रधानता देने की वजह से इस निष्कर्ष पर पहुँचना आधारहीन होगा कि शंकरदेव स्त्री-पुरुष समानता के विरोधी थे। प्रेम का अखंड गायन करनेवाले संत कबीर, जायसी और सूरदास सती प्रथा के मुखर समर्थक, और मायारूपी नारी के प्रबल विरोधी थे। उनकी रचनाओं में स्त्री के प्रेमजन्य विरह की पीड़ा तो है लेकिन समाजजन्य शोषण का प्रतिवाद न के बराबर है। 'उत्तरकांड' में शंकरदेव की सीता प्रश्न करती हैं कि सबको विदित है कि राम मेरे स्वामी हैं, मैं उनकी सेविका हूँ, मैं उनकी समर्पित नारी हूँ, रावण ने मेरा अपहरण किया था, मैं अपनी मर्जी से उसके पास नहीं गई थी, वापस आने पर राम ने अनेक प्रकार से मेरी परीक्षा ली, फ़िर भी उनका मन मुझको लेकर अशान्त क्यों है? शंकरदेव की पंक्तियाँ हैं, "सबाते बिदित मोर राम येन स्वामी/ सेवकिनी प्राय आन विवाहिता आमि/ एकेश्वरी नारी मइ नोहो स्वतंतरी/ नोवारिलो राखिबे रावण निल हरि/ करिला परीक्षा रामे पेहलांइ अगनित/ तथापि न भैल शान्त राघवर चित्त।" शंकरदेव की रचनाओं में नारी-निन्दा का स्वर लगभग नहीं है। माया के रूप में भी स्त्री की निन्दा करने से वे बचते हैं। भगवान की भक्ति का द्वार उन्होंने सबके लिए खोला था—स्त्री के लिए भी। शंकरदेव के कृष्ण की घोषणा है,

''स्त्री शूद्रे करि यदि आम्हात भकति; ताहात कहिबा इहो ज्ञान महामति।' इसी का परिणाम था कि भक्तिकाल के किसी भी अन्य सम्प्रदाय से बहुत पहले शंकरदेव के एकशरणिया धर्म में कनकलता और भुवनेश्वरी जैसी स्त्रियों को न केवल शरण मिला बल्कि उन्हें सत्राधिकार अथवा महन्त का दायित्व भी दिया गया। शंकरदेव के सत्रों में स्त्री-पुरुष समान भाव से जाते थे और 'भावोना' में अभिनय करते थे।

शंकरदेव की भक्ति पूर्ववर्ती कृष्णभक्ति से भिन्न और विशिष्ट थी। रसमयी भक्ति की जगह उन्होंने कृष्ण की निर्मल और निर्गुण भक्ति को स्वीकार किया। विद्यापति और जयदेव की तरह उनकी भक्ति में वैषयिक श्रृंगार के लिए कोई स्थान नहीं था। उनके लिए भक्ति का तात्पर्य था—कृष्ण की सर्वभावेन भक्ति। कृष्ण के अतिरिक्त किसी अन्य देवता के आराधना की उन्होंने सख्त मनाही की, 'एकं शास्त्रं देवकीपुत्र गीतन्, एको देवो देवकी पुत्र एव/ कर्माप्येकं तस्य देवस्य सेवा, मन्त्रोऽप्येक: तस्य देवस्य नाम।' उनके भक्ति-दर्शन के आधार ग्रन्थ गीता और भागवत हैं। गीता की पंक्ति 'सर्वधर्मान् परित्यज्य मामेकं शरणं ब्रज' को मूल मन्त्र स्वीकार कर शंकरदेव ने अपने एकशरण धर्म की स्थापना की। एकशरण का मतलब है, ''संसार-सागर से मुक्ति पाने के लिए एकमात्र अद्वैत निर्गुण ब्रह्मकृष्ण की शरण अथवा ब्रह्मकृष्ण के प्रति सर्वस्वार्पण।'' 'एकशरण नामधर्म' में प्रवेश ग्रहण करने को 'शरणलोवा' कहा जाता है। 'शरणलोवा' के पश्चात भक्त के जीवन में चार सत्य-देव, नाम, भक्त और गुरु की प्रधानता हो जाती है। शंकरदेव के समय तक पहले तीन सत्य ही मान्य थे, बाद में माधवदेव ने गुरु के सम्मान में इसमें चौथे सत्य गुरु को जोड़ा। 'एकशरणिया धर्म' में श्रीकृष्ण एकमात्र शरणदाता, भक्त शरणार्थी और गुरु शरण के योग्य भूमिका का निर्माता होता है। इसमें शरणागति को बहुत अधिक महत्त्व दिया गया है। अन्य सम्प्रदायों में शरणागति भक्ति का एक अंग है लेकिन शंकरदेव की भक्ति में यह पूर्ण भक्ति का पर्याय है। यहाँ भक्ति ही एकशरणिया है। 'भक्ति प्रदीप' में शंकरदेव लिखते हैं, ''मोक एरि आन एको न भजे देवक, सेहि भक्ति एरुवावे समस्ते कर्मक/ सेहि एकशरण भजन अनुपाम, नु शुन्य आन एको देवतार नाम//'

'एकशरण नामधर्म' में देवता की पूजा तो है लेकिन मूर्ति की पूजा की मनाही है। इस अन्तर को सैद्धान्तिक और व्यावहारिक दोनों स्तरों पर स्थापित करने का काम शंकरदेव ने बहुत ही सावधानी से किया था। उन्होंने कहा कि मूर्ति की पूजा किसी भी भक्त का साध्य नहीं होता। मूर्ति तो महज साधन है, उसके भीतर निहित परमात्मा की साधना का। मूर्त में जो अमूर्त छिपा है उसके विस्मरण से मूर्तिपूजा जड़पूजा हो जाती है इसलिए इसका निषेध जरूरी है। शंकरदेव ने देखा था कि

मूर्तिपूजा इस कदर रूढ़ हो गई है कि भक्त उसकी मूल भावना से ही दूर चले गए हैं। इस वजह से उन्होंने भगवान की जड़ मूर्ति की जगह उसकी मनोमयी प्रतिमा की आराधना को प्रोत्साहित किया। 'भागवत' में उन्होंने लिखा, "मने कल्पि ह्वदयत प्रतिमा याहार/ यिटो जने प्रबन्धिया चिन्ते एक बार।" कृष्ण के जीवन पर आधारित नाटकों के मंचन के पीछे भी उनका यही उद्देश्य था। दरअसल, शंकरदेव मूर्तिपूजा के साथ जुड़ी अनेकानेक कुरीतियों से भारतीय समाज को मुक्त करना चाहते थे। परिणामत: उन्होंने अपनी भक्ति में श्रवण और कीर्तन को तो स्वीकार किया लेकिन अर्चन और बन्दन को नकार दिया। बहुदेववाद और कर्मकांडों का खुला विरोध शांकरी साहित्य में भरा पड़ा है।

भक्तिकाल का निर्गुण-सगुण में किया गया सर्वमान्य विभाजन शंकरदेव के भक्ति-मार्ग को समझने में मुश्किल खड़ा करता है। शंकरदेव निर्गुण ब्रह्म के उपासक हैं लेकिन अवतारवाद का समर्थन करते हैं। हिन्दी के निर्गुण संतों ने कभी भूले-भटके भले ही अवतारी ब्रह्म का जिक्र कर दिया हो लेकिन उसका विरोध बहुत ही समझदारी से किया है। सगुण भक्तों ने भी ब्रह्म के स्वरूप-निर्धारण के दौरान उसके अनादि-अनन्त और निराकार रूप का उल्लेख किया है लेकिन भक्ति के क्रम में उससे सायास अलगाव भी बनाए रखा है। निर्गुण-सगुण का यह विभेद शंकरदेव के यहाँ नहीं है। उनके कृष्ण अद्वैत निर्गुण ब्रह्म हैं। वे अनादि, अनन्त, सनातन, पुराणपुरुष, समस्त चराचर के कारण और परमगुरु परमपुरुष पुरुषोत्तम हैं। उनके अनेक नाम हैं, लेकिन हैं वे मूलत: एक ही। उस ईश्वर को पाने का एकमात्र मार्ग है भक्ति, जिसे उनके अनन्य शिष्य माधवदेव 'राजमार्ग' कहते हैं—'पौरुष पुरुषक किछु नुई/ बिने भकति गति नाई।' कबीर, रैदास आदि संत भक्ति के इस मार्ग पर प्रेम और राम-नाम के सहारे चलते हैं जबकि शंकरदेव भगवान के लीलागान द्वारा। भारतीय भक्ति-आन्दोलन में शंकरदेव इस मामले में बिलकुल अलग हैं कि उन्होंने जितनी जोर से कृष्ण के निर्गुण स्वरूप का बखान किया उससे ज्यादा ताकत से उसके सगुण कर्मों का गुणगान किया। इसकी एक बड़ी वजह यह थी कि निर्गुण ईश्वर की भक्ति व्यावहारिक रूप से सम्भव नहीं थी। आचार्य रामचन्द्र शुक्ल कहते हैं, 'कबीर ने जिस प्रकार एक निराकार ईश्वर के लिए वेदान्त का पल्ला पकड़ा उसी प्रकार उस निराकार ईश्वर की भक्ति के लिए सूफ़ियों का प्रेमतत्त्व लिया और अपना निर्गुण पन्थ धूमधाम से निकाला। बात यह थी कि भारतीय भक्तिमार्ग साकार और सगुण रूप को लेकर चला था, निर्गुण और निराकार ब्रह्म भक्ति और प्रेम का विषय नहीं माना जाता।" (हिन्दी साहित्य का इतिहास, वाराणसी, सं 2056, पृ. 36)

'तुलसी मस्तक तब नवे जब धनुष बाण हो हाथ' और 'दशरथ सुत तिहु लोक बखाना' के शुष्क वैचारिक विवादों में घिरे-उलझे हिन्दी के भक्ति आन्दोलन से भिन्न शंकरदेव ने वैचारिक धरातल पर निर्गुण ईश्वर का समर्थन किया लेकिन व्यावहारिक जमीन पर उसके सगुण रूप का। वे जानते थे कि आम जनता को केवल वैचारिक क्रान्ति और उदारता ही सुकून और मुक्ति नहीं दिला सकती, उन्हें चाहिए बिलकुल ठोस और स्पर्श किया जा सकनेवाला ईश्वर। कबीर और तुलसी की स्वीकार्यता और लोकप्रियता का अन्तर वैचारिक-सैद्धान्तिक भिन्नता के कारण कम, सगुण और निर्गुण के मानवीय चेतना-संवेदना पर हावी हो जाने की क्षमता के कारण अधिक है। यदि केवल भक्ति को आधार माना जाए तो कबीर की तुलना में तुलसी की भक्ति ज्यादा मोहक और व्यवस्थित है। उसमें सामूहिकता की भावना अधिक प्रबल है। निर्गुण ईश्वर की आराधना के लिए कबीर योग से लेकर सूफ़ी साधना के बीच उलझते-डोलते रहते हैं। फ़िर भी, उनके सामाजिक विचार हमें जितना 'अपील' करते हैं उतना उनकी भक्ति नहीं। लेकिन यह मुश्किल कबीर की कम उनके समय की ज्यादा थी। उनका समय अनेकानेक मतों की टकराहटों का समय था। कबीर इन सबके बीच समन्वय चाहते थे। 'दशरथ सुत' को नकारनेवाले कबीर कई पदों में सगुण राम का उल्लेख करते हैं। कबीर के सच्चे अनुयायी शंकरदेव ने कबीर के विचारों को देशकाल और तत्कालीन हालातों के अनुरूप सफ़लतापूर्वक लागू किया। उनके लिए ईश्वर का स्वरूप उतना महत्त्वपूर्ण नहीं था जितना उसकी भक्ति। इसी कारण बेहद सहजता से वे कहते हैं कि ब्रह्म तो 'नित्य निरंजन शुद्ध आनन्दस्वरूप' है, लेकिन 'भकतर येन इच्छा तेने धरा रूप।' भक्त की जैसी इच्छा होगी वैसा ही स्वरूप ब्रह्म धारण कर लेगा, इसलिए उसके निर्गुण-सगुण स्वरूप पर विवाद करने की आवश्यकता नहीं। वैसे कृष्ण के लीला गान में डूबे जन को जगह-जगह तुलसी की तरह सचेत भी करते रहते हैं, ''आहे भाइ सब, देखो देखो, ओहि नन्दनन्दन मानुष नोहे।''

एक अमूर्त ईश्वर के साथ रागात्मक सम्बन्ध की निर्मिति बेहद कठिन है। इसीलिए इस्लाम के दायरे में ही सूफ़ियों ने जब ईश्वर के साथ रागात्मक सम्बन्ध बनाया तो उसकी कल्पना अलौकिक सौन्दर्य की मल्लिका के रूप में की। अब माशूक से ज्यादा मूर्त और रागात्मक तो कुछ हो नहीं सकता, तो सूफ़ी साधना ने जन-मन को मोहा। सूफ़ियों की लोकप्रियता में इसकी बड़ी भूमिका है। सूरदास ने अमूर्त ईश्वर के साथ जुड़ी इसी मुश्किल की ओर इशारा किया है। सगुण-निर्गुण विवाद के सर्वाधिक मुखर वक्ता सूरदास ने कई पदों में अद्वैत निर्गुण ब्रह्म की अराधना की है। निर्गुण ईश्वर से उनका कोई विद्वेष या विरोध नहीं है, उनकी

मुश्किल महज इतनी है कि ईश्वर का निर्गुण रूप आमजन की भक्ति के अनुरूप और उपयुक्त नहीं है। गोपियों के सभी तर्क इस तथ्य की पुष्टि करते हैं। 'सूर-सागर' के प्रथम स्कन्ध के दूसरे पद में ही सगुण ईश्वर की उपासना का कारण बताते हुए सूरदास कहते हैं—'रूप-रेख-गुन जाति जुगति-बिनु निरालंब कित धावै/ सब बिधि अगम बिचारहिं तातैं सूर-सगुन-पद गावै।' कबीर किसी मूर्त रूपक के साथ अपनी भक्ति को नहीं जोड़ते हैं। कभी-कभी वे ईश्वर की कल्पना पति के रूप में करते हैं, लेकिन 'स्त्रैण' विशेषण को एक अपमानजनक शब्द माननेवाले इस देश को वह स्वीकार न हुआ। कबीर के अनन्य अनुयायी और उनके वैचारिक–शिष्य शंकरदेव भारतीय जन के संस्कारों को महसूसते थे और साथ ही निर्गुण ईश्वर के साथ जुड़ी मुश्किलों को भी समझते थे। इसीलिए एक ओर उन्होंने जहाँ अपने कृष्ण को निर्गुण कहा वहीं दूसरी ओर भागवत आधारित उनकी लीलाओं का गान किया। कृष्ण के मूर्ति-स्थापन में न केवल उनकी रुचि नहीं थी बल्कि उसका उन्होंने सख्त विरोध किया। परन्तु, वे जानते थे कि सदियों से मूर्तियों के साथ अपने भाव-संवेदन को जोड़े रखनेवाले इस देश की जनता को उससे अलग नहीं किया जा सकता। तब उन्होंने असमिया समाज को मूर्ति से अलगाकर लीला से जोड़ दिया। परिणाम यह हुआ कि असमिया समाज मूर्तिपूजा के साथ जुड़ी हुई जड़ताओं और अमूर्त ईश्वर की शुष्कता के कारण उसकी भक्ति में आ रही बाधा दोनों से एकसाथ ही आजाद हो गया। उनके कृष्ण न उनसे जुदा हुए और न ही उन्होंने जाति आधारित भेदभाव को बढ़ावा दिया। शंकरदेव की अपार जनस्वीकार्यता और असमिया समाज की सापेक्षिक उदारता में इस कदम की निर्णायक भूमिका है। कृष्ण नारायण 'मागध' लिखते हैं, "अद्वैत निर्गुण ब्रह्म के निरूपण में शंकरदेव ने उसे बार-बार अजर, अमर, निराकार, निरंजन, अव्यक्त, गुणातीत, सर्वव्यापक, अन्तर्यामी, सृष्टि का कर्ता-हर्ता-धर्ता, कारणों का कारण, अचिन्त्य इत्यादि बताया है। पुनरुक्तियों की चिन्ता उन्हें नहीं है। इसका मूल कारण यही अनुमित किया जाएगा कि उनके सम्पूर्ण साहित्य में वर्णित कथाएँ सगुण रूप की हैं जिनका ब्रह्म के निर्गुणत्व से स्पष्ट विरोध है। इस विरोध को उन्होंने अपनी भक्तिमूलक दृष्टि से दूर करने का प्रयत्न किया है। उनकी भक्ति 'रसमयी' है। वह साधन रूपा है। स्वयं कवि ने उसे चित-शुद्धि के साधन-स्वरूप माना है। पुन: अद्वैत ब्रह्म की साधना-उपासना की क्लिष्टता एवं दुष्करता भी सगुणरूप की स्वीकृति का कारण रहा है। कवि की उक्ति है, "निश्चल निर्मल रूप सूक्ष्म यिटो स्वामी, देवे न जानन्त ताकं केने जानो आमि/ अपर तोमार रूप जात भुज चारि, पती वस्त्रे शोभे शंख चक्र गदा धारि/ सेहिसे मूर्तिक आराधन्ते देवगणे, ताकसे भकत सबे चिन्ते सर्वक्षणे।" (शंकरदेव : साहित्य और विचारक, पटियाला, 1976, पृ. 116)

शंकरदेव के लिए ईश्वर तक जाने का मार्ग उतना महत्त्वपूर्ण नहीं था जितना उससे मिलना। वैसे पूर्वोत्तर भारत में जातिगत विभेद की तुलना में नस्ली अलगाव ज्यादा प्रधान था। प्राचीन काल से ही इस इलाके में चीन, तिब्बत, मंगोलिया, बर्मा आदि देशों से बड़ी संख्या में प्रवजन कर आए नृजातीय समूह बस गए थे। इनकी परम्परा-संस्कृति-सभ्यता सबकुछ भिन्न ही नहीं बल्कि परस्पर विरोधी भी थी। शंकरदेव की चुनौती इन सबको भक्ति के मार्ग पर लाना था। इस्लाम के आगमन के कारण उत्तर भारतीय समाज में वर्णाश्रमवादी संघर्ष को बढ़ावा मिला। वहाँ का मुख्य संघर्ष आर्थिक रूप से सम्पन्न तथाकथित निम्न जातियों की स्वाधीन चेतना और वर्णाश्रमवादी मानसिकता के बीच था। ऐसे में सगुण ईश्वर का समर्थन वर्णाश्रमवाद का समर्थन था। पूर्वोत्तर भारत में नस्लीय भेदभाव की प्रधानता के कारण वर्णाश्रमवाद का वैसा प्रभाव नहीं था, फ़िर भी थोड़ा बहुत तो था ही। शंकरदेव जितने भावुक भक्त थे उतने ही सचेत धर्म-प्रचारक भी। निर्गुण ईश्वर का समर्थन कर एक ओर उन्होंने वर्णाश्रमवाद को 'चैलेंज' किया और उसकी लीला का गान कर विभिन्न नस्लों के लिए भक्ति मार्ग को सहज और सर्वजन-सुलभ बना दिया। अद्वैतवाद की मान्यता का सामाजिक विस्तार करते हुए 'कुकुर श्रृगाक गर्दभरो आत्माराम, जानिआ सबाके परि करिबा प्रणाम' कहकर जीवमात्र की महत्ता का प्रतिपादन किया। नरबलि और पशुबलि के प्रचलनवाले पूर्वोत्तर भारत के लिए यह नवीन ही नहीं क्रान्तिकारी घोषणा थी। 'न करिबा सेवा सखि आन देवतार; नुहीयेन आमार भकति व्यभिचार' कहकर यदि उन्होंने विभिन्न सम्प्रदायों के बीच भटक रहे असम को कठोरतापूर्वक कृष्णभक्ति से जोड़ा तो उन्हें तमाम सीमाओं के पार जाकर मुक्ति का आश्वासन भी दिया। वे महज 'जात पात पूछे नहिं कोऊ' तक ही सीमित नहीं रहते हैं, ''किरात कछारी खासि गारो मिरि यवन कंक गोवाल, असम मलुक धुवा ये तुरुक कुवाच म्लेच्छ चंडाल/ आनो पापी नर कृष्ण सेवकर संगत पवित्र हय, भक्ति लभिया संसार तरिया वैकुंठ सौखे चलय।'' उनकी भक्ति सबके लिए सुलभ थी, चाहे वह किसी भी जाति या किसी भी नस्ल का हो।

शंकरदेव ने भक्ति का एक सहज-सरल जनोन्मुखी मार्ग विकसित किया। यह न योग की शब्दावलियों में भटकता है और न मूर्तिपूजा की रूढ़ियों में उलझता है। निर्गुणियों की तरह एकान्त साधना और वैयक्तिक-मुक्ति की कामना भी नहीं करता है। यह सामूहिक-मुक्ति के तामझाम और वैयक्तिक-मुक्ति के जिम्मेवार अकेलेपन के बीच से अपना रास्ता निकालता है। इसमें भगवान की मूर्ति को साष्टांग दंडवत की मनाही थी। भक्ति के तीन साधनों देव, नाम और भक्त को प्रधान माना गया। नवधा-भक्ति में से अर्चन और वन्दन को नकार कर श्रवण और कीर्तन को बहुत

अधिक महत्त्व दिया गया। व्ययबहुल कर्मकांडों और बाह्याचारों में फँसे पूर्वोत्तर भारतीयों के लिए उठाया गया यह एक क्रान्तिकारी कदम था। श्रवण-कीर्तन के लिए शंकरदेव और आगे चलकर माधवदेव ने बड़ी संख्या में सत्रों और नामघरों का निर्माण कराया। इसमें मूर्तियों की जगह शंकरदेव-माधवदेव रचित 'कीर्तनघोषा' और 'नामघोषा' को रखा गया। यह प्रयोग सिक्खों के गुरुद्वारों की तरह है। असम की जातीय संस्कृति के निर्माण में इनकी अहम भूमिका है। यह मन्दिर, बौद्ध-विहार और जनगोष्ठियों का मिला-जुला रूप है। इसमें प्रवेश हेतु जातिगत-वर्गगत-लिंगगत-क्षेत्रगत किसी प्रकार का प्रतिबन्ध नहीं होता। यह सदियों से भगवत चर्चा के साथ ही विभिन्न सांस्कृतिक-सामाजिक गतिविधियों का केन्द्र भी है। शंकरदेव के समय से ही यहाँ जन-अदालतें बैठती रही हैं। किसी भी असमिया गाँव की कल्पना नामघरों के बगैर सम्भव नहीं है।

उपर्युक्त विवरण से पता चलता है कि शंकरदेव उत्तर और पूर्वी भारत के आरम्भिक कृष्णभक्त कवियों में हैं, लेकिन हिन्दी की दुनिया उनसे लगभग अनभिज्ञ है। जयदेव और विद्यापति के बाद कृष्णभक्ति की परम्परा शंकरदेव की वाणी में ही उभरी। शंकरदेव (1449-1568) सूरदास (1483-1563) के पहले हुए थे। ये सूर के गुरु वल्लभाचार्य (1473-1530) से भी उम्र में लगभग पच्चीस वर्ष बड़े थे। सन् 1488 में ब्रजभूमि में बैठकर ब्रजावली में जब उन्होंने अपनी पहली रचना 'मन मेरा राम चरण ही लागु' लिखी थी तब वल्लभाचार्य की कुल उम्र तेरह वर्ष और सूरदास महज पाँच वर्ष के थे। उत्तर भारत में कृष्णभक्ति की विधिवत शुरुआत भी तब तक नहीं हुई थी। इसके लगभग तीस वर्षों (सन 1519) बाद वल्लभाचार्य के शिष्य पूर्णमल खत्री ने गोवर्धन पर्वत पर श्रीनाथ जी का मन्दिर बनवाया था, जो आगे चलकर उत्तर भारत में कृष्णभक्ति के प्रसार का बड़ा केन्द्र बना। इसके बावजूद हिन्दी की कृष्णभक्ति पर विचार करते हुए शंकरदेव का नामोल्लेख तक नहीं होता। आचार्य रामचन्द्र शुक्ल जब उत्तर भारत में भक्ति के उद्‌भव और प्रसार का रिश्ता सूरदास से काव्यात्मक शैली में जोड़ते हैं तब उन्हें शंकरदेव की याद नहीं आती। आचार्य शुक्ल की उक्ति है, "जयदेव की देववाणी की स्निग्ध पीयूषधारा, जो काल की कठोरता में दब गई थी, अवकाश पाते ही लोकभाषा की सरसता में परिणत होकर मिथिला की अमराइयों में विद्यापति के कोकिल कंठ से प्रकट हुई और आगे चलकर ब्रज के कुरील कुंजों के बीच फ़ैले मुरझाए मनों को सींचने लगी। आचार्यों की छाप लगी हुई आठ वीणाएँ श्रीकृष्ण की प्रेमलीला का कीर्तन करने उठीं, जिनमें सबसे ऊँची, सुरीली और मधुर झनकार कवि सूरदास की वीणा की थी।' ('सूरदास', नागरी प्रचारिणी सभा, काशी, विक्रम सं. 2054, पृ. 92)

जयदेव और विद्यापति के बाद पूर्वी भारत में कृष्णभक्ति का सर्वाधिक प्रभावशाली रूप असम के शंकरदेव की भक्ति में दिखता है। आचार्य शुक्ल ने कृष्णभक्ति के उद्‌भव और विकास पर विस्तार से विचार किया है लेकिन कहीं भी शंकरदेव का नाम नहीं लिया है। यह भूल केवल उनके द्वारा नहीं हुई है। बाद के आलोचकों ने भी शंकरदेव का नामोल्लेख ही किया है। तो क्या यह माना जाना चाहिए कि हिन्दी की दुनिया शंकरदेव को नहीं जानती, जबकि वे हमारे पड़ोसी राज्य असम में लगभग ईश्वर की तरह समादृत हैं? ऐसा होने की वजह क्या है? भाषिक दुराव या भौगोलिक दूरी? शंकरदेव ने जितना असमिया में लिखा उतना ही संस्कृत और ब्रजबुलि में—आठ-आठ रचनाएँ। असम में भी शंकरदेव की लोकप्रियता का आधार ब्रजबुलि में लिखे उनके नाटक ही हैं जिनका मंचन आज भी होता है। असमिया के 'कीर्तनघोषा' को भले ही सत्रों में पूजनीय स्थान प्राप्त हो लेकिन आम जनता ब्रजबुलि में लिखे उनके 'बरगीत' ही गाती रही है। ब्रजबुलि ब्रजभाषा के काफ़ी करीब है। अगर हम जयदेव की संस्कृत, विद्यापति की मैथिल और चैतन्य महाप्रभु की बाँगला को गा-गुनगुना सकते हैं तो शंकरदेव की ब्रजबुलि उनकी तुलना में हिन्दी के ज्यादा करीब है। भौगोलिक दूरी तो कोई मसला ही नहीं है, क्योंकि भक्ति आन्दोलन के उद्‌गम पर विचार के क्रम में हम सुदूर दक्षिण की दौड़ लगाने के अभ्यस्त रहे हैं। फ़िर भक्ति आन्दोलन के विस्तार की दिशा तलाशते हुए बंगाल के पड़ोस में स्थित, और कभी बंगाल का ही हिस्सा रहे असम तक क्यों नहीं पहुँच पाए? कहीं ऐसा तो नहीं कि कृष्णभक्ति की जो रसमयी धारा हिन्दी प्रदेश में बह रही थी शंकरदेव की भक्ति उससे भिन्न थी, इसलिए हमने उनको अनदेखा कर दिया? पूर्वोत्तर भारत के प्रति सदियों से चली आ रही क्रूर उपेक्षा की हमारी मनोदशा भी इसकी एक वजह हो सकती है। वर्ना यह सम्भव नहीं है कि आप असम को जानें और शंकरदेव को न पहचानें। 'भक्ति आन्दोलन और शंकरदेव' शीर्षक आलेख लिखते हुए प्रो. गोपेश्वर सिंह ने भक्तिकालीन विवेचनों में शंकरदेव की उपेक्षा की मुख्य वजह हिन्दी साहित्य का काशी केन्द्रित होना बताया है। वे ठीक ही कहते हैं कि हम भक्ति-आन्दोलन के अखिल भारतीय स्वरूप का चाहे जितना जयगान कर लें पर हमारी नजर काशी से बाहर नहीं जाती' "भक्ति आन्दोलन के अखिल भारतीय चरित्र में जो वैविध्य और विस्तार है, उसका नाम जाप करने के बावजूद, कहना चाहिए कि वह हिन्दी चिन्तन का हिस्सा नहीं है। यही कारण है कि भक्ति आन्दोलन को लेकर हिन्दी में जो दृष्टि सक्रिय है, वह एकायामी एवं काशी 'सेंट्रिक' है।" ('भक्ति आन्दोलन और शंकरदेव', 'आलोचना', जनवरी-मार्च, 2009, पृ. 19)

सूरदास के परिप्रेक्ष्य में कृष्णभक्ति के उद्‌भव और विकास पर विचार करते हुए आचार्य रामचन्द्र शुक्ल इस निष्कर्ष पर पहुँचते हैं, ''कृष्णचरित के गाने में गीत काव्य की जो धारा पूरब में जयदेव और विद्यापति ने बहाई उसी का अवलम्बन ब्रज के भक्त कवियों ने भी किया। आगे चलकर अलंकार काल के कवियों ने अपनी श्रृंगारमयी मुक्तक कविता के लिए राधा और कृष्ण का ही प्रेम लिया। इस प्रकार कृष्ण सम्बन्धिनी कविता का स्फुरण मुक्तक के क्षेत्र में हुआ, प्रबन्ध क्षेत्र में नहीं। बहुत पीछे संवत 1809 में ब्रजवासीदास ने रामचरितमानस के ढंग पर दोहा चौपाइयों में प्रबन्धकाव्य के रूप में कृष्णचरित का वर्णन किया, पर ग्रन्थ बहुत साधारण कोटि का हुआ और उसका वैसा प्रसार नहीं हो सका। कारण स्पष्ट है। कृष्णभक्त कवियों ने श्रीकृष्ण भगवान के चरित का जितना अंश लिया वह एक अच्छे प्रबन्धकाव्य के लिए पर्याप्त न था। उसमें मानव जीवन की वह अनेकरूपता न थी जो अच्छे प्रबन्धकाव्य के लिए आवश्यक है। कृष्णभक्त कवियों की परम्परा अपने इष्टदेव की केवल बाललीला और केवल यौवनलीला लेकर ही अग्रसर हुई जो गीत और मुक्तक के लिए ही उपयुक्त थी। मुक्तक के क्षेत्र में कृष्णभक्त कवियों तथा आलंकारिक कवियों ने श्रृंगार और वात्सल्य रसों को पराकाष्ठा पर पहुँचा दिया, इसमें कोई सन्देह नहीं। ('सूरदास', नागरी प्रचारिणी सभा, काशी, विक्रम सं. 2054, पृ. 70)

कृष्णभक्ति के स्वरूप और विकास पर शुक्ल जी द्वारा की गई यह सामान्यीकृत टिप्पणी शांकरी साहित्य को सामने रखते ही गलत साबित हो जाती है। शंकरदेव पूर्वी क्षेत्र के सर्वाधिक प्रभावी, प्रसिद्ध और जनप्रिय भक्त कवि थे। उनकी भक्ति से सारा पूर्वोत्तर भारत दीप्त हुआ लेकिन उन्होंने कृष्ण के बाल और यौवन रूप की जगह उनके सक्रिय शासक रूप की आराधना की। उनका मन कृष्ण के लोकरंजक रूप की तुलना में लोकरक्षक रूप में ज्यादा रमा। वे राधा के नामोल्लेख से भी बचते रहे। उनके लिए कृष्ण की सहधर्मिणी रुक्मिणी थीं। इनके सम्बन्धों पर उन्होंने असमिया में 'रुक्मिणी हरण' नामक प्रबन्धकाव्य और ब्रजावली में 'रुक्मिणी हरण' नामक नाटक लिखा। उन्होंने कृष्णभक्ति में मुक्तक के साथ-साथ बड़े पैमाने पर प्रबन्ध साहित्य की भी रचना की। ब्रजवासीदास के बहुत पहले शंकरदेव ने असमिया में 'महाभागवत' और ब्रजावली में 'रुक्मिणी हरण' जैसा लोकप्रिय प्रबन्धकाव्य और ब्रजावली में ही 'पत्नी प्रसाद', 'केलिगोपाल', 'कालिया दमन', 'रुक्मिणी हरण', 'पारिजात हरण' जैसे नाटक लिख दिये थे, और ये रचनाएँ बहुत ही उच्च कोटि की थीं। मुक्तक काव्य के नाम पर उन्होंने केवल 'कीर्तनघोषा' और 'बरगीत' ही लिखे। इन सबके बावजूद असमिया समाज में आज भी इनकी प्रतिष्ठा

और लोकप्रियता बरकरार है। कृष्ण को आश्रय बनाकर शृंगार और वात्सल्य के पद उन्होंने न के बराबर लिखे।

तुलसीदास (सन 1532-1627) को हिन्दी का सबसे बड़ा समन्वयवादी कवि माना जाता है। भारतीय साहित्य में भी इनकी प्रशंसा इनके समन्वयवाद के लिए की जाती है। जबकि इसका एक पक्ष यह भी है कि तुलसी ने उत्तरकांड में वर्णाश्रम व्यवस्था की विधिवत प्रतिष्ठा की है। हिन्दी प्रदेश में 'रामचरितमानस' का प्रभाव 'रामायण' से भी ज्यादा है। तुलसी घर-घर में प्रतिष्ठित कवि हैं। उनकी पंक्तियाँ जन-जीवन में सूक्तियों की तरह प्रचलन में हैं। 'रामचरितमानस' हिन्दी भाषी समाज की चेतना के साथ ही उसके दैनिक व्यवहार को भी निर्देशित करता रहा है। इसके बावजूद हिन्दीभाषी प्रदेश सगुण-निर्गुण, वर्णाश्रम, स्त्री-पुरुष आदि अनेक आधारों पर विभाजित है। इसके बरअक्स शंकरदेव का असम ज्यादा समन्वित समाज है जबकि वहाँ विभाजन के आधार ज्यादा हैं। असमिया समाज में न वर्णाश्रम व्यवस्था की वैसी कठोरता है और न ही लैंगिक भेदभाव की क्रूरता। सगुण-निर्गुण विभाजन की रेखा यहाँ बहुत पतली है, और धार्मिक सहिष्णुता का स्वर भी बेहद प्रबल है। इसका बहुत कुछ श्रेय शंकरदेव को है पर भारतीय साहित्य में उनके इस योगदान की चर्चा नहीं होती। तुलसीदास के समन्वयवाद पर विचार करते हुए शंकरदेव का नामोल्लेख तक नहीं किया जाता।

शंकरदेव ने तुलसी के लगभग सौ वर्ष पहले भारतीय समाज में समन्वय का सार्थक और अत्यन्त सफ़ल प्रयास किया था। पूर्वी भारत में सगुण-निर्गुण विभेद का पहला व्यावहारिक समाधान शंकरदेव ने दिया था। शंकरदेव मूर्तिपूजा की व्यावहारिक उपयोगिता के साथ-साथ उसकी कर्मकांडी सीमा को पहचानते थे, इसीलिए एक ओर जहाँ उन्होंने मूर्तिपूजा का निषेध किया वहीं दूसरी ओर भगवान के लीलागान को बढ़ावा भी दिया। ईश्वर के निर्गुण रूप के प्रति अतिरिक्त आग्रह से मूर्तिपूजक भारतीयों के भीतर जो खालीपन उभरता था उसका सरल समाधान शंकरदेव ने लीलागान के रूप में प्रस्तुत किया और मूर्तिपूजा से नाभिनालबद्ध असमानता आधारित कर्मकांडों के खात्मे के लिए भगवान की मूर्ति की जगह पर 'भागवत' को रखने का चलन शुरू किया। शंकरदेव ने 'सत्रों' में भगवान की लीला पर आधारित नाटकों की विधिवत शुरुआत की। इसके लिए अनेक अंकीया नाटक लिखे और उनकी भाषा ब्रजावली रखी ताकि ईश्वर का यह लीलागान केवल असम तक सीमित न रहे। कहते हैं कि वाराणसी में तुलसी ने रामलीला की शुरुआत की थी और रामकथा के विस्तार में इसकी अहम भूमिका मानी जाती है। तुलसी के बहुत पहले जनजातीय बहुल असम में शंकरदेव ने इसका सफल प्रयोग किया था।

तो क्या यह सम्भव नहीं है कि तुलसी को रामलीला का विचार शंकरदेव से मिला हो! यह शोध का विषय है।

शंकरदेव ने निर्गुणोपासना के प्रभाव में सत्रों में मूर्तिपूजा की जगह सिक्खों की तरह 'श्रीमद्‌भागवत' की पूजा का विधान किया, और यह प्रयोग उन्होंने सिक्ख धर्म के प्रभाव में नहीं किया था। शंकरदेव गुरुनानक (1469-1539 ई.) से उम्र में बीस वर्ष बड़े और उनके समकालीन थे। पाँचवें गुरु अर्जुनदेव (1563-1606 ई.) ने 'आदिग्रन्थ' का संकलन 1604 ई. में सम्पन्न किया जिसे आगे चलकर दसवें गुरु गोविन्द सिंह (1666-1708 ई.) ने 'श्री गुरु ग्रन्थसाहिब' के नाम से गुरु स्थान पर प्रतिष्ठित किया। इसके बहुत पहले से एकशरणिया धर्म में ग्रन्थ पूजा का विधान था। शंकरदेव के समय में 'श्रीमद्‌भागवत' की और बाद के दिनों में शंकरदेव के 'कीर्तनघोषा' और उनके प्रिय शिष्य एवं दामाद माधवदेव (1489-1596 ई.) की 'नामघोषा' की भी। तब क्या यह माना जाना चाहिए कि सुदूर पश्चिम के सिक्ख धर्म में 'श्री गुरु ग्रन्थसाहिब' को गुरु स्थान पर प्रतिष्ठित करने की प्रेरणा सुदूर पूर्व के 'एकशरणिया धर्म' से मिली थी! दावे से यह नहीं कहा जा सकता। शंकरदेव या माधवदेव और सिक्खों के कोई गुरु आपस में मिले थे या एक दूसरे के पन्थ से परिचित थे इसका प्रमाण उपलब्ध नहीं है। प्रथम भारत भ्रमण (1481-1493 ई.) के दौरान शंकरदेव कुरुक्षेत्र से आगे नहीं गए थे, और वैसे भी उस समय गुरुनानक की कुल उम्र बारह वर्ष ही थी। शंकरदेव ने उत्तर भारत से भक्ति की राह पाई थी लेकिन उनका उत्तर या शेष भारत पर कितना प्रभाव था, अब तक इस दिशा में विचार नहीं किया गया है। फ़िर भी इस तथ्य पर जरूर ध्यान दिया जाना चाहिए कि लगभग एक ही समय में भारत के पूर्वी प्रान्त में विकसित हो रहे 'एकशरणिया धर्म' और पश्चिमी प्रान्त में आकार ले रहे 'सिक्ख धर्म' में अद्‌भुत समानताएँ हैं। दोनों सचेत रूप से संगठित पन्थ हैं, राजसत्ता के विरुद्ध संघर्षरत रहे हैं, स्वतन्त्र पन्थ ही नहीं साम्राज्य की स्थापना के लिए लड़नेवाले संस्थापकों के नेतृत्त्व में विकसित हुए हैं, तमाम सामाजिक सीमाओं को नकारते हैं, ईश्वर के निर्गुण रूप के आराधक हैं लेकिन सगुण रूप से कोई परहेज नहीं है, सैद्धान्तिक और दार्शनिक मान्यताओं के ऊपर प्रशस्त और जरूरी व्यावहारिकता को महत्त्व देते हैं, इनकी दार्शनिकता प्रवृत्तिमूलक है निवृत्तिमूलक नहीं, सच्चे जीवन और सच्चे आचरण के प्रति अतिरिक्त आग्रह से भरे रहे हैं; और सबसे बड़ी बात यह कि इन दोनों सम्प्रदायों का लक्ष्य एकान्त भक्ति न होकर राजनीतिक, सामाजिक तथा सांस्कृतिक अभ्युत्थान था।

शंकरदेव ने सगुण-निर्गुण के अलावा ब्रह्मा-विष्णु-शिव के अलगाव को भी मिटाने का प्रयास किया। 'कीर्तनघोषा' के एक पद में विष्णु शिव से कहते हैं, "शूना शूना शूलपाणि जानो तुमि महाज्ञानी.../आत न करिबा खेद किंचिते को

नाहिं भेद; तोम्हारे आमारे एके काया।' 'रामचरितमानस' में तुलसीदास ने ठीक इसी अन्दाज में अपने राम के मुख से कहलवाया था कि, ''शिव द्रोही मम दास कहावा/ सो नर मोहिं सपनेहु नहीं भावा।'' शंकरदेव केवल शिव और विष्णु को ही नहीं बल्कि त्रिदेवों को ही एक में समाहित कर एक ईश्वर की स्थापना करना चाहते थे। 'भागवत' में स्थान-स्थान पर इसका प्रयास मिलता है। एक जगह उन्होंने लिखा कि, ''एक मूर्ति जानो ब्रह्मा विष्णु त्रिनयन' तो दूसरे स्थान पर 'मइ ब्रह्मा विष्णु आमि तिनउ ईश्वर' की घोषणा की। असम शाक्त मत का गढ़ रहा है। कामाख्या का प्रसिद्ध मन्दिर गुवाहाटी में है। शाक्त अपनी आस्था को लेकर बेहद आक्रामक और अपने धर्म के प्रति बेहद कट्टर थे। उन्हें असम के शासकों का भी समर्थन प्राप्त था। वैष्णव और शैवों के साथ उनका मेल बेहद जरूरी, लेकिन बहुत ही कठिन था। असम में कात्यायनी देवी की पूजा का चलन था। 'भागवत' की भद्रकाली ही शंकर के यहाँ कात्यायनी हैं। शंकरदेव के 'भागवत' में गोपियाँ कृष्ण की प्राप्ति के लिए कात्यायनी देवी की पूजा करती हैं। 'कीर्तनघोषा' में तो उन्होंने सुभद्रा और कात्यायनी का अन्तर ही मिटा दिया है और सुभद्रा का स्तवन देवी या कात्यायनी के रूप में की है, ''नमो ब्रह्मगामी देवीक प्रणामो; दियोक मुख्य मुकुति/ कमललोचनी नमो कात्यायनी; करो मोक परित्राण।' शाक्त और वैष्णव के मेल के पीछे शंकरदेव का मुख्य लक्ष्य असम में प्रचलित बलिप्रथा पर रोक लगाना था। असम के शक्तिपीठों में पशुओं की ही नहीं बल्कि मानवों तक की बलि दी जाती थी। कहते हैं कि नरनारायण ने कामाख्या मन्दिर के पुनरुद्धार (1565 ई.) के दौरान एक लाख पशुओं के साथ-साथ एक सौ चालीस मनुष्यों की भी बलि दी थी। इस क्रूर प्रथा से आहत शंकरदेव ने दयनीय होकर लिखा था कि, ''न मारिवे पशुक एरिबे मांस आशा/ देवको उद्देशि पशु न करिब हिंसा।'' देवता के नाम पर मांस के लिए पशु को मारना उचित नहीं है। कण-कण में जब ईश्वर का वास है तब एक पशु की हत्या ईश्वर की भी तो हत्या होगी न! शंकरदेव ने लिखा, ''यत देखा चराचय हरिमय निरन्तर, हरित पृथक कोनो नोहे।'' पूर्वोत्तर भारत में नस्लवाद की प्रबल भावना रही है। शंकरदेव ने कृष्णभक्ति का द्वार सबके लिए खोली। उन्होंने तमाम नस्लों का नाम लेकर उन्हें कृष्ण की भक्ति करने का आह्वान किया। शंकरदेव की घोषणा थी, ''किरात कछारी खासि गारो मिरि यवन कंक गोवाल, असम मलुक धुवा ये तुरुक कुवाच म्लेच्छ चंडाल/ आनो पापी नर कृष्ण सेवकर संगत पवित्र हय, भक्ति लभिया संसार तरिया वैकुंठ सौखे चलय।'' उनके भीतर एक आदर्श समाज की स्पष्ट परिकल्पना थी। इसी कारण महात्मा गाँधी ने जब असम में शंकरदेव के योगदान के विषय में जाना तो कहा कि, ''असम इस मामले में सौभाग्यशाली है कि पाँच शताब्दी पूर्व यहाँ शंकरदेव जैसे महापुरुष हुए, जिन्होंने

असम की जनता के समक्ष रामराज्य का वह आदर्श प्रस्तुत किया जो मेरा भी स्वप्न है।'' ('शंकरदेव : साहित्यकार और विचारक' पुस्तक के पृष्ठ -219 पर अंग्रेजी में दिया गया उद्धरण)

वास्तव में, शंकरदेव अनेकानेक आधारों पर विभक्त असमिया समाज में समन्वय और समानता की स्थापना के उद्देश्य से सक्रिय हुए थे। उन्होंने असम की विश्रृंखलता और भटकाव को बेहद करीब से देखा और भोगा था। आजन्म वे विस्थापित का जीवन जीने के लिए अभिशप्त थे। उनकी कामना असम और शेष भारत को एकता के सूत्र में बाँधने की थी। उन्हें पता था कि विविधताओं से भरा असम किसी शासक के निर्देश पर समन्वय की राह पर नहीं चल सकता। धर्मभीरु भारत में समन्वय की कोई भी चेष्टा धर्म की सीमाओं में ही सम्भव है। यही कारण है कि बहुसंख्यक असमिया जन को उन्होंने तमाम धर्मों का त्याग कर 'एकशरण नामधर्म' में आने का आह्वान किया और अपने सम्प्रदाय के भीतर तमाम मान्यताओं का समावेश भी किया। शंकरदेव ने संस्कृत, ब्रजबुलि और असमिया में समान अधिकार से लिखा। यह भाषाई समन्वय की भी एक मिसाल है। संस्कृत के द्वारा वे ईश्वर से जुड़े, ब्रजबुलि द्वारा शेष भारत से और असमिया द्वारा असम की आम जनता से। शंकरदेव ने असमिया समाज में विद्यमान भेदभावों के भी परिहार की कोशिश की। 'ब्राह्मणर चाण्डालर निविचारि कुल' कहकर ब्राह्मण और शूद्र और 'नाहि भक्तित जाति अजाति विचार' कहकर जातिप्रथा का विरोध किया। धर्म के नाम पर होनेवाली हिंसा उन्हें व्यथित करती थी। सभी प्राणियों में सद्भाव की भावना का प्रसार उनका मुख्य साध्य था, 'सकलो प्राणिक देखिवेक आत्मसम।' शंकरदेव के इस योगदान को रेखांकित करते हुए कृष्णनारायण प्रसाद 'मागध' ने लिखा है, ''अद्वैत ब्रह्म और मिथकीय चरित्रों को काव्य का आलम्बन बनाकर शंकरदेव ने जिस नैतिक-धार्मिक-सामाजिक आदर्श को व्यंजित प्रसारित किया, उस समय यही आवश्यक था। समूहों, उपसमूहों, वर्गों आदि में विभक्त समाज को एकता प्रदान कर भक्त बनाने की दिशा में कवि ने जो पहल किया, वह महत्त्वपूर्ण ही नहीं अद्वितीय भी है। शंकरदेव के समाज-दर्शन की एक विशेषता यह भी है कि उन्होंने नानात्व में एकत्व स्थापना की दृष्टि से एक ऐसे सूत्र को पकड़ा, जो सबके हृदय को समान रूप से छू सके। इस दृष्टि से इनका स्वभाव और काव्य-प्रकृति दोनों हिन्दी कवि कबीर और तुलसी के निकट है।'' ('शंकरदेव : साहित्यकार और विचारक', पंजाबी यूनिवर्सिटी, पटियाला, पृ. 246)

हिन्दी समाज में कबीर जड़ताओं के खिलाफ़ संघर्ष करनेवाले कवि के रूप में प्रसिद्ध रहे हैं तो तुलसी सामाजिक समन्वय के लिए संघर्षरत रचनाकार के रूप में, पूर्वोत्तर के शंकरदेव की ख्याति इन दोनों रूपों में है। कबीर की तरह उन्होंने

कुरीतियों का खंडन किया तो तुलसी की तरह सामाजिक समन्वय का प्रयास। कलिकाल वर्णन के क्रम में तत्कालीन सामाजिक अव्यवस्थाओं का यथार्थ चित्रण किया। असम पर शंकरदेव का प्रभाव कबीर-तुलसी के समग्र प्रभाव से कहीं ज्यादा है। वे एक साथ कई भूमिकाओं में सक्रिय थे। समाजसुधारक से लेकर अभिनेता तक की भूमिका में। अपने अथक परिश्रम से उन्होंने असमिया जाति के निर्माण का महान काम किया। अपनी रचनाओं में समाज-निर्माण के अनेक सूत्र दिए और ये सूत्र भारतीय संस्कृति की मूल भावना के अनुरूप हैं। तिब्बत, बर्मा, चीन से हजारों वर्ष पहले आई हुई नस्लों को भारतीयता के रंग में रँगने का महान काम शंकरदेव ने ही किया था। जो उनके रंग में नहीं रँग पाये वे ही अलग राष्ट्र की माँग कर रहे हैं। भारतीय भक्ति आन्दोलन के महान निर्माता और भारतीयता की भावना के विस्तारक शंकरदेव के योगदान पर पुन:-पुन: विचार की आवश्यकता बनी हुई है। प्रो. गोपेश्वर सिंह का यह कथन हमें इसके लिए प्रेरित करता है, ''शंकरदेव का व्यक्तित्व बहुत विशाल था। वे एक साथ संन्यासी, गृहस्थ, कवि, नाटककार, समाजसुधारक कई भूमिकाएँ निभाते हुए दिखाई पड़ते हैं। एक तरह से वे असमी जाति और समाज के संगठनकर्त्ता हैं। आज असमी राष्ट्रीयता का जो अलग अस्तित्व है उसकी कल्पना उनके बिना नहीं की जा सकती। मिथिलांचल में जो सामाजिक-सांस्कृतिक महत्त्व विद्यापति का है और बंगाल में रवीन्द्रनाथ का, वैसा ही सामाजिक-सांस्कृतिक महत्त्व असम की संस्कृति और समाज में शंकरदेव का है। एक तरफ़ तो उन्होंने असम की अपनी पहचान को मजबूत किया और दूसरी तरफ़ उसे भारतीय चिन्ता-धारा से जोड़ा और भारतीयता को विस्तार और मजबूती प्रदान की। 'धन्य-धन्य कलिकाल, धन्य नर तनुभाल, धन्य-धन्य भारतबरिषे' के उद्घोष के जरिये असमी जाति को राष्ट्र की मुख्यधारा से जोड़ने में वे सफल हुए। आज पूर्वोत्तर क्षेत्र खासकर असम में भारत की राष्ट्रीय पहचान की जो स्वीकृति है, उसकी जमीन शंकरदेव ने तैयार की थी।'' ('भक्ति आन्दोलन और शंकरदेव', 'आलोचना', जनवरी-मार्च, 2009, पृ. 21)

एसोसिएट प्रोफ़ेसर, हिन्दी विभाग

इलाहाबाद विश्वविद्यालय, प्रयागराज

गुजरात के संत कवि अखा

राम गोपाल सिंह जादौन

गुजरात की संत परम्परा के प्रतिनिधि एवं प्रतिभापूर्ण संत कवि अखा का भारतीय संत परम्परा में उसी तरह महत्त्वपूर्ण स्थान है जिस तरह नामदेव, कबीर, नानक, दादू आदि महान संत कवियों का है। अखा मध्यकालीन हिन्दी-गुजराती साहित्य के ज्ञानी एवं अग्रगण्य संत कवि हैं। उनका आत्म चिन्तन वेदान्त की प्रखर भूमि में तपकर निखर गया और उन्हें समाज में एक ज्ञानी कवि के रूप में प्रतिष्ठा प्राप्त हुई।

संत कवि अखा का जन्म गुजरात के अहमदाबाद के निकटवर्ती गाँव जेतलपुर में एक सोनी परिवार में 1615 ई. में हुआ था। ऐसा कहा जाता है कि एक पुत्री के जन्म के उपरान्त उनकी माता का देहान्त हो गया था जिससे उनके पिता ने अखा की शादी बहुत कम उम्र में ही करा दी थी। व्यवसाय के लिए उनके पिता परिवार के साथ अहमदाबाद आ गए। अहमदाबाद में अखा की पत्नी और बहन दोनों की मृत्यु हो गई जिससे अखा के मन में वैराग्य उत्पन्न हुआ और साधु-महात्माओं की संगति हेतु वे एक स्थान से दूसरे स्थान पर जाने लगे। उनका मन जैसे सांसारिक सम्बन्धों से टूट सा गया था। उनका निधन 1675 ई. में हुआ था।

अपने ग्रन्थ 'गुजरात एंड इट्स लिटरेचर' में श्री कन्हैयालाल माणिकलाल मुंशी ने लिखा है कि, "अखा शाही टकसाल के प्रधान थे। उन पर यह आरोप लगाया गया कि उन्होंने सरकारी सिक्कों में धातु में मिलावट की है जिससे अशान्त मन से जेल से छूटने पर शान्ति की खोज में वे निकल पड़े। देशाटन करते-करते अखा मथुरा पहुँचे तथा वहाँ उन्होंने वल्लभाचार्य के चौथे पौत्र श्री गोकुलदास जी से दीक्षा ली। फिर भी उनकी ज्ञान-पिपासा शान्त नहीं हुई। तत्पश्चात वे काशी पहुँचे जहाँ उनका परिचय एक संन्यासी से हुआ जो अपने शिष्य को वेदान्त की शिक्षा दे रहे थे। इससे प्रभावित होकर अखा ने गुप्त रूप से उनसे शिक्षा ली तथा वेदान्त विषयक ग्रन्थों का गहन अध्ययन किया। तत्पश्चात काव्य रचना करने लगे। इस बात को अखा ने अपने 'फुटकल अंग' के आरम्भ में ही स्वीकार किया है। अपनी मातृभाषा गुजराती में रचना करने के साथ-साथ अखा ने हिन्दी भाषा में भी पदों, सवैयों तथा विपुल प्रमाण में साखियों की रचना की है। 'संतप्रिया' और 'ब्रह्मलीला' इस प्रकार की कृतियाँ हैं। अखा की गुजराती कृतियों में साखियाँ, पद, छप्पय, सोरठा आदि मुक्त काव्यात्मक रचनाओं के अतिरिक्त प्रबन्धात्मक

कृतियों में अनुभव बिन्दु, चित्त विचार संवाद, गुरु-शिष्य संवाद आदि विशेष रूप से उल्लेखनीय हैं।''

बनारस से वे पंजाब की ओर गए। वहाँ उन्होंने अरबी-फारसी मिश्रित भाषा में सूफियत 'झूलना' काव्य की रचना की। 'ब्रह्मविद ब्रह्मैव भवति' के अनुसार आत्मसाक्षात्कार होने के कारण स्वयं ब्रह्मस्वरूप हो जाने पर अखा गुरु, शिष्य, ग्रन्थ, सम्प्रदाय आदि के मायाजाल से ऊपर उठ गए थे जिससे अपनी आत्मा के अतिरिक्त अन्य किसी को अखा ने अपना गुरु नहीं बनाया। अखा को गुरु रूप में स्वीकार करनेवाले लालदास आदि संतों की बानियों से विदित होता है कि अपने जीवनकाल में ही ब्रह्मज्ञानी, महात्मा, आले दर्जे के दरवेश, सच्चे भगत एवं स्वामी के रूप में अखा की ख्याति समग्र गुजरात, गोकुल, बनारस, सिन्ध आदि में फैल गई। अनेक जिज्ञासुजन उनके संसर्ग हेतु आते थे तथा बहुतों ने उनके गम्भीर एवं सौम्य व्यक्तित्व से प्रभावित होकर मानसिक दृष्टि से अखा को अपना गुरु स्वीकार कर लिया था।

उस समय सच्चे ज्ञान की ओर प्रेरित करने के लिए अखा ने मिथ्या विधि-विधानों की कटु शैली में आलोचना की तथा स्वानुभव एवं सहज साधना पर विशेष बल दिया। अखा जीवन में सादगी एवं सदाचार के आग्रही थे। दम्भ, पाखंड, बाह्याचार, वितंडावाद से उन्हें विरुचि थी तथा सत्य के प्रखर समर्थक एवं स्पष्टवादी होने के कारण अखा ने तत्कालीन विविध धर्मों के बाह्याचारों का अन्धानुकरण करनेवाली जनता तथा उन धर्मों के मठाधीशों को उनके अधार्मिक व्यवहारों के कारण आड़े हाथों लिया। अखा ने तथाकथित शठ ज्ञानियों, दुर्जनों, ज्ञानदग्धों, समाज के ठेकेदारों आदि को खूब खरी-खोटी सुनाई।

अखा के कृतित्व पर एक नजर डाली जाए तो अखा की उपलब्ध हिन्दी रचनाएँ हैं : संतप्रिया, ब्रह्मलीला, झूलणा, कुंडलियाँ, जकड़ी, पद, भजन, साखियाँ, एकलक्ष रमैणी, अमृत कला रमैणी आदि। इन सभी रचनाओं में कविनाम छाप अखा सोनी, अखा सोनारा, सोनारा आदि विविध रूपों में देखने को मिलती है। अखा जाति के सोनी स्वर्णकार थे।

अखा की प्रमुख रचनाओं का विवरण निम्नानुसार है :

संतप्रिया : 'संतप्रिया सुखवर्धनी जाके हिरदे हेत' कहकर 'संतप्रिया' को 'अथ भाषा कवित्त' बताया गया है। 'संतप्रिया' में दो प्रकरण हैं जिनमें प्रथम अध्याय का नामकरण 'सर्वांगी प्रकरण' है : 'सर्वांगी प्रकरण कह्यो कवित्त चोरासी चोज।' दूसरे प्रकरण की विषयवस्तु और उसकी प्रतिपादन रीति का संकेत कवि द्वारा प्रारम्भ में ही दिया गया है :

अब कहूँ परमब्रह्म पीव का विश्व वस्ति का भेव।
रूप अरूपी हो रमे विगत दुरलभ देव।।

प्रथम प्रकरण में चौरासी कवित्त और बीस दोहे हैं तथा द्वितीय प्रकरण में ग्यारह कवित्त, सोलह सवैया और चार दोहे हैं। इस प्रकार संतप्रिया की कुल छन्द संख्या 136 है जिसमें 25 दोहे, 11 कवित्त और 100 सवैये शामिल हैं। प्रथम प्रकरण में 84 कवित्त और 20 दोहे हैं तथा द्वितीय प्रकरण में 11 कवित्त, 16 सवैये और 4 दोहे हैं। इन सभी को मिलाकर 'संतप्रिया' की कुल छन्द संख्या 136 (25 दोहे, 11 कवित्त और 100 सवैये) हैं।

'संतप्रिया' के लगभग सभी दोहे थोड़े से परिवर्तन के साथ दोहा छन्द की कसौटी अर्थात विषम चरण में 13 मात्रा और सम चरण में 11 मात्रा तथा अन्त में लघु के नियम पर पूरी तरह से खरे उतरते हैं। द्वितीय प्रकरण में कवित्तों में शुद्ध घनाक्षरी – 31 वर्ण (16+15), रूप घनाक्षरी – 32 वर्ण (16+और वर्णवृत्त दोनों ही का सुन्दर, सुघड़ एवं सफल निर्वाह हुआ है।

'संतप्रिया' के अवगाहन से यह बात स्पष्ट होती है कि जब तक मनुष्य को परमब्रह्म की प्रतीति नहीं होती तब तक वह इधर-उधर दर्शन एवं उपासनार्थ मन्दिरों में भटकता रहता है, धूप-दीपादि क्रियाएँ करता रहता है, तुलसी के पत्ते तोड़कर अर्पित करता रहता है तथा ऊँचे स्वर में भजनादि गायन करता रहता है। वह कभी स्त्री में अनुरक्त रहता है तो कभी संसार को छोड़कर संन्यासी बन जाता है। परमब्रह्म की प्रत्यक्ष प्रतीति के बिना उसे समस्त संसार बिना दूल्हे की बारात के समान निरर्थक-सा लगता है; यथा :

प्रत्यक्ष के परमान बिना नर धावत धूपत तोरत पाती।
प्रत्यक्ष के परमान बिना नर नाचत गावत होवत जाती।
प्रत्यक्ष के परमान बिना नर खावत पिवत स्यामा सहराती।
बिन प्रत्यक्ष प्रमान अखो कहे बिन दुल्हा सो है ज्युं बराती।।

परमब्रह्म की प्राप्ति में अखा ने गुरु सेवा को अनिवार्य माना है। कवि का मानना है कि गुरु ही गोविन्द है और गोविन्द ही ब्रह्मज्ञान है; यथा :

गुरु गोविन्द गोविन्द सोई गुरु, गुरु गोविन्द गनत नहीं न्यारा।
वैकुंठ तें सुकदेव गुरु बिन आय फिरी भू भाषे सोनारा।।

अखा का कहना है कि मनुष्य राम भजन के स्थान पर रंगरँगीली रामा में ही रच-पचकर रह जाता है जिससे उसका मन मधुप अम्बुज-सी सुन्दर अंगना में ही विश्राम पाता है। उसे ध्यान नहीं रहता कि उसका जो तन, धन और यौवन है, वह तो

ओस के नीर की भाँति उड़कर सूख जानेवाला है क्योंकि यह सब सुख तो बादलों में चमक दिखानेवाली बिजली की भाँति क्षणिक ही है; यथा :

रे मन राम भजन की ठोर तें भजी रंगरँगीली सी रामा।
सुन्दर श्याम सुनायो सुन्यों है स्वें सत्य रूप सहरावे तू श्यामा।
अम्बुज सी अंगना अति आछी मनमधुप पावे न विरामा।
भाव भगत भरोसो अखो कहे भूधर के ठाम भई है जू भामा।।
रे मन राम हृदे न पहेचान्यो कौन तू नींद सोयो रे गुमानी।
ओस को नीर त्युं तन धन यौवन ज्यौं घन में बिजुरी मुसकानी।।
ताही में मोती तू प्रोई ले प्रानी सेई ले संत सदगुरु ज्ञानी।
हंसकला गुरु देवे सोनारा न्यारा करें दूध रहे पानी को पानी।।

ब्रह्मलीला—'ब्रह्मलीला' एक महत्त्वपूर्ण लघु रचना है जिसमें राग सोमेरी एवं राग चोखरा तथा छन्द की 16 पंक्तियाँ हैं। प्रारम्भ में बिना काल, कर्म, माया तथा किसी प्रकार के शब्दों के आदि निरंजन स्वरूप परमब्रह्म का मंगलाचरण प्रस्तुत किया गया है; यथा :

नमो आदि निरंजन राया, जहाँ नहीं काल कर्म अरु माया।
जहाँ नहीं शब्द उच्चार न जन्ता, आपे आप रहे उर अन्ता।।

'ब्रह्मलीला' के अन्त में रचना के कर्तृत्व, नामकरण, उसके अधिकारी, प्राप्तव्य वस्तु तथा उसकी प्राप्ति की रीति आदि का संकेत इस प्रकार किया गया है; यथा :

कहे अखा यह ब्रह्मलीला, बड़भागी जन गायेगो।
हरि हीरा अपने हृदय में अनायास सों पायेगो।।

अखा ने अपनी गुजराती रचनाओं अखेगीता, छप्पय आदि में भी आत्मसाक्षात्कार की प्रक्रिया का जो वर्णन किया है, उसके अध्ययन से पता चलता है कि अखा आत्मानुभव का निरूपण करने में सिद्धहस्त हैं; यथा :

खोहा गया बल बीच अजा का, ताही तें चेतन भयो,
ज्यूँअन्ध अचानक नैन पावे, द्वन्द्व बीच तें टर गयो।
श्रुत पदारथ, नेन देखा दृष्ट पदारथ गया बिला,
मिटी देह की भावना अब रवे चेतन आप ह्वै चला।
ध्ये ध्याता और करन कारन, माया के मध्य यों सही,
रज्जु लग भुजंग भ्रम है, बिन रज्जु कैसो अहि?
प्रीछ को प्रताप बड़ है, जानत को बिरला जना,
आगे पीछे और नहीं, कर्ता, आप बिलस्या आपना।।

पद : अखा ने 100 के करीब हिन्दी पदों की रचना की है जिनमें से राग सामेरी का एक पद उदाहरणार्थ प्रस्तुत है :

ऐसी जात सोनारी मेरी हो
काटी न कटे, टरे न टारी, न अन्धारा उजेरी हो।
घाट सोने का नित्य ही समारू घड्या घाट न घडे फेरी हो।
कालबूता कर लक्ष चोरासी, नित्य नित्य चाह अनेरी हो।
किया पसारा शून्य मंडल में, कला आप बिखेरी हो।
बिन नमूने मोरा कीना, न विद्या कोई हेरी हो।
आप अरूप सरूप सुशीला, अन्तर शून्यपदे री हो।
शून्याकार करें फूनी आपे, साम्रथ सूझ बडे री हो।
चैतन्य रंच और घाट घणेरा, रह्या घटेघट घेरी हो।
ऐसी जात सोनारा चिहीनी, अहन्ता कीनी चेरी हो।।

कच्चे और अशुद्ध सोने को अग्नि की लौ में फूँक-फूँककर तपा-तपाकर असली आभूषणों का निर्माण करने में स्वर्णकारों के व्यवसाय की समग्र प्रक्रिया को संत कवि अखा ने विराट स्वरूप का वर्णन करने में कबीर की 'झीनी झीनी बीनी रे चदरिया' की भाँति सहज ढंग से वाणी प्रदान की है।

इसी तरह कबीर के 'संतो भाई, आई ज्ञान की आँधी रे' की भाँति अखा का निम्नलिखित पद देखिए :

ज्ञानघटा चढ़ आई अचानक ज्ञानघटा चढ़ आई।
अनुभव जल बरखा बड़ी बुंदन, कर्म की कीच रेलाई।
दादुर मोर शब्द संतन के ताकी शून्य मिठाई।
चहुँदिशि चित्त चमकन आपन पों दामिनि सी दमकाई।।
घोर घोर गरजत घन घेहेरा, सतगुरु सेन बताई।
उमगि उमगि आवत है निशदिन, पूरब दिशा जताई।।
गयो ग्रीषिम, अंकुर उगि आए हरिहर की हरिआई।
शुक सनकादिक शेष सहराये, सोई अखा पद पाई।।

झूलणा : अखा की सूफियत से परिपूर्ण महत्त्वपूर्ण रचना झूलना है। यह रचना झूलना छन्द में रची गई है तथा इसमें 109 छन्द हैं। इस रचना की भाषा-शैली पंजाबी-फारसी-अरबी-गुजराती मिश्रित है जिसे गूजरी भाषा भी कहा जा सकता है। इस्लाम में स्वीकृत चार तत्त्वों का उल्लेख करते हुए कवि ने अपनी गैबी मनोदशा का सुन्दर परिचय प्रस्तुत किया है। निम्नलिखित झूलना द्रष्टव्य है :

जो चमड़ा देखते चमड़ा नाहीं कोई काम है मशहूर केरा
कुदरत तेरीको देखते में फिर गैब गया है मन मेरा।
आब, आतश को एकठे कर खाक वायु का पुतला रास्त कीता।
बारणे इस किरतार के, अखा सानां सब अखणा ज दीता।।

इसी तरह, निम्नलिखित झूलना में अपरोक्ष ब्रह्मानुभूति एवं वासिलेहक के अनुभव का वर्णन प्रस्तुत किया गया है। इसमें परमब्रह्म रस रूपी सागर में अहर्निश पगे रहने की दशा के लिए 'दरियाव की मछली' का जो प्रतीक विधान किया गया है, वह अत्यन्त गतिशील एवं उत्कृष्ट बन पड़ा है; यथा :

कहाँ जाऊँ टालन को, ढूँढन को जो जहाँ देखूँ वहाँ आप गनी।
तुमां ज मीने हूं तूं जमांहां ऐसी मुज को आव बनी।
ज्यूं दरियाव की मछली को नैन बैन खोले सो नीर मांही।
यूं मुजको बनी रही अखा सो सांई गलोगल है ज बांहा।।

रूप परिवर्तन करके अनेकानेक छल-छन्दों के खेल करनेवाले इस किरतार को पकड़कर बाँध रखने में अखा को जो उत्कृष्ट आनन्द की अनुभूति होती है, उसका संकेत निम्नलिखित झूलने में द्रष्टव्य है :

आब, आतश, खाक, वायु तू ही, भेश फेर कर तू ही आया।
छन्दडे कर कर छुप जाता था, अब अखा न जाये बाह्या।।

इस परमब्रह्म छलिया किरतार को प्राप्त करने का मार्ग भी अखा ने निम्नलिखित झूलना में बड़े ही सुन्दर ढंग से सुझाया है क्योंकि ज्ञानियों और योगियों के लिए साँईं का मिलन मुश्किल है पर प्रेमीजनों के लिए साँईं का मिलन अत्यन्त सरल है। इसका कारण यह है कि प्रेमीजन विरह रूपी कसौटी पर स्वयं को हीरे के रूप में दिन-रात घिसते रहते हैं। स्नेह की रज के साथ बार-बार घिसते रहने से अन्तर्ज्योति उद्दीप्त होती है जिसके कारण आत्म हीरे का मूल्यबोध होता है जिसका संकेत उनके निम्नलिखित झूलने में द्रष्टव्य है :

सांई मिलन मुश्किल है रे, और प्रेमियों को है सहेला।
विरह सराण और आप हीरा नेह की रज ले घस पहेला।
प्रकटे जात भीतर में सु तब हीरा मोल जानी।
ऐसी उपज बिन अखा बहुत खोये आपणा ज पानी।।

इसी तरह एक झूलणा में अखा का कहना है कि शरीअत के रास्ते पर जो हीरे होते हैं, वे ही जा सकते हैं। हकीकत को हासिल करनेवाले ही उसे पा सकते हैं। जिनके पाँव बँध गए हैं, उनकी जीवन गाड़ी तो कीचड़ में ही फँसकर रह जाती

है। वे तो पाले हुए शुक की भाँति बिना बँधे ही अपने को बँधे हुए मानकर अपना जीवन बर्बाद करते हैं; यथा :

शरीअत को हैड है हीरों की, आब हवा हीरस का पांउ पड़ा
न मन छूटे न माल फावो ज्यूँ कीच मीने गाड़ ज अड्या।
हकीकत का हासिल जो होवे तो कछु जीवडा पा पावे,
नहीं तो सूडला ज्यूँ नली ज केरा बिन बाँध्या भी बँधावे।।

जकड़ी : जिकरी, जयकरी, छकड़ी, जिकर-जिक्री और जकड़ी को प्रथमदृष्टया देखने से तो यही लगता है कि ये सब एक ही होंगे पर इनमें से प्रत्येक का अपना-अपना अलग अर्थ और इतिहास है। ब्रज प्रदेश में गाए जानेवाले जिकरी भजन की भाँति अखा की जकड़ियाँ न तो होली के अवसर पर ग्राम मंडलियों द्वारा गाई जाने के अनुकूल हैं और न इनमें चारचोक ही है तथा न इनका पाँच अंगों की दृष्टि से अध्ययन ही किया जा सकता है। छन्द:शास्त्र के जयकरी और जेकरी छन्दों हेतु वर्णित लक्षणों के अनुसार भी अखा की जकड़ियों को देखा जाए तो इन जकड़ियों में न तो 15 मात्राएँ ही हैं और न अन्त में लघुगुरु ही है तथा न 1, 5, 6, 13 मात्राओं पर यतिनिर्वाह ही देखने को मिलता है। चूँकि अखा ने अपने भावों को पंक्तियों रूपी श्रृंखला में बखूबी जकड़ दिया है, इसलिए एक विशेष प्रकार की जकड़ के कारण इन्हें जकड़ी कहा जा सकता है।

अरबी भाषा में जिक्र का अर्थ है—ईश स्मरण। सूफी साधना में अल्लाह की इबादत दो प्रकार से करनेवालों के उल्लेख मिलते हैं जिनमें जो अन्तराभिमुख होकर मन में अल्लाह की इबादत, जिक्र करते हैं, उन्हें जिक्रेखफी कहा जाता है तथा जो अपने भावों को गा-गाकर या अन्य किसी रूप में प्रकट करते हैं, उन्हें जिक्रेजली कहा जाता है। ऐसा लगता है कि यह जिक्रेजली ही प्रयुक्त होते-होते आम बोलचाल की भाषा में जिकरी या जकड़ी के रूप में परिवर्तित हो गया है।

'अक्षयरस' में संकलित 19वीं जकड़ी 'पियुं बोलने में ही रे बोलूँ' में प्रियतमा कहती है कि 'साँईं बिना घूँघट नहीं खोलूँ।' अपने घर 'न्हाव' के अपने आप चले आने पर प्रिया के 'लाल गुलाल' अर्थात आनन्दविभोर हो जाने की दशा कच्ची बुद्धिवाले लोग समझ नहीं सकते हैं; यथा :

क्या जाने लोका काला रे धेण भई सो लाल गुलाल रे।
मोहे पियु सेज पर मिलया रे तबकी बहोत मैं लिया रे।।

पंचरंगी चोला पहनकर अपने साँईं के साथ खेलने को अखा की आत्मा तड़पती है; यथा :

हूँ साँइयाँ तुज साथे रे तू ही मेरी आथे रे
तें खेल बनाया हाथे रे पंचरंगी मेरा चोला रे।।

वह अपने सलोने नैनवाले साथी पर पलोंपल न्योछावर हो जाती है; यथा :

पियुं पलुंपल तुज पर वारी रे
तेरी बात मुझी को प्यारी रे
हूँ तेरी ये मनोहारी रे
मेरा नैन सलूणा साथी रे।।

अखा का यह प्रियतम कैसा भी क्यों न हो पर वे उस बाजीगर का चेला बनकर अहर्निश नाचते रहने की मंशा रखते हैं; यथा :

मेरा धूरत मीत सलूणा रे
मैं पाया साथी जूना रे
तू बाजीगर हूँ चेला रे
अखा भूले क्या तेरा रे
मेरा धूरत मीत सलोना रे।

अखा की जकड़ियों का अध्ययन करने से ज्ञात होता है कि माधुर्य एवं प्रसाद गुण के अनुरूप कोमल एवं ऋजु पदावली का प्रयोग किया गया है। कवि ने प्रिया-प्रियतम, आत्मा-परमात्मा की मिलनावस्था की विभिन्न अन्तर्दशाओं और मुद्राओं का सुन्दर चित्रण प्रस्तुत किया है।

साखियाँ : अखा ने गुजराती और हिन्दी दोनों भाषाओं में साखियाँ लिखी हैं। छप्पय और साखियों में माया, गुरुकृपा, चेतना, ज्ञान, प्राप्त विचार, विश्वरूप, वेषविचार, विभ्रम आदि अंगों में नामसाम्य देखने को मिलता है तो कहीं-कहीं विषयसाम्य भी देखने को मिलता है पर उनके छप्पय और साखियाँ परस्पर स्वतन्त्र और मौलिक हैं। अखा के छप्पय और साखियों में उनके समाज निरीक्षण एवं धर्म पर्यवेक्षण विषयक दृष्टिकोण का परिचय मिलता है। उनके छप्पय और साखियों की भाषा प्रौढ़, प्रांजल एवं सामासिकता की बोधक है; यथा :

असन वसन के कारणे सेवे राजस द्वार।
रोचक बोध बोधे अखा तोको कहा इतवार।।
माथा सूना जे फिरे, कर लिए अपना सीस।
बेलालच्य बोले अखा, सो नर देखे जुगदीस।।
मान मिटा और मन मुवा, तनकु दिया तलाक।
सो साँइयाँसे भिन्न नहिं ज्यूँ फिरी जरे नहिं राख।।

जैसा साँइयाँ आप है, ऐसा कव्या न जाय।
अखा उनकी बानगी, रंच रसना पर आय।।
पूरन में टिकते नहीं, अखा बुद्ध के पाउँ।
गिर पड़े बोहरु चढ़े, लागा मनकूँ चाउँ।।

इस तरह उपर्युक्त विवेचन से स्पष्ट होता है कि संत कवि अखा ने अपने काव्य के माध्यम से समाज को चेतावनी देकर जागृत किया है तथा अधर्म और अन्धविश्वास का खंडन किया है। मिथ्या अहंकार को त्यागकर उन्नति के मार्ग पर चलने हेतु उन्होंने समाज को उपदेश दिया है। उनकी भाषा सरल, सहज एवं आडम्बररहित है। उनका काव्य हिन्दी एवं गुजराती साहित्य की अमूल्य निधि है।

प्रोफेसर एवं अध्यक्ष, हिन्दी विभाग
गुजरात विद्यापीठ, अहमदाबाद

मराठी भक्ति साहित्य और तुकाराम की भक्ति भावना

सरोज सिंह

महाराष्ट्र उत्तर और दक्षिण भारत का सन्धि-स्थल है अत: दोनों की सांस्कृतिक एवं आध्यात्मिक भावधाराओं का प्रत्यक्ष अथवा परोक्ष रूप से उस पर प्रभाव पड़ना अत्यन्त स्वाभाविक था। महाराष्ट्र के भक्तों एवं संतों की हरिहर ऐक्य की उदात्त कल्पना (यथा पंढरपुर की विट्ठल मूर्ति पर सुशोभित शिवलिंग) ने उत्तर और दक्षिण की वैष्णव और शैव संस्कृतियों को एक सूत्र में आबद्ध कर दिया। तेरहवीं-चौदहवीं शती से अठारहवीं शती के उत्तरार्ध तक भारत की सभी प्रादेशिक भाषाओं में भक्ति-पयस्विनी विविध धाराओं में प्रस्फुटित हुई। इन कवियों की भक्ति का आलम्बन 'ईश्वर' सगुण और निर्गुण दोनों ही था। कुछ भक्त कवियों ने सगुण-साकार की भक्ति पर बल दिया तो कुछ ने निर्गुण निराकार एवं सगुण निराकार पर। विष्णु और नारायण का एकीकरण, राम और कृष्ण को विष्णु का पूर्णावतार मान लिया जाना—ये दो प्रमुख आलम्बन थे जिनके आधार पर मध्यकालीन भक्ति का प्रासाद खड़ा हुआ। महाराष्ट्र के वारकरी भक्ति-सम्प्रदाय के आराध्य देव 'विट्ठल' कृष्ण के मूल प्रचलित रूप से सम्बद्ध है। महाराष्ट्र के सर्वाधिक लोकप्रिय वैष्णव धर्म के प्रमुख केन्द्र पंढरपुर में विट्ठल अथवा विठोबा का मन्दिर है। मराठी में शब्द के अन्त में 'बा' अथवा 'ल' जोड़ देने पर आदर अथवा मृदुला का भाव प्रकट होता है, यथा एकनाथ को एकोबा और तुकाराम को बहुधा तुकोबा कहा जाता है। इतिहासकार राजवाड़े के मतानुसार 'विष्टल' शब्द 'विट्ठल' से बना है। विष्टल का अर्थ है दूर अथवा जंगल का स्थल। इसका अर्थ यह विट्ठल विग्रह अथवा विट्ठल-भक्ति कहीं बाहर से आई है।[1]

तुकाराम जी वारकरी सम्प्रदाय के प्रमुख भवत माने जाते हैं। महाराष्ट्र के मध्यकालीन भक्ति सम्प्रदायों में वारकरी सम्प्रदाय सर्वाधिक महत्वपूर्ण है। मराठी के भक्ति साहित्य में विविधता के साथ ही गहन विश्लेषण भी मिलता है। अनेक काव्यधाराओं ने इसकी अभिवृद्धि में योगदान दिया है। इतिहास क्रम की दृष्टि से प्रमुख भक्ति सम्प्रदायों का क्रम इस प्रकार है—

(क) नाथ सम्प्रदाय, (ख) महानुभाव सम्प्रदाय (ग) वारकरी सम्प्रदाय
(घ) समर्थ सम्प्रदाय (ङ) पंडित काव्यधारा (च) आनन्द सम्प्रदाय

महाराष्ट्र के मध्यकालीन भक्ति सम्प्रदायों में वारकरी सम्प्रदाय सर्वाधिक महत्त्वपूर्ण है। अन्य सम्प्रदायों की अपेक्षा इस सम्प्रदाय के अनुयायियों की संख्या सर्वाधिक होना तथा कालान्तर में अन्य सम्प्रदायों के ह्रास तथा वारकरी सम्प्रदाय का दिन-प्रतिदिन विकास इस बात का संकेत है कि अन्य भक्ति प्रपात वारकरी के विशाल प्रवाह में आकर मिल गए और यदि वे नहीं भी मिले तो इतने क्षीण थे कि वारकरी सम्प्रदाय की लोकप्रियता के शिखर को ये कभी भी स्पर्श नहीं कर पाए। वारकरी दो संयुक्त शब्दों का समवाय है—वार+करी। 'वार' का अर्थ है यात्रा और 'करी' का अर्थ है करनेवाला अर्थात यात्रा करनेवाला। धार्मिक दृष्टि से साधारणत: वारकरी उसे कहते हैं जो पंढरपुर-स्थित विट्ठल-विग्रह का उपासक है और वर्ष में कम-से-कम दो बार अर्थात आषाढ़ और कार्तिक शुक्ल एकादशी के दिन नियमित रूप से पंढरपुर स्थित विट्ठल-मूर्ति के दर्शन करता है। पंढरपुर के विट्ठल विष्णु के अवतार कृष्ण ही हैं अत: वैष्णवोपासक होने के कारण यह भागवत सम्प्रदाय के नाम से भी अभिहित किया जाता है।[2] वारकरी सम्प्रदाय भक्ति को विशेष महत्त्व देता है। तुकाराम तथा नामदेव इत्यादि कवियों के काव्य में नवधा भक्ति के सभी प्रकार देखे और ढूँढ़े जा सकते हैं। सम्बन्ध रूपा भक्ति में कान्ता भक्ति की अपेक्षा वात्सल्य, सख्य एवं दास्य भक्ति पर विशेष बल दिया गया है परन्तु इन सबसे अधिक ज्ञानोत्तर भक्ति अथवा परा भक्ति को श्रेष्ठ माना गया है। तुकाराम के शब्दों में यही अभेद भक्ति है। अभेद भक्ति अनवरत साधना और ईश्वर अनुकम्पा से सम्भव है। वारकरी सगुण-साकार और निर्गुण-निराकार में कोई भेद नहीं मानते। उनके विचार से निर्गुण-निराकार ब्रह्म ही धर्म की संस्थापना और अधर्म के नाश हेतु साकार रूप (अवतार) धारण करता है परन्तु साकार रूप धारण करने पर भी उसका एकत्व खंडित नहीं होता। साधारण जन के लिए सगुण भक्ति और सिद्ध भक्तों के लिए निराकार ब्रह्म की उपासना का विधान है। इस सम्प्रदाय में महाविष्णु के सभी अवतारों की मान्यता है जिनमें राम और कृष्ण विशेष मान्य है, परन्तु उपास्य देव पंढरपुर निवासी पांडुरंग अथवा विट्ठल ही हैं। परमार्थ सिद्धि हेतु अखंड नाम-स्मरण और निरपेक्ष हरि-कीर्तन मुख्य साधन हैं। नाम-स्मरण में अपार सामर्थ्य है। वारकरी सम्प्रदाय सर्वात्मवाद का समर्थक है। सृष्टि के सब प्राणियों में परमात्मा को अनुभव करना ही सर्वात्मवाद है। इस सम्प्रदाय में जिस प्रकार हरि और हर की भक्ति तथा सगुण और निर्गुण ब्रह्म की उपासना में समन्वय स्थापित किया गया है, वहीं भक्ति और ज्ञान के योग को भी परमार्थ-सिद्धि के लिए आवश्यक माना गया। "भक्ति मूल है, वैराग्य या विरक्ति उसका मूल है और ज्ञान (आत्मज्ञान) उसका फल है। विशुद्ध वैराग्य और ज्ञान भक्ति के बिना प्राप्त नहीं है।"[3]

वारकरी सम्प्रदाय के संतों में निर्गुण सर्वात्मस्वरूप, अद्वैत ब्रह्म के प्रति पूरी निष्ठा पाई जाती है, किन्तु सगुण की मूर्ति के समक्ष कीर्तन भी वे किया करते थे। उनके लिए कोई ऊँच-नीच नहीं और न धनी-दरिद्र अथवा पुरुष एवं स्त्री में ही उनकी दृष्टि में कोई मौलिक अन्तर समझा जा सकता है। सबका कर्तव्य भगवान के स्मरण व संकीर्तन में सदा निरत रहते हुए, अपने आवश्यक दैनिक कार्यों का सम्पादन करना है। धन-वैभव के प्रति उदासीनता उनकी अवश्य देखी जाती है और वे कौटुम्बिक ममता को भी अपने हृदयों में उच्च स्थान देते हुए प्रतीत नहीं होते। परन्तु इसका कारण उनकी इनके प्रति पूर्ण विरक्ति नहीं, किन्तु इनके क्षणिक होने के काल इनकी ओर से न्यूनाधिक निरपेक्षता का भाव मात्र है। वारकरी सम्प्रदाय के बहुत से अनुयायी अपना पारिवारिक जीवन व्यतीत करते हुए ही आध्यात्मिक भावों में निरन्तर लीन रहे थे।[4] वारकरी सम्प्रदाय में अद्वैतवादी होते हुए भी भक्ति को विशेष महत्त्व दिया जाता है। वारकरी यह मानते हैं कि अद्वैत और भक्ति का परस्पर विरोध नहीं है, प्रत्युत भक्ति अद्वैतानुभूति की सबसे ऊँची चोटी है।[5]

तुकाराम मराठी भक्तिकाव्य के सर्वश्रेष्ठ भक्त थे, उन्होंने काव्य की रचना अपने भक्ति को अभिव्यक्त करने हेतु की थी। उनका यही प्रयास रहा है कि उनके हृदय में उपजनेवाली भावनाओं को शब्दों के माध्यम से व्यक्त करें। तुकाराम का जन्म निम्न जाति में हुआ था, अत: उन्हें शब्द ज्ञान अथवा ज्ञानार्जन करने के अधिकार से वंचित रहना पड़ा। उन्होंने काव्यशास्त्र का अध्ययन नहीं किया था, लेकिन प्रतिभा, भाव और विचार इतने श्रेष्ठ और अद्वितीय थे कि मराठी भाषा के संत कवियों में उनकी जैसी श्रेष्ठता को कोई भी नहीं प्राप्त कर सका है। अपने जीवन के व्यापक अनुभव, मौलिक चिन्तन और सामाजिक जीवन की समस्याओं को तुकाराम जी ने अपनी पैनी दृष्टि के आधार पर प्रभावशाली ढंग से व्यक्त किया है, वारकरी सम्प्रदाय में श्रीमद्भगवद्गीता और भागवतपुराण का बहुत महत्त्व है। प्रमुख संतों- ज्ञानेश्वर, नामदेव और तुकाराम के वचनों को भी बहुत महत्त्व दिया जाता है। इस सम्प्रदाय की परम्परा ज्ञानेश्वर से प्रारम्भ होती है और ज्ञानेश्वर के नाथपन्थ से स्पष्टत: जुड़े होने के कारण वारकरी सम्प्रदाय का नाथ सम्प्रदाय के साथ सम्बन्ध अप्रत्यक्ष रूप से जुड़ जाता है। दूसरे, वारकरी सम्प्रदाय के साथ ही कर्नाटक में लिंगायत सम्प्रदाय का भी प्रचार हो रहा था। इस सम्प्रदाय ने भी जाति एवं वर्णभेद को न मानकर भक्ति के क्षेत्र में सबका समान अधिकार माना। इस सम्प्रदाय में प्रवृत्तिमार्गीय जीवन दर्शन का समर्थन मिलता है। 'जय जय राम कृष्ण हरि' यह वारकारियों का मुख्य मन्त्र है। महाराष्ट्र

ज्ञानकोष में 26 वारकरी संतों की सूची दी गई है, किन्तु इनमें ज्ञानेश्वर, नामदेव, एकनाथ, तुकाराम और निलोबा प्रमुख हैं।

तुकाराम वारकरी सम्प्रदाय के शिखर माने जाते हैं इनका भक्तिकाव्य वारकरी सम्प्रदाय की भक्ति भावना का परिणत रूप है। तुकाराम के जीवन सम्बन्धी अनेक सूत्र उनके अभंगों से प्राप्त होते हैं। इसके आधार पर हम उनके जीवन को जान, समझ सकते हैं। तुकाराम जी का जन्म ई. सं. 1608 में पूना जिले से 18 मील दूर इन्द्रायणी नदी के तट पर स्थित 'देहू' नामक ग्राम के एक परिवार में हुआ है। उनके पूर्वज महाजनी और व्यापार करते थे। उनकी जाति तत्कालीन जाति-व्यवस्था के अनुसार शूद्र मानी जाती थी। अपने अभंगों में तुकाराम जी ने हीन जाति में जन्म लेने की बात कही है। इनके माता-पिता भी विट्ठल के भक्त थे। संसार के प्रति विराग होने पर तुकाराम जी भक्ति पथ की ओर अग्रसर होने लगते हैं। मन को किसी भी प्रकार के मोह से दूर रखने और राग-द्वेष से मुक्त होने, आध्यात्मिक जीवन की ओर बढ़ने के लिए तुकाराम देहु के पास भामनाथ पर्वत और मंडारा पर्वत पर जाकर चिन्तन करने लगे। स्वप्न में उन्हें गुरु का उपदेश प्राप्त हुआ, जिससे उनमें काव्य-रचना की प्रतिभा जागृत हुई। संत नामदेव ने उन्हें अभंग रचना की प्रेरणा दी। अभंगों में जहाँ एक ओर ईश्वर सम्बन्धी अपने अनुभवों की अभिव्यक्ति हुई है, तो दूसरी ओर तत्कालीन विषमतामूलक समाज की जातीय प्रवृत्तियों की निन्दा की है। तुकाराम जी की मृत्यु ई. सन् 1649 में हुई थी। उनके द्वारा लिखित अभंगों की मूल प्रतियाँ उपलब्ध नहीं हैं। उनकी मृत्यु के बाद उनके शिष्यों द्वारा उसे कंठस्थ और लिखित रूप में संकलित किया गया। यही तुकाराम की रचनाओं का प्रथम प्रामाणिक पाठ है। तुकाराम के अभंगों का पहला संकलन मुद्रित रूप में 1867 ई. में प्रकाशित हुआ है, जो 'अभंग गाथा' के नाम से प्रसिद्ध है।

तुकाराम जी जिस वारकरी सम्प्रदाय के अनुयायी थे, उस वारकरी सम्प्रदाय का प्रमुख उद्देश्य सामाजिक बुराइयों को दूर करना था— उन्होंने लौकिक और आध्यात्मिक जीवन के लिए समान रूप से उपयोगी एक नई पद्धति की रचना की। तुकाराम जी के मत से सारा संसार तीन रूपों में विभक्त था। जहाँ सृष्टि, चैतन्य युक्त जीव और ईश्वर। तुकाराम जी नाम स्मरण की महिमा पर विशेष बल देते हैं। ईवर का पूजन, उसी का स्मरण, उसी के गुणों का कीर्तन और उसी का दर्शन, भक्त का प्रधान कर्त्तव्य एवं कर्म हो जाता है। श्री हरिभाऊ उपाध्याय ने भक्ति को 'मन की दौड़' कहा है। मन जिसे चाहता है, उसकी तरफ दौड़ता है। इसी तरह जिसे चाहता है, उसे अपनी ओर खींचता भी है। यही आकर्षण क्रिया

भक्ति का बीज है।[6] आचार्य रामचन्द्र शुक्ल ने भी लिखा है—"जब पूज्य भाव की वृद्धि के साथ श्रद्धा भाजन के सामीप्य लाभ की प्रवृत्ति हो, उसकी सत्ता के कई रूपों के साक्षात्कार की वासना हो, तब हृदय में भक्ति का प्रादुर्भाव समझना चाहिए।[7] संत तुकाराम की भक्ति में सगुण और निर्गुण का भेद नहीं है। अद्वैत में द्वैत और द्वैत में अद्वैत है, जो निर्गुण है वही सगुण है, और जो सगुण है वही निर्गुण है, यही निश्चय और स्वानुभव होने से उभयविध, आनन्द उनकी वाणी में भरा हुआ है।[8] तुकाराम भक्ति के उपास्य साकार भी है और निर्विकार भी, क्योंकि उनके विचार से दोनों की सह समन्विति से ही ईवर प्राप्ति सम्भव है। 'मँजीरे होते दो हैं' परन्तु उनमें ध्वनि एक ही उत्पन्न होती है। इसी प्रकार सगुण और निर्गुण में कोई अन्तर नहीं है यथा—

"दोन्हीं टिपरी एक चिं नाद। सगुण निर्गुण नाहीं भेद रे।"

भगवान में अहेतुक, निष्काम, एकनिष्ठ और अनवरत प्रेम की भक्ति है। नारद भक्तिसूत्र और शांडिल्य भक्तिसूत्र के अनुसार प्रभु में पराकाष्ठा की अनुभूति रखना ही भक्ति है। हरि-भक्ति रसामृत-सिन्धु में भक्ति के दो भेद किए गए हैं— पराभक्ति और गौणी भक्ति। पराभक्ति सर्वोच्च कोटि की भक्ति है और यह भक्त की सिद्धावस्था में ही सम्भव है। गौणी भक्ति साधनावस्था के अन्तर्गत है और दो प्रकार की है—वैधी और रागात्मिका अथवा रागानुगा। वैधी-भक्ति मर्यादा का मार्ग है जिसमें भक्त ईश्वर के ऐश्वर्य-ज्ञान से सम्पन्न रहता है। रागात्मिका-भक्ति राग अथवा प्रेम पर आश्रित है। यह दो प्रकार की है—कामरूपा और सम्बन्धरूपा। गोपियों की भक्ति कामरूपा है क्योंकि वे कृष्णभक्ति सुख के अतिरिक्त अन्य सभी वस्तुओं को हेय मानती है। सम्बन्धरूपा भक्ति भगवान और भक्त के सम्बन्ध की दृष्टि से चार प्रकार की है—दास्य, सख्य, वात्सल्य और दाम्पत्य। रागात्मिका भक्ति की अन्तिम सीढ़ी पर पहुँचकर भक्त पराभक्ति की भूमिका में प्रवेश कर प्रभु-प्रेम में विभोर हो उसी को देखता, उसी को सुनता, उसी को कहता और उसी की चिन्ता करता है। प्रेम का यह आस्वाद मूक की भाँति अनिवर्चनीय है। इस अवस्था में पहुँचकर गुण-रहित, कामना-शून्य प्रतिक्षण अविच्छिन्न रूप से बढ़ता हुआ, सूक्ष्मतर और अनुभव रूप में हो जाता है।[9]

तुकाराम जी ने कृष्णलीला पर अभंग रचे। श्रीकृष्ण जी के बाल चरित्र में उनका गोपालों के साथ खेलना तथा गोपियों के साथ क्रीड़ा करना प्रसिद्ध ही है। सभी भगवद्भक्त और विशेषतः भागवत सम्प्रदाय के भगवद्भक्त गोपियों के प्रेम की स्तुति करते हैं। महाराष्ट्र भागवत संतों की भी बहुत-सी कविता इस गोपी-प्रेम से भरी है। यह सब कविता वारकरी सम्प्रदाय की परम्परा में 'गवालन' नाम से प्रसिद्ध

है। तुकाराम जी के 'गवालन' शीर्षक कई अभंग है, जिसमें से एक द्रष्टव्य है—

''मैं भूली घर जानी वाट,
गोरस बेचन आएँ हाट।
कान्हा रे मनमोहन लाल
सब ही विसरूँ देखे गोपाल।
कान्हां पग डारू देख आनेरा।
देखे तो सब वोहिन घेरा।
हुं तो चकित भैर तुका
भागा रे सब मन का धोका।

इस उद्धरण से तुकाराम जी की हिन्दी कविता पर मराठी तथा गुजराती की छाप नजर आती है। घर जानी का अर्थ घर जानेवाली है। महाराष्ट्र में एक कहावत प्रचलित है—'मन मानी घर जानी' जिससे यह शब्द प्रचार लिया हुआ है। बाट शब्द मराठी है। इसका अर्थ है राह। तुकाराम की कविता में क्रियाओं के एकारान्त रूप कई बार आते हैं। श्री तुकाराम जी के समय में महाराष्ट्र देश में मुसलमानी पन्थ के कई सम्प्रदाय थे। ये भिन्न प्रकार के पन्थ अपनी-अपनी विशिष्ट रीति से लोगों को तंग करते थे। इन लोगों को ध्यान में रखकर तुकाराम जी ने अपनी फुटकर कविताओं में कुछ हिन्दी अभंग लिखे हैं हिन्दू धर्म के सम्प्रदाय तथा पन्थो के लोगों पर फटकार लगाने के लिए जैसे मराठी में कविता की, उसी प्रकार इन मुसलमानी पन्थी पर कोड़े लगाने के लिए ये कविताएँ लिखी गई हैं। इन पन्थों में से एक का नाम 'दरवेस' था। घर-घर अल्ला के नाम से फेरी करते हुए ये लोग भीख-माँगते थे। तुकाराम जी का 'दरवेस' अभंग यों हैं—

''अल्ला करे सो होय बाबा, करतार का सिरताज,
गाऊ बछरे तिसे चलावे, यारी बाधोन सात।
ख्याल मेरा साहेब का बाबा, हुआ करतार,
व्हाँ ते आए चढ़े पीठ, आए हुआ असवार।
जिकिर करो अल्ला की बाबा, सबल्यां अंदर भेस,
कहे तुका जो नर बुझे, सोहि भया दरवेस।

इस अभंग में अल्ला अर्थात परमेश्वर की पहले शक्ति दिखलाई है। वह सब कर्ताओं में श्रेष्ठ है।

हरिकथा भगवान, भक्त और उनके पवित्र नाम का त्रिवेणी संगम है। जो मनुष्य पवित्र हरिकथा को आदर से गाते और सुनते हैं उनके अवगुणों के पर्वत जल जाते हैं। हरिभक्तों के पास समस्त तीर्थ पवित्र होने के लिए आते हैं और सभी पर्वकाल

उनके पैरों तले रहते हैं। हरिकथा का माहात्म्य अनुपम है। ब्रह्मा भी उसके सुख का वर्णन करने में असमर्थ हैं। यथा—

"कथा त्रिवेणी संगम देव भक्त आणि नाम।
तुका म्हणे ब्रह्मा नेणे वणूं या सुखा।"[10]

तुकाराम मानते हैं कि विट्ठल का नाम सब साधनों का सार है। तुकाराम नाम-स्मरण के माहात्म्य का वर्णन करते हुए पौराणिक आख्यानों का भरपूर आश्रय लेते हैं। वह कहते हैं, "हरिनाम का कीर्तिगान सभी पुराणों ने मुक्त कंठ से किया है। भक्तिभाव से प्रभु का नाम-स्मरण करने पर भक्त हरि के साथ तदरूप हो जाता है। आदिनाथ भी सदैव हरि का नाम कंठ में धारण किए रहते हैं। यह श्रेष्ठ एवं अलौकिक नाम-मन्त्र सब साधनों का सार है। तुकाराम अपने एक हिन्दी अभंग में कहते हैं—

"राम कहो जीवना फल सो हि। हरि भजनसुं विलंब न पाई,
कवनका मंदर कवनका झोपरी। एक राम बिन सब हि फुकरी।
कवनकी काया कवनकी माया। एक राम बिन सब हि जाया।
कहे तुका सब हि चलनार। एक राम बिन नहिं वो सार।।"[11]

संत तुकाराम मूर्तिपूजा के समर्थक होते हुए भी मानसिक पूजा पर अधिक बल देते हैं। उनकी दृष्टि में प्रतिमा चंचल मन को स्थिर करने का एक माध्यम है, वास्तविक वस्तु तो भाव है। श्रद्धाभाव ही पूजा का सारतत्त्व है, इस कथन को अपने एक अभंग में व्यक्त किया है—

"पाषाण देव पाषाण पायरी। पूजा एकावरी पाय ठेवी।
सार तो भाव सार तो भाव। अनुभवीं देव ते चि जाले।।"[12]

भारतीय मनीषा, धर्म एवं संस्कृति में समन्वयवादी दृष्टिकोण रखती है। तुकाराम की भक्ति-भावना में भी समन्वयवादी दृष्टि मिलती है। भक्ति की महत्ता पर बल देते हुए भी तुकाराम ज्ञान और वैराग्य की कभी भी उपेक्षा नहीं करते, अपितु वह तो उन्हें भक्ति का सहायक अंग मानते हैं। तुकाराम की भक्ति पयस्विनी सगुण और निर्गुण दोनों भक्तिधाराओं को आत्मसात कर आगे बढ़ी है और उसका पर्यवसान पराभक्ति या ज्ञानोत्तर भक्तिरूपी पयोधर में होता है। वे न तो द्वैतवादी हैं, न अद्वैतवादी, अपितु वह तो द्वैताद्वैत-शून्य शुद्ध-ब्रह्म के साथ समरस होने के लिए आतुर हैं। तुकाराम ने भक्ति के क्षेत्र में वाद्य-विधान की अपेक्षा नाम-स्मरण, संत-संगति, चित्त-शुद्धि और सदाचरण पर अधिक बल दिया है। तुकाराम के काव्य की भाषा लोकभाषा है अत: उन्हें लोकभाषा का कवि कहा जाता है। इसीलिए उनके द्वारा रचित अभंग जनसामान्य द्वारा सहजता से गाए जाते हैं। इस प्रकार तुकाराम

वारकरी सम्प्रदाय के ही नहीं बल्कि मराठी भक्ति-साधना के एक श्रेष्ठ साधक, संत और भक्त माने जा सकते हैं।

एसोसिएट प्रोफेसर (हिन्दी)
सी.एम.पी. कालेज, प्रयागराज
मो. : 9415616083

सन्दर्भ

1. डॉ. विनयमोहन शर्मा, हिन्दी को मराठी संतों की देन, बिहार राष्ट्रभाषा परिषद, पृ. 70.
2. डॉ. (श्रीमती), रमेश सेठ, तुकाराम एवं कबीर-एक तुलनात्मक अध्ययन, साहित्य शोध संस्थान, 1979, पृ. 106.
3. श्री भीमराव गोपाल देशपांडे, मराठी का भक्ति साहित्य, चौखम्बा विद्या भवन, 1959, पृ. 32.
4. परशुराम चतुर्वेदी, उत्तरी भारत की संत परम्परा, साहित्य भवन प्रा. लिमिटेड, 2014, पृ. 90.
5. श्री देशपांडे, मराठी का भक्ति साहित्य, पृ. 31.
6. डॉ. बलदेव उपाध्याय, भागवत सम्प्रदाय, पृ. 98.
7. डॉ. रामचन्द्र शुक्ल-चिन्तामणि (भाग-1), पृ. 32.
8. लक्ष्मण रामचन्द्र पांगारकर, श्री तुकाराम चरित, वरदा प्रकाशन, पृ. 283.
9. मुंशी राम शर्मा, भक्ति का विकास।
10. तुकाराम अभंगाचे गाथा, 2357.
11. वही, 1165.
12. वही, 2270.

आचार्य विद्यासागर का भक्तिकाव्य सन्दर्भ जैन भक्ति

बारेलाल जैन

भारतीय संस्कृति के उत्थान में भक्ति आन्दोलन प्रेरक शक्ति के रूप में रहा है। धर्म और दर्शन की सजीव और सार्थक परम्पराएँ जो जन-जीवन में घुली-मिली हैं और समाज तथा संस्कृति की सजीव चेतना है वह भक्ति आन्दोलन ही है। भक्ति में सत्य का उद्घोष और इस सत्य के पालक मनुष्य की रक्षा तथा उसका विकास है। भक्ति में जाति, कुल, धर्म, भेद, भय, भ्रम आदि नहीं होते। एक तरह से भक्ति आत्मालोचना है। समतामूलक समाज के निर्माण की प्रेरक शक्ति भक्ति ही है। भक्ति हृदय की धर्म धारा है। यह मनुष्य को उसकी अपनी सीमाओं से ऊपर उठाती है और जीवन के क्षेत्रों में व्यापक बनाती है। आज समाज, राजनीति, धर्म, आर्थिक क्षेत्र और सांस्कृतिक जीवन में विद्रूपताएँ प्रवेश कर गई हैं, जिसके कारण मनुष्य को और उसकी मनुष्यता को अनेकानेक घात-प्रतिघात लग रहे हैं। कहीं-न-कहीं हमारे हृदय की निर्मलता कमजोर हो रही है और बुद्धि की अराजकता बढ़ रही है जिसके कारण रूढ़ियाँ, पाखंड, अनाचार, आतंक, बलात्कार, हत्याएँ, लूटपाट बढ़ रही हैं। सत्ता सिर्फ अपने स्वार्थ में डूबी हुई है। न्याय, सत्य, प्रेम, करुणा, दया, क्षमा, ममता जैसे मूल्य कहीं बीहड़ जंगलों में भटकने लगे हैं। प्रकृति का गलत दोहन हो रहा है। शोषण, महँगाई या भ्रष्टाचार के रूप में अथवा अनाचार के रूप में हो रहा है। भक्ति का मूल धर्म है और धर्म आज विकृत रूप में देखा जा रहा है। भक्ति सिर्फ मनुष्य के हृदय की आत्म सुखान्त भावना ही नहीं है वरन् वह सृजनशीलता में अवरोध पैदा करनेवाले असामाजिक भावों को निर्मूल करने का सशक्त साधन भी है। भारतीय सृजनकारों/साधकों ने भक्ति को अपने जीवन की शंकाओं को दूर करने और उस पावन सत्य को प्राप्त करने का साधन माना है। फलतः भक्ति लोक से उठकर लोकोत्तर होने का भाव है। मानवीय संवेदनशील रूपों को स्पर्श करनेवाली भावना भक्ति ही है। मनुष्य जब अपने सम्पूर्ण कर्मों से थकने लगता है तो उसे आराम या सुख की चाहत में कुछ ऐसा चाहिए जो उसे परम सुख के रूप में प्राप्त हो और ये अपने आराध्य या किसी नैसर्गिक शक्ति या आत्मानुराग से जुड़कर ही और उसमें भावों को आत्म समर्पित करने के अलावा कुछ नहीं। वह ऐसी सत्ता के पास अपने मन को ले जाना चाहता है जहाँ उसे प्रतिफल के रूप में असीम प्राप्त हो। जो उसके निजी सुख का या उसके भीतर बसे

लोक के सुख का आधार बने। संतों ने ऐसे भावों को ही भक्ति की संज्ञा दी है। प्रेम और भक्ति दोनों में ही समर्पण की भावना मुख्य होती है। प्रेम में वह कुछ-न-कुछ प्राप्त करने का भाव बना रहता है लेकिन भक्ति में सारे भाव लीन हो जाते हैं और भक्त को कुछ भी चाहने की इच्छा नहीं होती है। भक्ति एक तरह से आत्मधर्मी भाव है जिसमें सिर्फ मनुष्य होता है और उसकी अपनी प्रकृति। विरोधी भावों को तिरोहित करना और साधक भावों को जाग्रत करना, समर्पित करना भक्ति की प्राथमिक विशेषता है। भक्ति में विनय, विवेक और बोध आवश्यक हो जाता है। जैसे हम भवन निर्माण में क्रमानुता आवश्यक मानते हैं वैसे ही भक्ति में भी आवश्यक है। अहंकार का वमन और ॐकार का सृजन ही भक्ति की नींव है।

सामाजिक जड़ता, अराजकता, पराधीनता और अवमूल्यन के इस दौर में भी ये मेरा, वो तेरा, मेरा अच्छा, तेरा बुरा जैसे भाव बुनयादी झगड़ों/संघर्षों को कभी भी समाप्त नहीं कर सकते। एकमात्र भक्ति भाव ही इन विकृतियों या विसंगतियों से समाधान दे सकता है। क्योंकि भक्ति मात्र ईश्वर की/सत्ता की/आत्मा की/प्रकृति की है न कि किसी व्यक्ति-विशेष की। यहाँ आकर राम, रहीम एक हो जाते हैं। जाति-पाँति के झगड़े शान्त हो जाते हैं। इसीलिए हिन्दी साहित्य के इतिहास में भक्तिकाल को 'स्वर्ण काल की संज्ञा दी गई है।'

'जिन' अर्थात जिन्होंने अपनी इन्द्रियों पर विजय प्राप्त कर ली हो वे जैन कहलाए। यह जिन संस्कृति ही श्रमण संस्कृति के रूप में आत्मतत्त्व की महत्ता और प्रधानता के साथ तप, सत्य, विश्वप्रेम, विश्वमैत्री और अहिंसा की महानता को लेकर स्वयं के कल्याण और लोक का भी कल्याण करने में निरत रहे ऐसे तीर्थंकरों की भक्ति जैन भक्ति कहलाई।' आचार्य विद्यासागर वर्तमान समय के जैन संत के रूप में विख्यात हैं। इसके साथ ही वे महाकवि के रूप में भी प्रतिष्ठित हैं। रूढ़ियों या बाह्याचारों से परे उन्होंने आत्म साधना में कीचड़ से दूर रहने को ही भक्ति भाव के रूप में स्थापित किया है—

कीचड़ में पद रखकर लथपथ हो
निर्मल जल में स्नान करने की अपेक्षा
कीचड़ से दूर रहना ही बुद्धिमानी है।

*　　　*　　　*

मेरी यही कामना है
कि
इस जीवन में
रहे काम ना।

इन पंक्तियों के गायक श्रमण परम्परा के आधुनिक महावीर कहे जाने-वाले आचार्य विद्यासागर जी हैं। जिन्होंने विश्व शान्ति और वसुधैव कुटुम्बकम् की भावना को आलोकित करने के लिए अपने उस ईश्वर की आराधना/भक्ति की है जो स्वयं साधना के सोपानों को पार करता हुआ ईश्वरत्व की उपाधि से विभूषित हुआ है। कर्नाटक प्रान्त में 10 अक्टूबर, 1946 को जन्मे आचार्य विद्यासागर वर्तमान में साधक चर्या के धनी महाकवि/महापुरुष के रूप में चर्चित हैं। उनकी चर्या भक्त कवि/संत कवि/लोक कवि के रूप में ख्यात हो रही है। आपने अपनी साधना की सरणियों में श्रमण संस्कृति के सिद्धान्तों को प्रेरणा रूप में ग्रहण किया है और उसी के अनुरूप अपनी दैनन्दिनी को मूर्त रूप देते हुए तपस्यारत और काव्य सृजनरत किया है। आपकी रचनाओं में जीवन-जगत की अनेक विसंगतियों के सजीव चित्र हैं। लेकिन अपनी आत्म आलोचना के विविध भावों से भरी भाव सम्पदा ही काव्य सम्पदा के रूप में सामने है। आपने दोहा-दोहन, चेतना के गहराव में, डूबो मत लगाओ डुबकी, नर्मदा नरम कंकर, तोता क्यो रोता, मूकमाटी महाकाव्य, श्रमण शतक, निरंजन शतक, जैसी कालजयी कृतियों में और विश्व साहित्य की धरोहर अनुवाद कृतियों में भक्ति भावना के उज्ज्वल पक्ष सामने रखे है। उनकी भक्ति-भावना ऐसे मानस हंस परम पुरुष परमात्मा स्वरूप 'जिन' के चरणों में है जो सिद्धत्व प्राप्त कर चुके हैं या जो सिद्धत्व प्राप्त करने के साधन बतला रहे हैं।

भक्ति का अर्थ है तन्मयता। अपने उपास्य के स्वरूप में एकाकार होना भक्ति की सिद्ध उपलब्धि है। मन, वचन और कार्य से इष्ट देव को जो रुचिकर है उसी में संलग्न होना भक्ति है। 'वन्दे तद्गुण लब्धये' ही सच्ची भक्ति का फलश्रुति है। जैन दर्शन में जिनेन्द्र भक्ति ही सब फलों का प्राप्त करना है। यह भक्ति ही विषयान्ध को मार्गदर्शन करानेवाली तथा दिव्य नेत्र देनेवाली है। वही जिनेन्द्रपदारविन्द की भक्ति है। यह भक्ति परमात्म भाव को आत्मप्रतिष्ठित करने की सीढ़ी है। कर्मनिर्जरा का संकेत है। मोक्ष पथ की ओर बढ़ते हुए चरण है। हिंसा, असत्य, चौर्य, अब्रह्म तथा परिग्रहरूप पंच पापों का प्रायश्चित्त है। जिन भक्ति अपने आत्मज्ञान को प्रक्षालित करने का पवित्र नीर है। विवेक समुद्र से उत्पन्न दिव्य मणि है।

जिन (जैन) दर्शन की भक्ति के सन्दर्भ को लेकर पं. जवाहरलाल नेहरू का मत है कि, ''जैन दर्शन के अनेक सिद्धान्त भागवत भक्ति के पोषक सिद्ध हुए हैं। जैन दर्शन में जाति-पाँति की परवाह किए बिना निष्काम पथ के लिए अहिंसा, सत्य कथन, अस्तेय, पातिव्रत्य और अपरिग्रह सिद्धान्त प्रेरक हैं।'' कबीर की भक्ति पर जैनो के अनेकान्तवाद का पूरा प्रभाव है। प्राकृत, अपभ्रंश तथा संस्कृत में जैन कवियों की भक्तिपरक स्तुतियाँ स्तुत्य है। ''हिन्दी जैन साहित्य मूलत: आध्यात्म

और भक्तिपरक है। उसमें श्रद्धा, ज्ञान और आचरण तीनों का समन्वय है। अर्हन्त, सिद्ध, आचार्य, उपाध्याय और साधु इन पंच परमेष्ठियों की भक्ति में साधक कवि सम्यक साधना पथ पर चलता है और साध्य की प्राप्ति कर लेता है।'' इष्ट के प्रति एकनिष्ठ भाव ही भक्ति है। इसी तरह भक्ति मीमांसा के अनुसार 'भक्तिर्मनस उल्लासविशेष:' अर्थात् मन के उल्लास विशेष को भक्ति कहा गया है।

यदि हम भक्ति के परिप्रेक्ष्य को बहुत पीछे की ओर देखने का प्रयास करें तो श्रमण संस्कृति के अन्तिम तीर्थंकर महावीर स्वामी अपने उपदेशों में भक्ति के सम्बन्ध में कहते हैं, ''ज्ञान आदि गुणों से युक्त अरिहन्त, सिद्ध, आचार्य, उपाध्याय और साधू की भक्ति उत्तम है। जिन भक्ति जीव की दुर्गति निवारण में समर्थ है। उनका मानना है भय, माया, मिथ्यात्व भक्ति मार्ग में शूल के समान है। वे कहते हैं—भक्ति सुमेरु पर्वत के समान निष्कम्प होना चाहिए। उनके अनुसार विद्या भी भक्ति सम्पन्न को ही सिद्ध होकर फल प्रदान करती है। भक्तिरहित मनुष्य को निर्वाण के बीज ज्ञान आदि नही दे सकते। उनके अनुसार भक्ति, ज्ञान, चरित्र, दर्शन, तप के फल देनेवाली है।''

मध्ययुगीन संतकाव्य परम्परा के अतिश्रेष्ठ संत नामदेव के अनुसार परमेश्वर को प्राप्त करने का एकमात्र साधन भक्ति ही है। भक्ति वह जो साधनायुक्त है। सेव्य-सेवक भाव को भक्ति में महत्त्व है। उनके अनुसार भक्ति में जाति-पाँति के झगड़े व्यर्थ हैं। इसी तरह कबीर ने अपनी भाव-भक्ति के माध्यम से चरम से तादाम्य स्थापित करने की बात की। उनके अनुसार भक्ति का स्वरूप इस तरह है—

सुफल जन्म मोको गुरु कीन्हा, दुख बिसार सुख अन्तर दीन्हा।
ज्ञान दान मोको गुरु दीना, राम नाम बिन जीवन हीना।।

इसी प्रकार महात्मा कबीर ने भी अनेक तरह की भक्तियों में कान्ता भाव की साधना में प्रेम मगन होकर कहा है—

हरि मेरा पीय माई हरि मेरा पीय।
हरि बिन रहि न सके मेरा जीव।।

उनकी भक्ति अद्वैत भाव की भक्ति है। इसके लिए उन्होंने निरासक्त और निष्काम भाव की भक्ति पर उन्होंने बल दिया है। संत रविदास की भक्ति भावना भी चंचल मन पर नियन्त्रण करना, निर्लिप्त होना, निर्भय होना है। भक्ति के इस आधार में धन-सम्पत्ति की माँग नहीं है। वे बगुला भक्ति के पक्ष में नहीं हैं। इसी प्रकार संत दादू दयाल ने भी कपटहीन हृदय में भक्ति की पवित्रता देखी। यहाँ प्रतिमा पूजन या देवतावाद को स्थान नहीं है। भाव-भक्ति उनके अनुसार श्रेष्ठ है। 'भाव भगति ले थिर रहै दादू आतम सार।' संत नानक ने वैधी भक्ति की निस्सारता बतलाते हुए

रागात्मक भक्ति को श्रेष्ठ माना है। वे भक्ति में परमात्मा के सेवक हैं। वे कहते हैं, 'हरि सा मीतु न ही में कोई।'

'जैन भक्ति के सूत्र हमें डॉ. पवन कुमार जैन के अनुसार महावीर वाणी में दिखलाई देते हैं। वहीं डॉ. नगेन्द्र के अनुसार ये भक्ति के सूत्र उपनिषदों में मिलते हैं।' 'पूज्यानां गुणेष्वनुरागो भक्तिः' पूज्य पुरुषों के गुणों में अनुराग होना भक्ति है। भक्ति के प्रभाव से पाप कर्मों की निर्जरा तथा पुण्य प्रकृति रूप प्राप्त होता है। श्रमण आचार्य वादीराज ने एकी भाव स्तोत्र में लिखा है कि शुद्ध ज्ञान और निर्मल चरित्र से ही अपरिमित सुख देनेवाली भक्ति ही है जिसमें मुक्ति की वांछा नहीं है। इसी तरह श्रमण वीर सेनाचार्य अपने धवला ग्रन्थ में लिखते हैं—जिनेन्द्रदेव के परिकीर्तन/स्तवन से विघ्न तत्त्व नष्ट हो जाते हैं, भय नहीं रहता—

विघ्नाः प्रणश्यन्ति भयं न जातु न दुष्टदेवाः परिलङ्यन्ति।
अर्थान् यथेष्टांश्च सदा लभन्ते जिनोत्मानां परिकीर्तनेन।

जिन भक्ति ही विवेकी, सुगति और पुण्य पूर्ण मुक्ति देने में समर्थ है। जैन भक्ति में उत्तम तीर्थंकरों की वन्दना की गई है। भक्ति की यह परम्परा संस्कृत, प्राकृत, अपभ्रंश से होती हुई हिन्दी में सिद्ध भक्ति, नन्दीश्वर भक्ति, चैत्य भक्ति तथा योग भक्ति आदि है। संस्कृत भक्तियों में पूज्य पादाचार्य और प्राकृत भक्तियों में कुन्दकुन्दाचार्य की रचनाएँ महत्त्वपूर्ण हैं। आचार्य विद्यासागर जी की तप और साधना, ज्ञान और भक्ति, संयम और आचरण, समता और निष्काम भावना की भक्ति भावना को देखकर उनके पटु शिष्य मुनि श्री प्रमाण सागर जी ने उनके सम्बन्ध में लिखा है—''भक्त और भगवान में कोई खास अन्तर नही दोनों ही हीरा है। फर्क इतना है कि एक खान में पड़ा है और एक शान पर चढ़ा है। जैन दर्शन के अनुसार ब्रह्म और जीव में अंश-अंशी का सम्बन्ध नहीं है। यहाँ ब्रह्म और जीव एक जैसे हैं। अन्तर सिर्फ इतना है कि वे ब्रह्म हैं और जीव को ब्रह्म होना है।

जैन भक्तिकाव्य का उद्भव प्राकृत और अपभ्रंश में हिन्दी के आदिकाल से पूर्व हो गया था। हिन्दी में इसका विकास 14वीं सदी में हुआ। जैन भक्तिकाव्य मूलतः शान्त रस परिपूर्ण है जो भक्ति रस का ही एक रूप है। भक्तिकाल में जैन भक्तिकाव्यधारा पर अपभ्रंश और राजस्थानी का पर्याप्त प्रभाव रहा है। जैन कवि छीहल की रचना 'पंच सहेली गीत' में विरह के माध्यम से आध्यात्मिक विरह की अनुभूति में तुरीयावस्था का चित्रण इस तरह है—

चोली खोल तम्बोलनी काढ़या गात्र अपार।
रंग कीया बहुप्रिययासु नयन मिलाई तार।।

इसी तरह भट्टारक रत्नकीर्ति के नैमिनाथफागु रचना में राजुलमति के मार्मिक प्रणय निवेदन की अभिव्यक्ति हुई है। इसी तरह ब्रह्मरायमल पांडेय, जिन्दास, त्रिभुवनचन्द्र, कुमुदचन्द्र, कवि परिमल्ल, बादिचन्द्र, हेमविजय, नन्दलाल अग्रवाल, कवि सुन्दरदास की भी पंक्तियों में इन्हीं भावों की स्थापना है—

जिया मेरे छाँड़ि विषय, रस ज्यों सुख पावे।
सब ही विकार तजि, जिण गुड़ गावे।।

इसी तरह पांडेय रूपचन्द्र भी जैन दर्शन के अध्यात्म पक्ष में भक्ति रस का गुणगान करते हैं।

प्रभु तेरी परम विचित्र, मनोहर मूरति रूप बनी।
अंग-अंग की अनुपम शोभा, बरनि न सकत फनी।।

इसी तरह महाकवि बनारसीदास जो महाकवि तुलसी के समकालीन है जिनकी आत्मकथा अर्धकथानक तथा नाटक समयसार है आपकी रचनाओं का मूल स्वर भक्ति और अध्यात्म है। नाटक समयसार में नवधा भक्ति का निरूपण करते हुए भगवान पार्श्वनाथ की वन्दना के साथ आत्मा को चिदानन्द के रूप में वर्णन करते हुए लिखा है—

शोभित निज अनुभूति जुत, चिदानन्द भगवान।
सार पदारथ आत्मा, सकल पदारथ जान।।

इसी तरह

दुविधा कब जे है या मन की।
कब जिननाथ निरंजन सुमिरौं, तजि सेवा जन जन की।।
कब रुचि सौं पीवैं दृग चातक, बूँद अखयपद घन की।
कब शुभ ध्यान धरौं समता गहि, करूँ न ममता तन की।।

जैन कवि महात्मा आनन्दघन उच्चकोटि के भक्त कवि माने गए। आपकी कविताओं में भी उदार भक्ति-भावना का चित्रण हुआ है—

'राम कहो रहमान कोऊ, कान्ह कहो महादेव री।
पारस कहो, कोई ब्रह्मा सकल ब्रह्म स्वयमेव री।।
भाजन भेद कहावत नाना, एक मृत्तिका रूप री।
तैसे खंड कल्पना रोपित, आप अखंड सरूप री।
निजपद रमैं राम सो कहिए, रहीम करें रहिमान री।
कर्षे करम कान्ह सो कहिए, महादेव निर्वाण री।।

परसे रूप पारस सो कहिए, ब्रह्म चिह्ने सो ब्रह्म री।
इहविधि साधी आप आनन्दघन, चेतनमय निष्कर्ष री।।'

इस तरह आलोच्य भक्त कवि आचार्य विद्यासागर पूरी-की-पूरी श्रमण संस्कृति के सिद्धान्तों को आत्मसात करते हुए वर्तमान परिप्रेक्ष्य में अपनी काव्य-रचनाओं के माध्यम से इस समाज, राजनीति, धर्म, संस्कृति, राष्ट्र, प्रकृति और अर्थ के साथ काम, मोक्ष आदि के सम्बन्ध में नवाचार करते हुए भक्ति को प्राथमिकता देते हैं। उनकी दृष्टि में भक्ति हमारे अन्तर को निर्मल और शुद्ध बनाती है। हम जिसकी भक्ति करते हैं, उसके सम्पूर्ण उदात्त गुण अपने में समा लेना चाहते हैं, बल्कि उसी के समान हो जाना चाहते हैं। यही भक्ति का उच्चतम आदर्श है। 'स्व' और 'विश्व' कल्याण की भावना इसी भक्ति के आदर्श से फलीभूत होती है। आचार्य विद्यासागर जी के प्रवचन-संग्रहों में ऐसी ही 'भक्ति' का आह्वान है, जिसमें व्यक्ति (साधक) आपादकंठ डूब जाता है और 'कूप-मंडूक' स्थिति से निकलकर हंसरूप स्थिति में आ जाता है। सर्वप्रथम साहित्य के सम्बन्ध में ही उन्होंने सार्थक जीवन और शाश्वत सुख के सृजन की बात की है—

जिसके अवलोकन से
सुख का समुद्भव सम्पादन हो
सही साहित्य वही है।
* * *
शान्ति का श्वास लेता
सार्थक जीवन ही
स्रष्टा है शाश्वत साहित्य का।'

इसीलिए वे विसंगतियोंवाले साहित्य सृजन विरोधी हैं। वे निर्मल आत्मा को महत्त्व देते क्योंकि यहीं से पावन भाव की गंगा प्रवाहित होगी और इसमें स्नान-आनन्द वही ले पाएगा जो भक्ति रस में डूबा है—

किन्तु सुनो! अध्यात्म श्रृंग तक, पहुँचाता रस सार रहा।
परम शान्त-रस कवियों का वह, सुखकर है श्रृंगार रहा।।

उनकी भक्ति निष्काम भाव की भक्ति है। न लौकिक सुख चाह है, न अलौकिक सुखधाम चाह। वे तो बस अपने आराध्य की शरण में डूबकर स्वयं आराध्यमय होना चाहते हैं—

चाहूँ न राज-सुख मैं सुर-सम्पदा भी
चाहूँ न मान-यश-देह नहीं कदापि।

हे ईश! गर्दभ-समा तन भार ढोना।
कैसे मिटे, कब मिटे मुझको कहो ना?

शान्त रस के माध्यम से ही उनकी भक्ति उन्हें ईश्वरीय आनन्द से सराबोर कर देती है। अध्यात्म के ताने-बाने से बुनी उनकी कविता मानव को भक्ति की पराकाष्ठा और मानवीय गुणों से परिपूर्ण करती है। जहाँ आतंकवाद, अनैतिकता, विषय वासना, भोग विलास अपनी राह बदल लेते हैं। जहाँ शृंगार भी वैराग्य में परिवर्तित हो जाता है। यहाँ भक्ति पलायनवादी नहीं है और न ही कायरतावादी। अनेकान्त और स्याद्वद और अहिंसा की त्रिवेणी से परिपूर्ण उनकी भक्ति बाहर की अर्थात् बगुला भक्ति नहीं आत्मिक/वास्तविक भक्ति है। वे कहते हैं—

'रवि से बढ़कर तेज है,
शशि से बढ़कर ज्योत।
झाँक देख निज में जरा,
सुख का खुलता स्रोत।।'

भक्ति के क्षेत्र में गुरु का स्थान सर्वोच्च है। गुरु की महिमा और गुरु कृपा से ही साधक (भक्त) को परम तत्त्व का साक्षात्कार हो सकता है। गुरु महिमा गायन में वे कहते हैं—

'तरणि ज्ञानसागर गुरो! तारो मुझे ऋषीश।
करुणाकर! करुणा करो, कर से दो आशीष।।'
*   *   *
'सारे सागर क्षार हैं, मम गुरु मधुर अपार।
नमूँ ज्ञानसागर गहूँ, भव-सागर का पार।।
शरण-चरण हैं आपके, तारण-तारण जहाज।
भवदधि-तट तक ले चलो, करुणाकर गुरुराज!।।

भक्ति की महिमा गायन करते हुए वे आराध्य की स्तुति में निष्काम भाव से डूबे रहना चाहते हैं—

न तो सुर-सुख चाहता, शिव-सुख की न चाह।
तव थुति सरवर में सदा, होवे मम अवगाह।।

आचार्य विद्यासागर के काव्य में नवधा भक्ति विद्यमान है। श्रवण, कीर्तन, स्मरण, पादसेवन, अर्चन, वन्दन, आत्म-निवेदन आदि भावों के माध्यम से वे अपने आराध्य के प्रति समर्पित हैं और उनकी भक्ति स्वानुभव से उपजकर आत्मा की संगीत बनी है जिसके स्वर जन-जन के मन में सम्प्रेषित होकर लोकमंगल की कामना करती है—

यही प्रार्थना वीर से, अनुनय से कर जोर।
हरी-भरी दिखती रहे, धरती चारों ओर।।

उनकी भक्ति ध्यान-धारणा से भरी हुई है। उनकी अपने आराध्य से जो अभिलाषा है वे अपना मन्तव्य भक्ति के माध्यम से इस तरह चित्रित करते हैं—

बिना भीति विचरूँ सदा, वन में ज्यों मृगराज।
ध्यान धरूँ परमात्म का, निश्चल हो गिरिराज।।

विषय वासनाओं से दूर अपने ऋषि ईश को ही भक्ति का विषय बनाकर वे उनका गीत गाते रहते हैं।

तुम पद पंकज से प्रभु, झर-झर झरी पराग।
जब तक शिव सुख न मिले, पीऊँ षट्पद जाग।।

इसी तरह उनकी भक्ति भावना के गीत उनके काव्य में यत्र-तत्र सर्वत्र हैं। जिन्हें अवलोकन कर सुस्वादुपूर्वक रसिक जन भक्ति अमृत का रसपान कर सकते हैं—

बोले विहंगम, उषा मन को लुभाती,
शोभावती वह निशा शशि से दिखाती।
हो पूर्ण शान्त-रस से कविता सुहाती,
शुद्धात्म में मुनि रहे मुनिता सुहाती।।
जैसा सुशान्त रस वो मम आत्म से है,
धारा प्रवाह झरता इस काव्य से है।

भक्ति में दीनता, विनय, आत्म-समर्पण, आत्म-विश्वास जैसे उदात्त-गुण कार्य करते हैं, जो भक्त को भगवान की ओर अथवा भगवान को भक्त की ओर खींच लेते हैं। भक्त की मनोकामना पूर्ण होती है। आचार्यश्री की भक्ति कुछ ऐसा ही संकेत देती है—भक्ति गंगा की लहर हृदय के भीतर से निकलकर निस्सीमता की ओर पहुँचती है। भक्ति का लक्ष्य भी सरिता के समान सागर की ओर प्रवाहित होना है। आचार्य विद्यासागर की भक्ति में गतानुगतिकता का कोई स्थान नहीं है। भक्ति स्वार्थों की पूर्ति नहीं, वरन मुक्ति की मनोभावना है। इसीलिए उनकी भक्ति पूर्ण की है, अनन्त की है। वे कहते हैं कि जो भक्ति का अर्थ सिर्फ स्वार्थपूर्ति समझते हैं, वे दुखों की मरुभूमि में ही भटकते हैं। आचार्यश्री ने सच्चे देव, सच्चे गुरु, सच्चे शास्त्र की आराधना के लिए कहा है कि मन, वचन और कार्य की शुद्धता में ही सच्ची भक्ति सम्भव है। इसके लिए सत्संग, सत्ससाहित्य पठन-पाठन, भजन, उपासना और सच्चा गुरु, जो कि स्वयं तरने और दूसरों को तारनेवाला हो आदि की आवश्यकता पर बल दिया है।

अज्ञान, हिंसा, पक्षपात, राग-द्वेष, अहंकार, अनुशासनहीनता, भोगवृत्ति एवं स्वच्छन्द आहार-विहार आदि कुसंगतियाँ मोक्षमार्ग की बाधाएँ हैं। अत: इनका परिहार कर मन, वचन व कार्य में शुद्धता लाकर, ज्ञान-दर्शन-चरित्र में ढलकर 'स्व' में लीन होना और फिर निराकुल हो जाना ही सांसारिकता से मुक्ति है। जीवन के जन्म, जरा तथा मरण आदि बन्धनों से छुटकारा तभी मिलता है, जब कि निष्काम, निस्पृही, निर्विकारी होकर साधक की आत्मा शुद्धात्मा (परमात्मा) में लीन हो जाती है। मुक्ति-मार्ग की सफलता से लिए तप, ध्यान, धारणा, योग, संयम, समता, अहिंसा, प्रेम तथा भक्ति आदि आवश्यक हैं।

वर्तमान में प्रकृति दोहन से, शोषण और व्यभिचार की प्रवृत्ति से, जीवन-मूल्यों के क्षरण से, भोग-विलास की वृत्ति में जीने से, असमानता और अराजकता के भाव से, अपने को प्रतिष्ठित करने के लिए किसी भी सीमा तक नीचे गिरने के भाव से, स्त्रियों के अपमान से, बढ़ती हुई फैशन और ग्लैमर के जीवन से, सदाचार और आपसी व्यवहार के बीच स्वार्थ और कटुता आने से, पक्षपात और भाई-भतीजावाद आदि-आदि प्रवृत्तियों के प्रवेश करने से हमारा सम्पूर्ण समाज और उसकी राजनीति, धर्म, संस्कृति पर संकटों के बादल मँडराए हैं। पर्यावरण प्रदूषण से वायुमंडल दूषित हुआ है फलत: हम किसी भी तरीके से सिर्फ जीने के भाव से जी रहे है। संतोष, धैर्य, साहस, प्रेम, परोपकार, सत्य, अहिंसा, न्याय, समरसता आदि के भाव हमें भक्ति भावना में ही मिलेंगे। भयंकर से भंयकर रोगों का नाश भी सीधी-सादी जीवनचर्या में समाहित है। कोरोना जैसी भयंकर बीमारी कहीं-न-कहीं हमारे भीतर, बाहर से आई उच्छृंखलता का ही परिणाम है। संतों का पथ गाता है कि 'जियो और जीने दो' हमारे जैसे प्राण सभी जीवों में हैं हम प्रकृति की शरण में रहें मूल्यों को क्षरण न होने दें। भक्ति भाव की यही उपादेयता है। वर्तमान की माँग भी यही है। आचार्य विद्यासागर का काव्य इसी भक्ति भाव को लेकर एक वृट वृक्ष की तरह सामने है जिसके सम्पूर्ण बीज जैन संस्कृति के आदिकाव्य में संरक्षित हैं। यहाँ एक बात और कहनी है कि वे संत के साथ-साथ कवि भी हैं और कवि के साथ संत भी हैं। सच्ची और सार्थक बात यह है कि वे पूर्णरूपेण मनुष्य हैं। उनके भीतर की मनुष्यता बड़े ही सरल तरीके से मौन रूप में तरंगायित होकर कहती है कि हमें आस्था, श्रद्धा, विश्वास, प्रेम अपने मूल्यों पर करना होगा, अपनी प्रकृति पर करनी होगी, अपनी संस्कृति के प्रति, अपनी भाषा के प्रति अगाध स्नेह करना होगा तभी हम सम्पूर्ण मानवीयता को सुरक्षित रख सकते हैं। काई लगे पाषाण पर हमें एक साधक की तरह चलना है तभी इस सागर को पार कर सकेंगे। उनकी भक्ति-भावना का समूचा आशय विश्वबन्धुत्व

में ही है। सत्य के प्रचार-प्रसार के लिए ही है। न्याय के लिए ही है। सर्वत्र मंगल के लिए ही है।

सं. प्राध्यापक, हिन्दी

अ.प्र. सिंह विश्वविद्यालय, रीवा (म.प्र.) 486003

आधार ग्रन्थ

1. हिन्दी साहित्य की प्रवृत्तियाँ, जय किशन प्रसाद खंडेवाल, पृ. 241.
2. हिन्दी साहित्य में जैन दर्शन, डॉ. लक्ष्मीनारायण दुबे, पृ. 16.
3. पिच्छि कमंडलु, एलाचार्य मुनि विद्यानन्द, पृ. 1.
4. भक्तिकाव्य की प्रासंगिकता, डॉ. संजय कुमार शर्मा, पृ. 24.
5. हिन्दी जैन काव्य प्रवृत्तियाँ, डॉ. पुष्पलता जैन, पृ. 45.
6. भाक्ति सिद्धान्त, आशा गुप्त, पृ. 9.
7. महावीर वाणी के आलोक में हिन्दी का संत काव्य, डॉ. पवन कुमार जैन, पृ. 196.
8. हिन्दी साहित्य का विवेचनात्मक इतिहास, डॉ. राजनाथ शर्मा, पृ. 163.
9. कबीर ग्रन्थावली, के. एन. उपाध्याय, पृ. 35.
10. दादू वाणी, पृ. 199.
11. हिन्दी साहित्य का संत काव्य परम्परा के परिप्रेक्ष्य में आचार्य विद्यासागर के कृतित्व का अनुशीलन, डॉ. बारे लाल जैन।
12. भक्ति संग्रह, पृ. 7 सम्या, पं. पन्नालाल जैन
13. जैन धर्म और दर्शन, मुनि प्रमाण सागर, पृ. 175.
14. हिन्दी साहित्य की प्रवृत्तियाँ, डॉ. जयकिशन प्रसाद, पृ. 38.
15. हिन्दी साहित्य की प्रवृत्तियाँ, डॉ. जयकिशन प्रसाद, पृ. 39.
16. मूकमाटी (महाकाव्य), आचार्य विद्यासागर, पृ. 11.
17. विद्या काव्य भारती, पद 22, पृ. 5.
18. विद्या काव्य भारती, पृ. 87, विद्यासागर शिक्षा सामिति, कहानी, 1991.
19. दोहा दोहन, आचार्य विद्यासागर, पृ. 25 रजकण प्रकाशन, टीकमगढ़ 1987
20. दोहा दोहन, आचार्य विद्यासागर, पृ. 20
21. दोहा दोहन, आचार्य विद्यासागर, पृ. 20.
22. दोहा दोहन, आचार्य विद्यासागर, पृ. 14.
23. दोहा दोहन, आचार्य विद्यासागर, पृ. 14.
24. दोहा दोहन, आचार्य विद्यासागर, पृ. 22.
25. दोहा शत, आचार्य विद्यासागर, पृ. 104.
26. दोहा शत, आचार्य विद्यासागर, पृ. 6.

सन्दर्भ-सूची

1. हिन्दी साहित्य की प्रवृत्तियाँ, जय किशन प्रसाद खंडेलवाल, अग्रवाल पब्लिकेशन, आगरा, 2013
2. हिन्दी साहित्य में जैन दर्शन, डॉ. लक्ष्मीनारायण दुबे, सतेन्द्र प्रकाशन, इलाहाबाद, सं. 1986
3. पिच्छि कमंडलु, एलाचार्य मुनि विद्यानन्द, श्री वीर निर्माण ग्रन्थ-प्रकाशन समिति, इन्दौर, सं. 1980
4. भक्तिकाव्य की प्रासंगिकता, डॉ. संजय कुमार शर्मा, विद्या प्रकाशन, कानपुर, 2008
5. हिन्दी जैन काव्य प्रवृत्तियाँ, डॉ. पुष्पलता जैन, सन्मति विद्यापीठ, नागपुर, 1985
6. भक्ति सिद्धान्त, आशा गुप्त, लोकभारती प्रकाशन, इलाहाबाद, 1984
6. महावीर वाणी के आलोक में हिन्दी का संत काव्य, डॉ. पवन कुमार जैन, पुखराज प्रकाशन, खतौली, 1988
7. हिन्दी साहित्य का विवेचनात्मक इतिहास, डॉ. राजनाथ शर्मा, विनोद पुस्तक मन्दिर आगरा, 1978
8. कबीर ग्रन्थावली, सम्पा. राजेश्वर प्रसाद चतुर्वेदी, रेलवे क्रासिंग सीतापुर, 1980
9. दादू वाणी, के.एन. उपाध्याय, सुलेख प्रकाशन, जयपुर, 1970
10. हिन्दी साहित्य की संत काव्य परम्परा के परिप्रेक्ष्य में आचार्य विद्यासागर के कृतित्व का अनुशीलन, डॉ. बारे लाल जैन, जैन विद्यापीठ, सागर 2019
11. भक्ति संग्रह, सम्पा. पं. पन्नालाल जैन, साहित्य आचार्य, प्रकाशन श्री दिगम्बर साहित्य प्रकाशन समिति बरेला (म.प्र.), 2009
12. जैन धर्म और दर्शन, मुनि प्रमाण सागर, शिक्षा भारती प्रकाशन, दिल्ली, 1996
13. मूकमाटी (महाकाव्य), आचार्य विद्यासागर, भारती ज्ञान पीठ प्रकाशन, दिल्ली, 1988
14. विद्या काव्य भारती, श्रीविद्यासागर शिक्षा समिति, कंटगी, 1991
15. दोहा दोहन, आचार्य विद्यासागर, रजकण प्रकाशन, टीकमगढ़, 1987
16 दोहा शत, आचार्य विद्यासागर, के. एस. गार्मेंट्स, प्रकाशन इन्दौर।

अरुणाचल प्रदेश का भक्ति—साहित्य

हरीश कुमार शर्मा

अरुणाचल प्रदेश में भक्ति की परम्परा का वैसा विकास नहीं हो सका जो भक्तिकाल की अपनी एक विशेष पहचान बनी और असम तक जिसका प्रभाव बहुत जबर्दस्त रूप में पहुँचा। यद्यपि अरुणाचल प्रदेश में शेष भारत और विशेषकर मध्य भारत से सांस्कृतिक सम्बन्ध की बहुत पुरातन स्मृतियों के अवशेष अच्छी-खासी मात्रा में आज भी विद्यमान हैं; परन्तु समय के दीर्घकालिक अन्तराल में पता नहीं क्या, कैसे बदला कि पुरातन स्मृतियाँ तो बची रह गईं, पर मध्यकालीन प्रभाव यहाँ तक नहीं पहुँच सके। इसलिए गीता, भागवत, रामायण विभिन्न दार्शनिक मतवाद सगुण-निर्गुण सम्बन्धी विवाद एवं समाधान आदि से सम्बन्धित प्रत्यक्ष बातें यहाँ नहीं दिखाई देती हैं। शताधिक जनजातियों के अपने-अपने क्षेत्र में एक प्रकार से स्वायत्त ढंग से रहने के कारण अपनी जिस मूल जीवनशैली को यहाँ के जनजातीय समाजों ने सुरक्षित रखा उसमें पारस्परिक कुछ साम्य हैं तो कुछ वैषम्य भी।

अरुणाचल प्रदेश के वैविध्यमय लोकजीवन में लोक साहित्य का महत्त्वपूर्ण स्थान रहा है। अधिकांश लिपिहीन जनजातियों की बोली के भाषा का रूप न ले पाने से यहाँ लिखित रूप में साहित्य रचना भले न हो सकी, पर मौखिक रूप में लोक साहित्य की भरपूर उपस्थिति रही। और, जब यह कहा जा रहा है कि भक्तिकालीन प्रभाव यहाँ उस रूप में नहीं पहुँच सके जिस रूप में वे सम्पूर्ण देश में पहुँच पाए या कि भक्ति की वैसी परम्परा यहाँ नहीं दिखाई देती जैसी कि देश के अन्य भू-भागों में पनपी, तो इसका अभिप्राय यह कदापि नहीं कि यहाँ की जनजातियों में भक्ति-भाव का अभाव रहा या उनके लोक साहित्य में इस भाव से अनुप्राणित साहित्य नहीं रचा गया। धर्मप्रवण और कुछ लोगों के शब्दों में कहें तो धर्मभीरु यहाँ की भी जनजातियाँ रही हैं और उनके यहाँ भी विभिन्न देवी-देवताओं से सम्बन्धित स्तुतिपरक रचनाएँ देखने को मिलती हैं। सामाजिक-सांस्कृतिक वैभिन्य और वैविध्य के बावजूद जो एक भारतीयता के स्वर की पहचान सम्पूर्ण भारतीय साहित्य से निकलकर आती दिखाई देती है, वह यहाँ भी विद्यमान है।

अरुणाचल प्रदेश की जनजातियों में अधिकतर भक्ति-रचनाएँ स्तुतियों या प्रार्थनाओं के रूप में मिलती हैं। और, देखा जाए तो इनका साम्य भक्तिकालीन हिन्दी साहित्य से अधिक वैदिक साहित्य से मिलता है। इन प्रार्थना-गीतों की एक

विशेषता यह है कि इनमें व्यक्तिगत लाभ के लिए मात्र 'मै' की समाई नहीं रहती है, अपितु सभी के कल्याण के लिए 'हम' की भावना समाहित रहती है। उदाहरण के लिए देखें न्यिशी जनजाति में की जानेवाली यह प्रार्थना—

"हे! दोन्यी (सूर्य) और पोलो (चन्द्र) हमारे घर-परिवार में सुख-शान्ति बनाए रखना। आप ही हमें धन-धान्य देनेवाले हैं। हमारी सब विपदाओं को हरनेवाले हैं। आप ही सम्पूर्ण जगत को प्रकाश, ऊष्मा, वायु, पानी, प्राणवायु देनेवाले हैं। आपका दिया हुआ ही हमें मिलता है। आप जिस प्रकार देते हैं उसी तरह हमेशा देते रहें।"

यहाँ तक कि वैदिक सूक्तियाँ तक यहाँ लगभग जस-की-तस देखने को मिल जाती हैं जैसे देखें इन पक्तियों को कि इनमें 'असतो मा सद्गमय' तथा 'तमसो मा ज्योतिर्गमय' का भाव किस तरह से व्यक्त होता दिखाई पड़ रहा है—

"माँ देवी! आप जीवन को सही राह दिखाएँ जिससे जीवन उन्नति कर सके। मा आप ही हमारा सम्बल हैं। आप ही हमें अन्धकार से प्रकाश की ओर ले जा सकती हैं। इसलिए हम सब मात्र आपका विश्वास करते हैं।"

भारतीय उपासना-पद्धति में साधना का स्वरूप प्राय: ऐकान्तिक है, परन्तु भावना सामूहिक है। यहाँ उपासना नितान्त निजी चीज है और वह एकान्त साधना का स्वरूप लिये हुए है। तथापि यहाँ भावना मानवमात्र के कल्याण तो क्या, चराचर सृष्टि तक के कल्याण के लिए की जाती है। पूजा 'मै' के रूप में होगी, पर भावना और कामना 'हम' और 'हमारे' के लिए भी की जाएगी। विराट-से-विराट धर्मस्थल होते हुए भी गर्भगृह वहाँ ऐसा होगा कि एक बार में ठीक तरह से एक-दो लोग ही पूजा कर सकें। पुजारी होगा, परन्तु वह पूजा-पाठ में श्रद्धालुओं की सहायता के लिए होगा। कोई सामूहिक तकरीर वहाँ नहीं होगी।

अरुणाचल प्रदेश की जनजातीय उपासना-पद्धति में भी यह विशेषता विद्यमान रही है। यहाँ ईश्वर से माँग अपने भर के लिए नहीं सबके लिए की जाती है। सामूहिकता वस्तुत: लोक की सबसे बड़ी विशेषता होती है। जैसे-जैसे लोक सभ्यता के प्रभाव में रँगता जाता है, वह इस सामूहिकता से भी दूर होता जाता है। कहने का अभिप्राय यह कि सामूहिकता की भावना जनजातीय जीवन की ही विशेषता मात्र नहीं है, अपितु यह लोक की विशेषता है और चूँकि जनजातीय जीवन में अभी भी यह लोक-भाव कुछ अधिक गहराई तक विद्यमान है, इसलिए सामूहिक जीवन-पद्धति भी कुछ अंशों तक बची हुई है।

जनजातीय जीवन लोक के वास्तविक रूप को अभिव्यंजित करता है। बदलाव वहाँ भी बहुत आया है, पर नागर प्रभाव अन्य समाजों के मुकाबले अभी भी उस पर

उतने नहीं पड़ पाए हैं। विशेषकर नागर जीवन या तथाकथित सभ्यता के नकारात्मक प्रभावों को अभी भी उसने अपने ऊपर कम पड़ने दिया है, बावजूद सभ्यता के सभी साधनों के प्रयोग के अथवा नगरों में निवास करने के। इस सामूहिक जीवन-शैली में सबका सबके बिना काम चलता नहीं, इसीलिए सबमें अपनत्व-भाव भी अधिक रहता है और प्रार्थनाओं के समय सामूहिक कल्याण-कामना भी की जाती है। अरुणाचल की जनजातियों के द्वारा की जानेवाली प्रार्थनाओं में हमें सामूहिकता के स्वर सुनाई पड़ते हैं। उदाहरण के लिए देखें गालो जनजाति द्वारा की जानेवाली यह प्रार्थना—

''चाहे किसी भी रास्ते से क्यों न हो और हमें अच्छी फसल का आशीर्वाद दें। हम मनुष्य समूह में आपकी आराधना करते हैं और पूरे खान-पान की चीजें एवं अन्य वस्तुएँ जैसे 'गीन्सी' (बाँस से बनी छोटी एवं सुन्दर टोकरी जिसे औरतें पीठ पर लेती हैं लेकर आपका आशीर्वाद ग्रहण करने के लिए तैयार है।''

लोकजीवन में त्याहारों का बहुत महत्त्व होता है। लोक-संस्कृति उत्सवधर्मी होती है। अरुणाचल प्रदेश में हर जनजाति के अपने अलग-अलग त्योहार मनाए जाते हैं, जिनमें सभी जन पूरे हर्षोल्लास के साथ भाग लेते हैं। इस अवसर पर जो गीत गाए जाते हैं, वे गाए भी समूह में जाते हैं और उनमें निहित भावना भी सभी के कल्याण के लिए रहती है। इसके उदाहरणस्वरूप गालो जनजाति के प्रमुख उत्सव 'मोपिन' पर अन्य देव-देवियों के साथ मोपिन देवी से की जानेवाली इस प्रार्थना को देख सकते हैं—

''मोपिन त्योहार के शुभ अवसर पर देवी 'पींकू' और 'पीन्ते' देवी 'मोपिन' की ओर से सबको अच्छी फसल, समृद्धि, धन, बाहुबल, विकास, सफलता प्राप्त हो। हमारे अनाज का घर हमेशा अनाज से भरा हुआ हो, हमारे मन अच्छे विचारों से भरे हों, हमारे पशु-पक्षी भी स्वस्थ हों, फसलें स्वस्थ हों। इस आशीर्वाद को हम 'होसी गीन्सी' (बाँस से बनी खास टोकरी जिसमें इस्तेमाल मोपिन त्योहार के दौरान किया जाता है) से सच्चे, पवित्र मन से ग्रहण करते हैं।''

राष्ट्रकवि मैथिलीशरण गुप्त की प्रसिद्ध पंक्तियाँ है कि 'यही पशु प्रवृत्ति है कि आप-आप ही चरे/मनुष्य है वही कि जो मनुष्य के लिए मरे।' लेकिन मनुष्य सिर्फ मनुष्य के लिए ही नहीं मरता, वह अपने द्वारा पाले गए पशु-पक्षियों, जीवनदायिनी प्रकृति तथा जन्मदात्री धरती माँ के लिए भी मरता है। मानवों की ही नहीं, अपितु अपने समूचे परिवेश की वह चिन्ता करता है, क्योंकि उसके बिना उसका जीवन सुखद और सुरक्षित नहीं हो सकता। आदमी अकेला नहीं जी सकता। उसे समाज चाहिए। समाज ही नहीं, प्रकृति भी चाहिए—शान्त, सुरम्य, आनन्दमय! यदि प्रकृति

का कोप एक वास्तविकता है तो उससे बचाव भी चाहिए। रक्षण-संरक्षण भी चाहिए। मनुष्य को सहयोगी पशु-पक्षी भी चाहिए। पशु-पक्षी हैं तो उनका आरोग्य भी चाहिए। जनजातीय (लोक) जीवन में प्रकृति एवं मानवेतर प्राणियों का रिश्ता और भी करीबी होता है। अत: उसकी प्रार्थनाओं में इन सबकी चिन्ता समाहित रहती है। देखें न्यिशी जनजाति का यह गीत—

''माँ! हमारी प्रार्थना है आप इस पृथ्वी में उज्ज्वलता बिखराएँ, जिससे अज्ञानी भी ज्ञानवान हो जाएँ, मानव के साथ पालतू जानवर जो हमारी सम्पत्ति का एक हिस्सा हैं, वे सब भी रक्षित हो जाएँ। इसलिए हम पवित्र हृदय से आपकी प्रार्थना करते हैं।''

इसी तरह से अरुणाचल प्रदेश की न्यिशी जनजाति के सर्वप्रमुख त्योहार 'न्योकुम' में अवसर पर गाए जानेवाले गीत के ये भाव द्रष्टव्य हैं—

'हम स्त्रियाँ न्योकुम देवी के स्वागत में अधीरता और चंचलता के साथ नाच रही हैं। हम स्त्री-पुरुष मानव जाति के कल्याण, ऐश्वर्य के लिए न्योकुम माँ की प्रार्थना में नाच रहे हैं। आज हम सब नाच रहे हैं। धन प्राप्ति के लिए नाच रही हैं, आज हम सब नाच रही हैं, मानव कल्याण के लिए नाच रही हैं। आज हम सब नाच रही हैं, कृषि समृद्धि के लिए नाच रही हैं।

तीज-त्योहारों के अतिरिक्त मांगलिक कार्यों के अवसर पर भी मंगलगीत गाने की प्रथा लोक में प्रचलित है। ये अरुणाचल प्रदेश की जनजातियों में भी गाए जाते हैं। जीवन का प्रत्येक कदम अनिश्चित होता है और उसमें भी विवाह जैसी रस्म एक कन्या के लिए कितनी चिन्तित करती होगी, इसे समझा जा सकता है। अपने घर को छोड़कर ससुराल में जाकर एक नए घर से तालमेल बिठाना कोई आसान काम तो नहीं होता। उस घर से, जिससे कोई भी किसी तरह का पूर्व परिचय नहीं है। ऐसे में भय, आशंका, अनिश्चितता जैसे भावों का एक लड़की के मन में उदित होना स्वाभाविक है। कन्या ही नहीं उसके परिजनों को भी सब कुछ ठीक से देखभाल लेने के बावजूद अन्तत: लड़की के सुखी जीवन के लिए ईश्वर की कृपा का सहारा होता है। अत: संतान उत्पन्न हो तो उसकी सलामती के लिए और उन्नति के लिए प्रार्थनाएँ की जाती हैं और जब विवाह हो तो अमंगल से बचाव के लिए विभिन्न दैवी शक्तियों से मन्नतें की जाती हैं। यहाँ तक कि सम्पूर्ण रस्म की निर्विघ्न समाप्ति के लिए भी प्रार्थनाएँ की जाती हैं—

''हम आज की शादी की रस्म को पूरी करते हुए वरयात्रा आरम्भ कर रहे हैं। विवाह से सम्बन्धित जिन रस्मों को हमारे पूर्वजों ने किया था उन्हीं के अनुसार हम भी कर रहे हैं। इसलिए धरती और दोन्यू-पोलो (सूर्य-चन्द्रमा) से निवेदन है कि

हमारी वरयात्रा सकुशल हो। किसी प्रकार की बाधा व्यथा इत्यादि न आवे। हमारे विवाह के इस अवसर पर आप सभी आशीर्वाद प्रदान करें।''

अरुणाचल की जनजातियों का आत्माओं की सत्ता में भी गहरा विश्वास रहा है। इनमें सदात्माएँ एव दुष्टात्माएँ दोनों सम्मिलित हैं। सदात्माओं से जहाँ मंगल करने के लिए प्रार्थना की जाती है तो दुष्टात्माओं से अमंगल न करने के लिए प्रार्थना की जाती है। उदाहरणार्थ देखें—

''आज हम लोग लड़की के घर बारात लेकर आए हैं। हे शैतानो! आप लोग अगर हमारे साथ हैं तो यहीं से वापस चले जाएँ। हमारे खाने-पीने की वस्तुओं में प्रवेश कर किसी प्रकार की बुराई न फैलाएँ। हम पवित्र रिश्ता लेकर आए हैं। इसलिए आप लोग बाधा मत बनिए।''

भक्ति में प्रेम महत्त्वपूर्ण है। इस प्रेम के लिए भय का होना आवश्यक नहीं। पर प्रार्थना भय, आशंका, संशय आदि को दूर करने के लिए होती है। अरुणाचली लोकगीतों में प्रार्थनाएँ अधिक पाई जाती हैं। व्यक्ति का हर कदम अनिश्चितता से भरा होता है, इसलिए हर तरह की आशंका से बचने के लिए वह प्रार्थना करता है। एक न्यिशी विवाह गीत में विवाह के पश्चात विदा होकर ससुराल जाती हुई संशयग्रस्त लड़की के मन की भावना को देखें, ''हे दोन्यी-पोलो; ये रिश्ते आप लोगों ने जोड़े हैं। आज मैं घर छोड़कर नई जिन्दगी बसाने जा रही हूँ। मुझे देखकर जंगल के फूल खिलें यानी बस्तीवाले मुझे देखकर मुस्कुराकर मेरा स्वागत करें। नदी के स्वच्छ पानी की तरह मेरे पति के गाँववालों का हृदय स्वच्छ हो जाए। मेरी जिन्दगी में कभी अन्धकार न आवे।''

असल में प्रार्थना के लिए श्रद्धा पर्याप्त है, पर भक्ति के लिए श्रद्धा के साथ प्रेम भी जुड़ा होना चाहिए। प्रेम का आधार भय नहीं है, भावना है। प्रार्थना का आधार अधिकतर भय होता है। अरुणाचल की जनजातियाँ विशेषकर तानी समूह की जनजातियाँ सूर्य को देवी माँ मानकर प्रार्थना करती हैं और भय पिता से तो होता है, माता से नहीं। अत: माँ से जब प्रार्थना की जाती है तो भले ही उसका कारण भय या संशय हो, पर हर प्रार्थना और कामना प्रेम तथा उसके चलते कुछ अधिकार-भाव के साथ ही होती है। हिन्दी भक्ति-साहित्य में भी कवियों ने ईश्वर से नाना रिश्ते मानते हुए कुछ माँगने के लिए अधिकार-भाव तो दिखाया ही है, उपालम्भ तक दिए हैं।

ईश्वर को प्रसन्न करने के लिए मनुष्य क्या-से-क्या नहीं कर सकता है, परन्तु उसे प्रसन्न करें तो करें कैसे? उसकी सेवा के लिए हर चीज तो कहीं-न-कही खोटदार है। अन्तत: उसको प्रसन्न करने का एक ही रास्ता निकलता है—प्रेम। शुद्ध

अन्त:करण से, सच्चे मन से इष्टदेव का स्मरण। मिशिंग जनजाति के इस गीत में व्यक्त समस्या हिन्दी क्षेत्र के लिए नई नहीं है। कितने ही ऐसे गीत वहाँ गाए जाते हैं। पर, बड़ी बात है तो यह कि वैसे ही भाव यहाँ सुदूर स्थित एक जनजाति के लोकगीतों में विद्यमान हैं। देखें जरा, हे पालनकर्त्ता! मैं तुम्हारी पूजा किस वस्तु से कर सकता हूँ क्योंकि कोई भी वस्तु पवित्र नहीं है। यदि पुष्प से पूजा करूँ तो उस पर चिड़िया ने बीट की है। यदि जल चढ़ाऊँ तो वह पवित्र कहाँ है, उसको मछली ने मैला किया है। यदि भात चढ़ाकर मैं आपकी पूजा करूँ तो उसमें भी मैंने माँड़-भात लगाया है। धन-सम्पत्ति से भी आपकी पूजा सम्भव नहीं क्योंकि वह तो आपके पास पर्याप्त मात्रा में है। पवित्र वस्तुएँ ढूँढ़ने पर भी नहीं मिलती; तुम्हारी पूजा किससे करें। अत: मैं सुबह-शाम हृदय से हे से:दि-मे:ल' (सृष्टिकर्त्ता)! तुम्हारी पूजा करता हूँ। यदि इसमें कोई भूल हो तो मुझे क्षमा करो।''

जो लोग भक्तिकालीन हिन्दी साहित्य से अवगत हैं, वे मिशिंग जनजाति के इस भक्तिगीत को देखकर सहज ही समझ सकते हैं कि वह मूलभावना कैसे उसमें अभिव्यंजित हो रही है। यहाँ तक कि अजामिल जैसा पौराणिक सन्दर्भ, जिसे भक्त कवियों ने खूब अपने काव्य में उठाया है, यहाँ उद्धृत मिसिङ भक्तिगीत में सम्प्राप्त है।

''कैसा यह बाजार है? हे सृष्टिकर्त्ता! आपको त्यागकर हम जीवित नहीं रह सकते।

बाजार की वस्तुएँ खरीदने का काम समाप्त भी नहीं हुआ और सूर्यास्त हो गया। हे दयामय! मैं मूर्ख मनुष्य तुम्हें नमस्कार कर रहा हूँ। हे पालनकर्त्ता, मुझ पर कृपा करो, मैं अज्ञानी हूँ मुझे अपने चरणों के नीचे रखो। अजामिल नामक ब्राह्मण चोर था परन्तु मरते समय तुम्हारा नाम लेकर मोक्ष प्राप्त कर सका। कुपथ त्यागकर उसने सुपथ प्राप्त किया। यह बात स्मरण करने योग्य है। तुम ज्ञानवान हो और मैं मूर्ख हूँ, तुम्हारा नाम बड़ा है, तुम्हारा नाम लेकर दुष्ट लोग जीवनकाल में ही सुपथ प्राप्त करते हैं। मुनष्य का जीवन श्रेष्ठ है। उससे भी गाँव के पड़ोसी उत्तम हैं। भगवान को कहीं दूर जाकर खोजने की आवश्यकता नहीं है। खोजने पर वह घर ही मिल सकता है। हे आत्मा! सभी काम छोड़कर पालनकर्त्ता को नमस्कार करते रहना चाहिए। पालनकर्त्ता की कृपा होने पर सभी कार्य सरलतापूर्वक पूर्ण हो जाते हैं। अत: उसको नमस्कार करना नहीं भूलना चाहिए।

भक्तिकालीन हिन्दी साहित्य एक व्यापक परिप्रेक्ष्य को लेकर चला। मानवतावादी विचारों का विकास उसकी एक बड़ी देन रही। सभी तरह के भेदभाव को नकारकर मानवमात्र की एकता का उद्घोष भक्ति-साहित्य की एक बड़ी

पहचान रही। अरुणाचल की भक्तिपरक रचनाओं में भी इस तरह के भेदभाव को भुलाकर सबके एक साथ एकत्र होने की बात की गई है—

बड़े-छोटे का फासला मत रखिए, अमीर-गरीब का भेद न करिए, सुन्दर-असुन्दर पर विचार नहीं करते हुए बूढ़ा-बूढ़ी होने से भी सब लोग आए आज की सभा में, सब लोग आए आज के दिन में। आप सभी लोग।''

जीवन की निस्सारता का बोध भी भक्तिकालीन साहित्य में खूब प्रकट हुआ है। इसे अरुणाचल प्रदेश के एक लोकगीत में इस प्रकार देखा जा सकता है—

''मैंने अपने उगते जीवन में कई नौकर खरीदे। कई नौकरानियाँ खरीदीं। कई बहुएँ लाई। ऐसा लगता था मेरी खुशी का अन्त नहीं होगा। अब इन लड़खड़ाते कदमों का कोई सहारा नहीं। मैंने इतने बच्चों को जन्म दिया। सुबह आँख खोलती हूँ तो अब वे नहीं दिखते। शाम को भूख लगती है पर अब प्यार से खिलानेवाला नहीं है। अब मेरे पास सिर्फ स्मृतियाँ हैं और लाठी है।

धर्म के क्षेत्र में पवित्रता और शुद्धता का बड़ी भूमिका होती है। ईश्वर को पाने के लिए या ईश्वर से कुछ पाने के लिए अपने को ठीक रखना आवश्यक होता है। इस सत्यता एवं पवित्रता की बात भक्तिकालीन संत कवियों ने भी बराबर की है। कबीर कहते हैं, 'धनि मैली पिउ ऊजला, लागि न सकौं पाई।' धर्म एक आचार संहिता भी है। इसमें मनसा, वाचा, कर्मणा शुद्धता और पवित्रता का बड़ा महत्त्व होता है। यह शुद्धता बाहरी ही नहीं, अन्तःकरण की भी बहुत आवश्यक होती है। व्यक्ति अपनी सीमाओं को जानता है कि बाह्य शुद्धता तो उसके हाथ में हैं, परन्तु अन्तःकरण की पवित्रता का लक्ष्य बिना ईश्वर की सहायता के नहीं पाया जा सकता। इसलिए इसको पाने के लिए भी उसके पास ईश्वर की प्रार्थना का ही सहारा होता है—

'हे माँ सूर्यदेवी!

आपकी पवित्र हृदय से निकलकर प्रवाहित होनेवाली दया फलधारा से हम पापियों की सिर से पैरों की अँगुलियों तक अर्थात हमारे समस्त अंगों को पवित्र करें।'

''हमारे माथे से नीचे आँखों को पवित्र करें। माथे के नीचे हमारे चेहरे को पवित्र करें। मुंह से निकलनेवाली वाणी को पवित्र करें और पवित्र और मृदु वाणी दें। हमारे मुँह से हम मृदु और सत्य वचन बोले। हमें पवित्र बना दें। हमारे गला, जहाँ से वाणी का संचार होता है उस भाग को पवित्र करें। पवित्र रक्त का संचार करें।''[15]

प्रोफेसर एवं अध्यक्ष हिन्दी विभाग, सिद्धार्थ विश्वविद्यालय कपिलवस्तु,

सिद्धार्थनगर उत्तर प्रदेश- 272202

सन्दर्भ

1. सावरमल सांगानेरिया, अरुणोदय की धरती पर, हेरिटेज फाउंडेशन गुवाहटी, दूसरा संस्करण 2011, पृ. 97-98
2. डॉ. जोराम आनिया ताना; न्यिशी लोकगीतों का संकलन एवं अनुशीलन, पी-एच. डी. शोध प्रबन्ध; अरुणाचल विश्वविद्यालय, ईटानगर, सन् 2004, पृ. 271.
3. डॉ. दोगे डमादिर, अरुणाचल प्रदेश की गालो जनजाति के लोकगीतों का सास्कृतिक अध्ययन, पी-एच. डी. शोध प्रबन्ध, राजीव गाँधी विश्वविद्यालय, ईटानगर, 2015, परिशिष्ट, गीत सं. 17.
4. वही, परिशिष्ट, गीत सं. 17.
5. डॉ. जोराम आनिया ताना, न्यिशी लोकगीतों का संकलन एवं अनुशीलन, पी-एच. डी. शोध प्रबन्ध, अरुणाचल विश्वविद्यालय, ईटानगर, सन् 2004, पृ. 267.
6. नाबाम आनिया; न्यिशी लोकगीत : एक अध्ययन, एम.फिल. शोध प्रबन्ध; राजीव गाँधी विश्वविद्यालय, ईटानगर, 2016-17; पृ. 114
7. डॉ. तेची उपेन तारा; न्यिशी विवाह-पद्धति, अरुण प्रथा संयुक्तांक 2002-03; अरुणाचल विश्वविद्यालय, ईटानगर की शोध पत्रिका; पृ. 139
8. वही; पृ. 140
9. वही; पृ. 145
10. वही; पृ. 145
11. देवकान्त पांगिड; खड़ीबाली और मिसिड लोकगीतों का तुलनात्मक अध्ययन, पी-एच. डी. शोध प्रबन्ध; अरुणाचल विश्वविद्यालय, ईटानगर, सन् 2002, पृष्ठ 162
12. वही; पृष्ठ 163
13. नाबाम आनिया; न्यिशी लोकगीत : एक अध्ययन, एम. फिल. शोध प्रबन्ध; राजीव गाँधी विश्वविद्यालय, ईटानगर, 2016-17, पृ. 88
14. जोरम यालम; न्यिशी गीत: अरुण प्रभा, संयुक्ताक 2002-03; अरुणाचल विश्वविद्यालय ईटानगर के हिन्दी विभाग की शोध पत्रिका; पृ. 119
15. डॉ. जोराम आनिया ताना, न्यिशी लोकगीतों का संकलन एवं अनुशीलन, पी-एच. डी. शोध प्रबन्धन, अरुणाचल विश्वविद्यालय, ईटानगर; सन् 2005; पृ. 251

●●●